Assistência Financeira nas Sociedades Comerciais

Assistência Financeira nas Sociedades Comerciais

A CONCESSÃO DE EMPRÉSTIMOS, DE FUNDOS OU A PRESTAÇÃO DE GARANTIAS PELA SOCIEDADE PARA A SUBSCRIÇÃO OU AQUISIÇÃO POR UM TERCEIRO DE AÇÕES REPRESENTATIVAS DO SEU PRÓPRIO CAPITAL SOCIAL

Pedro de Albuquerque
Professor da Faculdade de Direito da Universidade de Lisboa
Agregado em Direito
Doutor em Direito
Investigador do Centro de Investigação de Direito Privado
da Faculdade de Direito de Lisboa

ALMEDINA

ASSISTÊNCIA FINANCEIRA NAS SOCIEDADES COMERCIAIS

A CONCESSÃO DE EMPRÉSTIMOS, DE FUNDOS OU A PRESTAÇÃO DE GARANTIAS PELA SOCIEDADE PARA A SUBSCRIÇÃO OU AQUISIÇÃO POR UM TERCEIRO DE AÇÕES REPRESENTATIVAS DO SEU PRÓPRIO CAPITAL SOCIAL

AUTOR
Pedro de Albuquerque

EDITOR
EDIÇÕES ALMEDINA, S.A.
Rua Fernandes Tomás, n.os 76-80
3000-167 Coimbra
Tel.: 239 851 904 · Fax: 239 851 901
www.almedina.net · editora@almedina.net

DESIGN DA CAPA
FBA

PRÉ-IMPRESSÃO
EDIÇÕES ALMEDINA, S.A.

IMPRESSÃO E ACABAMENTO
ACD Print, S.A.
Abril, 2019

DEPÓSITO LEGAL
455764/19

ALMEDINA | GRUPOALMEDINA

BIBLIOTECA NACIONAL DE PORTUGAL – CATALOGAÇÃO NA PUBLICAÇÃO
ALBUQUERQUE, Pedro de
ASSISTÊNCIA FINANCEIRA NAS SOCIEDADES COMERCIAIS
(Monografias)
ISBN 978-972-40-7636-2
CDU 347

§ 1 – Introdução

I – A vulgarmente apelidada assistência financeira traduz-se no apoio financeiro dado, por uma sociedade a um *tertius*, de forma a possibilitar, auxiliar ou facilitar a compra da própria sociedade ou parte dela[1/2].

Entre nós, o Código das sociedades comerciais estipula, no respetivo artigo 322.º/1, não poder uma sociedade emprestar ou por algum outro modo fornecer fundos ou prestar garantias para um terceiro subscrever ou por outro meio adquirir ações representativas do seu capital[3]. A viola-

---

[1] Nesse sentido v., por exemplo, MARIANA DUARTE SILVA, *Assistência financeira no âmbito das sociedades comerciais*, in *Revista de direito das sociedades*, 2010, II, 1/2, 145; PAULO DE TARSO DOMINGUES, *Assistência financeira de sociedades*, in *AB Instantia, Revista do conhecimento AB*, 2013, I, 2, 53; ISABEL PINHEIRO TORRES, *Da aplicação da proibição de assistência financeira às sociedades por quotas*, in *Colecção de Estudos, instituto do conhecimento AB*, 2015, 3, 137. No Direito inglês cfr., para uma exemplificação de várias hipóteses de assistência financeira, por exemplo, CATHERINE ROBERTS, *Financial assistance for the acquisition of shares*, 2005, 3 e ss.. Na literatura jurídica italiana v., por ora, com interesse, para uma análise do problema da assistência financeira, entre outros, G. F., CAMPOBASSO, *Diritto commerciale*, II, *Diritto delle società*, 7.ª ed. a cargo de M. CAMPOBASSO, 2009, 251 e ss.; GIOSUÈ LEOCATA, *La disciplina dell'assistenza finanziaria nelle società di capitali*, 2012 e 2013, 4 e ss., e, por exemplo, 18. Na Doutrina de língua alemã v., ilustrativamente, SINGHOF, *Finanzielle Unterstützung des Erwerbs eigener Aktien durch Kreditinstitute*, in *Neue Zeitschrift für Gesellschaftsrecht*, 2002, 745; e CHRISTINA GASSER, *Finanzielle Unterstützung des Aktienerwerbes in England, Österreich und Deutschland*, 2009, 1 e ss.. Para uma distinção entre a assistência financeira e a aquisição alavancada ou se se preferir o *leveraged buyout* v., *infra* § 4. 3. 5.1, I.

[2] A expressão assistência financeira não é expressamente usada pelo Código das sociedades comerciais, nem tem um sentido técnico rigoroso. Todavia traduz uma linguagem usada no comércio corrente (assim v. ANA PERESTRELO DE OLIVEIRA, *Manual de corporate finance*, 2015, 219 e 22.; e PEDRO NUNES, *A Proibição de Assistência Financeira. Em Especial o Leveraged Buyout (LBO)*, in *Revista electrónica de direito*, 2015, junho, 2, 12) e, também, no discurso jurídico.

[3] Para uma primeira aproximação a este preceito veja-se PEDRO DE ALBUQUERQUE, *Código das sociedades comerciais anotado*, coordenação de MENEZES CORDEIRO, 2.ª ed., 2011, comentário ao artigo 322.º, 888 e 889; MARGARIDA COSTA ANDRADE, *Código das sociedades comerciais em comentário*, coordenação de COUTINHO DE ABREU, 2012, V, comentário ao artigo 322.º, 447 e ss..

ção desta proibição envolve a responsabilização civil e penal dos administradores e a nulidade do negócio de assistência.

II – Normas referentes à assistência financeira, ora de teor mais ou menos semelhante ora, porventura, algo mais permissivas, existem em vários outros Ordenamentos. Desde logo, nos países pertencentes à União Europeia onde a proibição foi imposta pelo artigo 23.º da Segunda Diretriz em matéria de Direito das sociedades[4] (Diretriz 77/91/CEE do Conselho, de 13 de dezembro de 1976), seguida pela Diretriz 2006/68//CE do Parlamento europeu e do Conselho, de 6 de setembro, pela Diretriz 2012/30/UE, do Parlamento europeu e do Conselho, de 25 de outubro e, finalmente, pela Diretriz 2017/1132/UE do Parlamento europeu e do Conselho, de 14 de junho.

Tais normas têm suscitado viva disputa em diversos Ordenamentos. Debate-se, por exemplo, a sua *ratio*, a sua extensão normativa e os seus precisos efeitos.

§ 2 – **Origem e evolução histórica da proibição de assistência financeira (os antecedentes ingleses e italianos)**

I – É vulgar a afirmação no sentido de o Direito inglês ter sido o primeiro a proibir a assistência financeira, a um terceiro, pela própria sociedade para compra das respetivas ações[5]. Em bom rigor, os antecedentes da proibição aparentam ser não apenas ingleses, mas, igualmente, mesmo

[4] V., *brevitatis causa*, Raúl Ventura, *Adaptação do direito português à segunda Directiva do Conselho da Comunidade Económica europeia sobre direito das sociedades*, separata do *Boletim do Ministério da Justiça (Documentação e direito comparado)*, 1980, 3, 67.

[5] Assim, por exemplo, Mariana Duarte Silva, *Assistência financeira no âmbito das sociedades...*, in *Revista...*, 2010, II, 1/2, 151; Margarida Costa Andrade, *Código das sociedades comerciais...*, V (artigos 271.º a 372.º-B), comentário ao artigo 322.º, 447; ou Jessica Rodrigues Ferreira, *A proibição de assistência financeira para aquisição de ações próprias*, in *Direito das sociedades em revista*, 2015, 8, 15, 60, muito embora, esta autora, refira, depois, também, em nota (*op. cit.* 61, nota 3), os antecedentes italianos. Não refere, todavia, a experiência belga.

se, porventura, em menor medida, italianos[6], sem se dever, de resto, afastar outros precedentes, designadamente, pistas belgas[7].

[6] A este propósito v., entre nós, ilustrativamente, as observações de Mariana Duarte Silva, *Assistência financeira no âmbito das sociedades...*, in *Revista...*, 2010, II, 1/2, 146 e 147; Rita Trabulo, *As acções próprias. O regime da aquisição de acções próprias e a prestação de assistência financeira para a aquisição de acções próprias*, in *Temas de direito das sociedades*, coordenação de Manuel Pita//António Pereira de Almeida, 2011, 424 e ss.; Inês Pinto Leite, *Da proibição de assistência financeira. O caso particular dos leveraged Buyouts*, in *Direito das sociedades em revista*, 2011, 3, 5, 131 e 132; João Ventura, *A Diretiva 2006/68/CE e o regime da assistência financeira: uma omissão ponderada ou uma oportunidade desperdiçada?*, in *Revista de direito das sociedades*, 2016, VIII, I, 5; Joana Leal de Macedo Vitorino, *A proibição de assistência financeira e o artigo 6.º do Código das Sociedades Comerciais: um conflito por resolver ou uma compatibilidade natural?*, pol., 2017, 7 e ss.. Entre os autores alemães pode ver-se, por exemplo, Holger Fleischer, *Zur Finanzielle Unterstützung des Aktienerwerbs und Leveraged buyout. § 71a Abs. 1 AktG im Lichte italienischer Erfahrung*, in *Die Aktiengesellschaft. Zeitschrift für das gesamte Aktienwesen, für deutsches, europäisches und internationales Unternehmens- Und Kapitalmarktkrech*t, 1996, 496; Jan Brosius, *Die finanzielle Unterstützung des Erwerbs eigener Aktien – § 71a AktG im Gesamtgefüge des Kapitalerhaltungsrechts*, 2011, 55; e na Doutrina italiana, Andrea Vicari, *L'assistenza finanziaria per l'acquisto del controllo delle società di capitali*, 2006, 14 e 15; Id., *La nuova disciplina dell'assistenza finanziaria*, in *Studi in ricordo di Pier Giusto Jaeger*, 2011, 645 e ss.; Stefano Cacchi Pessani, *L'assistenza finanziaria per l'acquisto e la sottoscrizione delle proprie azioni*, 2012, 1 e ss., 6 e ss.; Leocata, *La disciplina dell'assistenza finanziaria...*, 8 e ss..

[7] Na verdade, durante os trabalhos preparatórios do Código de comércio do reino de Itália faz-se uma alusão ao exemplo, proporcionado pelo projeto belga, de proibição de assistência financeira para aquisição de ações da sociedade. Assim v. *Memoria del ministro di agricoltura, industria e commercio, sulla legislazione della società commerciale*, in *Atti della commissione incaricata di studiare le modificazione da introdursi nel codice di commercio del regno D'Italia*, 1872, Parte IV, 195. V., também, as menções de C. Vivante, *I sindacati per la compera e per la vendita delle azioni*, in *Rivista del diritto commerciale e del diritto generale delle obbligazioni*, 1904, I, 269 e 270; e Stefano Cacchi Pessani, *L'assistenza finanziaria...*, 7, nota 6. Na Doutrina alemã v., a respeito da evolução histórica da proibição de assistência financeira no Direito belga, *Das Verbot der Anteilsfinanzierung in Belgien, Frankreich, Italien und den Niederlanden*, 1996, 15 e ss.; Jan Brosius, *Die finanzielle Unterstützung des Erwerbs eigener Aktien...*, 55; e Oechsler, *Münchener Kommentar zum Aktiengesetz*, 4.ª ed., 2016, comentário ao § 71a, anotação 1 (esta obra foi consultada através da *beck online* não tendo nós, por isso, tido acesso à indicação do número das páginas da edição escrita. Cita-se, por isso, em função do número das anotações à margem do parágrafo comentado, como é, de resto, tradição na Doutrina alemã na citação de grandes comentários); e Florian Alexander Hassner, *Finanzielle Unterstützung zum institutionellen Leveraged Buyout einer Aktiengesellschaft. Eine europäischen Betrachtung*, 2012, 158 e 159, e a propósito da influência do Direito belga sobre o italiano, 160, e da delegação belga sobre a Segunda Diretriz, 172 e ss..

II – Na Itália, a proibição de assistência financeira parece remontar à praxe administrativa do Reino italiano. Esta, subordinava a autorização governativa para a formação de instituições de crédito à existência de uma norma estatutária a estabelecer uma proibição de os administradores fazerem antecipações sobre as ações próprias[8].

Tratava-se de uma prática fundada numa série de eventos tidos por vergonhosos e suscitados pelo adiantamento de dinheiro por algumas sociedades sobre as respetivas ações[9]. Esta solução seria depois vertida no artigo 144 do Código de comércio de 1882[10].

O preceito disciplinava, juntamente com a aquisição de ações próprias, os adiantamentos ou empréstimos para aquisição de ações próprias[11] garantidos por essas mesmas ações. O pressuposto assumido era

---

[8] STEFANO CACCHI PESSANI, *L'assistenza finanziaria...*, 6 e ss..

[9] Nesse sentido v. STEFANO CACCHI PESSANI, *L'assistenza finanziaria...*, 6. O autor faz referência à apresentação, por parte de FINALI, Ministro italiano da agricultura, indústria e comércio, a 25 de outubro de 1874, de um projeto preliminar de Código de comércio, elaborado pelo próprio FINALI com o ministro guarda-selos. A respeito desta praxe administrativa pode, ainda, ver-se C. VIVANTE, *I sindacati...*, in *Rivista del diritto commerciale...*, 1904, I, 269, onde se faz alusão à apresentação do ministro S. CASTAGNOLA perante a comissão CRAVERI, à qual tinha sido dada, em setembro de 1869, a responsabilidade de estudar as alterações a introduzir no Código de comércio do reino de Itália. Esta apresentação de CASTAGNOLA pode ver-se em *Memoria del ministro di agricoltura, industria e commercio...*, in *Atti della commissione incaricata di studiare le modificazione da introdursi nel codice di commercio...*, 1872, Parte IV, 195, onde se pode ler: «(...) *em virtude de uma jurisprudência administrativa sancionada pelo conselho de Estado, a proibição de fazer empréstimos sobre as ações costuma ser já imposta a todas as sociedades, com exceção dos bancos populares*».

[10] STEFANO CACCHI PESSANI, *L'assistenza finanziaria...*, 6. V., ainda, S. SCOTTI CAMUZZI, *Acquisto delle proprie azioni, utile e utile d'esercizio*, in *Rivista delle società*, 1970, 15, 617, a propósito das ações próprias; ANDREA VICARI, *L'assistenza finanziaria per l'acquisto del controllo delle società...*, 14; Id., *La nuova disciplina dell'assistenza...*, in *Studi...*, 645; e LEOCATA, *La disciplina dell'assistenza finanziaria...*, 8. Na literatura de língua alemã cfr., por exemplo, HOLGER FLEISCHER, *Zur Finanzielle Unterstützung des Aktienerwerbs...* in *Die Aktiengesellschaft...*, 1996, 496; e FLORIAN ALEXANDER HASSNER, *Finanzielle Unterstützung zum institutionellen Leveraged Buyout einer Aktiengesellschaft...*, 160.

[11] A norma referia-se a «*anticipazione*». Trata-se de uma expressão dotada de significado técnico-jurídico. Atualmente trata-se de um contrato objeto de regulamentação específica nos artigos 1846 e ss. do Código civil italiano. Nos países de língua francesa fala-se, a propósito da mesma figura, de *avance sur titres* ou *sur marchandises*, de *préstamo* nos países de língua espanhola, de *Lombardgeschäft* nos de língua alemã e de *advance* ou *colateral loan* nos de língua inglesa. A este respeito cfr. FRANCESCO MESSINEO, *Anticipazione bancaria*, in *Novissimo digesto italiano*, 1957, I, I,

o de ambas as operações poderem envolver uma restituição das entradas disfarçada e, assim, lesarem a integridade do capital social[12]. Era o seguinte o respetivo teor:

> *«Os administradores não podem adquirir as ações da sociedade por conta desta, salvo se a aquisição lhes tenha sido autorizada pela assembleia geral, e sempre que seja feita com importâncias retiradas dos dividendos regularmente apurados e as ações liberadas por inteiro.*
>
> *Em caso algum podem eles acordar sobre as ações algum empréstimo garantido por penhor»*[13].

A origem da proibição de proceder a adiantamentos para aquisição de sociedade é, pois, a mesma da do regime das ações próprias[14].

Inicialmente, o artigo 152 do *Projeto preliminar para a reforma do Código de comércio do reino de Itália* propunha-se vedar apenas os empréstimos para compra das próprias ações da sociedade, por elas mesmas garantidos, que ultrapassassem 10%[15]. A este preceito seguia-se, depois, uma equiparação, do ponto de vista contabilístico, do empréstimo para a aquisição de ações da própria sociedade a uma redução do património líquido[16].

---

647 e ss.; e GIUSEPPE FERRI, *Anticipazione bancaria*, in *Enciclopedia del diritto*, 1958, II, 523 e ss.. Era a seguinte a redação, em italiano, do preceito: «*Gli amministratore non possono acquistare le azioni della società per conto di essa, salvo il caso in cui l'acusito sia autorizatto dall'assemblea generale, e semprechè si faccia con somme prelevate dagli utili regolarmente accertati e le azioni sia liberate per intero. In nessun caso essi possono accordarre sulle azioni stessa alcuna anticipazione*».

[12] No mesmo sentido v., por exemplo, ANDREA VICARI, *La nuova disciplina dell'assistenza ...*, in *Studi...*, 645; LEOCATA, *La disciplina dell'assistenza finanziaria...*, 9; STEFANO CACCHI PESSANI, *L'assistenza finanziaria...*, 7. V., também, C. VIVANTE, *I sindacati...*, in *Rivista...* 1904, I, 269.

[13] Em bom rigor o preceito vedava as *anticipazioni*. Traduzimos a expressão por empréstimos garantidos por penhor das ações da sociedade.

[14] Na mesma direção STEFANO CACCHI PESSANI, *L'assistenza finanziaria...*, 7, nota.

[15] V. *Progetto preliminar per la riforma del Codice di commercio del regno D'Italia* 1873, artigo 152. Cfr., também, na Doutrina, a este respeito STEFANO CACCHI PESSANI, *L'assistenza finanziaria...*, 7, nota 6.

[16] V. o artigo 153 do *Progetto preliminar per la riforma del Codice di commercio del regno D'Italia*. Veja-se, também, STEFANO CACCHI PESSANI, *L'assistenza finanziaria...* 7, nota 6.

III – A limitação não apenas da realização de empréstimos para compra de ações, garantidos por elas mesmas, mas, a não serem observados certos limites[17], da própria aquisição das ações por parte da sociedade surge, apenas, no Projeto VIGLIANI-FINALI de 1874. Isto provavelmente por influência do artigo 134.º da Lei belga de 28 de agosto de 1873, referido nos trabalhos preparatórios do Código[18]. Ela seria, depois, vertida no artigo 144 do Código de comércio de 1882.

O perigo aparentemente vislumbrado e subjacente à proibição era o de, na hipótese de insolvência (falência) da sociedade, por detrás da aparência de um crédito, sobre um ou mais sócios, os credores não depararem senão com títulos da própria agremiação devedora e, por esta se mostrar insolvente, desprovidos de todo o valor[19].

A proibição de assistência financeira não dizia, porém, respeito a todo e qualquer empréstimo feito pela sociedade. Apenas eram vedados os empréstimos garantidos por ações próprias (as chamadas *anticipazioni*)[20]. A razão da interdição parecia estar no facto de o penhor de ações próprias assumir um valor sintomático de insuficiência de garantias para a sociedade credora. O pressuposto assumido pela norma iria, assim, no sentido de um administrador diligente não aceitar em garantia títulos da própria sociedade a não ser perante situações de inexistência de outros ativos suficientes para garantir o crédito. Desta forma, seria lícito presumir serem esses títulos a real garantia e fonte última de reembolso da sociedade[21].

---

[17] A aquisição direta de ações devia ser feita, já o vimos, com base em somas provenientes dos lucros regularmente apurados.

[18] Cfr. C. VIVANTE, *I sindacati...*, in *Rivista...*, 1904, I, 272; FRANCESCO MESSINEO, *L'art. 144 Cod. Comm. e i rapporti di azioni sociali*, in *Rivista del diritto commerciale e del diritto generale delle obbligazioni*, 1926, I, 396; O. OTTANELLI, *Acquisto di azioni proprie e conseguente riduzione del capital*, in *Rivista del diritto commerciale e del diritto generale delle obbligazioni*, 1988, I, 206, nota 1; STEFANO CACCHI PESSANI, *L'assistenza finanziaria...*, 7, nota 6.

[19] Assim cfr. *Memoria del ministro di agricoltura, industria e commercio, sulla legislazione della società...*, in *Atti della commissione incaricata di studiare le modificazione da introdursi nel codice di commercio...*, Parte IV, 195. V., também, STEFANO CACCHI PESSANI, *L'assistenza finanziaria...*, 8, nota 8, com mais referências ao nível dos trabalhos preparatórios; e ANDREA VICARI, *La nuova disciplina dell'assistenza ...*, in *Studi...*, 645.

[20] No mesmo sentido STEFANO CACCHI PESSANI, *L'assistenza finanziaria...*, 8.

[21] V. G. B. PORTALE/ A.A. DOMETTA, *Divieto di accetare azioni o quote proprie in garanzia e casse di risparmio riformate*, in *Banca, borsa e titoli di credito*, 1989, I, 707; e STEFANO CACCHI PESSANI, *L'assistenza finanziaria...*, 8 e 9.

Nesta perspetiva, a assimilação entre a aquisição de ações próprias e assistência financeira, na forma de empréstimos garantidos por títulos da própria sociedade, tinha, segundo a Doutrina italiana, um fundamento racional[22]: a origem da proibição de assistência financeira, através de empréstimos garantidos por penhor de ações da entidade visada, era assim a mesma, como era também a mesma a respetiva *ratio*. Em ambos os cenários se pretendia, na opinião da Doutrina, evitar a restituição disfarçada das entradas e, além disso, assegurar a integridade do capital e proteger a própria sociedade na sua veste de credora[23].

IV – O Código civil italiano de 1942 estenderia a interdição de assistência financeira, na forma de uma proibição absoluta[24], a todo o financiamento destinado à aquisição de ações próprias, independentemente de se traduzir, ou não, em figuras técnicas distintas da *anticipazione*, ao vedar, no artigo 2358, todo o tipo de empréstimos[25]:

> «*A sociedade não pode fazer* anticipazioni *sobre as ações próprias, nem empréstimos a terceiros para as adquirir*».

---

[22] Assim Stefano Cacchi Pessani, *L'assistenza finanziaria...*, 9.

[23] V., uma vez mais, nessa direção Stefano Cacchi Pessani, *L'assistenza finanziaria...*, 10.

[24] Nesse sentido v., designadamente, Elena Bernardini/Carla Gandini, *Commentario delle società*, a cargo de Giovanni Grippo, coordenação de Elisabeta Bertacchini/Claudio Bolognesi/Bona Ciaccia/Beatrice Giovanna Donvito/Concetta Simone, 2009, I, comentário ao artigo 2358, 389.

[25] A este respeito v., por exemplo, Andrea Vicari, *L'assistenza finanziaria per l'acquisto del controllo delle società...*, 14; Id., *La nuova disciplina dell'assistenza...*, in *Studi...*, 645; Leocata, *La disciplina dell'assistenza finanziaria...*, 8 e 9. Com interesse para uma análise da disciplina prevista nesse preceito e também do artigo 2474, referente às sociedades de responsabilidade limitada v., ainda, para além ou entre a bibliografia que vimos referindo *supra* e *infra*, designadamente, C. Racugno, *Le operazioni sulle proprie quote nell'atuazione della Seconda direttiva CEE*, in *Rivista delle società*, 1987, 68 e ss., *maxime* 71 e ss., para as sociedades por quotas; Massimo Miola, *Le garanzie intragruppo*, 1993, 269 e ss.; Andrea Vicari, *L'assistenza finanziaria per l'acquisto del controllo delle società..., per totum*. Cfr., também, na Doutrina de língua alemã, Florian Alexander Hassner, *Finanzielle Unterstützung zum institutionellen Leveraged Buyout einer Aktiengesellschaft...*, 160.

O objetivo visado permanecia, segundo o entendimento maioritário na Doutrina e Jurisprudência[26] italianas, o de preservar a integridade do capital[27]. Alguns autores apontavam também outras finalidades atinentes ao respeito pelo apropriado desenvolvimento da relação social[28], à prevenção de abusos[29]. Mas o preceito seria objeto de profundas e amplas censuras[30]. Reprovava-se, desde logo e, designadamente, o facto de não estarem textualmente abrangidos os empréstimos aos próprios sócios, mas apenas a terceiros[31].

Em 1986 o preceito seria alterado por força do Decreto do Presidente da República n.º 30, de 10 de fevereiro. Passou, então, a estabelecer:

> «*A sociedade não pode acordar empréstimos, nem fornecer garantias para a aquisição ou a subscrição de ações próprias.*
>
> *A sociedade não pode, nem mesmo através de sociedade fiduciária, ou por interposta pessoa, aceitar ações próprias em garantia.*
>
> *As disposições dos dois parágrafos precedentes não se aplicam às operações efetuadas para favorecer a aquisição de ações da parte de dependentes da sociedade ou daquelas sociedades controladoras ou controladas. Nesses casos, todavia, as somas empregadas e as garantias prestadas devem ser contidas dentro dos limites dos lucros distribuíveis*

---

[26] V., por exemplo, *Cassazione, 21-01-1970*, in *Rivista del diritto commerciale e del diritto generale delle obbligazioni*, 1972, II, 131 e ss., 145 e 146 (com nota de M. ELENA GALLESIO-PIUMA, *Le anticipazini sulle proprie azioni e i prestiti a terzi per l'aquisto delle stesse*, in *op. loc. cit.*); *Cassazione, 13-07-1981*, in *Il foro italiano*, 1982, 105, I, 152 e ss., referindo a existência de múltiplos fins (com anotação de M. LOVECCHIO); *Tribunal de Veneza, 10-06-2016*, in *Ricerche giuridiche*, vol. 5, 1, junho, 2016, 141 e ss. (com anotação de SOFIA MANSOLDO, *L'applicabilità alle società cooperative dell'art.2358 c.c. violazione dell'art. 2358 c.c.: conseguenze e legittimazione ad agire*, in *Idem*, vol. 5, 1, junho, 2016, 148 e ss.).

[27] Assim ELENA BERNARDINI/CARLA GANDINI, *Commentario...*, I, comentário ao artigo 2358, 389; LEOCATA, *La disciplina dell'assistenza finanziaria...*, 9; e STEFANO CACCHI PESSANI, *L'assistenza finanziaria...*, 12 e ss., mas apontando igualmente outros fins. Para uma visão de conjunto sobre as várias finalidades atribuídas ao preceito pode, ainda, ver-se, entre outros, HOLGER FLEISCHER, *Zur Finanzielle Unterstützung des Aktienerwerbs...* in *Die Aktiengesellschaft...*, 1996, 496.

[28] STEFANO CACCHI PESSANI, *L'assistenza finanziaria...*, 14.

[29] CAMPOBASSO, *Diritto...*, II, 251.

[30] Assim v. HOLGER FLEISCHER, *Zur Finanzielle Unterstützung des Aktienerwerbs...* in *Die Aktiengesellschaft...*, 1996, 496, com referências.

[31] Sublinha-o, por exemplo, HOLGER FLEISCHER, *Zur Finanzielle Unterstützung des Aktienerwerbs...* in *Die Aktiengesellschaft...*, 1996, 496.

regularmente apurados e das reservas disponíveis resultantes do último balanço regularmente apurado».

Deixou-se, pois, tombar a menção às *anticipazioni*, mas manteve-se a proibição de empréstimos. Aditou-se, além disso, a interdição de prestação de garantias para a aquisição ou subscrição de ações próprias. Excecionou-se, por último, os empréstimos feitos a dependentes. Não foram expressamente previstas as exceções, mencionadas no artigo 23.º/2 da Segunda Diretriz, referentes a transações abrangidas nas operações correntes dos bancos ou de outras instituições financeiras. Ter-se-á, porventura, entendido não se dever estenderem estas últimas, em princípio, à regra geral da proibição dado esses créditos não serem outorgados *para* adquirir ou subscrever ações próprias. Se esse propósito fosse demonstrado, aí sim, valeria a interdição[32].

Relevante, no âmbito da reforma de 1986 é, ainda, o facto de se ter proibido também, no artigo 2483 do *Codice civile*, a assistência financeira no âmbito das sociedades de responsabilidade limitada[33]. Determinava-se, aí:

> *«Em nenhum caso a sociedade pode adquirir ou aceitar em garantia as quotas próprias, ou acordar empréstimos ou fornecer garantias para a sua aquisição ou a sua subscrição»*[34].

Na reforma de 2003 o precedente artigo 2483 seria substituído pelo artigo 2474 cujo teor é, na essência, igual[35] ao do preceito de 1986.

---

[32] Sobre tudo o agora referido v. JOANA LEAL DE MACEDO VITORINO, *A proibição de assistência financeira e o artigo 6.º do Código das Sociedades Comerciais...*, 8.

[33] Cfr., por todos, HOLGER FLEISCHER, *Zur Finanzielle Unterstützung des Aktienerwerbs...* in *Die Aktiengesellschaft...*, 1996, 496.

[34] O texto originário apenas proibia a aquisição e subscrição de quotas próprias. Porém, já havia posições na Doutrina e na Jurisprudência a defenderem a aplicação analógica do regime existente para as sociedades por ações. A este respeito v., por todos, JOANA LEAL DE MACEDO VITORINO, *A proibição de assistência financeira e o artigo 6.º do Código das Sociedades Comerciais...*, 9.

[35] Para uma análise das soluções vertidas pelo *Codice civile* em matéria de assistência financeira no âmbito das sociedades por quotas v., ilustrativamente, CLAUDIO CAMPANER, *Commentario delle società*, a cargo de GIOVANNI GRIPPO, coordenação de ELISABETA BERTACCHINI/CLAUDIO

Em 2008, o artigo 2358 do *Codice civile*, deixado inatingido pela reforma societária de 2003, seria inteiramente alterado na sequência da transposição da Diretriz 2006/68/CE do Parlamento europeu e do Conselho que modificou a Diretriz 77/91/CEE (Segunda Diretriz em matéria societária)[36].

Na verdade, depois de regulamentar vários aspetos das ações próprias nos artigos 2357 e ss., outras operações, sobre ações, o artigo 2358 passou a admitir, em certos cenários, a assistência financeira. Trata-se de um extenso artigo com nove parágrafos, alguns bastante longos. Nele estabelece-se não poder uma sociedade, direta ou indiretamente, dar empréstimos, nem fornecer garantias para a aquisição ou subscrição de ações a não ser nas situações previstas no próprio preceito. Entre elas prevê-se a possibilidade de uma assembleia extraordinária autorizar preventivamente estas operações.

Os administradores devem, para a assistência ser lícita, elaborar um relatório pormenorizado sobre a operação. A exposição está sujeita a pressupostos próprios, nomeadamente de ilustração de liquidez e solvabilidade e, também, do mérito do devedor. O negócio tem, além disso, de ser realizado em condições de mercado. Em certas hipóteses, o relatório deve, ainda, atestar o facto de a transação realizar o melhor interesse da sociedade. As somas empregadas não podem exceder o limite dos bens distribuíveis. Deve, além disso, estabelecer-se uma reserva indisponível igual às somas empregadas e às garantias oferecidas. A proibição não vale relativamente a dependentes da sociedade ou de sociedades dela controladoras ou controladas.

Importante é, ainda, o artigo 2501-*bis*, introduzido na reforma de 2003[37]. Atendendo às dúvidas anteriormente existentes a propósito da admissibilidade, ou não, do *merger leveraged buyout*[38], o preceito viria a prever um regime próprio para as fusões realizadas depois de uma das socie-

---

Bolognesi/Bona Ciaccia/Beatrice Giovanna Donvito/Concetta Simone, 2009, II, comentário ao artigo 2474, 1945 e ss..

[36] V. Elena Bernardini/Carla Gandini, *Commentario*..., I, comentário ao artigo 2358, 389; Stefano Cacchi Pessani, *L'assistenza finanziaria*..., 14; Enrico Civerra, *Il finanziamento delle società di capitali*, 2013, 107 e ss..

[37] De resto excecionado pelo último § do artigo 2358.

[38] A propósito do *leveraged buyout* e do *merger leveraged buyout* v. *infra* § 4. 3. 5.

dades se ter endividado com o fim de adquirir outra[39] se, em virtude da fusão, o património da sociedade-alvo[40] vier a representar uma garantia genérica ou fonte de reembolso. É em especial necessário: a) o projeto de fusão mencionar os recursos financeiros previstos para a satisfação das obrigações da sociedade resultante da fusão; b) o relatório do órgão de administração das sociedades participantes na fusão deve assinalar as razões da operação e prever um plano económico e financeiro com informação das fontes financeiras e a explicitação dos objetivos visados; c) o relatório elaborado por especialistas deve atestar a razoabilidade das menções previstas no projeto de fusão; d) na eventualidade de ser obrigatória a certificação de contas é imprescindível também um relatório de uma sociedade de certificação.

V – No Direito inglês a evolução seria em grande medida semelhante.

Antes do aparecimento de uma regulamentação legislativa na matéria havia uma prática mais ou menos generalizada no sentido de as sociedades (*companies*) prestarem assistência financeira[41]. Esta situação foi

---

[39] A este respeito v., entre nós, JOANA LEAL DE MACEDO VITORINO, *A proibição de assistência financeira e o artigo 6.º do Código das Sociedades Comerciais...*, 10; e na Doutrina italiana, por exemplo, G. F., CAMPOBASSO *Diritto...*, II, 649 e ss.; CLAUDIO BOLOGNESI, *Commentario delle società*, a cargo de GIOVANNI GRIPPO, coordenação de ELISABETA BERTACCHINI/CLAUDIO BOLOGNESI/ /BONA CIACCIA/BEATRICE GIOVANNA DONVITO/CONCETTA SIMONE, 2009, II, comentário ao artigo 2501-*bis*, 1240 e ss.. V., ainda, com interesse, entre outros, SAVERIO SFOLIDORO, *Fusioni pericolose (merger leveraged buyout)*, in *Rivista delle società*, 2004, 49, março-junho, 229 e ss.; e, para mais detalhes, STEFANO CACCHI PESSANI, *La tutela dei creditori nelle operazioni di merger leveraged buyout. L'art. 2501-bis e l'opposizione dei creditori alla fusione*, 2007, *per totum*, 1 e ss.; Id. *L'assistenza finanziaria...*, 173 e ss.; ENRICO CIVERRA, *Il finanziamento delle società...*, 112 e ss..

[40] Prefere-se essa designação à de *target* amiúde usada na nossa Doutrina e também nalguma literatura jurídica estrangeira não inglesa.

[41] Assim, também, v., por todos na literatura anglo-saxónica, CATHERINE ROBERTS, *Financial assistance...*, 7. Na literatura de língua alemã pode ver-se, a este respeito, designadamente, ULRICH SCHROEDER, *Zur Finanzielle Unterstützung des Aktienerwerbs*, 1995, 20 e ss.; HOLGER FLEISCHER, *Zur Finanzielle Unterstützung des Aktienerwerbs...* in *Die Aktiengesellschaft...*, 1996, 495; CHRISTINA GASSER, *Finanzielle Unterstützung des Aktienerwerbes...*, 17 e ss.; FLORIAN ALEXANDER HASSNER, *Finanzielle Unterstützung zum institutionellen Leveraged Buyout einer Aktiengesellschaft...*, 150; ou, entre nós, MARIA VICTÓRIA FERREIRA ROCHA, *Aquisição de acções próprias no Código das sociedades comerciais*, 1994, 310; e BERNARDO ABREU MOTA, *Proibição de assistência financeira. Notas para a sua interpretação e aplicação. (A propósito do Projecto de Relatório do Parlamento Europeu sobre a proposta da Comissão Europeia para alteração da Segunda Directiva)*, in *Revista Actualidad*

ponderada pelo GREENE *Committee* em 1926[42/43]. O Comité entendeu tratar-se de uma situação ofensiva, senão da letra, pelo menos do espírito do Direito existente[44] e que proibiria as *companies* de negociarem sobre as respetivas ações. Tratar-se-ia de uma situação suscetível de gerar graves abusos[45].

Nestes termos seria formulada uma recomendação no sentido de as *companies* serem proibidas de providenciarem, direta ou indiretamente, qualquer tipo de assistência financeira relacionada com a compra (feita ou a fazer) das suas próprias ações por terceiras entidades, independentemente de essa assistência ter lugar sob a forma de um empréstimo, garantia ou algum outro modo[46]. A recomendação dizia, ainda, não dever a proibição valer na eventualidade de o negócio normal da *company* abranger a concessão de crédito ou na eventualidade de os destinatários serem empregados da mesma.

VI – Houve uma resposta rápida à recomendação. O *Companies act* de 1928 seguiria, no essencial, a proposta do GREENE *Committee* e estabe-

jurídica, 2005, setembro-dezembro, 12, 108 (disponível em <*http://www.uria.com/pt/publicaciones/listado-revistas/12/numero12.html*>).

[42] Ou *Report of the Company Law Amendment Committee* de 1926. Cfr. *Company law amendment committee, 1925-1926, Report presented to the Parliament by command of His Majesty*, 1926, 14.

[43] V., novamente, CATHERINE ROBERTS, *Financial assistance...*, 8. Cfr., ainda, ilustrativamente, EILÍS FERRAN/LOOK CHAN HO, *Principles of corporate finance law*, 2.ª ed., 2014, 235. Na Doutrina de língua alemã cfr., por exemplo, CHRISTINA GASSER, *Finanzielle Unterstützung des Aktienerwerbes...*, 19; e, entre nós, MARIANA DUARTE SILVA, *Assistência financeira no âmbito das sociedades...*, in *Revista...*, 2010, II, 1/2 151.

[44] Em jogo parece estar o *leading case* TREVOR v. WHITWORTH decidido em 1887. Esta decisão determinava, tendo em vista a manutenção do capital social, não poder uma companhia comprar as suas próprias ações, mesmo se os estatutos o autorizassem expressamente, dado essa situação redundar precisamente na redução do capital. Cfr. MARIA VICTÓRIA FERREIRA ROCHA, *Aquisição de acções próprias...*, 310; MARIANA DUARTE SILVA, *Assistência financeira no âmbito das sociedades...*, in *Revista...*, 2010, II, 1/2., 152, nota 12; CHRISTINA GASSER, *Finanzielle Unterstützung des Aktienerwerbes...*, 19; FLORIAN ALEXANDER HASSNER, *Finanzielle Unterstützung zum institutionellen Leveraged Buyout einer Aktiengesellschaft...*, 149; OECHSLER, *Münchener Kommentar...*, comentário ao § 71a, anotação 1; e, na literatura em língua inglesa, por exemplo, CATHERINE ROBERTS, *Financial assistance...*, 8; e JULIE CASSADY, *Concise corporations law*, 5.ª ed., 2006, 127 e 128.

[45] *Company law amendment committee, 1925-1926...*, 14.

[46] *Company law amendment committee, 1925-1926...*, 14.

leceria, na respetiva secção 16, a primeira proibição legislativa de assistência financeira[47]. Este diploma só entraria, porém, em vigor em 1929, sendo logo substituído pelo *Companies act* de 1929[48], cuja secção 45 reproduziria, sem alterações, a anterior secção 16.

Objeto de várias censuras, a norma prevista na secção 45 do *Companies act* de 1929 seria, entretanto, alterada pela secção 54 do *Companies act* de 1948[49]. A disposição surgiria no seguimento das recomendações das propostas do COHEN *Committee*[50] e alargou a proibição em dois sentidos. Por um lado, passou a abranger também a subscrição de ações e não apenas a aquisição derivada[51]. Por outro, proibiu a prestação de assistência financeira por uma sociedade inferior (*subsidiary company*) para a aquisição da sociedade superior (*in its holding company*)[52].

---

[47] A este respeito v., por exemplo, CATHERINE ROBERTS, *Financial assistance...*, 8 e 9; EILÍS FERRAN/LOOK CHAN HO, *Principles of corporate finance...*, 232; na literatura alemã, SCHROEDER, *Zur Finanzielle Unterstützung...*, 27 e ss.; e FLORIAN ALEXANDER HASSNER, *Finanzielle Unterstützung zum institutionellen Leveraged Buyout einer Aktiengesellschaft...*, 150 e 151; e, entre nós, BERNARDO ABREU MOTA, *Proibição de assistência financeira. Notas para a sua interpretação e aplicação...*, in *Revista Actualidad...*, 2005, setembro-dezembro, 12, 108. Não é, pois, rigorosa a afirmação de muitos autores (por exemplo JOANA LEAL DE MACEDO VITORINO, *A proibição de assistência financeira e o artigo 6.º do Código das Sociedades Comerciais...*, 4) no sentido de a proibição de assistência financeira se dever, pela primeira vez, ao *Companies act* de 1929.

[48] Cfr. CATHERINE ROBERTS, *Financial assistance...*, 9. V., também, FLORIAN ALEXANDER HASSNER, *Finanzielle Unterstützung zum institutionellen Leveraged Buyout einer Aktiengesellschaft...*, 150.

[49] V., por exemplo, na Doutrina nacional, BERNARDO ABREU MOTA, *Proibição de assistência financeira. Notas para a sua interpretação e aplicação...*, in *Revista Actualidad...*, 2005, setembro-dezembro, 12, 108; JOANA LEAL DE MACEDO VITORINO, *A proibição de assistência financeira e o artigo 6.º do Código das Sociedades Comerciais...*, 4; entre os autores de língua alemã CHRISTINA GASSER, *Finanzielle Unterstützung des Aktienerwerbes...*, 19 e ss., 50 e ss.; FLORIAN ALEXANDER HASSNER, *Finanzielle Unterstützung zum institutionellen Leveraged Buyout einer Aktiengesellschaft...*; e, com pormenor, na literatura jurídica inglesa, CATHERINE ROBERTS, *Financial assistance...*, 10 e ss..

[50] *Report of the Committee on Company Law Amendment, presented by the president of the board of trade to the parliament of His Majesty, June, 1945*, reimpressão de 1953, n.º 170, 107.

[51] Tratou-se de evitar o resultado da decisão, no sentido da não aplicação da proibição às hipóteses de subscrição, proferida no caso *Re VGM Holdings, Ltd*, de 16 de Janeiro de 1942, disponível em linha em <*https://www.ato.gov.au/law/view/document?DocID=JUD%2F*1942*1ALLER224%2F00003*>.

[52] Para mais pormenores v., por exemplo, CATHERINE ROBERTS, *Financial assistance...*, 10 e 11.

A disposição resultante da secção 54 do *Companies act* de 1948 seria ela própria sujeita a reparos vários. Apontou-se-lhe, designadamente, o facto de, em razão da respetiva generalidade a amplitude atingir de forma arbitrária operações inocentes[53] e de deixar as verdadeiramente desonestas fugirem às suas malhas. Na verdade, o Relatório do JENKINS *Committee*, elaborado em 1962, ao debruçar-se sobre o problema da assistência financeira diria, a propósito da secção 54 do *Companies act* de 1948, ser ela um embaraço ocasional para os honestos sem, no entanto, representar um impedimento sério para os desprovidos de escrúpulos[54].

VII – Os receios expressos pelo Relatório do JENKINS *Committee* seriam atestados pela prática jurisprudencial, ela própria sujeita a reparos pesados[55].

---

[53] Assim v. CATHERINE ROBERTS, *Financial assistance...*, 12.. Cfr., também, CHRISTINA GASSER, *Finanzielle Unterstützung des Aktienerwerbes...*, 20 e ss.; MARIANA DUARTE SILVA, *Assistência financeira no âmbito das sociedades...*, in *Revista...*, 2010, II, 1/2, 153 e ss.; e JOANA LEAL DE MACEDO VITORINO, *A proibição de assistência financeira e o artigo 6.º do Código das Sociedades Comerciais...*, 5.

[54] V., novamente, CATHERINE ROBERTS, *Financial assistance...*, 14; e, ainda, o próprio Relatório do JENKINS *Committee*: *Report of the company law committee. Presented to the parliament by the President of the board of trade by command of Her Majesty*, 1962, n.os 170 e ss., 61 e ss.. Neste Relatório impugna-se, ainda, a asserção do Relatório GREENE no sentido de a *ratio* da proibição estar na violação da letra e espírito da norma proibitiva da aquisição de ações próprias. Na verdade, segundo o Relatório do JENKINS *Committee* o fundamento da interdição de assistência financeira estaria no facto de, nestas situações, ser provável dispor a sociedade assistente de meios sem as necessárias garantias. Além disso, defende-se ser necessário evitar tornar-se a proibição, destinada de resto a abranger situações minoritárias, um estorvo para a grande maioria das operações de concentração e de tomada de controlo realizadas de forma honesta (cfr. *Report of the company law committee...*, n.º 176, 63). Nestes termos, o Relatório proporia a não proibição de assistência financeira se a operação fosse previamente autorizada, por maioria qualificada, por deliberação da assembleia geral aprovada por maioria e sujeita a um período de carência, e, além disso, apresentada e registada uma declaração de solvência feita pela administração da sociedade. Cfr., ainda, na nossa Doutrina, entre outros, BERNARDO ABREU MOTA, *Proibição de assistência financeira. Notas para a sua interpretação e aplicação...*, in *Revista Actualidad...*, 2005, setembro-dezembro, 12, 109. Na literatura de língua alemã v., designadamente, CHRISTINA GASSER, *Finanzielle Unterstützung des Aktienerwerbes...*, 21 e 22.

[55] Para uma análise da evolução da Jurisprudência inglesa v., por todos, ULRICH SCHROEDER, *Zur Finanzielle Unterstützung...*, 20 e ss..

Por exemplo, no caso *Armour Hick Northern Ltd. v. Whitehouse*, uma sociedade inferior pagou a dívida de uma sociedade imediatamente superior a um acionista minoritário e este, por sua vez, vendeu as suas ações aos outros acionistas[56]. Foi entendido ter havido assistência financeira, nos termos da secção 54 do *Companies act* de 1948 pois, sem esse pagamento, o vendedor não teria transmitido as suas ações[57]. Na verdade, ele só aceitava alienar a respetiva participação social se o seu crédito lhe fosse pago.

Mas outras decisões seriam, bem ou mal, objeto de desaprovação por se entender levarem a um entendimento muito amplo da assistência financeira. Seria, designadamente, essa a censura, mesmo se isso pode ser debatido, dirigida à decisão proferida em *Belmont Finance Corporation Ltd. v. Williams Furniture Ltd. (N.º 2)*[58]. A sociedade *Belmont Finance* adquiriria a totalidade do capital de uma outra, apelidada *Maximum Finance Limited*, pelo valor de 500 000 libras. Entretanto, viria a apurar-se valerem as ações apenas 60 038 libras.

O vendedor usaria o dinheiro do preço recebido para, por sua vez, comprar a *Belmont Finance*. Os administradores da *Belmont Finance*, entidade pagadora das 500 000 libras, eram, também, administradores da sociedade dela detentora.

Perante isto o tribunal entendeu tratar-se de uma assistência financeira ilegal e julgou irrelevante o facto de os administradores da *Belmont Finance* estarem persuadidos de que a *Maxime Finance Limited* valia, de facto, 500 000 libras. Isto em virtude de o motivo da compra da *Maxime* ser o de proporcionar fundos ao vendedor desta para adquirir a *Belmont Finance*[59].

---

[56] *Armour Hick Northern Ltd. and Others v. Whitehouse and Others [1978 A. No. 2261] Chancery Division 1980 February, 14, 22 [1980]*, in *The weekly law reports*, 1980, 1, 1520 e ss..

[57] A este respeito v., designadamente, CATHERINE ROBERTS, *Financial assistance...*, 15; e EILÍS FERRAN/LOOK CHAN HO, *Principles of corporate finance...*, 251.

[58] Acedemos a *[Court of Appeal, 1979] Belmont Finance Corporation Ltd. v. Williams Furniture Ltd. and others*, in <*http://www.uniset.ca/other/cs2/1979Ch250.html*>. Não tivemos, porém, acesso direto ao texto integral de *Belmont Finance Corporation Ltd. v. Williams Furniture Ltd. (N.º 2)*, mas só ao da primeira sentença agora referida nesta nota. Uma recensão pormenorizada da segunda sentença pode, todavia, ser lida em ROGER GREGORY, *Belmont Finance Corporation v. Williams Furniture Ltd. (No. 2)*, in *The modern law review*, 1981, 44, 1, 107 e ss.. Além disso, pode ver-se um sumário e alguns extratos de *Belmont Finance Corporation Ltd v. Williams Furniture Ltd (No. 2): 1980*, em <*http://swarb.co.uk/belmont-finance-corporation-ltd-v-williams-furniture-ltd-no-2-1980/*>.

[59] Assim CATHERINE ROBERTS, *Financial assistance...*, 15.

VIII – A secção 54 do *Companies act* de 1948 seria sujeita a modificação em resultado do *Companies act* de 1980[60].

A partir de 1980 a história legislativa britânica a respeito da proibição de assistência financeira passaria a estar influenciada pela Segunda Diretriz em matéria de sociedades[61]. Porém, as alterações feitas não terão melhorado as deficiências anteriormente vislumbradas[62].

Ao *Companies act* de 1980 seguir-se-iam alterações algo mais profundas com o *Companies act* de 1981[63]. Este seria, depois, consolidado no *Companies act* de 1985[64]. A proibição base de assistência financeira era aí estabelecida na secção 151:

> «(...) *quando uma pessoa está a adquirir ou se propõe adquirir ações de uma sociedade, não é lícito à sociedade* (...) *dar assistência financeira, direta ou indiretamente, com o propósito dessa aquisição anterior ou simultaneamente à aquisição*»[65].

Além disso, a secção 153 determinava não valer a proibição de assistência financeira, mesmo se houver o propósito de adquirir ações nela própria ou numa companhia dominante (*holding*) se, ainda assim, a fina-

---

[60] Cfr. CATHERINE ROBERTS, *Financial assistance...*, 16.

[61] No mesmo sentido v., por exemplo, EILÍS FERRAN/LOOK CHAN HO, *Principles of corporate finance...*, 232. V., também, entre nós, ilustrativamente, JOANA LEAL DE MACEDO VITORINO, *A proibição de assistência financeira e o artigo 6.º do Código das Sociedades Comerciais...*, 6.

[62] Nesse sentido v. CATHERINE ROBERTS, *Financial assistance...*, 17. EILÍS FERRAN/LOOK CHAN HO, *Principles of corporate finance...*, 232, por seu turno, falam de uma alteração menor.

[63] A saber nas secções 42 e ss.. A este respeito v., CATHERINE ROBERTS, *Financial assistance...*, 17 e ss.; e EILÍS FERRAN/LOOK CHAN HO, *Principles of corporate finance...*, 232. Na literatura de língua alemã pode ver-se, por exemplo, CHRISTINA GASSER, *Finanzielle Unterstützung des Aktienerwerbes...*, 52 e ss..

[64] A propósito da proibição de assistência financeira no *Companies act* de 1985 v., *colorandi causa*, entre nós, BERNARDO ABREU MOTA, *Proibição de assistência financeira. Notas para a sua interpretação e aplicação...*, in *Revista Actualidad...*, 2005, setembro-dezembro, 12, 108; JOANA LEAL DE MACEDO VITORINO, *A proibição de assistência financeira e o artigo 6.º do Código das Sociedades Comerciais...*, 6; na Doutrina de língua alemã, CHRISTINA GASSER, *Finanzielle Unterstützung des Aktienerwerbes...*, 53 e ss.; e, na literatura de língua inglesa, CATHERINE ROBERTS, *Financial assistance...*, 17 e ss.; e EILÍS FERRAN/LOOK CHAN HO, *Principles of corporate finance...*, 232.

[65] Esta norma contrastava com a secção 54 (1) do *Companies act* de 1948 onde se proibia a assistência financeira com o propósito ou em conexão com a aquisição ou subscrição de ações. Assim v. JOANA LEAL DE MACEDO VITORINO, *A proibição de assistência financeira e o artigo 6.º do Código das Sociedades Comerciais...*, 7, e nota 13.

lidade principal da sociedade, ao dar assistência, não for a de a dar para essa aquisição, ou se a prestação de assistência for apenas uma parte incidental de um propósito mais largo da companhia e a assistência for dada, de boa fé, no interesse da própria sociedade assistente[66].

Determinou-se, também, um procedimento, vulgarmente designado *whitewash procedure*, para apurar a licitude de certas operações de assistência financeira se elas respeitassem determinados pressupostos (cfr. secção 155 e seguintes)[67]. Isto em termos muito próximos do sugerido no Relatório do JENKINS *Committee*[68]. Não obstante, esse procedimento apenas valia para as *private companies* e não já para as *public companies*. Isto em razão da entrada em vigor, entretanto, da Segunda Diretriz comunitária em matéria de sociedades (ela própria inspirada no *Companies act* de 1948)[69]. Ora, semelhante Diretriz mostrava-se desprovida de um procedimento legitimador. De resto, mesmo para as *private companies* viria a mostrar-se necessária uma negociação, intensa, no sentido da não aplicação a elas da proibição de assistência financeira dado a Comissão entender estarem tais sociedades mais próximas das *public companies* (representando uma sua subespécie) do que das sociedades de responsabilidade limitada de tipo continental[70].

---

[66] Previam-se, ainda, exceções para as operações correntes das instituições financeiras e para as operações efetuadas pelo pessoal da sociedade. Para mais pormenores a respeito das exceções à proibição v. CATHERINE ROBERTS, *Financial assistance...*, 32 e ss.. A determinação sobre se uma operação de assistência financeira era, ou não, o propósito principal ou se se mostrava apenas uma parte incidental de outra ou se inseria numa finalidade mais vasta não se afigurou totalmente isenta de dificuldades. Veja-se a este respeito o *Brady v. Brady: HL 1988*, in <*http://swarb.co.uk/brady-v-brady-hl-1988/*> (com simples sumário e extratos). Na sequência disso foram feitas propostas, na consulta de 1996, para reverter legislativamente o efeito desta sentença.

[67] MARIANA DUARTE SILVA, *Assistência financeira no âmbito das sociedades...*, in *Revista...*, 2010, II, 1/2, 153 e 154. V., também, CATHERINE ROBERTS, *Financial assistance...*, 20 e ss., para o *Companies act* de 1981, e 34 e 35, para o *Companies act* de 1985.

[68] Nesse mesmo sentido v. JOANA LEAL DE MACEDO VITORINO, *A proibição de assistência financeira e o artigo 6.º do Código das Sociedades Comerciais...*, 6.

[69] Sublinhando isso mesmo pode ver-se, por exemplo, MARIANA DUARTE SILVA, *Assistência financeira no âmbito das sociedades...*, in *Revista...*, 2010, II, 1/2, 153 e 154; e JOANA LEAL DE MACEDO VITORINO, *A proibição de assistência financeira e o artigo 6.º do Código das Sociedades Comerciais...*, 6.

[70] Na mesma direção v. JOANA LEAL DE MACEDO VITORINO, *A proibição de assistência financeira e o artigo 6.º do Código das Sociedades Comerciais...*, 6.

O *Companies act* de 2006 regula a assistência financeira nas secções 677 e seguintes[71]. Nele determina-se a cessação da proibição para as *private companies*[72], mas ela é mantida para as *public companies* de forma semelhante à já prevista anteriormente. As *public companies* detidas por uma *private company* continuam, todavia, a não poder dar assistência financeira para a aquisição da sociedade superior (secção 679). Desaparece também o *whitewash procedure*[73], mas subsistem várias exceções à proibição de assistência financeira nos termos das secções 681 e 682, em moldes análogos ao estabelecido já na legislação anterior[74].

§ 3 – O Direito europeu

I – A Segunda Diretriz em matéria de Direito das sociedades (Diretriz 77/91/CEE do Conselho, de 13 de dezembro de 1976 propunha-se coordenar as garantias que, para proteção dos interesses dos sócios e de terceiros, são exigidas, nos Estados-membros, às sociedades, na aceção do segundo parágrafo do artigo 58.º do Tratado, no que respeita à constituição da sociedade anónima, bem como à conservação e às modificações do seu capital social, a fim de tornar equivalentes essas garantias em toda a Comunidade), veio proibir, de forma quase absoluta, no artigo 23.º,

[71] A respeito da regulamentação da assistência financeira no *Companies act* de 2006 v. a bibliografia citada nas próximas notas e, além disso, desde já, Hasam Erdem Şişmangil, *Creditor protection in private equity-backed leveraged buyout and recapitalisation practices*, 2014, 66 e ss.; Eilís Ferran/Look Chan Ho, *Principles...*, 233 e 234, 242 e ss.; Louise Gullifer/Jennifer Payne, *Corporate finance law principles and policy*, 2015, 173 e ss.; e na literatura de língua alemã Christina Gasser, *Finanzielle Unterstützung des Aktienerwerbes...*, 55 e 56; Mathias Habersack, *Finanzielle Unterstützung des Aktienerwerbs nach MoMig*, in *Festschrift für Klaus J. Hopt zum 70. Geburtstag am 24. August 2010*, 2010, 726 e 730 e 731.

[72] Assim v., por exemplo, Ian Snatith, *United Kingdom*, in *Capital directive in Europe. The rules on incorporation and Capital of limited liability companies*, org. Dirk Van Gerven, 2014, 948.

[73] Por ser tido por demasiado dispendioso e desproporcionado relativamente ao benefício. Assim Inês Pinto Leite, *Da proibição de assistência financeira...*, in *Direito...*, 2011, 3, 5, 135, nota 13.

[74] Trata-se das exceções para as operações correntes das instituições financeiras e para as operações efetuadas pelo pessoal da sociedade. Para mais pormenores v., ilustrativamente, Ian Snatith, *United...*, in *Capital directive...*, 949 e 950.

a prestação de assistência financeira, atenuada apenas por duas exceções[75]. Determinava-se aí:

ARTIGO 23.º

«1. Uma sociedade não pode adiantar fundos, conceder empréstimos, ou prestar garantias para que um terceiro adquira as suas acções.

2. O disposto no n.º 1 não se aplica às transacções que se enquadrem nas operações correntes dos bancos ou de outras instituições financeiras, nem às operações efectuadas com vista à aquisição de acções pelo ou para o pessoal da sociedade ou de uma sociedade coligada com ela. Todavia, destas transacções e operações não pode resultar que o activo líquido da sociedade se torne inferior ao montante referido no n.º 1, alínea a), do artigo 15.º.

---

[75] Para uma análise, de profundidade variável, das soluções do artigo 23.º da Segunda Diretriz em matéria de Direito das sociedades e a proibição de assistência financeira nela prevista v., entre outros, na Doutrina italiana, ANDREA VICARI, *L'assistenza finanziaria per l'acquisto del controllo delle società...*, 23 e 24; STEFANO CACCHI PESSANI, *L'assistenza finanziaria...*, 14 e ss.; na Doutrina nacional, MENEZES CORDEIRO, *Direito europeu das sociedades*, 2005, 214 e 227; BERNARDO ABREU MOTA, *Proibição de assistência financeira. Notas para a sua interpretação e aplicação...*, in *Revista...*, 2005, setembro-dezembro, 12, 108 e ss.; MARIANA DUARTE SILVA, *Assistência financeira no âmbito das sociedades...*, in *Revista...*, 2010, II, 1/2, 155 e ss.; INÊS PINTO LEITE, *Da proibição de assistência financeira...*, in *Direito...*, 2011, 3, 5, 131 e ss.; RITA TRABULO, *As acções próprias. O regime da aquisição de acções próprias e a prestação de assistência financeira...*, in *Temas de direito...*, 422 e ss.; MARGARIDA COSTA ANDRADE, *Código das sociedades comerciais...*, V (artigos 271.º a 372.º-B), comentário ao artigo 322.º, 448 e 449; PAULO DE TARSO DOMINGUES, *Assistência financeira...*, in *AB Instantia...*, 2013, I, 2, 58 e 59; ISABEL PINHEIRO TORRES, *Da aplicação da proibição de assistência financeira...*, in *Colecção de Estudos...*, 2015, 3, 137, nota 1; JESSICA RODRIGUES FERREIRA, *A proibição de assistência financeira...*, in *Direito das sociedades...*, 2015, 8, 15, 62 e 63; ANA PERESTRELO DE OLIVEIRA, *Manual de corporate...*, 220; PEDRO NUNES, *A Proibição de Assistência Financeira...*, in *Revista...*, 2015, junho, 2, 6 e ss.; e JOANA LEAL DE MACEDO VITORINO, *A proibição de assistência financeira e o artigo 6.º do Código das Sociedades Comerciais...*, 10 e ss.. Na literatura de língua alemã v., por exemplo, HOLGER FLEISCHER, *Zur Finanzielle Unterstützung des Aktienerwerbs...* in *Die Aktiengesellschaft...*, 1996, 495; CHRISTINA GASSER, *Finanzielle Unterstützung des Aktienerwerbes...*, 5 e ss., 15 e ss.; MATHIAS HABERSACK, *Finanzielle Unterstützung des Aktienerwerbs...*, in *Festschrift für Klaus J. Hopt...*, 725, 726 e 730; TOM HARTUNG, *Financial Assistance. § 71a AktG unter Berücksichtigung der reformierten Kapitalrichtlinie*, 2010, 33 e ss.; FLORIAN ALEXANDER HASSNER, *Finanzielle Unterstützung zum institutionellen Leveraged Buyout ...*, 127 e ss., 143 e ss., com um estudo aprofundado desde a génese do preceito. Finalmente, entre os autores ingleses cfr. EILÍS FERRAN, *Regulation of private equity backed leveraged buyout activity*, in *European corporate governance institute working papers series in law*, 2007, 84, 20 e ss..

3. O disposto no n.º 1 não se aplica às operações efectuadas para a aquisição das acções mencionadas no n.º 1, alínea h) do artigo 20.º».

A solução adotada inspirava-se, no entender da opinião dominante, na secção 54 do *Companies act* de 1948[76], muito embora houvesse já, ao tempo, na Inglaterra, e também na Itália, um debate profundo sobre as desvantagens da proibição e fossem já sabidas as propostas do JENKINS *Committee*. De forma propositada, ou não, a Diretriz revelou-se, porém, insensível ao debate já travado nos dois países[77]. Ela seria, por isso, prontamente objeto de censuras e reparos[78].

---

[76] Isso mesmo é sublinhado por uma bibliografia abundante. Refere-se, *colorandi causa*, nesse sentido, na nossa literatura, MARIA VICTÓRIA ROCHA, *Aquisição de ações próprias no Código das sociedades comerciais*, 1994, 310; MARIANA DUARTE SILVA, *Assistência financeira no âmbito das sociedades...*, in *Revista...*, 2010, II, 1/2, I, 153 e 155; PEDRO DE ALBUQUERQUE, *Código das sociedades comerciais...*, comentário ao artigo 322.º, 889; INÊS PINTO LEITE, *Da proibição de assistência financeira...*, in *Direito...*, 2011, 3, 5, 131,132, e nota 7; SÉRGIO COIMBRA HENRIQUES, *Proibição de Assistência Financeira – Análise e perspectivas*, 2012, in *<https://www.academia.edu/5136378/Proibi%C3%A7%C3%A3o_de_Assist%C3%AAncia_Financeira_An%C3%A1lise_e_perspectivas_Outubro_2012>*, 3 (muito embora a obra não tenha as páginas numeradas); PEDRO NUNES, *A Proibição de Assistência Financeira...*, in *Revista...*, 2015, junho, 2, 6 e 7; JESSICA RODRIGUES FERREIRA, *A proibição de assistência financeira...*, in *Direito das sociedades...*, 2015, 8, 15, 61; JOÃO VENTURA, *A Diretiva 2006/68/CE e o regime da assistência financeira...*, in *Revista...*, 2016, VIII, I, 115; na Doutrina italiana, STEFANO CACCHI PESSANI, *L'assistenza finanziaria...*, 14; e, entre os autores alemães, SCHROEDER, *Zur Finanzielle Unterstützung...*, 6, 44 e ss., 215 e 219; MATHIAS HABERSACK, *Finanzielle Unterstützung des Aktienerwerbs...*, in *Festschrift für Klaus J. Hopt...*, 725. Vejam-se, também, as amplas referências bibliográficas, designadamente as tudescas, fornecidas por FLORIAN ALEXANDER HASSNER, *Finanzielle Unterstützung zum institutionellen Leveraged Buyout einer Aktiengesellschaft...*, 161 e ss., nota 1139 e ss., mesmo se o autor diverge desta orientação. Ainda assim para um assinalar das diferenças entre a norma inglesa vertida na Diretriz v. JOANA LEAL DE MACEDO VITORINO, *A proibição de assistência financeira e o artigo 6.º do Código das Sociedades Comerciais...*, 11.

[77] MARGARIDA COSTA ANDRADE, *Código das sociedades comerciais...*, V (artigos 271.º a 372.º-B), comentário ao artigo 322.º, 448, fala mesmo numa manifestação, deliberada ou não, de ignorância, a nível da Diretriz, relativamente ao debate doutrinal sentido tanto na Inglaterra como na Itália.

[78] V., por exemplo, as referências feitas por EDDY WYMEERSCH, *Reforming the second company law Directive*, in *Financial law institute, working papers series*, 2006, 15, 10 e ss., 20 e ss.; e JOANA LEAL DE MACEDO VITORINO, *A proibição de assistência financeira e o artigo 6.º do Código das Sociedades Comerciais...*, 12, e nota 29.

Entretanto orientações mais ou menos recentes têm vindo a sublinhar a estreiteza de visões da *communis opinio* ao afirmar a exclusiva origem inglesa do artigo 23.º da Segunda Diretriz. HASSNER[79], por exemplo, defende ser o preceito uma miscelânea proveniente de origens várias com relevo para as inglesas e belgas. Seria além do mais possível, ainda se se mostra algo incerto e nebuloso, a existência de influências irlandesas, dinamarquesas e, também, provenientes de outros países do Norte da Europa.

Nestes termos, mesmo a afigurar-se viável proceder-se a uma interpretação histórico-teleológica do preceito, nos moldes propugnados designadamente por SCHROEDER[80], haveria fundadas dúvidas no sentido de se poder chegar ao entendimento de haver apenas uma autoridade ou influência dos precedentes britânicos sobre o artigo 23.º da Segunda Diretriz.

II – Seja como for, e não obstante as censuras à solução adotada, a proibição, mitigada tão-só por duas exceções de reduzida portada, apenas voltaria a ser reponderada, a nível europeu, no lançamento da quarta fase da iniciativa da Comissão designada através do acrónimo *SLIM* (*Simpler legislation for the internal market*; Simplificação da legislação do mercado interno)[81]. Nas sugestões, então, apresentadas à Comissão Europeia propõe-se a redução da proibição a um «mínimo prático». Para isso apontavam-se duas possibilidades. Ou limitar a assistência financeira ao

[79] FLORIAN ALEXANDER HASSNER, *Finanzielle Unterstützung zum institutionellen Leveraged Buyout einer Aktiengesellschaft...*, 161 e ss.. Segundo o autor, a opinião dominante parece visivelmente ignorar o conteúdo e o sentido das intervenções belgas neste âmbito. Assim v., ainda, JOHANNES FRIDRICH, *Der Schutz des Kapitals der Aktiengesellschaft bei fremdfinanzierter Übernahme. Abhandlungen zum Deutschen und Europäischen Gesellschafts- und Kapitalmarktrecht*, 2010, 193 e 194.

[80] ULRICH SCHROEDER, *Zur Finanzielle Unterstützung...*, 72 e ss..

[81] V., por exemplo, EDDY WYMEERSCH, *Reforming the second company law...*, in *Financial law institute...*, 2006, 15, 11; MARIANA DUARTE SILVA, *Assistência financeira no âmbito das sociedades...*, in *Revista...*, 2010, II, 1/2, I, 157; JAN BROSIUS, *Die finanzielle Unterstützung des Erwerbs eigener Aktien...*, 258 e ss.; PEDRO NUNES, *A Proibição de Assistência Financeira...*, in *Revista...*, 2015, junho, 2, 7; JOÃO VENTURA, *A Diretiva 2006/68/CE e o regime de assistência financeira...*, in *Revista...*, 2016, VIII, I, 116.

montante dos ativos líquidos distribuíveis ou reduzir a proibição à subscrição de novas ações[82].

Mais tarde, em 2002, o Grupo de alto nível de peritos em Direito das sociedades (*SLIM-Plus*) elaborou um relatório favorável à primeira das duas medidas alternativas antes apontadas, sujeita, porém, a uma deliberação prévia da assembleia geral[83].

III – Em 2004 a Comissão apresentou uma proposta de alteração da Segunda Diretriz. Dois anos mais tarde seria aprovada a Diretriz 2006/68/CE, de 6 de setembro, do Parlamento europeu e do Conselho[84]. Nela estabelece-se deverem os Estados-membros:

---

[82] Cfr. *Company law SLIM working group on the simplification of the first and second company law directives. Proposals submitted to the European Comission*, 1999, 5 e 7, disponível em <*http://users.ugent.be/~ewymeers/WP/SLIM.pdf*>; e *Recommendations by the company law Slim working group on the simplification of the first and second company law directives. Conclusions submitted by the Company Law Slim Working Group*, sem data, disponível *em* <*http://ec.europa.eu/internal_market/company/docs/official/6037en.pdf*>. Cfr., também, Eddy Wymeersch, *European company law. The Simpler Legislation for the internal market (SLIM) initiative of the EU Commission*, in *Financial law institute, working paper series*, 2009, 5; Mariana Duarte Silva, *Assistência financeira no âmbito das sociedades...*, in *Revista...*, 2010, II, 1/2, I, 158; João Ventura, *A Diretiva 2006/68/CE e o regime da assistência financeira...*, in *Revista...*, 2016, VIII, I, 116; e Joana Leal de Macedo Vitorino, *A proibição de assistência financeira e o artigo 6.º do Código das Sociedades Comerciais...*, 12.

[83] *Report of the high level group of company law experts on a modern regulatory framework for company law in Europe*, 2002, 85, disponível em <*http://www.ecgi.org/publications/documents/report_en.pdf*>. V., também, Mariana Duarte Silva, *Assistência financeira no âmbito das sociedades...*, in *Revista...*, 2010, II, 1/2, I, 158; João Ventura, *A Diretiva 2006/68/CE e o regime da assistência financeira...*, in *Revista...*, 2016, VIII, I, 116; e Joana Leal de Macedo Vitorino, *A proibição de assistência financeira e o artigo 6.º do Código das Sociedades Comerciais...*, 12.

[84] A respeito do impacto e importância da Diretriz 2006/68/CE do Parlamento europeu e do Conselho v., designadamente, entre nós, Joana Pinto Monteiro, *A assistência financeira nas sociedades em relação de domínio*, pol., 2006, 53 e ss.; Mariana Duarte Silva, *Assistência financeira no âmbito das sociedades...*, in *Revista...*, 2010, II, 1/2, I 157 e ss.; Inês Pinto Leite, *Da proibição de assistência financeira...*, in *Direito...*, 2011, 3, 5, 131 e ss.; Rita Trabulo, *As acções próprias. O regime da aquisição de acções próprias e a prestação de assistência financeira...*, in *Temas de direito...*, 442 e ss.; Margarida Costa Andrade, *Código das sociedades comerciais...*, V (artigos 271.º a 372.º-B), comentário ao artigo 322.º, 448, 449 e 452; Sérgio Coimbra Henriques, *Proibição de Assistência Financeira...*, in <*ttps://www.academia.edu/*>..., 4; Paulo de Tarso Domingues, *Assistência financeira...*, in *AB Instantia...*, 2013, I, 2, 59; Jessica Rodrigues Ferreira, *A proibição de assistência financeira...*, in *Direito das sociedades...*, 2015, 8, 15, 63 e 64; e Ana Perestrelo de Oliveira, *Manual de corporate...*, 220; João Ventura, *A Diretiva 2006/68/CE e o regime da*

«(...) ter a faculdade de permitir que as sociedades anónimas concedam assistência financeira tendo em vista a aquisição das suas acções por terceiros até ao limite das reservas passíveis de distribuição da sociedade, de forma a reforçar a flexibilidade no que diz respeito aos direitos que acompanham a participação no capital das sociedades. Esta possibilidade deverá ser objecto de garantias, tendo em conta o objectivo de protecção dos accionistas e terceiros prosseguido pela presente directiva».

Em virtude disso, o artigo 23.º/1 da Diretriz 77/91/CEE foi alterado pela Diretriz 2006/68/CE de modo a passar a ter a seguinte redação:

«1. Caso os Estados-Membros permitam que uma sociedade, directa ou indirectamente, adiante fundos, conceda empréstimos ou preste garantias para que um terceiro adquira as suas acções, tais operações devem realizar-se com observância das condições estabelecidas nos segundo, terceiro, quarto e quinto parágrafos.

As operações devem realizar-se sob a responsabilidade do órgão de administração ou de direcção, em condições justas de mercado, especialmente no que diz respeito aos juros pagos à sociedade e no que se refere às garantias que lhe são oferecidas pelos empréstimos e os adiantamentos a que se refere o primeiro parágrafo. A situação em termos de fiabilidade creditícia do terceiro ou, no caso de operações com múltiplas partes, de cada contraparte deve ter sido devidamente analisada.

As operações devem ser submetidas pelo órgão de administração ou de direcção à aprovação prévia da assembleia geral que delibera em conformidade com as regras de quórum e de maioria definidas no artigo 40.º. O órgão de administração ou de direcção deve apresentar à assembleia geral um relatório escrito, indicando as razões da opera-

assistência financeira..., in *Revista...*, 2016, VIII, I, 121 e ss.. Na Doutrina italiana v., por exemplo, ANDREA VICARI, *L'assistenza finanziaria per l'acquisto del controllo delle società...*, 23 e ss.; STEFANO CACCHI PESSANI, *La tutela dei creditori nelle operazioni di merger leveraged buyout...*, 45 e ss.; Id., *L'assistenza finanziaria...*, 1 e ss., 6 e ss., 20 e ss.; e, entre os autores alemães ou de língua alemã, TIM DRYGALA, *Finanzielle Unterstützung des Aktienerwerbs nach der reform der Kapitalrichtlinie*, in *Der Konzern*, 2007, 6-7, 396 e ss.; ROBERT FREITAG, *Financial assistance durch die Aktiengesellschaft nach der reform der Kapitalrichtlinie – (k)ein Freifahrtschein für LBOS?*, in *Die Aktiengesellschaft. Zeitschrift für das gesamte Aktienwesen, für deutsches, europäisches und internationales unternehmens- Und Kapitalmartktrecht*, 2007, 5, 157 e ss.; CHRISTINA GASSER, *Finanzielle Unterstützung des Aktienerwerbes...*, 37 e ss.; JAN BROSIUS, *Die finanzielle Unterstützung des Erwerbs eigener Aktien...*, 253 e ss.; FLORIAN ALEXANDER HASSNER, *Finanzielle Unterstützung zum institutionellen Leveraged Buyout einer Aktiengesellschaft...*, 206 e ss.. Entre os autores belgas referência para EDDY WYMEERSCH, *Reforming the second company law...*, in *Financial law institute...*, 2006, 15, 20 e ss..

ção, o interesse da sociedade na realização dessa operação, as condições em que a operação é efectuada, os riscos que a operação implica para a liquidez e solvabilidade da sociedade e o preço a que o terceiro adquirirá as acções. O referido relatório deve ser enviado ao registo comercial para publicação em conformidade com o disposto no artigo 3.º da Directiva 68/151/CEE.

A assistência financeira global concedida a terceiros nunca deve ocasionar a redução dos activos líquidos para um nível inferior ao montante especificado nas alíneas a) e b) do n.º 1 do artigo 15.º, tendo também em conta qualquer redução dos activos líquidos que possa ter ocorrido em virtude da aquisição de acções próprias pela sociedade ou por sua conta em conformidade com o n.º 1 do artigo 19.º. A sociedade deve incluir no passivo do seu balanço uma reserva, cuja distribuição é vedada, no montante da assistência financeira global.

Sempre que as acções próprias da sociedade, na acepção do n.º 1 do artigo 19.º, sejam adquiridas por um terceiro, ou as acções emitidas durante um aumento do capital subscrito sejam subscritas por um terceiro, através da assistência financeira da sociedade, essa aquisição ou subscrição deve efectuar-se a um preço justo».

Além disso, a Diretriz 2006/68/CE introduziu, ainda, um novo artigo 23.º-A dotado do seguinte teor:

«Quando membros individuais do órgão de administração ou de direcção da sociedade que seja parte numa operação prevista no n.º 1 do artigo 23.º, ou do órgão de administração ou de direcção de uma empresa-mãe na acepção do artigo 1.º da Directiva 83/349/CEE do Conselho, de 13 de Junho de 1983, relativa às contas consolidadas, ou a própria empresa-mãe, ou pessoas agindo em nome próprio, mas por conta dos membros desses órgãos ou dessa empresa, forem contrapartes numa tal operação, os Estados-Membros devem assegurar, através de garantias adequadas, que essa operação não é contrária aos interesses da sociedade».

Não obstante as alterações assinaladas, elas foram julgadas, por vários setores, insuficientes. A permissão de assistência financeira mostrar-se-ia muito aquém do âmbito das propostas apresentadas pelos grupos de trabalho. Os pressupostos da assistência financeira são tidos por demasiado onerosos e difíceis. Afirma-se, destarte, a improbabilidade da utilização da operação pelas sociedades. Censura-se a excessiva exposição dos administradores. Reprova-se a necessidade de aprovação prévia da assembleia geral dada a impossibilidade, amiúde, de ela ser convocada em tempo útil de modo a viabilizar as operações. Desaprova-se, finalmente, sobretudo em cenários de reduzida probabilidade de inadimplemento, a chamada dupla barreira quantitativa representada pela limitação à possibilidade de utilização apenas das reservas disponíveis e pela necessidade de inscrição no balanço da sociedade de uma reserva indisponível correspondente à assistência financeira concedida[85]. Além disso, o teor da Diretriz é facultativo para os Estados-membros. Finalmente, ver-se-á adiante, o regime da Diretriz sob a aparência ou pretexto de flexibilização veio, em certos aspetos, impor exigências mais gravosas face às soluções já obtidas em sede interpretativa pela Doutrina de vários países a propósito dos pressupostos subjetivos e finalísticos da proibição.

IV – Posteriormente, a assistência financeira seria prevista e regulada pelo artigo 25.º da Diretriz 2012/30/UE, do Parlamento e do Conselho, de 25 de outubro de 2012[86/87]. As alterações são de mera ordenação e sistematização.

Atualmente as regras referentes à assistência financeira são as determinadas pelo artigo 64.º da Diretriz 2017/1132/UE do Parlamento euro-

---

[85] A respeito destas censuras ao regime da Diretriz v., por exemplo, Eddy Wymeersch, *Reforming the second company law...*, in *Financial law institute...*, 2006, 15, 21 e 22; Eilís Ferran, *Regulation of private equity backed leveraged buyout...*, in *European corporate governance institute...*, 2007, 84, 25 e ss.; Inês Pinto Leite, *Da proibição de assistência financeira...*, in *Direito...*, 2011, 3, 5, 169 e ss.; João Ventura, *A Diretiva 2006/68/CE e o regime da assistência financeira...*, in *Revista...*, 2016, VIII, I, 127 e 128; e Joana Leal de Macedo Vitorino, *A proibição de assistência financeira e o artigo 6.º do Código das Sociedades Comerciais...*, 13. V., ainda, a breve resenha de Paulo de Tarso Domingues, *Nótula relativa à revogação/substituição da 2.ª Diretiva sobre sociedades (a chamada «Diretiva do Capital»)*, in *Direito das sociedades em revista*, 2013, 5, 9, 295 e 296.

[86] A propósito do artigo 25.º da Diretriz 2012/30/UE v., designadamente, Oechsler, *Münchener Kommentar...*, comentário ao § 71a, anotação 7 e ss.; e Joana Leal de Macedo Vitorino, *A proibição de assistência financeira e o artigo 6.º do Código das Sociedades Comerciais...*, 14.

[87] É o seguinte o texto do artigo 25.º:

"*1. Caso os Estados-membros permitam que uma sociedade, direta ou indiretamente, adiante fundos, conceda empréstimos ou preste garantias para que um terceiro adquira as suas ações, tais operações devem realizar-se com observância das condições estabelecidas nos n.os* 2 a 5.

2. As operações devem realizar-se sob a responsabilidade do órgão de administração ou de direção, em condições justas de mercado, especialmente no que diz respeito aos juros pagos à sociedade e no que se refere às garantias que lhe são oferecidas pelos empréstimos e os adiantamentos a que se refere o n.º 1.

A situação em termos de fiabilidade creditícia do terceiro ou, no caso de operações com múltiplas partes, de cada contraparte deve ter sido devidamente analisada.

peu e do Conselho, de 14 de junho. Mas o arranjo é, uma vez mais, de pormenor. Substancialmente a solução é a mesma já imposta pelas duas Diretrizes anteriores.

§ 4 – A assistência financeira no Direito português

§ 4.1 – Aspetos gerais

I – No Ordenamento nacional a disciplina e proibição básica de assistência financeira, introduzida como novidade no Código das sociedades comerciais, permanecem inalteradas desde a entrada em vigor deste

---

3. As operações devem ser submetidas pelo órgão de administração ou de direção à aprovação prévia da assembleia geral que delibera em conformidade com as regras de quórum e de maioria definidas no artigo 44.º.
O órgão de administração ou de direção deve apresentar à assembleia geral um relatório escrito indicando:
a) As razões da operação;
b) O interesse da sociedade na realização dessa operação;
c) As condições em que a operação é efetuada;
d) Os riscos que a operação implica para a liquidez e solvabilidade da sociedade; e
e) O preço a que o terceiro adquirirá as acções.
O referido relatório deve ser enviado ao registo comercial para publicação em conformidade com o disposto no artigo 3.º da Diretiva 2009/101/CE.
4. A assistência financeira global concedida a terceiros não pode ocasionar a redução dos ativos líquidos para um nível inferior ao montante especificado no artigo 17.º, n.ºs 1 e 2, tendo também em conta qualquer redução dos ativos líquidos que possa ter ocorrido em virtude da aquisição de ações próprias pela sociedade ou por sua conta em conformidade com o artigo 21.º, n.º 1.
A sociedade deve incluir no passivo do seu balanço uma reserva, cuja distribuição é vedada, no montante da assistência financeira global.
5. Sempre que as ações próprias da sociedade, nos termos do artigo 21.º, n.º 1, sejam adquiridas por um terceiro, ou as ações emitidas durante um aumento do capital subscrito sejam subscritas por um terceiro, através da assistência financeira da sociedade, essa aquisição ou subscrição deve efetuar-se a um preço justo.
6. O disposto nos n.ºs 1 a 5 não se aplica às transações que se enquadrem nas operações correntes dos bancos ou de outras instituições financeiras, nem às operações efetuadas com vista à aquisição de ações pelo ou para o pessoal da sociedade ou de uma sociedade coligada com ela.
Todavia, dessas transações e operações não pode resultar que o ativo líquido da sociedade se torne inferior ao montante referido no artigo 17.º, n.º 1.
7. O disposto nos n.ºs 1 a 5 não se aplica às operações efetuadas para a aquisição das acções mencionadas no artigo 22.º, n.º 1, alínea h)».

diploma. Na verdade, atendendo à dimensão parcialmente opcional, seja da Diretriz 2006/68/CE, seja das suas sucessoras, na parte liberalizadora da assistência financeira, preferiu-se (a nosso ver mal[88]), manter a nível interno a proibição exatamente na mesma. O artigo 322.º do Código das sociedades comerciais mantém-se, destarte, desde a entrada em vigor do diploma onde está inserido, sem alterações.

II – Uma sociedade não pode, portanto, fazer empréstimos ou por alguma outra forma fornecer fundos ou prestar garantias para um terceiro[89] subscrever ou por outro meio adquirir ações representativas do seu capital social (artigo 322.º/1). No seu teor literal a proibição é relativa apenas às ações. Veremos adiante se será de estender, ou não, a outras formas de participações sociais.

A proibição não vale, porém, para as transações emolduradas nas operações correntes dos bancos ou de outras instituições financeiras, nem para as operações efetuadas com vista à aquisição de ações pelo ou para o pessoal da sociedade ou de uma sociedade com ela coligada. No entanto, de tais operações não pode resultar tornar-se o ativo líquido da sociedade inferior ao montante do capital subscrito acrescido das reservas insuscetíveis de serem distribuídas segundo a lei ou o contrato de sociedade (artigo 322.º/2).

---

[88] Tanto mais que a própria Diretriz 2006/68/CE era ela própria bastante restritiva e permaneceu, já o referimos, aquém das propostas dos grupos de trabalho. O mesmo sucedeu relativamente às Diretrizes posteriores sobre a matéria.

[89] Esta referência direta do artigo 322.º/1 do Código das sociedades comerciais ao terceiro não afasta, normativamente, a abrangência dos próprios sócios. No mesmo sentido Miguel Brito Bastos, *As consequências da aquisição ilícita de acções próprias pelas sociedades anónimas*, in *Revista de direito das sociedades*, 2009, I, 189, nota 13; Ana Perestrelo de Oliveira, *Manual de corporate...*, 227; Paulo Olavo Cunha, *Direito das sociedades comerciais*, 6.ª ed., 2016, 468. Mas cfr., porém, o referido *infra* § 4. 3. 1. 1. 2, V, a propósito da assistência financeira posterior à aquisição das ações. Para uma análise desenvolvida da noção de terceiro para efeitos de assistência financeira v., com interesse, e muito embora a expressão usada no § 71a da *AktG* seja outra, Ulrich Schroeder, *Zur Finanzielle Unterstützung...*, 154 e ss.; Florian Alexander Hassner, *Finanzielle Unterstützung zum institutionellen Leveraged Buyout einer Aktiengesellschaft...*, 311 e ss., e ainda, mas de forma mais breve, as referências feitas por Cahn, *Kommentar zum Aktiengesetz*, coordenação de Spindler/Stilz, 3.ª ed., 2015, comentário ao § 71a, anotação 32; Oechsler, *Münchener Kommentar...*, comentário ao § 71a, anotação 32.

Os contratos ou atos unilaterais que violem o disposto no artigo 322.º/1 ou na parte final do 322.º/2 são nulos (artigo 322.º/3).

§ 4.2 – A *ratio* da proibição de assistência financeira

I – A *ratio* da proibição de assistência financeira mostra-se objeto de debate e de acesa disputa[90].

[90] Sobre a finalidade da proibição pode ver-se, entre outros, RAÚL VENTURA, *Acções próprias*, in *Estudos vários sobre sociedades anónimas*, 1992, 377 e 378; MARIA VICTÓRIA FERREIRA ROCHA, *Aquisição de acções próprias...*, 311 e ss.; JOSÉ DIOGO HORTA OSÓRIO, *Da Tomada do Controlo de Sociedades (Takeovers) por Leveraged Buyout e sua Harmonização com o Direito Português*, 2001, 189, 194 e 195; BERNARDO ABREU MOTA, *Proibição de assistência financeira. Notas para a sua interpretação e aplicação. A propósito do Projecto de Relatório do Parlamento Europeu...*, in *Revista...*, 2005, setembro-dezembro, 12, 110 e ss.; JOANA PINTO MONTEIRO, *A assistência financeira...*, 11 e ss.; MARIANA DUARTE SILVA, *Assistência financeira no âmbito das sociedades...*, in *Revista...*, 2010, II, 1/2, 155 e ss., 169 e ss.; INÊS PINTO LEITE, *Da proibição de assistência financeira...*, in *Direito...*, 2011, 3, 5, 133 e ss.; RITA TRABULO, *As acções próprias. O regime da aquisição de acções próprias e a prestação de assistência financeira...*, in *Temas de direito...*, 426 e ss.; CARLOS OSÓRIO DE CASTRO, *A prestação de garantias e a assistência financeira no âmbito de uma relação de grupo*, in *Estudos em Homenagem a Miguel Galvão Telles*, 2012, II, 423 e 424; MARGARIDA COSTA ANDRADE, *Código das sociedades comerciais...*, V (artigos 271.º a 372.º-B), comentário ao artigo 322.º, 450 e ss.; PAULO DE TARSO DOMINGUES, *Assistência financeira...*, in *AB Instantia...*, 2013, I, 2, 54 e ss.; ISABEL PINHEIRO TORRES, *Da aplicação da proibição de assistência financeira...*, in *Colecção de Estudos...*, 2015, 3, 140 e ss.; ANA PERESTRELO DE OLIVEIRA, *Manual de corporate...*, 221 e ss.; PEDRO NUNES, *A Proibição de Assistência Financeira...*, in *Revista...*, 2015, junho, 2, 8 e ss.; JESSICA RODRIGUES FERREIRA, *A proibição de assistência financeira...*, in *Direito das sociedades...*, 2015, 8, 15, 64 e ss.; JOÃO VENTURA, *A Diretiva 2006/68/CE e o regime da assistência financeira...*, in *Revista...*, 2016, VIII, I, 117 e ss.; e JOANA LEAL DE MACEDO VITORINO, *A proibição de assistência financeira e o artigo 6.º do Código das Sociedades Comerciais...*, 15 e ss.. Na literatura de língua inglesa veja-se a este respeito EILÍS FERRAN/LOOK CHAN HO, *Principles of corporate finance...*, 234 e ss.; e LOUISE GULLIFER/JENNIFER PAYNE, *Corporate finance law...*, 173 e ss.. Por sua vez, a respeito das razões da proibição no entender da Doutrina italiana pode ver-se, ilustrativamente, STEFANO CACCHI PESSANI, *L'assistenza finanziaria...*, 25 e ss.. A propósito dos fins da proibição no Direito alemão cfr., por exemplo, ROLAND PÜHLER, *Das Verbot der Anteilsfinanzierung...*, 19 e ss.; TOBIAS KLASS, *Der Buyout von Aktiengesellschaften: Eine juristisch-ökonomische Untersuchung zu § 71a Abs. 1 AktG und zur Gesetzesumgehung im Gesellschaftsrecht*, 2000, 19 e ss:, MATHIAS HABERSACK, *Die finanzielle Unterstützung des Aktienerwerbs – Überlegungen zu Zweck und Anwendungsbereich des § 71a Abs. 1 Satz 1 AKtG*, in *Festschrift für Volker Röhricht*, 2005, 157 e ss.; ALEXANDER KITANOFF, *Der Erwerb eigner Aktien, Aktienrückkaufe und Interessen der Gläubiger, Aktionäre und des Kapitalmarkts*,

No essencial têm-se apontado as seguintes razões ou fundamentos principais[91].

– A proteção do capital social e/ou, também, do património da sociedade como prolongamento do regime limitativo das ações próprias. Isto, sem prejuízo, de alguns autores apontarem, também, à proibição, por vezes, um valor autónomo na proteção do capital social ou do património[92].

– A proteção da organização e estrutura societária. Tratar-se-ia de obstar a conflitos de interesses e de evitar abusos por parte da administração de forma a facilitar a entrada de determinados sócios mais propensos a apoiarem essa mesma administração. Desta forma, garantir-se-ia a integridade dos órgãos sociais e prevenir-se-iam conflitos de interesses. Além disso, evitar-se-ia, também, a eventual manipulação do valor das ações, através da formação de uma procura artificial.

– A proteção da igualdade dos acionistas, impedindo os administradores de beneficiarem um acionista, atual ou futuro, em prejuízo dos restantes.

– Atendendo à alegada origem inglesa da proibição – supostamente transmitida pela Segunda Diretriz – da assistência financeira desenvolveu-se, sobretudo na Alemanha, uma orientação no sentido de a razão de interdição ser a de prevenir a possibilidade de *leveraged buyouts*.

2008, 124 e ss.; Jan Brosius, *Die finanzielle Unterstützung des Erwerbs eigener Aktien...*, 16 e ss., 57 e 58; Florian Alexander Hassner, *Finanzielle Unterstützung zum institutionellen Leveraged Buyout einer Aktiengesellschaft...*, 114 e ss., 161 e ss., 190 e 191; Cahn, *Kommentar...*, comentário ao § 71a, anotação 6 e ss.; Oechsler, *Münchener Kommentar...*, comentário ao § 71a, anotação 2 e ss.; Merkt, *Aktiengesetz. Grosskommentar*, organização de Heribert Hirte/Peter O. Mülbert/Markus Roth, 5.ª ed., 2018, 3, 2, comentário ao § 71a, 464. Já na Doutrina austríaca v. Christina Gasser, *Finanzielle Unterstützung des Aktienerwerbes...*, 57 e ss. (reportando-se ao Direito inglês) 105 e ss., 147 e ss.., 223 e ss..

[91] Mas v., ainda, outras razões referidas *infra* § 4. 2. 4.

[92] A este respeito v. *infra* § 4. 2. 4, I. Na nossa Jurisprudência entende ser a finalidade da proibição de assistência financeira presente no artigo 322.º/1 a salvaguarda do capital (muito embora não refira se se trata de uma finalidade associada ao regime das ações próprias ou autónoma), o aresto da RPt 07-11-2011 (Ana Paula Carvalho), Proc. 555/08.1TVPRT.P1 (venda de ações – nulidade – atividade bancária – abuso de direito – prescrição).

– A existência de uma *ratio* complexa, representada por uma multiplicidade de motivos, cada um deles insuscetível, por si só, de fundar a proibição mas, se ligados todos entre si, dela determinantes.

II – Iremos, de seguida, analisar separadamente os fundamentos agora referidos. Deixaremos, porém, uma análise mais aprofundada do problema dos *leveraged buyouts* e sua abrangência, ou não, pela proibição de assistência financeira para o momento do tratamento dessa figura no âmbito da análise dos requisitos e pressupostos da proibição[93].

§ 4.2.1 – **Prolongamento do regime das ações próprias**

I – A *communis opinio* durante algum tempo vigente defendeu ter a proibição de assistência financeira por finalidade prolongar o regime das ações próprias e evitar fraudes à respetiva disciplina[94]. Tratava-se, no fundo, de evitar operações dotadas de resultado económico, patrimonial e administrativo ou estrutural semelhante. E a inserção sistemática do artigo 322.º do Código das sociedades comerciais no âmbito do regime das ações próprias parece atestar essa solução.

Mas a Doutrina não tardaria em assinalar não parecer poder ser essa a solução[95].

---

[93] Cfr. *infra* § 4. 3. 5.

[94] Em favor da ideia de o artigo 322.º do Código das sociedades comerciais reforçar o regime das ações próprias pode ver-se, por exemplo, MARIA VICTÓRIA FERREIRA ROCHA, *Aquisição de acções próprias...*, 311, muito embora aponte igualmente outras razões; JOSÉ DIOGO HORTA OSÓRIO, *Da Tomada do Controlo de Sociedades (Takeovers) por Leveraged Buyout...*, 189, admitindo, porém, também outras finalidades; e BERNARDO ABREU MOTA, *Proibição de assistência financeira. Notas para a sua interpretação e aplicação...*, in *Revista...*, 2005, setembro-dezembro, 12, 110 e ss.. Parece ser, ainda hoje, essa a posição de ANA PERESTRELO DE OLIVEIRA, *Manual de corporate...*, 221, 222 e 281. Na Doutrina alemã pode ver-se, ao menos parcialmente, no sentido do texto LUTTER/DRYGALA, *Kölner Kommentar zum Aktiengesetz*, 3.ª ed., 2012, comentário ao § 71a, 293 (v., porém, 294); FLORIAN ALEXANDER HASSNER, *Finanzielle Unterstützung zum institutionellen Leveraged Buyout einer Aktiengesellschaft...*, 114 e ss., 161 e ss., 190 e 191; OECHSLER, *Münchener Kommentar...*, comentário ao § 71a, anotação 3 e 4, apontando à norma um duplo fim.

[95] No sentido da insuficiência do apelo ao reforço do regime das ações próprias para fundar a proibição de assistência financeira v., por exemplo, RAÚL VENTURA, *Acções...*, in *Estudos...*, 378; JOANA PINTO MONTEIRO, *A assistência financeira...*, 13 e ss.; MARIANA DUARTE SILVA, *Assistência*

Na verdade, esse fundamento não teria virtualidade para elucidar a diferença de regimes entre ambas as situações. De um lado, teríamos uma, ao menos aparente, proibição absoluta de assistência financeira. Do outro, uma simples proibição relativa de aquisição de ações próprias[96]. Ora, não faria sentido, seria mesmo absurdo, se, para dobrar o regime das ações próprias, o artigo 322.º proíbe-se o permitido pelo regime por ele dobrado ou prolongado. Ou seja: se a finalidade do artigo 322.º fosse a de evitar a possibilidade de se passar por cima do regime das ações próprias e, portanto, de prolongar esse regime, não se entenderia proibir, esse preceito, situações permitidas pelo próprio regime supostamente por ele garantido[97]. Além disso, e se isto não bastasse, assiste-se também a uma

---

financeira no âmbito das sociedades..., in *Revista...*, 2010, II, 1/2, I, 173 E 174; Inês Pinto Leite, *Da proibição de assistência financeira...*, in *Direito...*, 2011, 3, 5, 133 e ss.; Carlos Osório de Castro, *A prestação de garantias e a assistência financeira...*, in *Estudos...*, II, 423 e 424, lembrando não apenas o facto de parecer haver uma proibição absoluta de assistência, ao invés da proibição relativa de aquisição de ações próprias, mas, também, a diversidade dos efeitos cominados numa situação e noutra; Paulo de Tarso Domingues, *Assistência financeira...*, in *AB Instantia...*, 2013, I, 2, 54 e 55; Pedro Nunes, *A Proibição de Assistência Financeira...*, in *Revista...*, 2015, junho, 2, 9; Jessica Rodrigues Ferreira, *A proibição de assistência financeira...*, in *Direito das sociedades...*, 2015, 8, 15, 67 e 68; Isabel Pinheiro Torres, *Da aplicação da proibição de assistência financeira...*, in *Colecção de Estudos...*, 2015, 3, 144 e ss.; e Joana Leal de Macedo Vitorino, *A proibição de assistência financeira e o artigo 6.º do Código das Sociedades Comerciais...*, 15 e 16, embora não sem ambiguidade. Entre os autores alemães v., por exemplo, Schroeder, *Zur Finanzielle Unterstützung...*, 107 e ss., ao defender ser essa apenas uma finalidade acessória; Mathias Habersack, *Finanzielle Unterstützung des Aktienerwerbs...*, in *Festschrift für Klaus J. Hopt...*, 732 e ss..

[96] Admite-se na verdade uma ampla panóplia de exceções à proibição de aquisição de ações próprias. Além disso, o artigo 317.º/2 do Código das sociedades comerciais aceita a possibilidade de a sociedade adquirir e deter ações próprias até ao limite de 10% do seu capital. E mesmo esse limite é sujeito às exceções do artigo 317.º/3.

[97] Por isso, alguma Doutrina alemã favorável a este entendimento tem defendido a não aplicação da proibição de assistência financeira nas hipóteses nas quais a sociedade poderia atuar diretamente. Assim, Mathias Habersack, *Die finanzielle Unterstützung des Aktienerwerbs – Überlegungen zu Zweck und Anwendungsbereich...*, in *Festschrift für Volker...*, 166 e ss., com referências. Para mais pormenores v. Marcus Lutter/Henning Wahlers, *Der buyout: Amerikanische Fälle und die Regeln des deutschen Rechts*, in *Die Aktiengesellschaft. Zeitschrift für das gesamte Aktienwesen, für deutsches, europäisches und internationales Unternehmens- Und Kapitalmarktrecht*, 1989, 9; Uwe Hüffer, *Aktiengesetz*, 7.ª ed., 2006, comentário ao § 71a, 364; Lutter/Drygala, *Kölner...*, comentário ao § 71a, 312; Oechsler, *Münchener Kommentar...*, comentário ao § 71a, anotação 39; Merkt, *Aktiengesetz...*, 3, 2, comentário ao § 71a, 464, todos em sentido divergente aos autores anteriores. Não é, porém, essa a posição de Ana Perestrelo de Oliveira, *Manual*

diferença de efeitos na eventualidade de atos não permitidos[98]. Nulidade na hipótese de assistência financeira. Mera ilicitude não determinante da nulidade da aquisição, tratando-se de ações próprias[99].

Do ponto de vista estrutural há, igualmente, diferenças entre a assistência financeira e a aquisição de ações próprias. Na assistência, ao invés do sucedido com as ações próprias, a sociedade não se torna imediatamente sócia de si mesma. Não obtém, portanto, uma participação em si própria. Não há, destarte, do ponto de vista dos credores, uma diminuição do património da sociedade na medida do preço pago ao vendedor. A sociedade limita-se, pelo menos na generalidade das situações, a proceder a uma substituição de ativos[100/101]. O dano para o interesse dos credores e dos sócios, a existir, só sucederia na eventualidade de o beneficiário da prestação não cumprir as suas obrigações. Se o adquirente das ações estiver em situação de restituir o empréstimo, ou se a garantia não for exigida, o património da sociedade permanece inalterado[102].

---

de corporate..., 222. A autora apenas defende a redução teleológica da norma na eventualidade de a assistência financeira poder ser realizada através de capitais livres.

[98] Sublinhando igualmente a incoerência representada por uma tal alegada solução v., por exemplo, Mathias Habersack, *Finanzielle Unterstützung des Aktienerwerbs...*, in *Festschrift für Klaus J. Hopt...*, 734. Cfr., também, Schroeder, *Zur Finanzielle Unterstützung...*, 109,

[99] Isto salvo tratando-se de subscrição de ações ou de a aquisição ter por objeto ações próprias não integralmente liberadas. Nessa eventualidade a sanção é igualmente a nulidade. Cfr. artigos 316.º/1, 318.º, 323.º/1/2 e 3, do Código das sociedades comerciais.

[100] A respeito destas diferenças entre a assistência financeira e a aquisição de ações próprias v., ilustrativamente, Inês Pinto Leite, *Da proibição de assistência financeira...*, in *Direito...*, 2011, 3, 5, 135 e 136; Carlos Osório de Castro, *A prestação de garantias e a assistência financeira...*, in *Estudos...*, II, 423 e 424; e Jessica Rodrigues Ferreira, *A proibição de assistência financeira...*, in *Direito das sociedades...*, 2015, 8, 15, 65 e 66.

[101] Nesse mesmo sentido v. Raúl Ventura, *Acções...*, in *Estudos...*, 378; e Mariana Duarte Silva, *Assistência financeira no âmbito das sociedades...*, in *Revista...*, 2010, II, 1/2, I, 175 e 176. Em direção oposta a este entendimento v., porém, Ana Perestrelo de Oliveira, *Manual de corporate...*, 222.

[102] Nessa direção Schroeder, *Zur Finanzielle Unterstützung...*, 98; e Carlos Osório de Castro, *A prestação de garantias e a assistência financeira...*, in *Estudos...*, II, 424. V., também, Mariana Duarte Silva, *Assistência financeira no âmbito das sociedades...*, in *Revista...*, 2010, II, 1/2, I, 175; Margarida Costa Andrade, *Código das sociedades comerciais...*, V (artigos 271.º a 372.º-B), comentário ao artigo 322.º, 450; Jessica Rodrigues Ferreira, *A proibição de assistência financeira...*, in *Direito das sociedades...*, 2015, 8, 15, 66.

II – RAÚL VENTURA[103] entende não poder a norma interessar-se ou importar-se com os efeitos funcionais das ações próprias, dado as ações objeto de assistência pertencerem a um terceiro e não chegarem a ser próprias da sociedade[104]. Por isso, dada a impossibilidade de se ver no prolongamento do regime das ações próprias, a intencionalidade normativa do preceito também não poderia, segundo o autor, estar no receio de o terceiro dar as ações em garantia à sociedade pelo facto de existir preceito especialmente regulador de tal penhor (artigo 325.º do Código das sociedades comerciais).

Restaria, assim, supor ter a norma em vista a ténue linha divisória, na prática, entre a aquisição das ações por um terceiro, em seu nome, mas por conta da sociedade e em seu nome e por sua conta, cerceando, pela raiz, através da proibição prevista no artigo 322.º/1, do Código das sociedades comerciais, as fraudes suscetíveis de serem realizadas por essa forma aos preceitos relativos à aquisição de ações próprias pela sociedade ou por conta dela (a saber o artigo 316.º/2 do Código das sociedades comerciais)[105].

Na mesma direção de RAÚL VENTURA vai BERNARDO ABREU MOTA[106], e, se bem vimos, MENEZES CORDEIRO[107] ao falar em «aquisição indireta» (de ações próprias) através de concessão de empréstimos ou garantias a terceiros para ela se efetivar. Nessa eventualidade opera – diz – a sanção do artigo 322.º/3: os contratos ou atos unilaterais em jogo são nulos.

Poder-se-ia, eventualmente, alegar, também, em defesa da ideia segundo a qual seria ainda a limitação do regime das ações próprias a estar subjacente à proibição de assistência financeira, o facto de numa hipótese de inadimplemento por parte do terceiro assistido a sociedade o ter,

---

[103] RAÚL VENTURA, *Acções...*, in *Estudos...*, 378.

[104] No mesmo sentido MARIANA DUARTE SILVA, *Assistência financeira no âmbito das sociedades...*, in *Revista...*, 2010, II, 1/2, I, 173.

[105] JOANA LEAL DE MACEDO VITORINO, *A proibição de assistência financeira e o artigo 6.º do Código das Sociedades Comerciais...*, 16, entende ser este um argumento suscetível de evitar, bem, as censuras à ideia de aproximação entre o regime das ações próprias e a proibição de assistência financeira.

[106] BERNARDO ABREU MOTA, *Proibição de assistência financeira. Notas para a sua interpretação e aplicação...*, in *Revista...*, 2005, setembro-dezembro, 12, 110 e ss..

[107] MENEZES CORDEIRO, *Manual de direito das sociedades*, II, *Sociedades em especial*, 2.ª ed., 2007, 678.

em última análise, de executar, seja diretamente, seja em via de regresso. E nessa medida vir a adquirir as suas próprias ações por ele detidas. Mas, não só, nessa situação, não faz sentido a proibição absoluta de assistência financeira, pois não existe semelhante proibição para as ações próprias, como, além disso, essa possibilidade pode existir em toda a situação de empréstimos ou garantias dadas por uma sociedade em proveito de um sócio. E apenas se assiste à proibição de assistência financeira. Não a outro tipo de empréstimos ou garantias de dívidas de sócios (admitidas nos termos do artigo 6.º do Código das sociedades comerciais)[108].

III – A orientação advogada por Raúl Ventura não se nos afigura, todavia, de aceitar.

Desde logo por não nos parecer ser de abrigar a ideia por este defendida[109], e depois aceite por outros autores[110], no sentido de o artigo 316.º/2 dever ser entendido literalmente. Isto, por forma a impedir, sempre, a sociedade de encarregar outrem de, em nome deste, mas por conta da sociedade, subscrever ou adquirir ações dela própria. Donde, mesmo nas hipóteses de a sociedade poder, em seu nome, adquirir licitamente ações próprias, ela estaria impedida de usar terceiros para o fazerem. Tratar-se-ia, segundo o autor, de evitar embaraços na aplicação dos critérios de admissibilidade suscetíveis de gerarem uma diminuição da transparência.

Não vislumbramos, porém, razão para a inadmissibilidade de exceções à proibição. A posição de Raúl Ventura parece surgir da simples ponderação da letra da lei, sem pesar outros fatores[111]. Só se pode saber

---

[108] Sobre isso v. o nosso *A vinculação das sociedades comerciais anónimas e por quotas*, 2017, I, *per totum, maxime* 9 e ss., 850 e ss., 965 e ss.,

[109] Raúl Ventura, *Acções...*, in *Estudos...*, 355 e ss..

[110] Nesse sentido pode ver-se, por exemplo, Menezes Cordeiro, *Manual...*, II, 677, ao sustentar ir a proibição de operações indiretas mais longe do que a aquisição, em si, dado não admitir exceções; Id., *Introdução ao direito da prestação de contas*, 2008, 134; Miguel Brito Bastos, *As consequências da aquisição ilícita de acções próprias...*, in *Revista...*, 2009, I, 188 e 189, nota 11.

[111] E não nos parece suficiente a alusão feita pelo autor ao teor dos artigos 19.º/1 e 22.º/1 da Segunda Diretriz (77/91/CEE do Conselho, de 13 de dezembro de 1976). Ao invés, esses preceitos admitem expressamente a aquisição de ações próprias através de intermediário desprovido de poderes de representação. Por isso, não só não nos parecem depor contra a admissibilidade desse tipo de situação como se afigura ser, a nosso ver, justamente, o oposto. V., ainda, os artigos 19.º/3, 20.º/2 e 22.º/2 e 24.º/2 da mesma Diretriz, na sua versão inicial. Vejam-

a extensão da proibição de mandatar terceiros para adquirirem em seu nome próprio ações da sociedade, se se tiver presente a *ratio* ou intencionalidade normativa desse impedimento. Ora, na nossa perspetiva, a intencionalidade normativa da interdição é, em certa medida, evidente. Dado o mandato ou atuação por conta, mas sem alegação de *contemplatio domini*, poder manter na sombra a identidade do verdadeiro destinatário final das ações isso seria de molde a viabilizar a não sujeição das ações assim adquiridas ao regime das ações próprias. Isso mesmo se torna manifesto pelo facto de o mandato com representação não estar impedido por ele envolver, por natureza, a divulgação da entidade adquirente. Portanto, se apenas se proíbem formas de atuação, através de intermediário, não representativas, isso deve-se a esse facto: a de nessas hipóteses poder não se assistir a essa divulgação e, então, não se poder sujeitar essas ações ao regime das ações próprias. Mas já nada impede a aplicação do regime das ações próprias, dada a coincidência entre a função da teleologia do regime, a sua intencionalidade normativa e a intencionalidade problemática da situação, não obstante, a sociedade encarregar outrem de atuar apenas por sua conta, e não também em seu nome, se a sociedade apesar da outorga do mandato divulgar esse mesmo mandato (sem representação) e o mandatário divulgar a entidade do mandante. Não se percebe, na verdade, a razão de a sociedade poder, em certas hipóteses, agir diretamente, poder igualmente incumbir um terceiro de operar por sua conta e em seu nome, mas o já não poder, jamais, fazer se encarregar outrem de atuar por conta dela, mas em nome deste.

IV – E não nos persuade uma alegada e genérica diminuição de transparência[112]. Pode-se dizer, é certo, ser possível haver a tentação de a socie-

-se, também, as alterações introduzidas pela Diretriz 2006/68/CE do Parlamento europeu e do Conselho, de 6 de setembro de 2006, onde se mantém a admissibilidade da aquisição de ações próprias através de terceiros que atuam por conta da sociedade, e os artigos 21.º/1 e 3, 24.º/1 e 2 da Diretriz 2012/30/UE, do Parlamento europeu e do Conselho, de 25 de outubro; assim como os artigos 60.º 1 e 3 e 63.º 1 e 2 da Diretriz 2017/1132/UE do Parlamento europeu e do Conselho, de 14 de junho.

[112] Essa diminuição de transparência pode na verdade existir. A existência de problemas de transparência no âmbito das ações próprias tem sido assinalada nomeadamente pela Doutrina alemã. V., a título ilustrativo, Frank Westphal, *Der nicht zweckgebundene Erwerb eigener Aktien. Die Umsetzung des Art. 19 Absatz 1 der zweiten gesellschaftsrechtlichen Richtlinie in England, den*

dade tornear as normas proibitivas de aquisição de ações próprias encarregando terceiros de o fazerem por sua conta, mas, atendendo ao facto de o fazerem em nome próprio e não no da sociedade, sem o divulgarem. E na medida da dissimulação havida a sociedade poderia, eventualmente, vir a deter ações não permitidas no artigo 317.º/2 e 3, sem respeito pelos limites do artigo 317.º/4, sem sujeição aos pressupostos dos artigos 318.º a 321.º e não subordinadas às inibições e exigências do artigo 324.º do Código das sociedades comerciais. Portanto, para evitar esse perigo impedir-se-ia, sem mais, a sociedade de encarregar terceiros de, em nome destes, mas por conta da sociedade, adquirirem ações mesmo na eventualidade de a sociedade o poder fazer diretamente e de isso ser divulgado.

Mas o argumento não logra persuadir-nos. Isto, pela razão simples de, a ser essa a finalidade da norma, ela não evitar em nada o propósito visado. Na verdade, o perigo de dissimulação do verdadeiro beneficiário final e último das ações não só em nada é reduzido pela proibição absoluta de a sociedade encarregar terceiros de adquirirem ações por conta da sociedade, mas em nome destes, como é até agravado por essa proibição total (portanto, mesmo nas hipóteses de a sociedade e o mandatário divulgarem a existência do mandato). Se não se entender tratar-se de uma operação ilícita, a única exigência será, então, a sujeição dessas ações ao mesmo regime das ações próprias. E isso, por si só, obrigará os administradores a fazerem a divulgação do beneficiário último das ações. Se isso for feito, não há perigo algum no facto de uma sociedade encarregar outrem de, em nome deste, mas por conta da sociedade, adquirir ações em nome da sociedade. Ou de outra forma: o perigo não será diferente do existente na eventualidade de a aquisição ser feita ou diretamente pelos administradores ou por terceiro por conta e em nome da sociedade.

Niederlanden und Deutschland, 2003, 215 e ss.. Mas, ainda assim, o Direito alemão não proíbe a aquisição de ações próprias através de intermediários desprovidos de poderes representativos. Cfr. § 71a (2) e o § 71d *Akiengesetz*. Cfr., para mais pormenores, por exemplo, OECHSLER, *Münchener Kommentar...*, comentário ao § 71a, anotação 12 e 21a, 34, 50 e ss.; MERKT, *Aktiengesetz...*, 3, 2, comentário ao § 71a, e comentário ao § 71d, 488 e ss., 523 e ss.. O mesmo sucede no Direito italiano. V. o artigo 2357 do Código civil italiano, onde se sujeita esse tipo de atuação aos mesmos limites da aquisição direta.

V – Dir-se-á porventura pressupor a atuação por mera conta, por definição, a não divulgação do mandante. Não é, porém, assim. Na atuação por mera conta não há *contemplatio domini*. Mas é diversa a inexistência de *contemplatio domini* e a necessária não divulgação do mandante. Pode não haver outorga e/ou exercício de poderes representativos e mesmo assim haver menção ou divulgação da pessoa do mandante.

O que afeta, frustra e faz perigar o regime das ações próprias não é a outorga de mandato sem poderes de representação, em si mesma. É essa outorga desprovida da respetiva divulgação. Portanto, em bom rigor, a proibição do artigo 316.º/2 não deve ser entendida literalmente e de modo absoluto. A teleologia da norma não é a de proibir toda a atuação por conta, mas sem poderes de representação. Ela apenas abrange esse tipo de atuação sem, além disso, se revelar a entidade do mandante. Destarte, na sua intencionalidade normativa o artigo 316.º/2 apenas vale se uma sociedade encarregar outrem de, em nome deste, mas por conta da sociedade, adquirir ações dela própria sem, ao mesmo tempo, revelar o mandato e o destinatário último das participações sociais. É esse o fim da norma. Não estão, pois, proibidas as situações de mandato, sem poderes de representação, revelado ou tornado público. Insista-se: admissibilidade de aquisição de ações próprias em virtude de mandato representativo aponta nesse mesmo sentido. E aponta, não tanto por envolver imputação direta, nessa hipótese, dos efeitos à sociedade, mas por ser necessariamente evidente e manifesta a outorga e o destinatário final. Portanto, nas hipóteses onde não há imputação direta de efeitos, mas se sabe quem é, na verdade, o mandante ou beneficiário não há razões para a proibição de atuação por intermediário. Há sim motivos para a aceitar sujeitando-a, todavia, ao regime das ações próprias, nomeadamente em matéria de inibição de exercício dos direitos inerentes às ações.

VI – Neste sentido agora expresso parece, de resto, depor o lugar, de certo modo paralelo, representado pelo artigo 325.º-A do Código das sociedades comerciais.

Desde logo, ao sujeitar, no artigo 325.º-A/1, ao regime das ações próprias detidas por entidade diversa da própria sociedade. Isto é, ações da titularidade de sociedades dependentes. E nada impede poder entender-se valer o mesmo para as ações detidas por mandatário sem poderes de representação. Para tanto basta saber-se ter ele atuado em virtude de mandato dado pela sociedade. As razões são as mesmas. Também nessa eventualidade se legitima a imputação à sociedade de ações formalmente pertencentes a outrem.

Mas depois, também, ao não subordinar, no artigo 325.º-A/2, ao regime das ações próprias da sociedade, subscritas, adquiridas e detidas pela sociedade dela dependente, direta ou indiretamente, mas por conta de um terceiro que não seja a sociedade referida no artigo 325.º-A/1. Ora, isso mostra, de forma patente, como por um lado a atuação por conta (mas sem poderes de representação) pode ser divulgada e manifesta (de outro modo não se poderia saber que as ações eram detidas por conta de terceiro) e, sobretudo, ser essa divulgação tida por relevante para efeitos de aplicação, ou não, do regime das ações próprias. E feita essa demonstração não se vê por que razão deveria ser o artigo 316.º/2 diferente e mostrar-se perfeita e absolutamente insensível à revelação do beneficiário final das ações.

Aliás, a própria aquisição direta de ações suscita ou pode suscitar embaraços de aplicação das diversas soluções previstas no seu regime. E, portanto, não pode esse ser o fundamento alegado para determinar a intencionalidade normativa do artigo 316.º/2. Se houvesse permeabilidade do regime das ações próprias a esse argumento e ele fosse suficiente, então, muito provavelmente teria sido proibida, de forma total, a existência de ações próprias.

VII – Dada por assente esta necessidade de entendimento normativo («*restritivo*») do conceito de «*encarregar outrem de, em nome deste mas por conta da sociedade, adquirir ações dela própria*», de forma a não abranger as situações de intermediários que atuam de forma manifesta ou patente por conta da sociedade, pode perguntar-se se a proibição abrange, ou não, as hipóteses de atuação manifesta, mas em que a sociedade não poderia adquirir, ela própria, licitamente ações se atuasse diretamente. Abrangerá, ou não, a intencionalidade normativa da norma estas situações?

Parece-nos evidente não poder a sociedade encarregar terceiro, mesmo se o fizer de forma patente ou manifesta, de subscrever por sua conta ações próprias. Trata-se, todavia, de um resultado, direto ou indireto, do artigo 316.º/1. Não do artigo 316.º/2. Mesmo na ausência deste a solução impor-se-ia. Também não parece ser possível à sociedade mandatar um terceiro para adquirir ações não liberadas, exceto nas situações do artigo 317.º/3/*b*), *c*), *e*) e *f*). Mas, mais uma vez, isso não resulta do artigo 316.º/2. Trata-se, antes, de um efeito do artigo 318.º do Código das sociedades comerciais.

Mais difícil é a resposta ao problema de saber se a sociedade pode solicitar a um terceiro para adquirir ações em situações em que, se o fizesse diretamente, essa aquisição não seria tida por nula, mas, ainda assim, seria, nos termos do artigo 317.º, ilícita. Nessa situação, se as ações fossem obtidas diretamente pela sociedade, a sanção seria o dever de alienação no prazo de um ano (artigo 323.º/2). Será diferente a solução na eventualidade de intervir um terceiro encarregado de o fazer por conta da sociedade? Valerá, então, o disposto no artigo 316.º/2 e 6?

Em certa perspetiva poder-se-ia responder negativamente. Se o efeito da atuação ilícita não é a nulidade, mas o dever de alienação num determinado prazo, o efeito não deveria ser diverso dependendo do facto de a sociedade agir diretamente ou por interposta pessoa. Não é, porém, assim.

Na eventualidade de a sociedade encarregar outra pessoa de adquirir ações por sua conta, se o encargo for tido por válido, o adimplemento das obrigações assumidas ao dar esse mandato obrigará, ou poderá obrigar, a sociedade a, mais tarde ou mais cedo, adquirir essas ações. Ora, não parece aceitável poder dizer-se ser uma conduta simultaneamente ilícita e devida. Portanto, se determinada atuação é ilícita ela não deve igualmente ser obrigatória para a sociedade. Uma coisa é aceitar-se que se a sociedade atuar diretamente o efeito da sua atitude ilícita não é a invalidade do negócio, mas apenas o dever de alienar dentro de certo prazo as ações. Outra é dizer que se a sociedade se servir de intermediários também aí não há nulidade, tendo a sociedade, para satisfação dos deveres para ela resultantes do mandato ou encargo dado, de comprar ilicitamente, por estar obrigada ao ato ilícito, as ações e, só depois, ter de as vender dentro do prazo estabelecido para o efeito.

Por isso mesmo percebe-se determinar o § 71a II da *Akiengesetz* alemã a nulidade de um negócio pelo qual a sociedade permite ou obriga um terceiro a adquirir ações por sua conta se isso violar o disposto no § 71, I ou II. Ou seja, os preceitos onde se estabelecem as hipóteses de aquisição lícita de ações próprias[113] pela sociedade. E no mesmo sentido depõe o

---

[113] Veja-se, entre outros, OECHSLER, *Münchener Kommentar...*, comentário ao § 71a, designadamente, anotação 4.

§ 71d desse diploma. Julgamos, pelas razões já referidas, não dever ser diferente a solução à luz do Direito português. Nesse cenário vale o disposto no artigo 316.º/4 do Código das sociedades comerciais.

VIII – Em síntese, a nosso ver, a sociedade estará impedida de encarregar terceiros de adquirirem ações, por conta da sociedade, mas em nome destes, se não divulgar o encargo. Se o fizer não há, em princípio, impedimento. Além disso, a sociedade estará também impedida de incumbir terceiros de adquirirem ações, mesmo se o mandato for manifesto e patente, se ela própria estiver impedida de atuar diretamente de forma lícita.

Mas se for assim, se o artigo 316.º/2 não tiver de ser interpretado literalmente, devendo antes ser entendido à luz da intencionalidade agora evidenciada, então, diversamente do sustentado por RAÚL VENTURA e, depois, por MENEZES CORDEIRO e BERNARDO ABREU MOTA, não pode, na nossa opinião, a razão da aparente proibição absoluta de assistência financeira, estar neste preceito. E isto pela razão simples de ele próprio não prever uma proibição absoluta, mas apenas uma proibição de atuação não manifesta ou patente. Nessa perspetiva, não se pode supor ter a norma do artigo 322.º em vista a ténue linha divisória, na prática, entre a aquisição das ações por um terceiro, em seu nome mas por conta da sociedade, de um lado, e em seu nome e por sua conta, do outro, cerceando, pela raiz, através da proibição prevista no artigo 322.º/1, do Código das sociedades comerciais, as fraudes suscetíveis de serem realizadas por essa forma aos preceitos relativos à aquisição de ações próprias pela sociedade ou por conta dela[114].

---

[114] Note-se não estarmos a propor uma mera interpretação restritiva (ou extensiva) do artigo 316.º/2 por forma a ele ser aplicado, apenas, nas hipóteses de atuação por conta da sociedade, mas não divulgada ou patente. Afirmamos, de facto, não valer a norma se a atuação por conta for divulgada ou patente e ser de aplicar, então, o regime das ações próprias. Mas, do ponto de vista metodológico a ideia de uma tradicional interpretação restritiva não traduz necessariamente a perspetiva por nós adotada. A validade da distinção da interpretação em declarativa, restritiva ou extensiva mostra-se hoje disputada pela metodologia de ponta (v., por exemplo, CASTANHEIRA NEVES, *Metodologia jurídica. Problemas fundamentais*, 1993, 266 e 267). A perspetiva por nós adotada a propósito do problema metodológico da interpretação situa-nos de facto noutra linha. O objeto da interpretação é a norma, não o texto. Nesse sentido não existe uma interpretação extensiva ou restritiva, mas apenas uma interpretação correta. Alude-se, isso

sim, entre outras, num ângulo de análise diferente, a uma assimilação normativa da relevância do caso por concretização, por adaptação extensiva e por adaptação restritiva, cfr. CASTANHEIRA NEVES, *op. cit.*, 177 e ss.; e JOSÉ BRONZE, *Lições de introdução ao direito*, 2.ª ed., 2006, 919, ao afirmar: «*Nesta linha, alude-se, no nosso tempo, e* inter alia, *à adaptação extensiva e restritiva, respectivamente quando "a relevância material do caso [for] mais [ou menos] ampla do que a pressuposição hipotético-material da norma", mas ainda se deva reconhecer uma normativo-juridicamente suficiente analogia entre os dois pólos. Uma e outra radicam (...) na comparação do mérito autonomamente reconhecido ao caso decidendo e da intencionalidade problemático-normativa da norma*», e a uma especificação teleológica da problemática da normatividade da norma (CASTANHEIRA NEVES, *Metodologia...*, 177 e ss.; e JOSÉ BRONZE, *Lições...*, 919 e ss.). Na verdade, todo o jurista sabe não estar afastada a possibilidade de se decidir concretamente da aplicabilidade de uma norma em termos diversos dos imediatamente impostos pelo sentido significativo textual e abstrato, já valendo para situações não abrangidas por esse sentido, já afastando a sua aplicação a vicissitudes formalmente abrangidas por ele. Basta pensar nas hipóteses de extensão teleológica – a não confundir necessariamente com interpretação extensiva –, ou de aplicação restritiva – também ela não necessariamente coincidente com a interpretação restritiva –, na interpretação corretiva, ou, por último, nas situações nas quais uma norma é tida por inaplicável não obstante afluírem todas as circunstâncias típicas por nelas sucederem também outros elementos que obrigam a distinguir onde a lei não distingue (CASTANHEIRA NEVES, *Metodologia...*, 171). A aplicabilidade de uma norma, sabe-se, atualmente, decide-se, não por dedução conceitual, ou referência lógica de coincidência ou não coincidência, mas alicerçada numa prévia e autónoma ponderação jurídico-normativa do caso suscetível de permitir averiguar se o concreto sentido do problema é, ou não, materialmente ajustado o critério da norma. É neste sentido que COING nos diz só a adequação material ao caso singular decidir sobre o domínio da aplicação das normas (CASTANHEIRA NEVES, *Metodologia...*, 172). Na maior parte das situações, só com fundamento no sentido jurídico do problema concreto se poderá sustentar a sua divergência relativamente ao previsto por determinada norma ou, ao invés, não superar ou sobrelevar essa divergência a «semelhança» ou analogia entre eles existentes (CASTANHEIRA NEVES, *Questão-de-facto – Questão-de-direito ou o problema metodológico da juridicidade (Ensaio de uma reposição crítica)*, I, *A crise*, 1967, 259 e 263 e ss.; Id., *Metodologia...*, 173, 238 e ss., 265). Processos de inferência jurídicos ou de argumentação como a analogia, a redução teleológica, o *argumentum a fortiori* e o *argumentum ad absurdum* foram apresentados apelando aos meios da lógica moderna. Segundo refere, porém, a propósito, CANARIS, *Pensamento sistemático e conceito de sistema na ciência do direito*, tradução e introdução de MENEZES CORDEIRO, 1989, 19, é duvidoso ter-se, assim, ganho algo de essencial para o trabalho jurídico. Na verdade, o elemento decisivo de todos estes processos não é de natureza lógica, mas antes de natureza teleológica ou axiológica. V., também, MENEZES CORDEIRO, *Da boa fé no direito civil*, 1984, II, 1239; PEDRO DE ALBUQUERQUE, *A representação voluntária em direito civil (ensaio de reconstrução dogmática)*, 2004, 375 e 376; Id., *A responsabilidade processual por litigância de má fé, abuso de direito e responsabilidade civil em virtude de actos praticados no processo*, 2006, 136, onde se refere deparar-se, para além da dificuldade ou impossibilidade lógica pura de optar entre o tópico *a contrario* e o analógico, a impertinência de generalizar traços específicos e a necessidade de prescindir, por vezes, de aspetos particular ou singularmente apurados. Por último, pode ver-se, JOSÉ BRONZE, *Lições...*, 948. Processo a funcionar através da conhecida ideia de espiral hermenêutica (a este respeito, v., por todos, MENEZES CORDEIRO, *Lei (aplicação da)*, in *Polis. Enciclopédia Verbo da Sociedade e do Estado*, 1985, cols. 1046 e ss., *maxime* 1052, com referência ao ensinamento de CASTANHEIRA NEVES). Tentando sintetizar, dir-se-á não dever a seleção da norma aplicável dirigir-se tanto para o conteúdo do texto investigando o conteúdo da sua hipótese ou da sua condição de relevância, com os elementos representativos dela formadores, para o comparar com o âmbito de relevância do problema jurídico concreto, mas, antes, para o problema típico e abstrato nela pressuposto, pondo-o problematicamente em confronto com o problema jurídico concreto. O que decide a aplicação da norma é o paralelo entre problemas. E isto tem um resultado fundamental e essencial: a norma não é aplicável por existir uma identidade entre a relevância hipotética da norma-prescrição e a relevância concreta do caso. A norma é antes aplicável, como critério de juízo, desde que haja analogia entre problemas. Dito de outra maneira: a norma será aplicável se o problema para o qual ela oferece solução jurídica se possa julgar da mesma índole do caso concreto, mesmo se ele não repetir na íntegra a sua hipótese (CASTANHEIRA NEVES, *Metodologia...*, 174 e 175). Posta assim em diálogo com as exigências normativas do caso, a norma poderá situar-nos perante uma de três conclusões: ou a relevância material do caso é assimilada pela da norma; ou só parcialmente e de certo modo é assimilável; ou não é possível essa assimilação (cfr., novamente, CASTANHEIRA NEVES, *Metodologia...*, 177). Na primeira hipótese haverá uma assimilação por concretização; na segunda uma assimilação por adaptação (extensiva ou restritiva a não confundir necessariamente com a tradicional interpretação com a mesma adjetivação), ou correção (sincrónica ou diacrónica – esta última, porém, a suscitar problemas relativamente à sua admissibilidade. V., por exemplo, JHERING, *Interpretação da lei e jurisprudência dos interesses*, tradução de JOSÉ OSÓRIO, 1947, 204 e ss.; KARL LARENZ, *Metodologia da ciência do Direito*, 3.ª ed., tradução de JOSÉ LAMEGO, 1997, 495 e ss., 564 e ss.; OLIVEIRA ASCENSÃO, *O direito. Introdução e teoria geral*, 13.ª ed., 2005, 425 e ss., 611 e ss.); ou é mesmo possível a não assimilação – havendo então, se o caso o exigir, uma solução jurídica, de se proceder através de uma autónoma constituição jurídica ou em linguagem tradicional a uma integração (a este respeito v. CASTANHEIRA NEVES, *Interpretação jurídica*, in *Digesta. Escritos acerca do direito, do pensamento jurídico, da sua metodologia e outros*, 1995, II, 375; Id., *Metodologia...*, 177 e ss.; e SANTOS JUSTO, *Nótulas de história do pensamento jurídico*, 2005, 85). Depois do agora referido, não se torna difícil entender ser a normatividade jurídica da norma que fundamenta a assimilação, ou não, das relevâncias concretamente problemáticas (nos moldes anteriormente referidos) ou se se preferir, do caso concreto com as exigências singulares por ele postuladas e nele envolvidas. E também se percebe dinamizar-se a própria normatividade da norma, (re)constitutivamente, através de uma sua maior determinação, extensiva e intensiva, no confronto com os próprios problemas com os casos a decidir. Esse confronto permite um afinamento da solução (normativa) oferecida pela norma. O que significa oferecer o caso concreto que exige uma solução, um juízo, nas suas singularidades específicas e problemas próprios por si suscitados, um elemento para o próprio entendimento do sentido da norma (neste sentido v. CASTANHEIRA

§ 4. 2. 2 – A tutela da organização e estrutura societária

I – A tutela da organização social é outro fundamento referido amiúde para alicerçar a proibição de assistência financeira[115/116/117]. Segundo esta

---

Neves, *Metodologia...*, 184 e 185). Esse afinamento, determinação e individuação normativa agora referidos podem fazer-se de múltiplas formas. Uma delas é através de operações metodológicas típicas como as envolvidas no apelo à teleologia imanente da norma (assim cfr. Larenz, *Metodologia...*, 555 e ss.; Canaris, *Pensamento...*, 154 e ss.; Castanheira Neves, *Metodologia...*, 186 e ss.. V., também, com interesse direto, na linha dos autores antes citados, José Ferreira Gomes, *Conflitos de interesses entre accionistas nos negócios celebrados entre a sociedade anónima e o seu accionista controlador*, in *Conflitos de interesses no direito societário e financeiro, um balanço a partir da crise financeira*, 2010, 113. Sobre o primado da teleologia v., além, de Castanheira Neves, entre nós, Menezes Cordeiro, *Tratado de direito civil*, I, *Introdução, fontes do direito, interpretação da lei, aplicação das leis no tempo, doutrina geral*, 4.ª ed., 2012, 725 e ss. e já antes, do mesmo autor, *Tratado de direito civil português*, I, I, *Parte geral*, 3.ª ed., 2005, 267), elaborada demasiado amplamente na sua letra, de forma a não a fazer abranger hipóteses aparentemente abrangidas pelo sentido literal, mas não pelo seu fim. Trata-se, no fundo, de dar forma ao imperativo de justiça subjacente ao princípio de igual tratamento do que é igual e de diferente tratamento do diverso segundo o ponto de vista valorativo ou normativo (teleológico-normativo). Não há, neste aspeto, nada de distinto relativamente à utilização da analogia. Esta assenta no dever de justiça de tratar os casos similares segundo um ponto de vista valorativo decisivo. A restrição de um sentido literal demasiado amplo, em função da teleologia da norma, assenta no ditame de justiça de tratar desigualmente o desigual, ou seja, de proceder às diferenciações exigidas pela valoração ditada teleologicamente (Larenz, *Metodologia...*, 556). Para uma análise pormenorizada acerca da noção de igualdade e designadamente a respeito da sua ligação ao conceito de justiça e à figura da analogia v., entre nós, Martim de Albuquerque, *Da igualdade. Introdução à Jurisprudência*, com a colaboração de Eduardo Vera-Cruz, 1993, *per totum*, *maxime* 332 e ss..

[115] Parecem, se bem lemos, embora não sejam absolutamente categóricos aceitar ser essa, pelo menos, uma das finalidades da proibição do artigo 322.º, por exemplo, João Labareda, *Nota sobre a prestação de garantias por sociedades comerciais a dívidas de outras entidades*, in *Direito societário português – algumas questões*, 1998, 188 e 189; e José Diogo Horta Osório, *Da Tomada do Controlo de Sociedades (Takeovers) por Leveraged Buyout...*, 194 e 195. Na literatura italiana, nesse sentido, cfr., por exemplo, G. F. Campobasso, *Diritto*, II..., 251, admitindo, todavia, também, subordinadamente, finalidades patrimoniais; e, ainda, a favor da ideia de serem essas as razões subjacentes à proibição de assistência financeira as indicações bibliográficas feitas por Stefano Cacchi Pessani, *L'assistenza finanziaria...*, 26 e 27, notas 41 a 44. Na Doutrina alemã vejam-se, ainda, as referências de Ulrich Schroeder, *Zur Finanzielle Unterstützung...*, 117 e 118; Oechsler, *Münchener Kommentar...*, comentário ao § 71a, anotação 4.

[116] Em direção adversa à pertinência desse argumento pode ver-se, por exemplo, Joana Pinto Monteiro, *A assistência financeira...*, 15 e 16; Mariana Duarte Silva, *Assistência financeira no*

orientação, a proibição de assistência financeira destinar-se-ia, no essencial, a proteger a sociedade e respetivos acionistas perante eventuais abusos da administração na manipulação da estrutura acionista. Através do exercício dos respetivos poderes, não fora a interdição, a administração poderia – diz-se – oferecer assistência aos acionistas ou terceiros dispostos a apoiá-la ou a assegurar auxílio à implementação de planos ou operações específicas, tendo por base motivações nem sempre juridicamente atendíveis ou em favorecimento da referida administração[118].

Além disso, esta manipulação poderia ter, não apenas, o resultado de influir na organização e estrutura societária, mas levar, ainda, a uma situação de *share trafficking* e dessa forma de alteração do mercado suscetível de gerar um aumento artificial do valor das ações[119].

âmbito das sociedades..., in *Revista*..., 2010, II, 1/2, I, 180 e ss., ao negar poder ser esta a razão da autonomização da proibição de assistência financeira relativamente ao regime das ações próprias; Inês Pinto Leite, *Da proibição de assistência financeira*..., in *Direito*..., 2011, 3, 5, 139; Margarida Costa Andrade, *Código das sociedades comerciais*..., V (artigos 271.º a 372.º-B), comentário ao artigo 322.º, 451; Paulo de Tarso Domingues, *Assistência financeira*..., in *AB Instantia*..., 2013, I, 2, 55, lembrando ser suficiente para prevenir esse resultado a suspensão dos direitos políticos das ações assim adquiridas; Jessica Rodrigues Ferreira, *A proibição de assistência financeira*..., in *Direito das sociedades*..., 2015, 8, 15, 70 e 71; Isabel Pinheiro Torres, *Da aplicação da proibição de assistência financeira*..., in *Colecção de Estudos*..., 2015, 3, 144 e ss.; Pedro Nunes, *A Proibição de Assistência Financeira*..., in *Revista*..., 2015, junho, 2, 9; Ana Perestrelo de Oliveira, *Manual de corporate*..., 223. Na Doutrina alemã v., por exemplo, Mathias Habersack, *Finanzielle Unterstützung des Aktienerwerbs*..., in *Festschrift für Klaus J. Hopt*..., 733; e Florian Alexander Hassner, *Finanzielle Unterstützung zum institutionellen Leveraged Buyout einer Aktiengesellschaft*..., 135 e ss..

117 Joana Leal de Macedo Vitorino, *A proibição de assistência financeira e o artigo 6.º do Código das Sociedades Comerciais*..., 17, muito embora afirme entender as censuras às perspetivas favoráveis à perceção da proibição de assistência financeira como uma forma de preservação, interna e externa, da organização social, sustenta, ainda assim – mesmo se entende não poder a tutela desses interesses basear a proibição em toda a sua extensão – não deixar de residir nessa preservação um dos fundamentos ou objetivos da norma. Também Maria Victória Ferreira Rocha, *Aquisição de acções próprias*..., 313, apesar de aparentar rejeitar os argumentos atinentes à perspetiva de tutela da organização e estrutura societária interna, parece aceitar a relevância do aspeto externo.

118 Cfr. as referências a este respeito fornecidas por Andrea Vicari, *L'assistenza*..., 11; e Mariana Duarte Silva, *Assistência financeira no âmbito das sociedades*..., in *Revista*..., 2010, II, 1/2, I, 180.

119 Vejam-se, por exemplo, as indicações de Christina Gasser, *Finanzielle Unterstützung des Aktienerwerbes*..., 60. Em oposição à tese favorável à ideia de ser a proteção do mercado bolsista

II – Em oposição a este argumento tem-se afirmado, designadamente, não poder ser o este o fim da norma prevista no artigo 322.º do Código das sociedades comerciais, pois, relativamente à ordenação de competências e estrutura societária não há nenhuma alteração gerada pela operação. Isto dado, na assistência financeira, o acionista comprar as ações em seu próprio nome[120]. Poderia, ainda assim, alegar-se viabilizar a assistência financeira o estabelecimento de um determinado núcleo acionista em detrimento de outro, através do apoio oferecido pela sociedade à aquisição de ações a determinados sócios. Mas, seria estranho usar o Direito uma proibição de realização de tais atos em vez de se basear, como em geral sucede, nos deveres dos administradores[121]. Não se perceberia, além disso, ser a finalidade do artigo 322.º a de garantir um resultado permitido pelo artigo 328.º/2/*a*), pois, em última análise, a outorga ou negação do consentimento também terá impacto sobre a estrutura acionista[122].

Finalmente, e se fosse este o efeito pretendido, não se entenderia uma proibição mais extensa do que a oferecida pelo regime das ações pró-

---

e das cotações das ações a serem asseguradas pela proibição pode ver-se, designadamente, MARIANA DUARTE SILVA, *Assistência financeira no âmbito das sociedades...*, in *Revista...*, 2010, II, 1/2, I, 182, ao lembrar o facto de a compra de ações próprias ser tão ou mais suscetível de operar esse resultado e nem por isso ser vedada de modo absoluto; INÊS PINTO LEITE, *Da proibição de assistência financeira...*, in *Direito...*, 2011, 3, 5, 141, admitindo tratar-se apenas de um fenómeno lateral da proibição; PAULO DE TARSO DOMINGUES, *Assistência financeira...*, in *AB Instantia...*, 2013, I, 2, 55, ao afirmar dever, então, a proibição limitar-se às sociedades cotadas; JESSICA RODRIGUES FERREIRA, *A proibição de assistência financeira...*, in *Direito das sociedades...*, 2015, 8, 15, 71. Também MATHIAS HABERSACK, *Die finanzielle Unterstützung des Aktienerwerbs – Überlegungen zu Zweck und Anwendungsbereich...*, in *Festschrift für Volker...*, 160, lembra o facto de a outorga ou negação de consentimento à transmissão de ações nominativas poder ter impacto sobre o valor das ações e, não obstante, o artigo 328.º/2/*a*) do Código das sociedades comerciais permitir, observados certos pressupostos, à sociedade, dá-lo ou negá-lo.

120 Assim v., por exemplo, MATHIAS HABERSACK, *Die finanzielle Unterstützung des Aktienerwerbs – Überlegungen zu Zweck und Anwendungsbereich...*, in *Festschrift für Volker...*, 160.

121 No mesmo sentido ANA PERESTRELO DE OLIVEIRA, *Manual de corporate...*, 223.

122 Nesse sentido v. MATHIAS HABERSACK, *Die finanzielle Unterstützung des Aktienerwerbs – Überlegungen zu Zweck und Anwendungsbereich...*, in *Festschrift für Volker...*, 160; Id., *Finanzielle Unterstützung des Aktienerwerbs...*, in *Festschrift für Klaus J. Hopt...*, 733. Sendo certo, como bem refere FLORIAN ALEXANDER HASSNER, *Finanzielle Unterstützung zum institutionellen Leveraged Buyout einer Aktiengesellschaft...*, 139, o facto de a última palavra até ser sempre dos antigos acionistas, pois, são eles a decidir se vendem, ou não.

prias[123]. Na verdade, a aquisição de ações próprias pode ter esses exatos efeitos (de alteração da estrutura societária) e nem por isso haver uma proibição absoluta[124]. Dir-se-á, é certo, haver uma diferença. É que as ações próprias da sociedade veem os seus direitos suspensos (artigo 324.º do Código das sociedades comerciais). E o mesmo não sucede relativamente às ações resultantes da operação de assistência. Mas, se o efeito pretendido fosse esse, então, bastava ter sido adotada a mesma solução[125]. De resto, até é verdade, envolverem as ações próprias maiores riscos para os capitais próprios da sociedade do que na eventualidade de assistência financeira. Esta, porventura, pode até nem atingir o património social. E já vimos ser a possibilidade de interferência da administração na estrutura societária um resultado ou efeito permitido pelo menos nas situações previstas no artigo 328.º/2/*a*). Além disso, na hipótese de assistência financeira o acionista detém as ações em nome próprio, não podendo, portanto, o Direito recear os efeitos funcionais das ações próprias[126].

Na perspetiva da manipulação das cotações das ações a aquisição e detenção de ações próprias é tão, ou mais, suscetível de operar variações do que a assistência financeira[127]. E, uma vez mais, nem por isso existe

---

[123] Assim, também, MARIANA DUARTE SILVA, *Assistência financeira no âmbito das sociedades...*, in *Revista...*, 2010, II, 1/2, I, 182.

[124] No mesmo sentido MARIANA DUARTE SILVA, *Assistência financeira no âmbito das sociedades...*, in *Revista...*, 2010, II, 1/2, I, 182.

[125] MARGARIDA COSTA ANDRADE, *Código das sociedades comerciais...*, V (artigos 271.º a 372.º-B), comentário ao artigo 322.º, 451; PAULO DE TARSO DOMINGUES, *Assistência financeira...*, in *AB Instantia...*, 2013, I, 2, 55; ISABEL PINHEIRO TORRES, *Da aplicação da proibição de assistência financeira...*, in *Colecção de Estudos...*, 2015, 3, 144 e 145. Em sentido oposto JESSICA RODRIGUES FERREIRA, *A proibição de assistência financeira...*, in *Direito das sociedades...*, 2015, 8, 15, 70 e 71, alegando o facto de na assistência financeira não poder valer a regra da suspensão dos direitos de voto pelo facto de o terceiro atuar em nome próprio e ter um interesse pessoal na titularidade das ações. É verdade. Mas se se receasse justamente a possibilidade de o terceiro pôr os interesses da administração ou de subversão da estrutura societária antes dos seus legítimos interesses, então, não se vê, diversamente do sustentado por JESSICA RODRIGUES FERREIRA, por que razão não se poderia suspender normativamente os seus direitos.

[126] É igualmente esse o entendimento de RAÚL VENTURA, *Acções...*, in *Estudos...*, 378. V., também, com interesse MARGARIDA COSTA ANDRADE, *Código das sociedades comerciais...*, V (artigos 271.º a 372.º-B), comentário ao artigo 322.º, 451.

[127] Na mesma direção MARIANA DUARTE SILVA, *Assistência financeira no âmbito das sociedades...*, in *Revista...*, 2010, II, 1/2, I, 182.

relativamente a elas uma proibição absoluta. Finalmente, observa-se apenas poder este fundamento – a valer – ter alguma razão de ser no âmbito das sociedades cotadas[128]. Mas a proibição de assistência financeira existe para todas as sociedades anónimas.

Não pode, pois, ser esta a *ratio* da interdição. Ela afigura-se, antes, um efeito secundário ou eventual da proibição, mas sem impacto na ponderação teleológica da norma.

§ 4.2.3 – **A tutela da igualdade dos acionistas**

I – Segundo alguns setores da Doutrina a proibição de assistência financeira destinar-se-ia a assegurar o respeito pelo princípio da igualdade de tratamento entre acionistas[129]. A sociedade mostrar-se-ia obrigada a prosseguir o interesse de todos eles. Todavia, o adquirente pode não ser sócio no momento do financiamento, muito embora no final o seja sempre. Nesses termos, o princípio da igualdade de tratamento entre sócios não teria aplicação direta, não obstante não devesse haver favorecimento de ninguém através da disponibilização de meios e ativos próprios da sociedade para facilitar, a algumas pessoas, tornarem-se acionistas ou

---

[128] Paulo de Tarso Domingues, *Assistência financeira...*, in *AB Instantia...*, 2013, I, 2, 55; e Isabel Pinheiro Torres, *Da aplicação da proibição de assistência financeira...*, in *Colecção de Estudos...*, 2015, 3, 146.

[129] Seria esse o fundamento da proibição de assistência financeira segundo, por exemplo, Joana Pinto Monteiro, *A assistência financeira...*, 16 e 17. Mariana Duarte Silva, *Assistência financeira no âmbito das sociedades...*, in *Revista...*, 2010, II, 1/2, I, 183 e ss., entende haver uma *ratio* complexa para a proibição, mas apenas a proteção do interesse dos acionistas a serem tratados de modo igualitário seria apta a fundamentar a proibição em toda a sua extensão. Na mesma direção a autora assinala a posição de Pedro Maia em *Parecer*, inédito, 2005. Não tivemos, porém, acesso a ele. Para José Diogo Horta Osório, *Da Tomada do Controlo de Sociedades (Takeovers) por Leveraged Buyout...*, 194 e 195, tratar-se-ia, ainda, de uma das funções secundárias da proibição. Vejam-se, ainda, as referências bibliográficas fornecidas por Stefano Cacchi Pessani, *L'assistenza finanziaria...*, 27 e 28, nota 45, a propósito da Doutrina italiana favorável a este fundamento da proibição. Cfr., também, na literatura alemã Ulrich Schroeder, *Zur Finanzielle Unterstützung...*, 117; Oechsler, *Münchener Kommentar...*, comentário ao § 71a, anotação 4.

aumentarem a respetiva posição[130]. A interdição de assistência financeira serviria, justamente, para assegurar a igualdade entre todos. Apenas a proteção do interesse dos acionistas a serem tratados de modo igualitário seria apta a fundamentar a proibição em toda a sua extensão[131].

A proibição absoluta de assistência financeira traduzir-se-ia, desse modo, numa norma de tutela da igualdade entre acionistas, presentes e futuros. Ela representaria o garante da neutralidade da sociedade relativamente aos interesses dos respetivos acionistas[132]. Se a sociedade assistir financeiramente alguém para a compra de ações próprias beneficia esse acionista, atual ou vindouro, relativamente aos demais aumentando, porventura, até, o risco para estes últimos dado o financiamento. Haveria, portanto, neste domínio um regime mais gravoso face às exigências de igual tratamento, presente no artigo 321.º do Código das sociedades comerciais, impostas no âmbito da aquisição e alienação de ações próprias pela sociedade. Isto dada a diversidade de natureza das situações[133]. Haveria uma impossibilidade de a sociedade assistir da mesma forma todos os demais acionistas[134] ou todos os demais interessados. Ao invés, na aquisição de ações próprias a sociedade poderia, no limite, adquirir o volume de ações pretendido a todos os acionistas, em função da respetiva proporção no capital.

Não se afigurando, assim, supostamente, viável garantir a igualdade entre todos, até por muitas vezes não se estar no domínio das relações entre a sociedade e os seus acionistas (na eventualidade de o assistido não

[130] Mariana Duarte Silva, *Assistência financeira no âmbito das sociedades...*, in *Revista...*, 2010, II, 1/2, I, 185, com menção nesse sentido também de Pedro Maia.

[131] Nessa direção Pedro Maia, *Parecer*, cit., 22 e ss. (*Apud*, Mariana Duarte Silva, *Assistência financeira no âmbito das sociedades...*, in *Revista...*, 2010, II, 1/2, I, 183, nota 118); e Mariana Duarte Silva, *Assistência financeira no âmbito das sociedades...*, in *Revista...*, 2010, II, 1/2, I, 183 e ss..

[132] Mariana Duarte Silva, *Assistência financeira no âmbito das sociedades...*, in *Revista...*, 2010, II, 1/2, I, 184.

[133] Mariana Duarte Silva, *Assistência financeira no âmbito das sociedades...*, in *Revista...*, 2010, II, 1/2, I, 185, apontando no mesmo sentido Pedro Maia.

[134] Mariana Duarte Silva, *Assistência financeira no âmbito das sociedades...*, in *Revista...*, 2010, II, 1/2, I, 185, referindo, uma vez mais, em igual direção Pedro Maia.

ser um sócio, mas, sim, um terceiro relativamente à sociedade), não seria, dessa forma, de estranhar a proibição[135].

II – A ideia no sentido de a proibição de assistência se basear numa ideia de igualdade não parece, porém, a nosso ver, suscetível de vingar[136]. Na verdade, diversamente do pretendido, é perfeitamente possível a existência de operações de assistência financeira com respeito pelo princípio da igualdade[137]. O facto de muitas vezes o assistido ser um terceiro não impede, em nada, em oposição ao afirmado por alguns autores, o respeito por essa igualdade[138]. Bastaria ser oferecida a mesma possibilidade a todos, nas mesmas condições e sujeita a rateio. De resto, no âmbito da admissibilidade da assistência financeira pelas normas europeias (atualmente pelo artigo 64.º da Diretriz 2017/1132/UE), para assegurar a ideia de igualdade tem sido entendido, por alguns, haver (em termos análogos aos previstos no artigo 72.º da Diretriz 2017/1132/UE e, entre nós, nos artigos 458.º e seguintes do Código das sociedades comerciais) um direito de preferência de todos os sócios, já existentes, ao oferecimento da projetada assistência a um acionista ou terceiro[139]. Direito a ser exer-

---

[135] MARIANA DUARTE SILVA, *Assistência financeira no âmbito das sociedades...*, in *Revista...*, 2010, II, 1/2, I, 185.

[136] De forma oposta à plausibilidade deste fundamento v., designadamente, INÊS PINTO LEITE, *Da proibição de assistência financeira...*, in *Direito...*, 2011, 3, 5, 139 e ss.; JESSICA RODRIGUES FERREIRA, *A proibição de assistência financeira...*, in *Direito das sociedades...*, 2015, 8, 15, 71 e ss.; PEDRO NUNES, *A Proibição de Assistência Financeira...*, in *Revista...*, 2015, junho, 2, 10; PAULO DE TARSO DOMINGUES, *Assistência financeira...*, in *AB Instantia...*, 2013, I, 2, 55 e nota 6; JESSICA RODRIGUES FERREIRA, *A proibição de assistência financeira...*, in *Direito das sociedades...*, 2015, 8, 15, 71 e 72; e ANA PERESTRELO DE OLIVEIRA, *Manual de corporate...*, 223. No Direito alemão v., designadamente, FLORIAN ALEXANDER HASSNER, *Finanzielle Unterstützung zum institutionellen Leveraged Buyout einer Aktiengesellschaft...*, 139 e 140.

[137] Na mesma direção v., por exemplo, INÊS PINTO LEITE, *Da proibição de assistência financeira...*, in *Direito...*, 2011, 3, 5, 140 ao afirmar: «(...) *este argumento não é suficiente para justificar a proibição em questão, na medida em que é possível configurar operações de assistência financeira que beneficiem igualitariamente todos os sócios ou relativamente às quais se verificou igualdade de oportunidade de acesso*».

[138] Pretendendo ser o respeito da igualdade posta em jogo pelo facto de o assistido poder ser um terceiro, MARIANA DUARTE SILVA, *Assistência financeira no âmbito das sociedades...*, in *Revista...*, 2010, II, 1/2, I, 185.

[139] Na Doutrina alemã, e tendo por referência as normas comunitárias sobre a matéria, pode ver-se sustentado dever julgar-se existir semelhante direito de financiamento (*Bezugsfinanzierungsrecht*) em termos semelhantes ao direito de subscrição preferencial (*Bezugsrecht*),

cido de forma proporcional entre todos, nos termos do regime do direito de subscrição preferencial em aumentos de capital. Portanto, não há nenhuma razão, ligada à necessidade de se preservar a ideia de igualdade, suscetível de ser alegada para se fundar a proibição de assistência financeira. Seria sempre possível a respetiva permissão dobrada pela utilização de outros instrumentos destinados a salvaguardar a igualdade dos acionistas.

Alguma Doutrina tem-se oposto, porém, à existência desse direito de preferência referindo o perigo de ele ser exercido apenas para embaraçar a sociedade em exames e análises de crédito e, dessa forma, atrasar todo o processo de financiamento. Em vez disso, dever-se-ia ponderar casuisticamente a razão substantiva e material da operação para determinar se ela serve o interesse específico da sociedade e se se mostra apropriado, necessário e proporcionado[140]. Através do imediato apelo a estes pressupostos poder-se-ia ter por inexistente um direito dos acionistas ao financiamento. Estas são, porém, justamente as exigências impostas para a supressão ou limitação do direito de preferência[141]. E se a sociedade decidir financiar alguém, e não outros, o afastamento desses outros deve obedecer às regras impostas no artigo 72.º da Diretriz 2017/1132/UE do Parlamento europeu e do Conselho, de 14 de junho, e ao artigo 460.º do Código das sociedades comerciais.

Tratar-se-ia, portanto, de um direito suscetível de ser suprimido ou limitado apenas nos termos do artigo 72.º/4 da Diretriz 2017/1132/UE (entre nós, a existir esse direito subjetivo à oferta da assistência em condições de igualdade, o que pressuporia a admissibilidade da própria assistência financeira[142], a sua supressão ou limitação deveria ter lugar nos

Oechsler, *Münchener Kommentar...*, comentário ao § 71a, anotação 9; e Jan Brosius, *Die finanzielle Unterstützung des Erwerbs eigener Aktien...*, 281 e ss.. Mais referências nesse sentido, muito embora o autor se afaste dessa posição, podem ser vistas em Tim Drygala, *Finanzielle Unterstützung des Aktienerwerbs...*, in *Der Konzern*, cit., 2007, 6 e 7, 405, nota 79.

140 Assim Tim Drygala, *Finanzielle Unterstützung des Aktienerwerbs...*, in *Der Konzern*, cit., 2007, 6 e 7, 404 e 405.

141 V. o nosso *Direito de preferência dos sócios em aumentos de capital nas sociedades anónimas e por quotas*, 1993, 303 e ss..

142 Mas só no final estaremos em condições de dar uma resposta a propósito de saber se, e em que medida, pode entre nós haver assistência financeira.

termos do artigo 460.º do Código das sociedades comerciais). Mas nessa última eventualidade não se pode falar em desrespeito pelo princípio da igualdade.

Objeto de dúvidas é se esse afastamento depende de uma fundamentação ou justificação material em termos semelhantes à supressão do direito de preferência[143].

Uma outra especialidade deste *direito de financiamento preferencial* reside no facto de a sociedade não poder ser forçada a classificar o risco de crédito de todos os acionistas da mesma forma apenas para assegurar a respetiva proporção de participação. Isto parece, de resto, estar igualmente subjacente à disciplina prevista do artigo 64.º/2 da Diretriz 2017/1132/UE[144]. A sociedade pode, aliás, mitigar as dificuldades no tratamento do risco de crédito existente ao estabelecer exigências mínimas ao nível da prestação da garantia para poder haver assistência financeira e, do mesmo passo, originar o afastamento de todos os inaptos para produzirem essas garantias[145]. A observância do princípio da igualdade só obriga a tratar de modo igual os sócios que estejam em igualdade de posição[146].

---

[143] Cfr. Oechsler, *Münchener Kommentar...*, comentário ao § 71a, anotação 9.

[144] Ao mencionar condições justas de mercado e especialmente no que diz respeito aos juros e garantias. Este preceito estabelece: «*As operações devem realizar-se sob a responsabilidade do órgão de administração ou de direção, em condições justas de mercado, especialmente no que diz respeito aos juros pagos à sociedade e no que se refere às garantias que lhe são oferecidas pelos empréstimos e os adiantamentos a que se refere o n.º 1*».

[145] Assim, também, Oechsler, *Münchener Kommentar...*, comentário ao § 71a, anotação 9.

[146] Em sentido aproximado Oechsler, *Münchener Kommentar...*, comentário ao § 71a, anotação 9. Jan Brosius, *Die finanzielle Unterstützung des Erwerbs eigener Aktien...*, 282 e 283, entende, porém, se bem lemos, não haver necessidade de se respeitar o princípio da igualdade, se um acionista puder alegar, ao ser apoiado pela sociedade, assistência, também uma qualidade exterior à sociedade e, portanto, não ligada ao seu *status* de sócio: exemplo disso será a hipótese de ele ser também fornecedor da sociedade e a atribuição patrimonial ter sido feita justamente em razão desse atributo externo. Semelhante tratamento (destarte, não sujeito à observância do princípio da igualdade) mereceriam, ainda, as hipóteses de observância dos pressupostos de licitude de assistência financeira, segundo o artigo 64.º da Diretriz 2017/1132/UE do Parlamento europeu e do Conselho, de 14 de junho de 2017, designadamente se o negócio for feito em condições justas e usuais de mercado e superar a prova da comparação de um negócio realizado por uma outra entidade.

§ 4.2.4 – Os valores e interesses efetivamente subjacentes à proibição

I – Alguma Doutrina mais recente tem vindo a defender a ideia de a finalidade da proibição de assistência financeira residir num propósito autónomo, destarte, não apenas associado ao regime das ações próprias, de proteção do capital social e/ou do património da sociedade[147]. Tratar-se-ia, no fundo, de evitar a utilização do capital ou património da sociedade para financiar a sua própria aquisição fora do âmbito normal de distribuição de lucros.

Mas, o argumento da salvaguarda do capital não é apto a justificar a proibição de assistência financeira na eventualidade de ela ser feita apelando a reservas disponíveis[148]. E, portanto, ou não serve para alicerçar a proibição ou, a ser ele a fundá-la, então, legitimar-se-ia a sua restrição às hipóteses de utilização de bens insuscetíveis de serem distribuídos aos sócios. Na eventualidade de se tratar de bens livres, a proibição não valeria. A ser assim, porém, a norma nada aditaria ao regime de preservação do capital e de proibição de restituição das entradas e das reservas indisponíveis, já presente nos artigos 31.º e seguintes do Código das sociedades comerciais. O preceito não teria, destarte, valor próprio e autónomo: ele não se distinguiria do disposto, designadamente, no artigo 32.º. Nessa medida, não faltam vozes no sentido de a norma destinada a impor uma proibição de assistência financeira se mostrar um preceito desprovido de função e teleologicamente obsoleta[149]. Entre nós, por entender ser a tutela do capital social o principal e verdadeiro fundamento da regra o

---

147 Por exemplo, além das referências constantes da próxima nota, na Doutrina alemã pode ver-se, no mesmo sentido, SCHROEDER, *Zur Finanzielle Unterstützung...*, 107 e ss., 113 e 114.; UWE HÜFFER, *Aktiengesetz*, cit., comentário ao § 71a, 362 e 364; MERKT, *Aktiengesetz...*, 3, 2, comentário ao § 71a, 464. Já no Direito italiano defendem estar a razão da proibição de assistência financeira na proteção dos recursos e do capital societário ELENA BERNARDINI/ /CARLA GANDINI, *Commentario...*, I, comentário ao artigo 2358, 389.

148 JESSICA RODRIGUES FERREIRA, *A proibição de assistência financeira...*, in *Direito das sociedades...*, 2015, 8, 15, 65.

149 Assim MATHIAS HABERSACK, *Die finanzielle Unterstützung des Aktienerwerbs – Überlegungen zu Zweck und Anwendungsbereich...*, in *Festschrift für Volker...*, 159 e ss.; ROBERT FREITAG, *Financial assistance durch die Aktiengesellschaft nach der reform der Kapitalrichtlinie...*, in *Die Aktiengesellschaft. Zeitschrift für das gesamte Aktienwesen...*, 2007, 5, 163.

artigo 322.º[150], ANA PERESTRELO DE OLIVEIRA defende a redução teleológica do preceito em termos supostamente semelhantes ao feito perante o Direito alemão por HABERSACK[151].

Mas, muito embora a ideia de redução teleológica apareça, nos moldes referidos pela autora, nalguma Doutrina tudesca[152], salvo erro de análise da nossa parte, não vislumbramos nada na obra do autor alemão, citada por ANA PERESTRELO DE OLIVEIRA, no sentido de advogar, expressamente, uma redução teleológica das regras de assistência financeira na hipótese de existirem reservas livres suscetíveis de serem distribuídas, se forem elas a serem usadas. O autor afirma, isso sim, em grande medida, a falta de autonomia do § 71a da *AktG* perante o disposto no § 57 do mesmo diploma[153]. Nesse sentido diz, no estudo em análise, ser o primeiro dos dois preceitos, de certo modo, desprovido de função[154] e ser, em grande parte, absorvido pelo segundo. Materialmente o resultado é, ou pode ser, em alguma medida, igual ao advogado por ANA PERESTRELO, mas sem apelo metodológico à ideia de redução teleológica. O autor chega lá, se bem vimos, por interpretação e não por redução.

---

[150] ANA PERESTRELO DE OLIVEIRA, *Manual de corporate...*, 221, muito embora depois afirme ser isso feito no prolongamento do regime das ações próprias. Nesses termos, termina a dizer (*op. cit.*, 281) a propósito do artigo 322.º: «*Em causa está, pois, assegurar materialmente os valores subjacentes à proibição de aquisição de ações próprias*».

[151] ANA PERESTRELO DE OLIVEIRA, *Manual de corporate...*, 222. Nesse sentido a autora cita MATHIAS HABERSACK, *Die finanzielle Unterstützung des Aktienerwerbs – Überlegungen zu Zweck und Anwendungsbereich...*, in *Festschrift für Volker...*, 155 e ss. e, portanto, a totalidade do artigo. Em sentido adverso a essa redução v., por exemplo, ULRICH SCHROEDER, *Zur Finanzielle Unterstützung...*, 166 e ss..

[152] V., designadamente, mas em sentido oposto a ela, ULRICH SCHROEDER, *Zur Finanzielle Unterstützung...*, 166 e ss..

[153] MATHIAS HABERSACK, *Die finanzielle Unterstützung des Aktienerwerbs – Überlegungen zu Zweck und Anwendungsbereich...*, in *Festschrift für Volker...*, 159 e ss., e 167.

[154] O autor abandonaria, porém, mais tarde, a ideia de ausência de função do § 71a da *AktG* em virtude da alteração do § 57 da *AktG* resultante da *MoMiG* por força da qual se passou a admitir não valer a proibição de restituição de entradas nas hipóteses de pagamentos feitos pela sociedade se existir um contrato de subordinação ou convenção de atribuição de lucros, ou ainda se os pagamentos estiverem cobertos por uma *vollwertig* (inteiramente realizável ou reembolsável), contraprestação ou restituição perante o acionista (§ 57 I, 3). Isto, enquanto o § 71, I, 3 apenas exceciona do seu âmbito de aplicação as hipóteses de contrato de subordinação ou convenção de atribuição de lucros. Cfr. MATHIAS HABERSACK, *Finanzielle Unterstützung des Aktienerwerbs...*, in *Festschrift für Klaus J. Hopt...*, 729 e ss..

Onde a ideia de redução teleológica aparece e é debatida pelo autor é no sentido de a proibição de assistência financeira não valer para as hipóteses de aquisição lícita de ações próprias pela sociedade[155]. Nessa eventualidade e, portanto, se a sociedade puder adquirir as ações se atuar diretamente (ou seja, se a sociedade as obtivesse para si diretamente, por estar dentro do limite máximo de licitude de aquisição de ações próprias), HABERSACK sustenta não ter lugar a proibição de assistência financeira. E na verdade – a ser aceite, como poderá eventualmente suceder[156], assumidas as ressalvas impostas pelas Diretrizes europeias, a ideia de, tratando-se de reservas livres[157], não dever, sem mais, julgar-se valer a

---

[155] Cfr. MATHIAS HABERSACK, *Die finanzielle Unterstützung des Aktienerwerbs – Überlegungen zu Zweck und Anwendungsbereich*..., in *Festschrift für Volker*..., 166 e ss..

[156] V., porém, *infra* § 4. 3. 7 sobre o sentido da proibição.

[157] Mas não nos parece bastar a existência de reservas livres. Isso seria uma exigência ou pressuposto para, fora de situações de assistência financeira especialmente admissíveis noutras constelações não abrangidas pela parte imperativa do artigo 64.º da Diretriz 2017/1132/UE do Parlamento europeu e do Conselho, de 14 de junho de 2017, se poder aceitar a respetiva admissibilidade. Mas não seria suficiente. Se o fosse o Direito português tornar-se-ia mais permissivo que o próprio regime jurídico viabilizado pela Diretriz 2017/1132/UE. E muito embora se diga não ter sido a solução desta Diretriz, na parte opcional para os Estados-membros, transposta para o Direito nacional, estar-se-ia – a vingar, sem mais, a solução proposta por ANA PERESTRELO DE OLIVEIRA – a aceitar uma solução proibida pelo regime imperativo do artigo 64.º/4 da Diretriz. Neste estabelece-se que, além da necessidade de se estar diante de reservas livres («*A assistência financeira global concedida a terceiros não pode ocasionar a redução dos ativos líquidos para um nível inferior ao montante especificado no artigo 56.º n.ºs* 1 e 2)», a sociedade deve incluir no passivo do seu balanço uma reserva, cuja distribuição é vedada, no montante da assistência financeira global. Há, pois, ao nível das reservas, uma chamada dupla barreira a mostrar não bastar, portanto, para a assistência financeira poder ser lícita, a existência de reservas livres. Isto, além das outras exigências previstas nos vários números do artigo 64.º da Diretriz 2017/1132/UE e que são igualmente pressuposto da possibilidade de os Estados-membros, fora de hipóteses não abrangidas pelo sentido limitativo do artigo 64.º da Diretriz, permitirem a assistência financeira. Dir-se-á, porventura, não valer a Diretriz imediatamente no plano interno. Mas, por força das regras de interpretação sistemática, não pode valer, no âmbito interno, uma interpretação não conforme ao imposto pela Diretriz (sobre a importância das novas Diretrizes, de alteração de Diretrizes anteriores, com regimes opcionais para os Estados-membros, para a interpretação das anteriores Diretrizes imperativas ou para a interpretação do Direito interno dos Estados-membros que não transpuseram o novo regime opcional cfr. *infra* § 4. 3. 1. 2, III e ss.). A este respeito v., por exemplo, MENEZES CORDEIRO, *Direito europeu*..., 81 e ss.; Id., *A Directriz 2007/36, de 11 de Julho (accionistas de sociedades cotadas): comentários à proposta de transposição*, in *Revista da Ordem dos Advogados*, 2008, 68,

proibição de assistência financeira nos exatos termos literais do artigo 322.º do Código das sociedades comerciais – esse resultado pode e deve ser obtido por interpretação, sem necessidade de apelo à redução teleológica, ela própria, a nosso ver, inadmissível e desnecessária (não apenas nesta situação, mas em geral). A ideia de interpretação, devidamente entendida, já previne os problemas a que a redução teleológica pretende dar resposta.

II – Na mesma linha, mas dotada de um ângulo ligeiramente diferente, SCHROEDER[158] apontaria à proibição, a par de outras[159], finalidades jurídicas autónomas de controlo da concessão de crédito através da sociedade. No fundo tratar-se-ia de evitar, fora das hipóteses de distribuição de lucros, a utilização de reservas em benefício do adquirente. Nesta perspetiva a proibição salvaguardaria a preservação do património da sociedade em favor dos sócios e credores e seria parte de uma proteção abrangente da manutenção do capital[160].

II/III, 516 e 517, ao afirmar: «*a jurídico-positividade dimanada do artigo 349.º/3 do Tratado da União, obriga, por uma lógica de sistema, à interpretação conforme. Esta funciona como o embrião de uma Ciência do Direito capaz de acolher e de tratar o Direito nacional e o Direito comunitário, na área em que se interpenetram: a das normas de transposição*»; e o nosso *A vinculação...*, 935. Ainda a propósito da interpretação conforme com as Diretrizes v. ANA MARIA GUERRA MARTINS, *Manual de direito da União Europeia*, 2.ª ed., 2018, 517, 523, 558; e, na literatura alemã, a título ilustrativo, FLORIAN ALEXANDER HASSNER, *Finanzielle Unterstützung zum institutionellen Leveraged Buyout einer Aktiengesellschaft...*, 121 e ss..

158 SCHROEDER, *Zur Finanzielle Unterstützung...*, 107 e ss., *maxime* 113 e 114.

159 O defraudar do regime das ações próprias e a alteração do valor das ações.

160 No sentido de a norma prevista no artigo 322.º proteger a função produtiva do capital social, muito embora isso não seja, em seu entender, suficiente para fundar a proibição v. MARIA VICTÓRIA FERREIRA ROCHA, *Aquisição de acções próprias...*, 312. Favorável à ideia de ser, ao menos em parte, e se bem vimos, a preservação do capital e a tutela dos credores a mostrar-se subjacente à proibição de assistência financeira v., ainda, JOÃO LABAREDA, *Nota sobre a prestação de garantias por sociedades comerciais...*, in *Direito societário português...*, 188 e 189; e, de forma mais decidida, ANA PERESTRELO DE OLIVEIRA, *Manual de corporate...*, 221 e 222, mas sem autonomizar esta finalidade perante a de prolongar o regime das ações próprias. Também JOSÉ DIOGO HORTA OSÓRIO, *Da Tomada do Controlo de Sociedades (Takeovers) por Leveraged Buyout...*, 194 e 195, vê a função principal da proibição do artigo 322.º do Código das sociedades comerciais na preservação do equilíbrio entre o capital e valor líquido da empresa. CARLOS OSÓRIO DE CASTRO, *A prestação de garantias e a assistência financeira...*, in *Estudos...*, II, 424, entende ser a função principal da proibição de assistência financeira a de obviar a um

Mas a tese da proteção do património social também tem sido, pelas mesmas razões já referidas a propósito da proteção do capital, impugnada[161]. Além disso, não existe no nosso Direito um princípio de conservação do património social[162]. Em bom rigor, não parece poder duvidar-se do facto de haver, na verdade, uma certa proteção patrimonial (e do capital) com a proibição de assistência financeira. Mas essa observação nada adianta ou nos diz. Ela traduz uma simples descrição do efeito da norma[163]. Não nos elucida sobre a razão, fim e termos dessa proteção e

---

perigo para o património social. Dado o facto de o adquirente não se valer do mercado, mas antes da ajuda da sociedade, haveria uma presunção no sentido de ele não dispor de meios, nem de crédito, para o efeito. É da mesma opinião Jessica Rodrigues Ferreira, *A proibição de assistência financeira...*, in *Direito das sociedades...*, 2015, 8, 15, 66, muito embora depois (*op. cit.*, 69) afirme, acertadamente, não haver no nosso Direito um princípio de conservação do capital social (a inexistência desse princípio não sofre de resto impugnação. Veja-se, por exemplo, Inês Pinto Leite, *Da proibição de assistência financeira...*, in *Direito...*, 2011, 3, 5, 138 e 139; Mariana Duarte Silva, *Assistência financeira no âmbito das sociedades...*, in *Revista...*, 2010, II, 1/2, I, 175 e 176; Cassiano dos Santos, *O art. 6.º do CSC, a capacidade jurídica e a prestação de garantias a dívidas de outros sujeitos*, in *III Congresso Direito das Sociedades em Revista*, 2014, 532; e o nosso *A vinculação das sociedades comerciais...*, 940 e 941). Não é igualmente insensível a este aspeto Paulo de Tarso Domingues, *Assistência financeira...*, in *AB Instantia...*, 2013, I, 2, 56, muito embora assinale a perda de importância do capital.

161 Pode ver-se, no sentido de não poder ser a proteção do capital social, ou mais amplamente do património social, a fundar a proibição, designadamente, Raúl Ventura, *Acções...*, in *Estudos...*, 378, ao estranhar o facto de a proibição de assistência financeira não estar limitada ao emprego do capital social; Joana Pinto Monteiro, *A assistência financeira...*, 15; Inês Pinto Leite, *Da proibição de assistência financeira...*, in *Direito...*, 2011, 3, 5, 138 e 139; Mariana Duarte Silva, *Assistência financeira no âmbito das sociedades...*, in *Revista...*, 2010, II, 1/2, I, 174 e ss.; Paulo de Tarso Domingues, *Assistência financeira...*, in *AB Instantia...*, 2013, I, 2, 55 e 56; Pedro Nunes, *A Proibição de Assistência Financeira...*, in *Revista...*, 2015, junho, 2, 9; Isabel Pinheiro Torres, *Da aplicação da proibição de assistência financeira...*, in *Colecção de Estudos...*, 2015, 3, 142 e ss.. Na Doutrina italiana impugna também essa finalidade Stefano Cacchi Pessani, *L'assistenza finanziaria...*, 25 e ss..

162 Assim, também, Jessica Rodrigues Ferreira, *A proibição de assistência financeira...*, in *Direito das sociedades...*, 2015, 8, 15, 69; Inês Pinto Leite, *Da proibição de assistência financeira...*, in *Direito...*, 2011, 3, 5, 138 e 139; Mariana Duarte Silva, *Assistência financeira no âmbito das sociedades...*, in *Revista...*, 2010, II, 1/2, I, 175 e 176; Cassiano dos Santos, *O art. 6.º do CSC, a capacidade jurídica...*, in *III Congresso...*, 2014, 532; e o nosso *A vinculação das sociedades comerciais...*, 940 e 941.

163 Em sentido aproximado Mathias Habersack, *Finanzielle Unterstützung des Aktienerwerbs...*, in *Festschrift für Klaus J. Hopt...*, 737.

sobre se representa, ou não, o objetivo e teleologia do preceito. E se olharmos para o artigo 64.º/4 da Diretriz 2017/1132/UE do Parlamento europeu e do Conselho, de 14 de junho, parece óbvio que as exigências postas pela norma europeia vão para além das necessidades de conservação do capital nos termos impostos pelos artigos 31.º e seguintes do Código das sociedades comerciais para a conservação do capital. Há, portanto, a nível europeu, um resguardo que excede e ultrapassa o da simples conservação normal do capital social. O pressuposto de aceitabilidade da assistência financeira posto pelo artigo 64.º/4 da Diretriz 2017/1132/UE mostra-se supra-abundante relativamente às exigências de preservação do capital existentes nas demais situações.

O próprio regime nacional do artigo 322.º do Código das sociedades comerciais é, também ele, supra-abundante relativamente às normas de proteção do capital previstas nos artigos 31.º e seguintes[164]. Estes apenas proíbem distribuições aos sócios para além do limite do património disponível. A assistência financeira, essa, parece ser proibida ou em termos absolutos (no Direito nacional) ou até ao estabelecimento de uma reserva, cuja distribuição é vedada, no montante da assistência financeira global (no Direito europeu). Adiante voltaremos ao tema para tentar explicitar a razão dessa exigência adicional. Para já diremos parecer-nos envolver essa supra-abundância – a par da permanente investigação pela *ratio* da proibição e da, até agora, insuscetibilidade de se obter um assentimento minimamente estável a propósito dos resultados dessa averiguação – mais do que uma simples medida de proteção do capital, ou até de uma regra ligada a algum aspeto estrutural ou atinente à natureza intrínseca da assistência financeira. Ela traduz antes uma pura e deliberada opção de *policy*[165], filha de um juízo (histórico e absolutamente relativo) de desfavor e de suspeita sobre o mérito do *fim* de certas formas de assistência financeira[166].

III – Sempre no mesmo tipo de registo, segundo o qual a proibição de assistência financeira visaria, de algum modo, entre outros aspetos,

---

[164] De supra-abundância fala também Stefano Cacchi Pessani, *L'assistenza finanziaria...*, 28.

[165] No sentido de posição de princípio, de diretriz, de linha de ação ou de orientação.

[166] Em direção próxima à agora referida v. Stefano Cacchi Pessani, *L'assistenza finanziaria...*, 29.

assegurar o domínio da outorga de crédito pela sociedade, posiciona-se OECHSLER[167]. Fá-lo, porém, a partir de uma perspetiva diversa das anteriores e à luz de uma ideia de uma finalidade independente de proteção do mercado de capitais. Este autor sustenta, perante o Direito alemão, ser a posição por ele defendida supostamente atestada pelo § 71a, I, da *AktG* alemã, ao ressalvar, *in fine*, a possibilidade de assistência financeira na eventualidade de existir um contrato de subordinação ou convenção de atribuição de lucros. OECHSLER atribui à proibição de assistência financeira, além da finalidade de evitar o desrespeito ou o defraudar das normas relativas às ações próprias, o propósito de impedir as situações típicas de *leveraged buyout* ou compra alavancada. Mas não se trataria de uma proibição geral e definitiva de *leveraged buyout*[168]. Ao invés, tratar-se-ia de uma mera proibição provisória[169]. Se um investidor for previamente financiado no mercado capitais, por um terceiro, para adquirir uma sociedade, ele não está impedido, em razão do disposto na parte final do § 71a, I[170], após atingir uma participação de domínio, de estabelecer um contrato de subordinação. E mesmo antes da entrada em vigor do § 71a, I, 3, esse mesmo investidor não estava, segundo OECHSLER e a *communis opinio* tudesca[171], impedido de proceder a uma fusão entre as duas sociedades. Nestes termos, a proibição de assistência financeira não impediria o adquirente de se financiar através da própria sociedade adquirida, mas, tão-só, de *apenas* se financiar através dessa sociedade[172]. O adquirente deveria, assim, obter uma parte do custo de aquisição no mercado financeiro, antes de poder lançar mão às reservas livres da sociedade. O sentido da norma seria, dessa forma, o de forçar a existência de um exame,

[167] OECHSLER, *Münchener Kommentar...*, comentário ao § 71a, anotação 5 e 6.

[168] OECHSLER, *Münchener Kommentar...*, comentário ao § 71a, anotação 2, 4, 5 e 6, 26 e 27.

[169] OECHSLER, *Münchener Kommentar...*, comentário ao § 71a, anotação 5.

[170] Onde se estabelece não valer a proibição de assistência financeira na eventualidade de existir um contrato de subordinação ou convenção de atribuição de lucros.

[171] Para mais pormenores a esse respeito v. *infra* § 4. 3. 5 e ss.. Para já referência apenas, além do próprio OECHSLER, a MARCUS LUTTER/HENNING WAHLERS, *Der buyout: Amerikanische Fälle...*, in *Die Aktiengesellschaft...*, 1989, 12 e 13; HOLGER FLEISCHER, *Zur Finanzielle Unterstützung des Aktienerwerbs...* in *Die Aktiengesellschaft...*, 1996, 501 e ss., 504 e ss.; MATHIAS HABERSACK, *Die finanzielle Unterstützung des Aktienerwerbs – Überlegungen zu Zweck und Anwendungsbereich...*, in *Festschrift für Volker...*, 171 e ss..

[172] Nesse sentido OECHSLER, *Münchener Kommentar...*, comentário ao § 71a, anotação 5.

por parte de um credor externo, a respeito da viabilidade económica da operação[173] de modo a evitar, para a sociedade, perigos mal ponderados.

Esta revisão prévia da aquisição e transação protegeria a sociedade-alvo de modo semelhante ao resguardo dispensado em vários Ordenamentos através de normas destinadas a assegurar cautelas prévias como a secção 2.5 do *City Code on Takeovers and Mergers* britânico ou o § 13 da *WpÜG*[174]. Também estes preceitos, dotados de um paralelo nos artigos 177.º/2 e 179.º/*b*) do CVM, se destinariam a assegurar um limiar de seriedade nos propósitos do adquirente: o oferente deve primeiro submeter o seu projeto de aquisição a um teste de probidade e integridade pelo mercado antes de avançar para a operação.

IV – A esta orientação objeta-se, todavia, não interessar se a sociedade presta a assistência de forma total ou meramente parcial. Ao invés as situações tipicamente abrangidas pela proibição de assistência financeira seriam hipóteses em que não há um financiamento isolado ao terceiro adquirente, mas se assiste, igualmente, à intervenção de um financiador. Isso mesmo seria atestado pela referência às garantias[175]. Dito de outro modo: a confirmação de que o financiamento parcial estaria igualmente abrangido pela proibição de assistência financeira resultaria da interdição de oferecer garantias a um empréstimo de terceiro destinado a assegurar fundos para a assistência financeira. Na perspetiva da redação da norma nada diferenciaria as situações de assistência total e de assistência parcelar. E do ponto de vista do fim da norma, também numa operação de financiamento parcial, pode a sociedade viabilizar uma operação que, de outro modo, o mercado de capitais não estaria disposto a aceitar por ser duvidosa.

Todavia, a simples referência a garantias não é de molde a, por si só, afastar a orientação agora proposta. Na verdade, se ela vingar, pode perfeitamente admitir-se apenas valer a proibição de oferecer garantias no

[173] OECHSLER, *Münchener Kommentar...*, comentário ao § 71a, anotação 5.

[174] *Wertpapiererwerbs- und Übernahmegesetzes.*

[175] Nesse sentido v. MATHIAS HABERSACK, *Finanzielle Unterstützung des Aktienerwerbs...*, in *Festschrift für Klaus J. Hopt...*, 736. Em direção adversa à orientação de OECHSLER v., ainda, JAN BROSIUS, *Die finanzielle Unterstützung des Erwerbs eigener Aktien...*, 19 e ss..

passo ou momento anterior à transposição do limiar de seriedade que seria pressuposto da aplicação ou afastamento da norma. Basta, portanto, distinguir dois instantes. Um em que, não tendo sido transposto o limiar de seriedade referido por OECHSLER, um terceiro se dispõe a oferecer financiamento apenas se a sociedade oferecer garantias para a aquisição de ações próprias. Outro em que esse limiar de seriedade já foi transposto. No primeiro cenário valeria a proibição de assistência financeira. No segundo não. Dito de outra forma, as operações parciais também seriam proibidas enquanto não fosse ultrapassado o tal limiar tido por patamar de aparente probidade e firmeza. Mas uma vez vencido esse limiar já não haveria interdição.

Ainda assim a tese não parece de aceitar. O problema é, a nosso ver, outro. Muito embora as hipóteses assinaladas por OECHSLER sejam, na verdade, situações de possibilidade de apoio legítimo pela sociedade à aquisição de ações próprias, isso não é em virtude de se ter atingido um determinado nível de seriedade sujeito ao exame e aprovado pelo mercado de capitais (ou da natureza meramente parcial da assistência financeira na tomada de controlo da sociedade). Deve-se, antes ao facto de, nessas hipóteses, haver mecanismos, garantias e propósitos próprios da operação, suscetíveis de afastarem o juízo de desfavor e de desconfiança, historicamente formados, sobre o mérito do fim de certas formas de assistência financeira e, além disso, poder faltar o elemento subjetivo finalístico do ato, pressuposto da proibição. A perceção do agora referido tornar-se-á mais fácil ao analisarmos duas situações, de algum modo, mais ampla ou restritivamente, pressupostas e referidas por OECHSLER: o *leveraged buyout* através de fusão[176], suas exigências, fronteiras e desenho, de um lado, e a aplicabilidade, ou não, da proibição de assistência financeira às relações de (domínio ou) grupo, do outro[177]. Mas, sobretudo, ao analisarmos os requisitos subjetivos da interdição assim como as exceções a ela previstas no artigo 322.º/2 do Código das sociedades comerciais. Porém, se for como dizemos, e veremos adiante, e a legitimação dessas operações se mostrar o resultado da existência de fins próprios associados a esse tipo de formas de atuação e, além disso, de mecanismos e garantias por elas oferecidas, então, não se pode dizer haver subjacente

---

[176] Cfr. *infra* § 4. 3. 5.

[177] V. *infra* § 4. 3. 4.

à proibição, ou admissão de assistência financeira, uma medida de controlo de outorga de crédito através da avaliação do nível de seriedade na realização do projeto de aquisição por parte do oferente.

V – Num ângulo de análise algo diferente LUTTER/DRYGALA[178] entendem destinar-se a proibição de assistência financeira a assegurar a necessidade de intervenção da assembleia geral nas operações em que ela é admitida. E isto devido ao facto de, na opinião dos autores, um financiamento proporcionado pelo próprio património da sociedade apenas ser possível nas hipóteses de existência de um contrato de subordinação ou em virtude de uma fusão. Desta forma, a proibição de assistência financeira, fora destes dois cenários anteriormente referidos, não se poderia fazer através de simples negócio com a administração da sociedade-alvo.

A orientação de LUTTER/DRYGALA é, de resto, tida por OECHSLER[179] como não estando em oposição à tese por ele próprio advogada. Segundo este último, LUTTER/DRYGALA situariam a ênfase do problema na perspetiva jussocietária. OECHSLER, esse, acentuaria a dimensão jurídica do fim de proteção da norma na perspetiva do mercado de capitais. Mas nenhuma das orientações se digladiaria. Ao invés elas exprimiriam a já de longa data aceite observação no sentido de os problemas do mercado de capitais terem também, no âmbito das sociedades por ações, uma relevância societária e vice-versa. Neste sentido o limiar de seriedade teria expressão, através do § 71a, I, da *AktG*, em ambos os domínios[180].

A ideia de LUTTER/DRYGALA parece oferecer algumas virtualidades. Ela, no fundo, tem subjacente a ideia de, a existirem garantias suficientes da linearidade da operação, a assistência financeira passar a ser permitida. Ela possui, além disso, ao menos parcialmente, apoio direto na parte final do § 71a, I, da *AktG*. Nessa eventualidade, dadas as garantias adicionais de segurança existentes, o tal juízo histórico relativo, não necessária

---

[178] LUTTER/DRYGALA, *Kölner...*, comentário ao § 71a, 297 e ss.. Para uma análise do pensamento destes dois autores pode, ainda, ver-se, por exemplo, OECHSLER, *Münchener Kommentar...*, comentário ao § 71a, anotação 6.

[179] OECHSLER, *Münchener Kommentar...*, comentário ao § 71a, anotação 6.

[180] OECHSLER, *Münchener Kommentar...*, comentário ao § 71a, anotação 6.

e diretamente ligado a reais efeitos ou aspetos estruturais da assistência, de desfavor relativamente à assistência financeira, desaparece e deixa de haver uma *ratio* para a respetiva proibição.

Entre nós, já o dissemos, há igualmente margem para se ter por legítimo o apoio dado à compra de ações próprias em algumas situações de existência de relação de domínio ou de grupo e de compra alavancada através de fusão.

Deverá esta observação levar à aceitação da posição de LUTTER//DRYGALA no sentido de haver necessidade de intervenção, sempre, da assembleia geral para poder haver uma assistência financeira lícita e afigurar-se ser, portanto, o fim da norma de proibição o de impor essa intervenção? Já dissemos parecer frutífera a ideia de a proibição ceder, na eventualidade de o apoio obedecer a determinadas garantias específicas ou a um especial juízo de mérito, em termos ainda a analisar ao longo deste estudo. Mas não nos parece haver, nem há, sempre necessidade de intervenção da assembleia geral da sociedade. Não será, assim, por exemplo nas hipóteses em que, havendo uma mera relação de domínio ou de existência de um simples grupo de facto, se possa dizer mostrar-se, em determinados cenários, lícita a assistência financeira[181]. Outras hipóteses haverá ainda onde isso também não sucede. Em grande parte delas há uma nota semelhante já referida: a existência de garantias adicionais próprias suscetíveis de afastarem o juízo histórico relativo de desfavor sobre as virtudes da assistência financeira na origem da proibição. Mas nem sempre está presente a necessidade de intervenção da assembleia geral.

Nalguns cenários, porém, o juízo de mérito sobre os fins de certas formas de assistência financeira pode, até, levar à dispensa de muitas dessas garantias próprias adicionais (sejam elas quais forem) normalmente existentes nas operações tidas, segundo o nosso Direito, por lícitas. É isso a suceder, desde logo, nas hipóteses previstas no artigo 322.º/2, onde se legitima a assistência financeira com vista à aquisição de ações pelo ou para o pessoal da sociedade ou de uma sociedade com ela coligada, sujeitas apenas ao limite de o ativo líquido da sociedade não se poder tornar inferior ao montante do capital subscrito mais as reservas insuscetíveis de serem distribuídas. Na verdade, do ponto de vista dos efeitos, resultados ou perigos para a sociedade, acionistas ou credores não há nada na

[181] V. *infra* § 4. 3. 4.

natureza desta operação de diferente relativamente às hipóteses de assistência financeira proibida. O fator diferenciador está, apenas, na desigual valoração, pelo Direito, do mérito dos fins prosseguidos. E, portanto, verdadeiramente, o que leva certas formas de assistência financeira a serem admitidas, ou não, não é necessariamente a intervenção da assembleia geral, mas o juízo de merecimento ou a apreciação de desvalor sobre elas à luz dos fins tidos por dignos de tutela do ponto de vista do Direito e do sistema. A ideia é, ainda, reforçada pela imposição de pressupostos subjetivos ou finalísticos para a interdição valer[182]. Voltaremos a estes aspetos e temas.

VI – Perante a incapacidade e insuscetibilidade em se apontar uma razão individualizada e singular para fundar a proibição de assistência financeira, com o sucessivo soçobrar de todas as propostas centradas em perigos vistos numa só e mesma perspetiva, parte da Doutrina passou a fazer apelo à ideia de uma *ratio* complexa[183]. Afinal a interdição não se destinaria a prevenir ou impugnar nenhum dos perigos singulares normalmente apontados à norma, mas, antes, a vedar a união desses vários

[182] V. *infra* § 4. 3. 1. 2.

[183] Maria Victória Ferreira Rocha, *Aquisição de acções próprias...*, 311 e ss.; Paulo de Tarso Domingues, *Assistência financeira...*, in *AB Instantia...*, 2013, I, 2, 57; Pedro Nunes, *A Proibição de Assistência Financeira...*, in *Revista...*, 2015, junho, 2, 10; Isabel Pinheiro Torres, *Da aplicação da proibição de assistência financeira...*, in *Colecção de Estudos...*, 2015, 3, 146 e 147; Jessica Rodrigues Ferreira, *A proibição de assistência financeira...*, in *Direito das sociedades...*, 2015, 8, 15, 64, 72 e 73; e Joana Leal de Macedo Vitorino, *A proibição de assistência financeira e o artigo 6.º do Código das Sociedades Comerciais...*, 16. V., igualmente, Carlos Osório de Castro, *A prestação de garantias e a assistência financeira...*, in *Estudos...*, II, 424, nota 26. Também Mariana Duarte Silva, *Assistência financeira no âmbito das sociedades...*, in *Revista...*, 2010, II, 1/2, I, 183 e ss., 187 e 188, assinala uma *ratio* complexa à proibição, muito embora afirme ser a tutela do interesse dos acionistas, designadamente a um tratamento igualitário, a mostrar-se apta a fundamentar em toda a sua extensão essa mesma proibição. Na mesma linha de uma *ratio* complexa se parece manifestar Inês Pinto Leite, *Da proibição de assistência financeira...*, in *Direito...*, 2011, 3, 5, 141. Esta orientação tem também adeptos na literatura jurídica italiana. Nesse sentido v., também, Andrea Vicari, *L'assistenza finanziaria per l'acquisto del controllo delle società...*, 37; e as menções e referências fornecidas por Stefano Cacchi Pessani, *L'assistenza finanziaria...*, 28, dizendo tratar-se de uma afirmação vulgar. Na Doutrina alemã sublinha estarmos perante uma finalidade de proteção difusa, por exemplo, Mathias Habersack, *Finanzielle Unterstützung des Aktienerwerbs...*, in *Festschrift für Klaus J. Hopt...*, 737 e 741. Schroeder, *Zur Finanzielle Unterstützung...*, 107 e ss., 113 e 114 fala, por sua vez, numa finalidade múltipla.

perigos. Tudo de forma a surgir uma presunção *iuris et de iure* de ilicitude da operação[184]. Estar-se-ia diante de uma norma ou *Tatbestand* de perigo abstrato[185].

É elucidativa desta orientação, por sintomática, a posição de PAULO DE TARSO DOMINGUES[186]. Segundo este autor: «*(...) está hoje claro que não há nenhuma razão ou fundamento que, por si só, permita justificar a proibição de assistência financeira.*

É, contudo, inquestionável que esta assistência comporta ou contém, de forma latente, o risco de uma possível distorção da realidade societária, tanto na sua vertente patrimonial, como administrativa ou política.

E será esta compreensão global dos riscos (de todos os riscos e de nenhum em particular ou individualmente considerado) associados à operação, que poderá fundamentar o regime da sua proibição».

A ideia gera, porém, alguma perplexidade. Se nenhum dos fundamentos é apto a fundar a proibição como é que juntando-se várias razões inaptas, frustes e insuscetíveis de servirem de *ratio* da norma se pode achar

---

[184] INÊS PINTO LEITE, *Da proibição de assistência financeira...*, in *Direito...*, 2011, 3, 5, 141; PAULO DE TARSO DOMINGUES, *Assistência financeira...*, in *AB Instantia...*, 2013, I, 2, 57; ISABEL PINHEIRO TORRES, *Da aplicação da proibição de assistência financeira...*, in *Colecção de Estudos...*, 2015, 3, 147. Fala também de um regime preventivo «(...) *que assenta na presunção abstrata de lesividade da assistência financeira e na presunção,* iuris et de iure, *de ilicitude do contrato de financiamento celebrado no âmbito da assistência*», PEDRO NUNES, *A Proibição de Assistência Financeira...*, in *Revista...*, 2015, junho, 2, 10, muito embora, logo de seguida, defenda a necessidade de uma interpretação restritiva da norma: «*Não apenas a refutação de todos os fundamentos apontados à norma reclamam esta interpretação restritiva, como o movimento flexibilizador que se faz sentir na Europa, em especial depois da Diretiva 2006/68/CE, exigem esta ótica por parte do intérprete*». Fala, também, na existência de uma presunção de um risco, muito embora não elucide a natureza da presunção, CARLOS OSÓRIO DE CASTRO, *A prestação de garantias e a assistência financeira...*, in *Estudos...*, II, 424.

[185] JOANA LEAL DE MACEDO VITORINO, *A proibição de assistência financeira e o artigo 6.º do Código das Sociedades Comerciais...*, 19. Em sentido aproximado INÊS PINTO LEITE, *Da proibição de assistência financeira...*, in *Direito...*, 2011, 3, 5, 141, ao referir-se a uma presunção abstrata de *lesividade*; e CARLOS OSÓRIO DE CASTRO, *A prestação de garantias e a assistência financeira...*, in *Estudos...*, II, 424. V., também, na Doutrina alemã SCHROEDER, *Zur Finanzielle Unterstützung...*, 111, 113, 120 e 121. A uma genérica presunção de apuros na recuperação do dinheiro alude ainda G. F. CAMPOBASSO, *Diritto*, II..., 251.

[186] PAULO DE TARSO DOMINGUES, *Assistência financeira...*, in *AB Instantia...*, 2013, I, 2, 57.

essa mesma *ratio*? Como é que através da união dos vários fundamentos refutados para a norma se obtém afinal esse fundamento? Não foram eles, na verdade, afastados um a um como sendo razões inviáveis para fundar a norma? Se se diz para cada um deles não poder ver-se nele um alicerce ou fim para a norma como é que várias razões, todas elas inaptas, ineptas e inábeis para explicar a norma, podem oferecer a sua teleologia ou fim? Não é impossível poderem vários fatores causais determinarem a produção de um certo evento ou resultado. Por exemplo, num cenário de vento, chuva ou neve e nevoeiro, em simultâneo, pode produzir-se um acidente insuscetível de se dar se apenas um destes fenómenos se desse em separado. Mas todos e cada um deles tem de ter algum tipo de aptidão e virtualidade para contribuir para o desenlace final. Não parece ser isso a suceder na hipótese da proibição de assistência financeira. Diz-se, ao analisar-se os vários fundamentos esgrimidos para alicerçar a norma e sua teleologia, não ter nenhuma das razões alegadas essa virtualidade explicativa. Parece-nos suceder exatamente o mesmo com a soma ou junção das várias razões inaptas para fundar e permitir apurar o fim da norma proibitiva.

VII – Aceitemos, porém, a benefício de raciocínio, poderem várias razões ineptas e inaptas para servirem de *ratio* de uma norma, se juntas umas às outras, passarem a oferecer o fundamento e razão de ser dessa norma. Poderiam elas servir neste cenário e nesta hipótese de fundamento e fim da proibição? A resposta permanece negativa.

Já atrás assinalámos isso. Mas enfatizamos agora. A história da interdição e da incessante indagação da sua *ratio* por parte da Doutrina, se demonstram algo, é ter sido a proibição introduzida e, depois, mantida, no Direito comunitário e no Direito interno, por uma opção de *policy* tributária de um juízo histórico e meramente relativo sobre a ausência de mérito dos fins práticos normalmente visados pela operação[187]. Uma vez estabelecida a proibição foi-se, depois, fazendo uma espécie de antologia onde se iam compendiando progressivamente todas as razões oferecidas como fundamento do impedimento, e, entretanto, afastadas por inviá-

[187] No mesmo sentido STEFANO CACCHI PESSANI, *L'assistenza finanziaria...*, 29. Isto ao ponto de não faltarem vozes no sentido de a proibição de assistência financeira ter esgotado já a sua função. Assim ANDREA VICARI, *La nuova disciplina dell'assistenza ...*, in *Studi...*, 661.

veis, de modo a afirmar-se ser a junção de todos estes alicerces insuscetíveis de fundarem a norma e oferecerem esse mesmo fundamento.

Portanto, em bom rigor, a ter esta perspetiva algum aproveitamento possível, mais do que perante uma *ratio* complexa estar-se-ia, sim, na verdade, diante uma *ratio* ou fim difusos. E difuso não no sentido de disseminado ou espalhado ou mesmo prolixo, mas antes de um fim indeterminado, vago, impreciso (ou de meandros imprecisos), dotado de sinuosidades, de limitada inteligibilidade, diminuta claridade e de muitas sombras e, portanto, de reduzidíssima operacionalidade, se alguma tivesse.

A ideia por nós defendida torna-se patente se se atender à génese da proibição desde o artigo 144 do Código de comércio italiano de 1882[188]. Não obstante as aparências, a assistência financeira foi vedada pelo referido diploma, não tanto pelas suas caraterísticas estruturais intrínsecas ou pelos perigos suscitados para os sócios e para os credores sociais, mas por a operação ser tida por *normalmente* dirigida à realização de fins não merecedores de proteção[189]. Ao invés da aquisição de ações próprias, que se entendeu poder obedecer a múltiplos fins, julgou-se não possuir a assistência financeira nenhuma outra finalidade senão a de utilizar o património social para moldar as estruturas societárias da própria sociedade-alvo. Pensava-se apenas poder ser esta a razão da operação, a sua função económica e social caraterística. A esta luz, a assistência financeira era vista como determinando (e determinando apenas) uma *mistura* ou sobreposição, não digna de proteção, entre o património social e as vicissitudes relativas às participações dos sócios. E por isso era, justamente, essa sobreposição a proibir-se através da interdição de assistência[190].

Mais tarde as opções[191] e o entendimento alteraram-se. Foi uma diversa ponderação e valoração das virtudes das finalidades prosseguidas a levar o Direito europeu, primeiro, e o Direito nacional, depois, a legitimarem a assistência financeira dirigida a favorecer a aquisição pelo ou para o pessoal da sociedade-alvo ou de uma sociedade com ela coligada ou a per-

---

188 No mesmo sentido STEFANO CACCHI PESSANI, *L'assistenza finanziaria...*, 29.

189 Em igual linha v. STEFANO CACCHI PESSANI, *L'assistenza finanziaria...*, 29.

190 Sobre tudo isto, em termos similares, STEFANO CACCHI PESSANI, *L'assistenza finanziaria...*, 30.

191 De *policy*.

mitir, também, as transações emolduradas nas operações correntes dos bancos ou de outras instituições financeiras (artigo 322.º/2 do Código das sociedades comerciais)[192]. E o mesmo sucede, em virtude do pressuposto subjetivo ou finalístico da interdição, se o financiamento ou apoio não tiver como propósito principal a assistência financeira e ela for, destarte, meramente acessória ou se se estiver diante de uma situação de fins mistos e a assistência for apenas uma razão incidental[193].

VIII – A interdição transformou-se assim de absoluta em meramente relativa. A sua extensão passou a variar em função do maior ou menor mérito dos fins, propósitos e objeto visados pela assistência financeira[194].

Sob este ângulo, a interdição de assistência financeira representava um limite ao poder dispositivo dos sócios sobre o património social. Mas a relatividade da proibição mostra estar o seu fundamento para lá da mera proteção dos interesses dos acionistas ou dos credores sociais[195]. Ela depende da valoração normativa do mérito dos fins prosseguidos. É esse o fator decisivo. Não os perigos ou riscos intrínsecos e estruturais deste tipo de operação. De outra forma a proibição teria de ser absoluta.

É, nesta linha, a inserir-se, de resto, a opção tomada ao nível do Direito europeu de tornar opcional o anterior regime de proibição de assistência financeira, num passo atestado, aliás, pelos próprios considerandos da Diretriz[196].

---

192 Cfr., na mesma direção, STEFANO CACCHI PESSANI, *L'assistenza finanziaria...*, 30.

193 V. *infra* § 4. 3. 1. 2.

194 V., novamente, STEFANO CACCHI PESSANI, *L'assistenza finanziaria...*, 30. Cfr. SAVERIO SPOLIDORO, *Fusioni pericolose...*, in *Rivista delle società*, 2004, 49, março-junho, 247 e ss., ao sublinhar o autor o facto de a proibição de assistência financeira não visar proibir um efeito, mas antes uma atuação da sociedade. O autor refere, ainda, ser *fisiológico* contrair dívida para investir e ser igualmente *fisiológico* reembolsar a dívida com os proveitos provenientes do investimento. Por isso, a *ratio* da proibição de assistência financeira não pode ser a de impedir ou limitar o investimento ou financiamento na aquisição do específico bem produtivo representado pelo pacote de ações da sociedade-alvo. Se fosse essa a *ratio* da interdição, então, ela seria perseguida tornando mais difícil, nessa hipótese (e só nessa hipótese!), a adoção de estratégias economicamente eficientes para assegurar o reembolso do débito assumido pelo investidor para com os respetivos financiadores.

195 Assim, também, STEFANO CACCHI PESSANI, *L'assistenza finanziaria...*, 30 e 31.

196 Lê-se na verdade no considerando (5): «*Os Estados-membros deverão ter a faculdade de permitir que as sociedades anónimas concedam assistência financeira tendo em vista a aquisição das suas*

No fundo, a mistura e sobreposição entre o património social, de um lado, e as vicissitudes atinentes às participações sociais, do outro, que a assistência financeira se destinava a evitar, é hoje valorada pelo Direito (e não apenas pelas fontes europeias, como o artigo 322.º/2 do Código das sociedades comerciais atesta) a uma luz distinta atendendo ao facto de se entender poder haver na assistência financeira aspetos e fins merecedores de tutela e, até, efeitos positivos para a sociedade e seus sócios, sem lesar, portanto, os credores[197]. Nalguns cenários a apreciação de mérito e valoração sobre a licitude da operação pode depender (da contenção) dos maiores ou menores riscos por ela oferecidos. Atesta-o o regime imposto pelo Direito europeu atual[198]. Mas não é necessariamente sempre assim como, já o referimos, ilustra, igualmente, o artigo 322.º/2 do Código das sociedades comerciais.

§ 4.3 – Âmbito da proibição do artigo 322.º/1 do Código das sociedades comerciais

§ 4.3.1 – Requisitos e pressupostos da proibição

§ 4.3.1.1 – Requisitos objetivos. As operações materiais ou negócios proibidos

§ 4.3.1.1.1 – Subscrição ou aquisição de ações

I – O artigo 322.º/1 do Código das sociedades comerciais mais do que prever um simples *Tatbestand* aberto com exemplos modelares[199] parece,

---

acções por terceiros até ao limite das reservas passíveis de distribuição da sociedade, de forma a reforçar a flexibilidade no que diz respeito aos direitos que acompanham a participação no capital das sociedades». V., ainda, *infra* § 4. 3. 1. 2, III e ss.

[197] V., uma vez mais, STEFANO CACCHI PESSANI, *L'assistenza finanziaria...*, 34 e 35.

[198] De facto, o regime de constituição de reserva por este estabelecido para a admissibilidade de assistência e flexibilização, em certos cenários, da assistência financeira mostra haver na verdade uma finalidade real de, pelo menos em certas hipóteses, se proteger o capital da sociedade.

[199] É esse o entendimento de grande parte da Doutrina alemã. Assim v. SCHROEDER, *Zur Finanzielle Unterstützung...*, 174 e ss., 178 e 179; e OECHSLER, *Münchener Kommentar...*, comentário

à primeira vista[200], estabelecer uma verdadeira cláusula *omnibus*. Isto, ao afirmar não poder uma sociedade emprestar ou *por qualquer outra forma fornecer fundos ou prestar garantias*[201] para um terceiro[202] adquirir ou subscrever ações representativas do seu capital[203/204/205].

Veremos, adiante[206], ser, afinal, o âmbito da norma menos vasto do aparentado numa primeira abordagem. Mas mesmo numa perspetiva, porventura, mais ampla, não é assistência financeira, por exemplo, a estipulação de *break-up fees*. Estes não se destinam a financiar a aquisição de ações próprias. Trata-se, antes, de indemnizar alguém na hipótese de essa aquisição não suceder. Não há, pois, nesse cenário, assistência financeira, nem vale a proibição[207].

---

ao § 71a, anotação 19. Cfr. ainda FLORIAN ALEXANDER HASSNER, *Finanzielle Unterstützung zum institutionellen Leveraged Buyout einer Aktiengesellschaft...*, 152 e ss.; e CHRISTINA GASSER, *Finanzielle Unterstützung des Aktienerwerbes...*, 122 e ss., 158 e ss.. Em sentido adverso v., porém, MATHIAS HABERSACK, *Finanzielle Unterstützung des Aktienerwerbs...*, in *Festschrift für Klaus J. Hopt...*, 730 e ss., 740 e 741, 744 e 746, para quem se estaria, antes, perante um princípio enumerativo. V., também, FRIDRICH, *Der Schutz des Kapitals der Aktiengesellschaft bei fremdfinanzierter Übernahme...*, 220 e ss..

[200] À primeira vista, veremos, pois, não ser verdadeiramente assim e haver restrições posteriores a fazer ao âmbito da norma.

[201] Veja-se, também, com interesse ANA PERESTRELO DE OLIVEIRA, *Manual de corporate...*, 224 e ss..

[202] Na expressão devem ter-se, já o dissemos, por abrangidos também os sócios. Neste âmbito, *tertius*, é quem não for a própria sociedade. No mesmo sentido MIGUEL BRITO BASTOS, *As consequências da aquisição ilícita de acções próprias...*, in *Revista...*, 2009, I, 189, nota 13; ANA PERESTRELO DE OLIVEIRA, *Manual de corporate...*, 227; PAULO OLAVO CUNHA, *Direito das sociedades...*, 468. Para mais pormenores v., por exemplo, ULRICH SCHROEDER, *Zur Finanzielle Unterstützung...*, 145 e ss.; CAHN, *Kommentar...*, comentário ao § 71a, anotação 34; MERKT, *Aktiengesetz...*, 3, 2, comentário ao § 71a, 481.

[203] Note-se, porém, não ser expressamente usada a menção assistência financeira.

[204] Refira-se e sublinhe-se, todavia, apesar da aparente amplitude da norma, não haver, diversamente do sucedido noutros Ordenamentos, um preceito a proibir, pura e simplesmente, toda a forma de assistência financeira.

[205] A respeito da eventual proibição, ou não, de assistência financeira para a aquisição de quotas próprias v. *infra* § 4. 3. 3.

[206] Cfr. *infra* § 4. 3. 1. 1. 2 e § 4. 3. 7.

[207] Assim, também, LUTTER/DRYGALA, *Kölner...*, comentário ao § 71a, 308; MATHIAS HABERSACK, *Finanzielle Unterstützung des Aktienerwerbs...*, in *Festschrift für Klaus J. Hopt...*, 744; CAHN, *Kommentar...*, comentário ao § 71a, anotação 31, 43. Em sentido oposto v., porém, MERKT, *Aktiengesetz...*, 3, 2, comentário ao § 71a, 481. Para mais pormenores v., ilustrativamente, FLO-

II – De fora do preceito agora em análise estarão também, em princípio, os contratos realizados em situação de desfavor ou desequilíbrio para a sociedade se isso não estiver ligado à facilitação de aquisição de ações próprias[208/209]. Se não existir um interesse próprio da sociedade ou uma relação de coligação societária suscetível de legitimar essa operação, pode haver, então, a realização de um ato gerador de responsabilidade para os administradores ou a violação dos preceitos relativos à proibição de restituição das entradas. Mas, não havendo uma ligação à aquisição de ações, não se estará diante de uma assistência financeira não permitida[210].

Afastadas da previsão do artigo 322.º mostram-se igualmente as situações de fusão ou alteração da sociedade-alvo, dado tratar-se de manifestações da liberdade de organização da sociedade e os seus acionistas e credores beneficiarem, além disso, da proteção dispensada neste tipo de operações[211]. Mas voltaremos ao tema adiante ao analisarmos as hipóteses de compra ou fusão alavancada[212].

III – Proibidas são, expressamente, a subscrição ou a aquisição de ações por algum outro modo[213]. Não tem, pois, sentido debater entre nós

RIAN ALEXANDER HASSNER, *Finanzielle Unterstützung zum institutionellen Leveraged Buyout einer Aktiengesellschaft...*, 414 e ss.; OECHSLER, *Münchener Kommentar...*, comentário ao § 71a, anotação 29.

208 No mesmo sentido MATHIAS HABERSACK, *Finanzielle Unterstützung des Aktienerwerbs...*, in *Festschrift für Klaus J. Hopt...*, 744; OECHSLER, *Münchener Kommentar...*, comentário ao § 71a, anotação 20 e 21. V., igualmente, com interesse, SCHROEDER, *Zur Finanzielle Unterstützung...*, 188 e 189.

209 V., também, o referido *infra* § 4. 3. 6. 3.

210 Na hipótese de a operação ser realizada para permitir a aquisição de ações da sociedade-alvo v. *infra* § 4. 3. 6. 3.

211 Na mesma direção v., por exemplo, LUTTER/DRYGALA, *Kölner...*, comentário ao § 71a, 297 e ss.; HOLGER FLEISCHER, *Zur Finanzielle Unterstützung des Aktienerwerbs...* in *Die Aktiengesellschaft...*, 1996, 505; MATHIAS HABERSACK, *Die finanzielle Unterstützung des Aktienerwerbs – Überlegungen zu Zweck und Anwendungsbereich...*, in *Festschrift für Volker...*, 173 e ss.; Id., *Finanzielle Unterstützung des Aktienerwerbs...*, in *Festschrift für Klaus J. Hopt...*, 745; MERKT, *Aktiengesetz...*, 3, 2, comentário ao § 71a, 475.

212 *Infra* § 4. 3. 5 e ss..

213 No mesmo sentido v., por exemplo, INÊS PINTO LEITE, *Da proibição de assistência financeira...*, in *Direito...*, 2011, 3, 5, 148; ISABEL PINHEIRO TORRES, *Da aplicação da proibição de assistência financeira...*, in *Colecção de Estudos...*, 2015, 3, 150.

– diversamente do sucedido, por exemplo, na Alemanha relativamente ao § 71a da *AktG*[214] – se o artigo 322.º vale apenas para a aquisição derivada e não já para a originária de ações[215]. Ainda assim, o artigo 277.º/2 do Código das sociedades comerciais permite o deferimento de 70% da obrigação de entrada em dinheiro. Trata-se, pois, de certo modo[216], materialmente de uma assistência financeira, mas lícita. Há, destarte, nalguma medida, uma sobreposição entre os dois preceitos. Nessa perspetiva, o artigo 322.º é, sistematicamente, delimitado pelo artigo 277.º/2 do Código das sociedades comerciais. No âmbito da aquisição originária a proibição do artigo 322.º manifesta-se, todavia, por força do artigo 27.º/1 do Código das sociedades comerciais. Isto, ao determinar, este, a nulidade dos atos da administração e das deliberações dos sócios que libertem total ou parcialmente os sócios de efetuar as entradas estipuladas.

IV – A norma refere-se explicitamente à proibição de empréstimos ou, por qualquer forma, disponibilização de fundos ou prestação de garantias para um terceiro subscrever ações representativas do capital social da sociedade. Mas debate-se se se mostram igualmente abrangidas outras realidades (valores mobiliários ou derivados) suscetíveis de levarem à titularidade de ações tais como valores mobiliários convertíveis em

---

[214] No sentido de a proibição de assistência financeira não abranger as aquisições originárias v., por exemplo, SCHROEDER, *Zur Finanzielle Unterstützung...*, 153; OECHSLER, *Münchener Kommentar...*, comentário ao § 71a, anotação 10a e 15; MERKT, *Aktiengesetz...*, 3, 2, comentário ao § 71a, 482. Em direção oposta, ilustrativamente, TIM DRYGALA, *Finanzielle Unterstützung des Aktienerwerbs...*, in *Der Konzern*, 2007, 6 e 7, 405 e 406; MATHIAS HABERSACK, *Finanzielle Unterstützung des Aktienerwerbs...*, in *Festschrift für Klaus J. Hopt...*, 739.

[215] Sobre este aspeto específico do alcance do artigo 322.º do Código das sociedades comerciais v., por exemplo, INÊS PINTO LEITE, *Da proibição de assistência financeira...*, in *Direito...*, 2011, 3, 5, 148; e MARIANA DUARTE SILVA, *Assistência financeira no âmbito das sociedades...*, in *Revista...*, 2010, II, 1/2, I, 195.

[216] Poder-se-á dizer não ser exatamente o mesmo, pois, a sociedade não avança fundos ou quaisquer ativos para o efeito, nem se onera a si mesma. Ainda assim situações de moratórias por parte da sociedade-alvo já têm sido julgadas assistência financeira não permitida (v., *infra* § 4. 3. 6. 3). Não é manifestamente a situação na hipótese agora em análise. Do ponto de vista sistemático, o artigo 277.º/2 delimita negativamente o artigo 322.º do Código das sociedades comerciais.

ações ou valores mobiliários com direito de subscrição de ações[217]. Sem embargo de uma análise casuística, parece dever julgar-se abrangida pela proibição da norma se a operação tiver sido realizada para justamente frustrar essa interdição[218/219].

V – O artigo 322.º apenas alude às ações da própria sociedade. Mas o artigo 325.º-B determina a aplicação do artigo 322.º às hipóteses previstas no artigo 325.º/1-A. Assim, a aquisição de ações da sociedade dominante (havendo relação de domínio nos termos do artigo 486.º do Código das sociedades comerciais) ou totalmente dominante ou diretora (nos cenários de relação de grupo em virtude de domínio total ou contrato de subordinação nos moldes previstos nos artigos 488.º e seguintes do Código das sociedades comerciais) está abrangida pela proibição[220].

Mas o artigo 322.º já não vale para as hipóteses de assistência financeira para a aquisição de ações da sociedade dependente. Adiante voltaremos ao tema[221].

---

[217] Veja-se, por exemplo, José Diogo Horta Osório, *Da Tomada do Controlo de Sociedades (Takeovers) por Leveraged Buyout...*, 196 e 197, nota 314; Inês Pinto Leite, *Da proibição de assistência financeira...*, in *Direito...*, 2011, 3, 5, 149 e nota 74; Paulo de Tarso Domingues, *Assistência financeira...*, in *AB Instantia...*, 2013, I, 2, 62; Ana Perestrelo de Oliveira, *Manual de corporate...*, 226 e 227; Pedro Nunes, *A Proibição de Assistência Financeira...*, in *Revista...*, 2015, junho, 2, 13; e Joana Leal de Macedo Vitorino, *A proibição de assistência financeira e o artigo 6.º do Código das Sociedades Comerciais...*, 26 e 27. Na literatura italiana v., ilustrativamente, Andrea Vicari, *L'assistenza...*, 46 e ss.. Já na Doutrina alemã v., sempre a título de exemplo, a este respeito Ulrich Schroeder, *Zur Finanzielle Unterstützung...*, 154; Florian Alexander Hassner, *Finanzielle Unterstützung zum institutionellen Leveraged Buyout einer Aktiengesellschaft...*, 421 e ss.; Oechsler, *Münchener Kommentar...*, comentário ao § 71a, anotação 22, 25 e 25a, e 31, com menções.

[218] Ana Perestrelo de Oliveira, *Manual de corporate...*, 226 e 227.

[219] O artigo 354.º do Código das sociedades comerciais determina apenas poder uma sociedade adquirir obrigações próprias nas mesmas hipóteses em que poderia adquirir ações próprias. Mas nada é dito relativamente à aquisição por terceiro assistido pela sociedade.

[220] No mesmo sentido v., por exemplo, Inês Pinto Leite, *Da proibição de assistência financeira...*, in *Direito...*, 2011, 3, 5, 149 e 150; Joana Leal de Macedo Vitorino, *A proibição de assistência financeira e o artigo 6.º do Código das Sociedades Comerciais...*, 27. Veja-se, ainda, Margarida Costa Andrade, *Código das sociedades comerciais...*, V (artigos 271.º a 372.º-B), comentário ao artigo 325.º-A e 325.º-B, 475 e ss.. Perante a solução paralela do Direito alemão v., por exemplo, Oechsler, *Münchener Kommentar...*, comentário ao § 71a, anotação 49 c.

[221] Cfr. *infra* § 4. 3. 4 e ss.. Por ora veja-se, apenas, Carlos Osório de Castro, *A prestação de*

VI – Debate-se se a efetiva aquisição concreta de ações é um pressuposto da aplicação da norma proibitiva e se a sua ausência determina a validade (portanto, a não invalidade) do negócio de financiamento[222].

No Direito inglês desenvolveram-se duas orientações a propósito da ligação entre a assistência financeira e a aquisição de ações[223].

Uma mais antiga, anterior ao *Companies act* de 1985[224], ponderava apenas os efeitos da operação, sem impor, por parte da sociedade, a intenção de financiar a aquisição das suas próprias ações. E isso envolvia, forçosamente, a necessidade de se assistir à realização do negócio de aquisição ou, pelo menos, à sua preparação[225].

As diversas Diretrizes europeias e o artigo 322.º/1 do Código das sociedades comerciais parecem apontar no sentido da natureza intencional do elemento finalístico (*para que*)[226]. Afigura-se, assim, haver uma perda de importância do resultado da operação perante a intenção/finalidade, essa sim objeto de uma valoração negativa. O juízo de demérito subjacente à proibição não parece, deste modo, incidir ou visar o negócio aquisitivo em si, mas, antes, o negócio de financiamento realizado com o intuito de facilitar o resultado independentemente de ele se dar ou não[227].

---

garantias e a assistência financeira..., in *Estudos...*, II, 426; e JOANA LEAL DE MACEDO VITORINO, *A proibição de assistência financeira e o artigo 6.º do Código das Sociedades Comerciais...*, 27.

222 V., todos no sentido de não se estar diante de um pressuposto da proibição, INÊS PINTO LEITE, *Da proibição de assistência financeira...*, in *Direito...*, 2011, 3, 5, 148 e 149; PEDRO NUNES, *A Proibição de Assistência Financeira...*, in *Revista...*, 2015, junho, 2, 13.; JOANA LEAL DE MACEDO VITORINO, *A proibição de assistência financeira e o artigo 6.º do Código das Sociedades Comerciais...*, 19, 25 e 26. Na mesma linha se pronuncia, se bem lemos, RAÚL VENTURA, *Acções...*, in *Estudos...*, 377.

223 No mesmo sentido RAÚL VENTURA, *Acções...*, in *Estudos...*, 377.

224 O *Companies act* de 1985 veio restringir o âmbito da interdição às hipóteses de o negócio de financiamento se realizar com o propósito de o assistido adquirir ações da sociedade assistente.

225 No mesmo sentido JOANA LEAL DE MACEDO VITORINO, *A proibição de assistência financeira e o artigo 6.º do Código das Sociedades Comerciais...*, 25.

226 V., para mais desenvolvimentos a respeito deste pressuposto da proibição, *infra* § 4. 3. 1. 2.

227 E isto não em razão de algum perigo abstrato (estruturalmente inexistente de forma necessária. Ele é até tão irrelevante ao ponto de se dispensar a efetivação da operação), mas, em razão de uma valoração ou juízo, em certos cenários, de falta de mérito da operação.

§ 4.3.1.1.2 – Financiamento pela sociedade. A concessão de empréstimos ou, por qualquer outra forma, de fundos, ou a prestação de garantias

I – Alguma Doutrina tem vindo a interpretar em sentido amplo a proibição do artigo 322.º de forma a, do ponto de vista objetivo, abranger toda a operação suscetível de, numa perspetiva económica, poder ser tida por assistência financeira[228]. Entre nós, a expressão assistência financeira não foi, já o referimos, usada. Ao invés mencionou-se a outorga de empréstimos ou, por algum outro modo, de fundos ou garantias. Em rigor o importante para aferir se uma transação é, ou não, proibida pelo artigo 322.º é a sua substância (*substance and reality*) e não tanto a sua forma específica. Isso mesmo resulta da referência normativa à *concessão de fundos por qualquer forma*.

Porém, o teste de substância e realidade do ato, para avaliar se ele é, ou não, permitido, haverá de estar ligado à nota de especificidade própria das atitudes vedadas pelo artigo 322.º do Código das sociedades comerciais. Ou seja: à nota de especificidade existente no ato de *conceder empréstimos*, *fornecer fundos* ou *prestar garantias*. Ora, essa nota está associada ao perigo de crédito por elas apresentado na aquisição de ações[229/230/231]. São

[228] Assim, expressamente, MARIA VICTÓRIA FERREIRA ROCHA, *Aquisição de acções próprias...*, 314.

[229] Na mesma direção v. MATHIAS HABERSACK, *Finanzielle Unterstützung des Aktienerwerbs...*, in *Festschrift für Klaus J. Hopt...*, 744 e ss.; e FLORIAN ALEXANDER HASSNER, *Finanzielle Unterstützung zum institutionellen Leveraged Buyout einer Aktiengesellschaft...*, 356 e ss., 374 e 375. Entre nós, pode ver-se, sempre no mesmo sentido, RAÚL VENTURA, *Acções...*, in *Estudos...*, 376 e 377; BERNARDO ABREU MOTA, *Proibição de assistência financeira. Notas para a sua interpretação e aplicação (Parte II)*, in *Revista actualidad jurídica*, 2006, setembro-dezembro, 15, 93; MARIANA DUARTE SILVA, *Assistência financeira no âmbito das sociedades...*, in *Revista...*, 2010, II, 1/2, I, 190 e ss.; e, se bem entendemos, PEDRO NUNES, *A Proibição de Assistência Financeira...*, in *Revista...*, 2015, junho, 2, 12 e 13. Em sentido diverso INÊS PINTO LEITE, *Da proibição de assistência financeira...*, in *Direito...*, 2011, 3, 5, 143 e 144, entende permitir a expressão conceder fundos abranger realidades diversas dos atos de tipo creditício como as liberalidades. Isto, de forma direta, sem recurso à analogia. Aceitamos estarem as liberalidades abrangidas. Mas propomos uma solução ou via interpretativa diferente, a passar por um entendimento diverso do problema metodológico do Direito. Sustentamos, tal como RAÚL VENTURA, dever julgar a concessão de fundos no âmbito das outras duas realidades referidas no preceito (os empréstimos e as garantias) mas, ainda assim, não deixar este entendimento normativamente de fora certas

estas as operações de crédito valoradas como não destinadas a satisfazerem fins merecedores de tutela jurídica.

---

situações cujos efeitos são suscetíveis de serem aproximados aos do inadimplemento, pelo terceiro, de um ato de natureza creditícia. Isto, por envolverem a disposição, sem retribuição, do valor do bem. Veja-se, ainda, JOANA LEAL DE MACEDO VITORINO, *A proibição de assistência financeira e o artigo 6.º do Código das sociedades comerciais...*, 21 e 22.

[230] Na Alemanha, alguma Doutrina tem censurado a esta posição, limitativa da interdição de assistência financeira às operações dotada de risco de crédito, o facto de envolver uma indiferenciação entre o § 57 e o § 71a da *AktG*. Assim v. OECHSLER, *Münchener Kommentar...*, comentário ao § 71a, anotação 5. Segundo OECHSLER, autores como MATHIAS HABERSACK ou FLORIAN ALEXANDER HASSNER (estes dois últimos são referidos em nota pelo primeiro dos três) sustentariam apenas haver uma afetação do fim da norma na eventualidade de o património da sociedade ser efetiva e concretamente lesado pela falta de crédito ou merecimento do adquirente. Nesta perspetiva, não existiria, porém, no entender de OECHSLER, nenhuma diferenciação sistemática decisiva entre o § 57, I, *in fine*, e o § 71a, I, *in fine*. Não é, porém, assim. A possibilidade de ser afastada a proibição de assistência financeira na eventualidade de o negócio, em concreto, não se mostrar lesivo para a sociedade, dado o crédito do adquirente ser sólido e não haver perigo de inadimplemento, é analisada e rejeitada por ULRICH SCHROEDER, *Zur Finanzielle Unterstützung...*, 167 e ss.. Mas não é essa a linha ensaiada por HASSNER. Este, ao invés do aparentemente alegado por OECHSLER, não sustenta apenas ser o fim, da norma do § 71a, atingido e afetado se em concreto houver uma ameaça do crédito. Ao invés defende valer a norma em todas as situações de outorga de crédito em razão de um perigo abstrato. Por isso, o § 71a, I, diversamente do § 57, I, seria aplicável mesmo perante situações de crédito inteiramente reembolsável e fugiria à apreciação contabilística ou pelo balanço. Pela nossa parte, à luz do nosso Direito, rejeitamos a ideia de o artigo 322.º do Código das sociedades comerciais visar proibir um perigo abstrato ligado à estrutura de certo tipo de operações. É o próprio artigo 322.º/2 a desmentir essa ideia (cfr. *supra* § 4. 2. 4 e *infra* § 4. 3. 7). Ele mostra não ser a proibição na verdade absoluta, mas meramente relativa, em razão do juízo de mérito feito sobre as várias situações. Subjacente ao regime do artigo 322.º, na sua totalidade, está assim, antes, uma valoração sobre a presença ou ausência de mérito da operação para merecer a tutela jurídica. Esse juízo só pode ser feito diante de determinado tipo de atos (os que apresentam efeitos e perigos próprios da outorga de crédito ou ainda mais lesivos), mas a simples presença do tipo não leva diretamente à interdição. Depende do mérito do ato realizado em concreto. Se não fosse assim não seria, desde logo, possível a diferenciação entre o regime do artigo 322.º/1, de um lado, e o do 322.º/2, do outro.

[231] Portanto parecem abrangidas pela proibição situações não apenas de mútuo, mas, também, certas operações de locação financeira, aberturas de crédito, satisfação de dívidas do *tertius* assistido, etc.. Nesse mesmo sentido v., por exemplo, MARIA VICTÓRIA FERREIRA ROCHA, *Aquisição de acções próprias...*, 314; MARIANA DUARTE SILVA, *Assistência financeira no âmbito das*

II – A amplitude da aparente cláusula *omnibus* é, afinal, também assim, bem menos ampla do que, à primeira vista, aparentava. Não, porém, ao ponto de apenas se terem por abrangidas verdadeiras situações de crédito em sentido próprio. Outras há, não sendo embora típicas operações desta natureza, suscetíveis de lhe serem aproximadas, para efeitos de proibição, até por envolverem um efeito igual ou pior, para a sociedade, ao do crédito. Estão nessa situação, por exemplo, os subsídios a fundo perdido ou doações, renúncia a direitos ou remissão de créditos[232]. A realização deste tipo de operações pode levar, imediatamente, à aplicação do artigo 34.º do Código das sociedades comerciais[233]. Mas se apresentarem um efeito de financiamento de ações próprias estar-se-á no âmbito da proibição do artigo 322.º[234].

III – Sob este pano de fundo não é, assim, assistência financeira interdita a permissão dada para realizar uma *due diligence* na sociedade. E se for esta a suportar os custos dessa diligência haverá, porventura, ofensa da proibição de restituição das entradas. Poderá, talvez, assistir-se a uma violação dos deveres dos administradores e respetiva responsabilidade. Mas não se pode dizer haver um perigo de crédito associado à aquisição das ações próprias. Não há, nem mesmo, risco de aquisição de ações próprias. Portanto, e diversamente do já sustentado, nomeadamente

---

sociedades..., in *Revista...*, 2010, II, 1/2, I, 191 e 192; e INÊS PINTO LEITE, *Da proibição de assistência financeira...*, in *Direito...*, 2011, 3, 5 144 e 145.

232 Para uma referência a outras situações semelhantes v., ainda, *infra* § 4. 3. 6. 3.

233 No mesmo sentido, perante o Direito alemão, OECHSLER, *Münchener Kommentar...*, comentário ao § 71a, anotação 21. Sobre a possibilidade de aplicação do regime de restituição dos bens indevidamente recebidos pelos sócios a não sócios v., por exemplo, ULRICH SCHROEDER, *Zur Finanzielle Unterstützung...*, 183 e ss., com indicações.

234 No mesmo sentido JAN BROSIUS, *Die finanzielle Unterstützung des Erwerbs eigener Aktien...*, 141 e 143; CAHN, *Kommentar...*, comentário ao § 71a, anotação 38; OECHSLER, *Münchener Kommentar...*, comentário ao § 71a, anotação 21. Entre nós pode ver-se, ilustrativamente, PEDRO NUNES, *A Proibição de Assistência Financeira...*, in *Revista...*, 2015, junho, 2, 12; e JOANA LEAL DE MACEDO VITORINO, *A proibição de assistência financeira e o artigo 6.º do Código das Sociedades Comerciais...*, 22.

pela Jurisprudência inglesa[235], não estamos, nesse cenário, diante de uma situação de assistência financeira proibida[236].

Da mesma forma, não representa, em princípio, assistência financeira o assentimento dado pela sociedade à transmissão de uma dívida do vendedor para o comprador, se os termos de pagamento não forem alterados[237]. Falta, nessa hipótese, à primeira vista, toda a similitude com as situações normativamente abrangidas pelo artigo 322.º do Código das sociedades comerciais.

Também não haverá, mesmo se ligada à aquisição de ações da sociedade, assistência financeira na eventualidade de a sociedade realizar negócios ou transações comerciais neutras ou a preços de mercado. Mas voltaremos a este assunto mais adiante[238].

IV – Note-se, além disso, estarem abrangidos pelo artigo 322.º também negócios realizados com terceiros exteriores à sociedade (isto é:

---

[235] Foi essa a hipótese em *Robert Chaston v. SWP Group Plc Case No: 01/TLQ/0570 High Court of Justice Queens Bench Division 26th April 2002 NCN:[2002]EWHC521 (QB) 2003, WL 21353343*, disponível no sítio da *Thomson Reuters Westlaw*, primeiro no sentido de não haver assistência financeira e, depois, alterada em sede de recurso (cfr. *Chaston v. SWP Group Plc Court of Appeal (Civil Division) 20 December 2002 [2002] EWCA Civ 1999 [2003] B.C.C. 140*, igualmente disponível no sítio da *Thomson Reuters Westlaw*), e, portanto, em favor do entendimento de nesse cenário haver uma assistência proibida (<*https://1.next.westlaw.com/Search/Home.html?transitiontype=Default&contextdata=(sc.Default)&originationcontext=RequestDirector&__lrTS=20180205210817229*>).

[236] No mesmo sentido do texto v. MATHIAS HABERSACK, *Finanzielle Unterstützung des Aktienerwerbs...*, in *Festschrift für Klaus J. Hopt...*, 744.

[237] MATHIAS HABERSACK, *Finanzielle Unterstützung des Aktienerwerbs...*, in *Festschrift für Klaus J. Hopt...*, 744 e 745; e CAHN, *Kommentar...*, comentário ao § 71a, anotação 47. Na Jurisprudência cfr. *Sentença do LG Düsseldorf 28-10-2005*, in *Zeitschrift für Wirtschaftsrecht (ZIP)*, 2006, 516 e ss., com anotação de MARKUS KERBER. Em sentido divergente v., porém, MARKUS KERBER, *Anmerkung LG Düsseldorf, Urt. v. 28-10-2005*, in *Zeitschrift für Wirtschaftsrecht (ZIP)*, 2006, 522 e ss.; HARTUNG, *Financial Assistance. § 71a AktG...*, 314 e ss., 321 e ss., 326 e ss.; KITANOF, *Der Erwerb eigner Aktien...*, 134 e ss.; OECHSLER, *Münchener Kommentar...*, comentário ao § 71a, anotação 48. Estabelecendo distinções para determinar se a aceitação da transmissão de dívida é, ou não, admissível v. FLORIAN ALEXANDER HASSNER, *Finanzielle Unterstützung zum institutionellen Leveraged Buyout einer Aktiengesellschaft...*, 384 e ss. Para mais pormenores v., *infra*, porém, § 4. 3. 6. 3, V.

[238] Cfr. todavia para mais afinamento relativamente a estes dois últimos assuntos abordados no texto *infra* § 4. 3. 6. 3.

por não sócios atuais ou futuros, destarte, entidades não assistidas). Isso mesmo é atestado pela menção à prestação de garantias. Na verdade, se a sociedade oferecer garantias a um terceiro, para este financiar alguém na compra de ações da sociedade, vale a proibição de assistência financeira[239]. Haverá, todavia, de se ressalvar as situações abrangidas pelo artigo 6.º/3 do Código das sociedades comerciais, na hipótese de o terceiro não tomar parte ou não souber do negócio interno, entre a sociedade e o adquirente, e estiver de boa fé relativamente à existência de um justificado interesse próprio da sociedade na prestação da garantia (cenário em que a permissão do artigo 6.º/3 se sobrepõe à proibição do artigo 322.º do Código das sociedades comerciais). Abordaremos, todavia, este aspeto adiante ao analisarmos as relações entre o artigo 232.º e o artigo 6.º/3[240], assim como os efeitos da proibição[241]. Também se deve ressalvar a hipótese de o terceiro receber uma garantia para disponibilizar fundos ignorando destinarem-se eles à aquisição de ações próprias. Mas voltaremos ao tema, designadamente, ao abordarmos os pressupostos subjetivos da norma.

Agora interessa sublinhar o facto de a menção às garantias dever ser entendida de forma a abranger não apenas as situações típicas de prestação de garantias reais ou pessoais, mas, também, outras hipóteses dotadas de efeitos semelhantes. Refira-se a título de exemplo o seguro de crédito[242].

---

[239] Na mesma direção, ilustrativamente, MATHIAS HABERSACK, *Die finanzielle Unterstützung des Aktienerwerbs – Überlegungen zu Zweck und Anwendungsbereich...*, in *Festschrift für Volker...*, 163 e 164. V., também, a este respeito OECHSLER, *Münchener Kommentar...*, comentário ao § 71a, anotação 32 e 33. Para mais pormenores v., ainda, entre outros, ULRICH SCHROEDER, *Zur Finanzielle Unterstützung...*, 183 e ss..

[240] V. *infra* § 4. 3. 4. 2.

[241] Cfr. *infra* § 5.

[242] MARIA VICTÓRIA FERREIRA ROCHA, *Aquisição de acções próprias...*, 314; MARIANA DUARTE SILVA, *Assistência financeira no âmbito das sociedades...*, in *Revista...*, 2010, II, 1/2, I, 194; INÊS PINTO LEITE, *Da proibição de assistência financeira...*, in *Direito...*, 2011, 3, 5, 145 e 146; PEDRO NUNES, *A Proibição de Assistência Financeira...*, in *Revista...*, 2015, junho, 2, 13; e ANA PERESTRELO DE OLIVEIRA, *Manual de corporate...*, 225 e 226. Na Doutrina alemã v., por exemplo, ULRICH SCHROEDER, *Zur Finanzielle Unterstützung...*, 159 e 160; e OECHSLER, *Münchener Kommentar...*, comentário ao § 71a, anotação 18.

V – Parte da Doutrina tem entendido ser indiferente se a assistência financeira é anterior, simultânea ou posterior à aquisição das ações[243]. Em sentido oposto, pronuncia-se, todavia, na Doutrina alemã, HABERSACK. O mesmo entendimento tem seguidores na Itália e noutros países europeus[244]. Segundo ele a proibição de assistência financeira não vale para o

---

[243] Assim, por exemplo, RAÚL VENTURA, *Acções...*, in *Estudos...*, 377; MARIA VICTÓRIA FERREIRA ROCHA, *Aquisição de acções próprias...*, 315; JOANA PINTO MONTEIRO, *A assistência financeira...*, 22; MIGUEL BRITO BASTOS, *As consequências da aquisição ilícita de acções próprias...*, in *Revista...*, 2009, I, 189, nota 13; INÊS PINTO LEITE, *Da proibição de assistência financeira...*, in *Direito...*, 2011, 3, 5, 153; MARIANA DUARTE SILVA, *Assistência financeira no âmbito das sociedades...*, in *Revista...*, 2010, II, 1/2, I, 197 e 198; MARGARIDA COSTA ANDRADE, *Código das sociedades comerciais...*, V (artigos 271.º a 372.º-B), comentário ao artigo 322.º, 449; JOANA LEAL DE MACEDO VITORINO, *A proibição de assistência financeira e o artigo 6.º do Código das Sociedades Comerciais...*, 24. Na literatura alemã pode ver-se, no mesmo sentido, MARCUS LUTTER/HENNING WAHLERS, *Der buyout: Amerikanische Fälle...*, in *Die Aktiengesellschaft...*, 1989, 9; ULRICH SCHROEDER, *Zur Finanzielle Unterstützung ...*, 144 e 145 (mas tendo em vista disposições do Direito inglês de resto já não em vigor à data deste nosso escrito), 194 e ss. (veja-se, todavia, o afirmado pelo autor, *op. cit.*, 278 e ss., a propósito da limitação das regras de interdição da assistência financeira pela disciplina dos grupos); HOLGER FLEISCHER, *Zur Finanzielle Unterstützung des Aktienerwerbs...* in *Die Aktiengesellschaft...*, 1996, 500 e ss.; UWE HÜFFER, *Aktiengesetz*, cit., comentário ao § 71a, 364; OECHSLER, *Münchener Kommentar...*, comentário ao § 71a, anotação 36. Muitos destes autores, nacionais ou alemães, não obstante afirmarem ser irrelevante se a assistência é anterior ou posterior aceitam a possibilidade de *leveraged buyout* seguido de fusão ou a relevância da disciplina dos grupos. E isso, na verdade, desmente, a afirmação por eles feita. Para os desenvolvimentos na literatura italiana v., ilustrativamente, ANDREA VICARI, *L'assistenza...*, 51 e ss., com referências também às Doutrinas francesa, espanhola e inglesa.

[244] V. MATHIAS HABERSACK, *Finanzielle Unterstützung des Aktienerwerbs...*, in *Festschrift für Klaus J. Hopt...*, 740 e ss.. Mais referências no mesmo sentido podem ser vistas em HOLGER FLEISCHER, *Zur Finanzielle Unterstützung des Aktienerwerbs...* in *Die Aktiengesellschaft...*, 1996, 500, embora o autor defenda solução diversa; e ainda as menções de CHRISTINA GASSER, *Finanzielle Unterstützung des Aktienerwerbes...*, 165; assim como a alusão de FLORIAN ALEXANDER HASSNER, *Finanzielle Unterstützung zum institutionellen Leveraged Buyout einer Aktiengesellschaft...*, 227 (não obstante o autor se opor a esse entendimento). V., também, JOHANNES FRIDRICH, *Der Schutz des Kapitals...*, 241 e 253, alegando nesse sentido o facto de o texto das Diretrizes que vieram flexibilizar o regime da assistência financeira determinar dever o relatório do Conselho de administração, a submeter à Assembleia geral, referir o preço a que o terceiro *adquirirá* as ações. Ora, essa formulação demonstraria ter a aquisição de ser forçosamente futura. BECKER, *Gesellschaftsrechtliche Probleme der Finanzierung von Leveraged-Buyouts*, in *Deutsches Steuerrecht*, 1998, 1431, por sua vez, diz ser especialmente difícil a resolução das situações de utilização dos recursos da sociedade em momento posterior à compra. Ainda assim afirma não ser, então, o financiamento ou garantia dados pela sociedade assistente para a aquisição das ações, mas, sim,

suporte realizado pela sociedade após a compra. A solução proposta pelo autor alemão, não obstante as dúvidas por nós sentidas, parece dever ser seguida, ao menos em parte. E por várias razões.

A primeira prende-se com as exigências de certeza e segurança jurídicas[245]. Razões e exigências tanto mais prementes pelo facto, atrás sublinhado, de o nosso Direito prever uma cláusula ou *Tatbestand* mais ou menos aberto de proibição de assistência financeira. Ora, a amplitude da proibição associada à extensão da mesma a atos posteriores à aquisição é suscetível de gerar pelo menos alguma incerteza e perturbação nos eventuais fluxos financeiros e económicos entre a sociedade e os sócios[246]. Uma e outros teriam de passar a interrogar-se, a cada pagamento, fluxo ou vantagem, em proveito dos últimos, se isso podia, ou não, ser tido por assistência financeira, sofrendo, pelo menos, algum perigo de se vir a entender preenchida a hipótese do artigo 322.º/1 do Código das socieda-

---

e apenas, para a sua manutenção. Na Jurisprudência italiana pode ver-se, na mesma direção acima assinalada, *Tribunale di Genova, 13-10-1986*, in *Giurisprudenza commerciale*, 1989, II, 661 e ss., *maxime*. V., também, ANDREA VICARI, *L'assistenza...*, 51 e ss.; e STEFANO CACCHI PESSANI, *L'assistenza finanziaria...*, 88 e ss. Entre nós segue, se bem vimos, igual linha, CARLOS OSÓRIO DE CASTRO, *A prestação de garantias e a assistência financeira...*, in *Estudos...*, II, 413 e ss., 425.

245 MATHIAS HABERSACK, *Finanzielle Unterstützung des Aktienerwerbs...*, in *Festschrift für Klaus J. Hopt...*, 740.

246 OTTO (*Apud* HOLGER FLEISCHER, *Zur Finanzielle Unterstützung des Aktienerwerbs...* in *Die Aktiengesellschaft...*, 1996, 500), por exemplo, sublinha as inevitáveis incertezas e dificuldades de delimitação perante as operações proibidas pela interdição de assistência financeira, de um lado, e atuações lícitas e amplamente difundidas de *cash management* do outro. V., igualmente, ULRICH SCHROEDER, *Zur Finanzielle Unterstützung...*, 286. Na Doutrina italiana v., também, no mesmo sentido ANDREA VICARI, *La nuova disciplina dell'assistenza ...*, in *Studi...*, 673; Id., *L'assistenza...*, 65. Na mesma direção parece ir, entre nós, CARLOS OSÓRIO DE CASTRO, *A prestação de garantias e a assistência financeira...*, in *Estudos...*, II, 413 e ss., 425. Note-se, todavia, não haver assistência financeira proibida, por falta do pressuposto subjetivo, se a operação visar, em primeira linha, outros fins, como sucede tipicamente nas hipóteses de *cash management* mesmo se a sociedade-mãe, depois, usar as importâncias para adquirir ações da sociedade disponibilizadora dos fundos. Nesse sentido, também, STEFANO CACCHI PESSANI, *L'assistenza finanziaria...*, 91 e 92; e CAHN, *Kommentar...*, comentário ao § 71a, anotação 36. Ainda assim, a extensão da interdição a atos posteriores poderia gerar receios e hesitações nos membros dos órgãos sociais e na sociedade suscetíveis de os levarem a omitir operações relativas a fluxos financeiros intragrupo por temor de se vir a entender não estarem elas situadas fora do perímetro da proibição.

des comerciais[247]. Tudo, para mais, com efeitos penais[248] (artigo 510.º/1, do Código das sociedades comerciais)! Assistir-se-ia, assim, a um potenciar, de forma insustentável, não apenas da incerteza, mas, também, dos seus efeitos[249]: cláusula relativamente ampla sem explicitação exata das atitudes proibidas; abrangência também dos atos (não enumerados e apenas referidos através de uma fórmula aberta e fluída) posteriores à aquisição; sujeição de tudo isto a um efeito penal! Não pode ser!

VI – Há, pois, sublinha-o igualmente Habersack[250], boas razões para o Direito inglês ter expressamente afirmado apenas não ser lícita a assistência destinada à aquisição de ações se dada antes ou ao mesmo tempo da aquisição (secção 678 (1) do *Companies act* de 2006, e já antes a secção 151 (1), do *Companies act* de 1985).

Esta interpretação afigura-se, além disso, perfeitamente harmonizável com as Diretrizes europeias na matéria[251]. *Conceder empréstimos, ou prestar garantias para que um terceiro adquira as suas acções* ou *adiantar fundos,* não abrange forçosa e imperativamente a assistência posterior à aquisição das ações[252]. E, precisamente, no âmbito da vigência das normas europeias vai, já o referimos, no sentido expresso de afastar a proibição e ilicitude de assistência financeira, posterior à aquisição das ações, o Direito inglês. Isso mostra bem não haver nenhuma desarmonia entre as normas de

---

[247] Em termos aproximados ou análogos para a hipótese de existência de uma relação de grupo. Carlos Osório de Castro, *A prestação de garantias e a assistência financeira...*, in *Estudos...*, II, 425.

[248] V., uma vez mais, perante hipóteses de existência de grupo, Carlos Osório de Castro, *A prestação de garantias e a assistência financeira...*, in *Estudos...*, II, 425.

[249] Em direção semelhante Mathias Habersack, *Finanzielle Unterstützung des Aktienerwerbs...*, in *Festschrift für Klaus J. Hopt...*, 740 e 741.

[250] Mathias Habersack, *Finanzielle Unterstützung des Aktienerwerbs...*, in *Festschrift für Klaus J. Hopt...*, 741. É o seguinte o teor da secção 678 (1) do *Companies act* de 2006: «*Quando uma pessoa está a adquirir ou se propõe adquirir acções de uma* public company, *não é lícito que essa companhia, ou uma companhia sua subsidiária, conceda assistência financeira ou indirectamente para fins de aquisição antes ou ao mesmo tempo em que a aquisição ocorre*».

[251] Assim, também, Mathias Habersack, *Finanzielle Unterstützung des Aktienerwerbs...*, in *Festschrift für Klaus J. Hopt...*, 740 e 741.

[252] No mesmo sentido Mathias Habersack, *Finanzielle Unterstützung des Aktienerwerbs...*, in *Festschrift für Klaus J. Hopt...*, 741.

Direito europeu e a limitação da proibição de assistência ao apoio anterior ou simultâneo à aquisição das ações.

VII – Numa perspetiva sistemática observa-se ainda, como, por exemplo, no Direito alemão o § 57, I, 3, da *AktG* permite pagamentos a acionistas sem distinguir o seu fim. E entre eles estão, ou podem estar, abrangidos empréstimos aos sócios[253]. Por sua vez, no nosso Direito, os artigos 32.º e seguintes regulam igualmente, dentro de certos limites, as distribuições aos sócios sem diferenciarem a sua finalidade. A realização de empréstimos aos sócios parece assim perfeitamente admissível[254]. Na maior parte das situações eles não envolvem nenhuma distribuição de bens. O critério para o apurar deve ser meramente contabilístico[255]. É possível a outorga de um empréstimo se existir uma real troca de ativos de modo a que o valor da remuneração ou reembolso não seja inferior ao montante saído da sociedade. Isto é: a restituição deve, segundo uma perspetiva *ex ante*,

---

[253] Mathias Habersack, *Finanzielle Unterstützung des Aktienerwerbs...*, in *Festschrift für Klaus J. Hopt...*, 732 e 733, 741 (no sentido da admissibilidade desses empréstimos em razão do disposto no § 57, I, 3, da *AktG* cfr., ainda, ilustrativamente, Oechsler, *Münchener Kommentar...*, comentário ao § 71a, anotação 4). V., também, na nossa Doutrina a este respeito Ana Perestrelo de Oliveira, *Grupos de sociedades e deveres de lealdade. Por um critério unitário de solução do «conflito do grupo»*, 2012, 503 e ss., 510 e ss.; Id., *Manual de corporate...*, 200 e ss.; Id., *Manual de grupos de sociedades*, 2016, 173 e ss.. V., porém, a da sentença do *BGH 24-11-2003*, in *Neue Zeitschrift für Gesellschaftsrecht*, 2004, 233 e ss. (= *Zeitschrift für Wirtschaftsrecht (ZIP)*, 2004, 6, 263 e ss.), e a posição dela resultante no sentido de vedar a realização de empréstimos mesmo que eles fossem *vollwertig* (inteiramente realizáveis ou reembolsáveis, impedia a realização de empréstimos aos sócios). Mas a solução resultante da Sentença não tem já hoje valimento dada a alteração ao § 57 da *AktG* operada pela *MoMiG* (*Gesetz zur Modernisierung des GmbH--Rechts und zur Bekämpfung von Missbräuchen*). Mais pormenores a este respeito podem ainda ver-se, por exemplo, na Doutrina anterior à alteração operada pela *MoMiG* v., por exemplo, Jochen Herbst, *Management Buyout, Cash Pooling, Up-Stream Loans and Guarantees in German Group Companies: Old Concepts – New Developments*, in *German Law journal*, 2004, 10, 1217 e ss.; Mathias Habersack, *Die finanzielle Unterstützung des Aktienerwerbs – Überlegungen zu Zweck und Anwendungsbereich...*, in *Festschrift für Volker...*, 156 e ss., 160 e 161 e ss.; e entre nós, Ana Perestrelo de Oliveira, *Grupos de sociedades...*, 513 e ss.; Id., *Manual de corporate...*, 200 e ss.; Id., *Manual de grupos...*, 2016, 183 e ss.. A autora refere-se, porém, reiteradamente a esta sentença como sendo datada de 23 de novembro e não de 24 de novembro.

[254] Assim, também, Ana Perestrelo de Oliveira, *Manual de corporate...*, 200 e ss.; Id., *Manual de grupos...*, 2016, 173 e ss..

[255] No mesmo sentido Ana Perestrelo de Oliveira, *Manual de corporate...*, 200 e ss..

mostrar-se assegurada. E, certamente, se a disponibilização de fundos for feita *at arm's lenght* (ou seja, nos mesmos termos dos oferecidos a um sujeito sem ligação à sociedade e em termos concorrenciais) e o crédito for *vollwertig* (inteiramente realizável ou reembolsável[256]) não há distribuição de bens aos sócios[257]. Mas se houver, então a tutela dada é a resultante do artigo 32.º do Código das sociedades comerciais. Isto, segundo o preceito, independentemente do fim visado pela distribuição. Existirá, assim, razão para numa situação dessas valer também o artigo 322.º?

Já observámos ser expressamente outra a solução adotada pelo Direito inglês. Nele a assistência só será ilícita se for dada antes ou ao mesmo tempo da aquisição. Não se for posterior.

Vimos também envolver a solução, do alargamento da proibição, problemas de certeza e segurança, sobretudo se tiver presente a amplitude da interdição e a sanção penal a ela associada. Observamos agora admitirem os artigos 31.º e seguintes, do Código das sociedades comerciais, distribuições de bens aos sócios apenas sujeitas aos limites do artigo 32.º. A isto soma-se o facto de o artigo 6.º/3 do Código das sociedades comerciais permitir às sociedades a prestação de garantias a outras com elas em relação de grupo ou de domínio[258]. Estas garantias podem ser descendentes, ascendentes[259] ou laterais[260], e são válidas independentemente do

[256] No sentido de recuperável.

[257] Efeitos negativos inesperados sobre a restituição não a tornam, retroativamente, num pagamento proibido. Na mesma direção Ana Perestrelo de Oliveira, *Manual de corporate...*, 202, nota 354.

[258] Cfr. o nosso *A vinculação...*, 1001, 1022 e ss., 1026 e ss.. V., também, *infra* § 4. 3. 4. 1, III e nota 429; § 4. 3. 4. 2.

[259] V. o nosso *A vinculação...*, I, 1001 e ss. e bibliografia ali referida mencionando-se, para além das referências já feitas na obra agora citada, no mesmo sentido do texto e, portanto, favorável à admissibilidade das garantias ascendentes e descendentes, José Diogo Horta Osório, *Da Tomada do Controlo de Sociedades (Takeovers) por Leveraged Buyout...*, 155 e 156. Cfr., ainda, *infra* § 4. 3. 4. 1, III, e designadamente nota 429. A admissibilidade de empréstimos ascendentes ou movimentos financeiros ascendentes é, de resto, expressamente admitida pelo artigo 5.º/3 do Decreto-Lei n.º 495/88, de 30 de dezembro de 1988, mesmo fora das relações de grupo (de Direito ou de facto) e mesmo nas hipóteses de simples relação de domínio, ao estabelecer: «*As operações a que se refere a alínea c) do n.º 1, efetuadas nas condições estabelecidas no número anterior, bem como as operações de tesouraria efetuadas em benefício da SGPS pelas sociedades participadas que com ela se encontrem em relação de domínio ou de grupo, não constituem concessão de crédito para os efeitos do Regime Geral das Instituições de Crédito e Sociedades Financeiras, aprovado pelo Decreto-Lei*

fim a que o sócio as destina. Já dissemos[261], e voltaremos a isso adiante[262], haver, numa situação de assistência financeira realizada no âmbito de uma relação de domínio ou de grupo, uma prevalência, ao menos em parte, do artigo 6.º/3 do Código das sociedades comerciais sobre o artigo 322.º[263]. O artigo 6.º/3 apenas se refere, é certo, às garantias. Mas empréstimos realizados a favor dos sócios ou situações de *cash management* ou *cash pooling*[264] são materialmente similares[265]. Portanto, também nesta perspetiva, nada impede um acionista de adquirir o domínio ou estabelecer uma relação de grupo com uma sociedade e, depois, vir a obter dela fundos por ele usados para financiar a compra das ações[266]. Portanto, pelo menos

---

n.º 298/92, de 31 de dezembro». A estas operações de tesouraria se refere, de resto, também o artigo 9.º/2, *d*), do próprio Regime Geral das Instituições de Crédito e Sociedades Financeiras, mas sem se reportar ao seu sentido.

[260] Para as garantias laterais v. ANA PERESTRELO DE OLIVEIRA, *Grupos de sociedades...*, 524; Id., *Manual de grupos...*, 180 e ss., 185, 188 e 190; Id., *Manual de corporate...*, 280, 288 e 290. Para as garantias prestadas no âmbito dos grupos paritários v., ainda, COUTINHO DE ABREU, *Curso de direito comercial*, II, *Das sociedades*, 5.ª ed., 2015, 193, nota 433; DIOGO COSTA GONÇALVES, *Pessoa coletiva e sociedades comerciais. Dimensão problemática e coordenadas sistemáticas da personificação jurídico-privada*, 2015, 770, 791.

[261] V. *supra* § 4. 3. 1. 1. 2, V.

[262] V. *infra* § 4. 3. 4. 2.

[263] Assim, também, perante o Direito alemão, no âmbito da relação entre o § 57 (referente à proibição de restituição das entradas) e o § 71a (onde se proíbe a assistência financeira), de um lado, e os § § 291 e 311 e seguintes, do outro, todos da *AktG*, SCHROEDER, *Zur Finanzielle Unterstützung...*, 274 e ss., 278 e ss.; HOLGER FLEISCHER, *Zur Finanzielle Unterstützung des Aktienerwerbs...* in *Die Aktiengesellschaft...*, 1996, 505 e ss.; muito embora exija mais aprofundamento e desenvolvimento no âmbito dos grupos de facto, MATHIAS HABERSACK, *Finanzielle Unterstützung des Aktienerwerbs...*, in *Festschrift für Klaus J. Hopt...*, 742 e 743; e MERKT, *Aktiengesetz...*, 3, 2, comentário ao § 71 a, 470 e ss..

[264] A propósito destas técnicas v. ANA PERESTRELO DE OLIVEIRA, *Grupos de sociedades...*, 503 e ss.; Id., *Manual de corporate...*, 274 e ss.; Id., *Manual de grupos...*, 173 e ss.. V., também, MIOLA, *Le garanzie...*, 9 e ss.; JOCHEN HERBST, *Management Buyout, Cash Pooling...*, in *German Law...*, 2004, 10, 1217 e ss..

[265] No mesmo sentido cfr. MIOLA, *Le garanzie...*, 14 e ss., *maxime* 17 e ss.; ANA PERESTRELO DE OLIVEIRA, *Grupos de sociedades...*, 522; Id., *Manual de corporate...*, 286; Id., *Manual de grupos...*, 186, ao referir as afinidades funcionais e estruturais entre a prestação de garantias e a concessão de empréstimos a justificarem um tratamento essencialmente idêntico dos dois problemas sob o ponto de vista interno do grupo.

[266] A possibilidade de isso ser feito e, portanto, a assistência posterior ser admissível, uma vez estabelecida uma relação de grupo, é inclusivamente aceite por alguns dos autores favoráveis

nas hipóteses de constituição posterior de um grupo ou de uma relação de domínio, a assistência financeira deve ser tida por lícita[267]. E parece deverem situar-se no mesmo plano as hipóteses de justificado interesse próprio[268] e pelo menos algumas formas de *leveraged buyout*[269].

VIII – A aplicação dos artigos 6.º/3, 31.º e seguintes do Código das sociedades comerciais, nas hipóteses de assistência financeira, não é afetada pelo facto de esta poder ser dada a um não sócio. A aplicação destes preceitos não sofre dúvidas se se assistir a uma estreita ligação material e temporal entre a obtenção da posterior qualidade de sócio e a realização da prestação por parte da sociedade[270]. E não se diga haver, então,

ao entendimento segundo o qual, nas hipóteses de ausência de grupo, a assistência será ilícita mesmo se se mostrar posterior. Assim v., por exemplo, OECHSLER, *Münchener Kommentar...*, comentário ao § 71a, anotação 36 e anotação 5 e 26 (ao afirmar ser afinal a proibição de assistência financeira uma interdição não definitiva e meramente provisória, pois, estabelecida, designadamente, uma relação nos termos do § 291 da *AktG*, de subordinação ou transferência ela passa a ser possível. De resto, nem podia ser de outro modo, pois, no Direito alemão o § 71a, I, 3, da *AktG* ressalva expressamente as hipóteses previstas no § 291). Na nossa Doutrina defendendo a admissibilidade de uma assistência posterior à aquisição uma vez formada uma relação de grupo v. CARLOS OSÓRIO DE CASTRO, *A prestação de garantias e a assistência financeira...*, in *Estudos...*, II, 413 e ss..

[267] Já temos mais dúvidas se nas hipóteses de não estabelecimento de uma posterior relação de grupo ou de domínio, de inexistência de justificado interesse próprio, ou de aquisição alavancada lícita, o simples facto de a assistência ser posterior à aquisição determina por si só a licitude da assistência. Parece-nos não serem admissíveis hipóteses de *bridging loans* ou empréstimos intermédios. V. *infra* § 4. 3. 1. 1. 2, IX. Ainda assim, numa situação dessas, a ligação temporal pode ser aspeto a ponderar na determinação do elemento finalístico e fazê-lo, porventura, desaparecer. No mesmo sentido v. MARIANA DUARTE SILVA, *Assistência financeira no âmbito das sociedades...*, in *Revista...*, 2010, II, 1/2, I, 197 e 198; e JOANA LEAL DE MACEDO VITORINO, *A proibição de assistência financeira e o artigo 6.º do Código das Sociedades Comerciais...*, 24 e 25.

[268] V. *infra* § 4. 3. 4. 1.

[269] Cfr. *infra* § 4. 3. 5. 2. Deve notar-se, todavia, um aspeto importante. Se a relação de domínio ou de grupo já for anterior à aquisição isso legitima, nos moldes adiante referidos, a própria assistência anterior à compra das ações próprias da sociedade assistente. O mesmo sucede se houver justificado interesse próprio anterior ou contemporâneo à compra. Todavia, se o interesse próprio ou a relação de domínio ou de grupo só se estabelecerem depois da compra, então, observados também certos limites, passa a estar legitimada a assistência posterior.

[270] No mesmo sentido MATHIAS HABERSACK, *Die finanzielle Unterstützung des Aktienerwerbs – Überlegungen zu Zweck und Anwendungsbereich...*, in *Festschrift für Volker...*, 162 e 163. Cfr., também, MARCUS LUTTER/HENNING WAHLERS, *Der buyout: Amerikanische Fälle...*, in *Die Aktiengesell-*

uma antinomia de soluções ao defender-se a não aplicação do artigo 322.º ao financiamento pela sociedade posterior à compra das ações e, ao mesmo tempo, valerem os artigos 6.º/3, 31.º e seguintes para hipóteses de aquisição ulterior da posição de sócio. A desarmonia não existe. Na verdade, os efeitos, desvantagens e perigos da extensão da solução a situações posteriores assim como os interesses em jogo são totalmente diversos numa e noutra situação. Por isso mesmo, esta exata diferença de soluções é defendida noutras latitudes, por exemplo, na Alemanha, por HABERSACK[271]. De facto, também o artigo 322.º do Código das sociedades comerciais se mostra aplicável a assistidos apenas posteriormente tornados sócios. Exatamente à semelhança dos artigos 6.º/3, 31.º e seguintes. O que não nos parece é valer, sem mais, o regime do artigo 322.º para todas as situações de prestações pela sociedade, a favor de sócios, realizadas depois da compra das ações, ao menos nas hipóteses de estabelecimento de uma relação de grupo ou de domínio, de justificado interesse próprio.

A solução agora advogada pode-se dizer, ainda, a mais apropriada face à tendência desenhada nos últimos anos no sentido de se atenuar o rigor e a extensão da proibição de assistência financeira ou mesmo da sua pura eliminação pelo menos nalgumas das suas formas.

IX – Finalmente, parece – dada a indeterminação e fluidez da *ratio* da proibição e, destarte, a relativa inoperacionalidade do fim da norma e a incerteza e insegurança geradas – não haver nenhuma razão para se entender determinar a interpretação do preceito um sentido não expressamente autonomizado ou referido na sua formulação literal[272]. Ao

---

schaft..., 1989, 9; UWE HÜFFER, *Aktiengesetz*, cit., comentário ao § 286, relativamente ao § 57 da *AktG*.

[271] Coteje-se por exemplo o dito pelo autor em *Die finanzielle Unterstützung des Aktienerwerbs – Überlegungen zu Zweck und Anwendungsbereich...*, in *Festschrift für Volker...*, 162 e 162, com o por ele afirmado em *Finanzielle Unterstützung des Aktienerwerbs...*, in *Festschrift für Klaus J. Hopt...*, 740 e ss..

[272] Na verdade, a falta de unanimidade ou anuência e incapacidade da Doutrina em apontar de forma segura e, mais ou menos, aceite, onera as várias operações e fluxos da sociedade para os sócios ou adquirentes de ações de um risco significativo e relevante. Em sentido aproximado cfr. MATHIAS HABERSACK, *Die finanzielle Unterstützung des Aktienerwerbs – Überlegungen zu Zweck und Anwendungsbereich...*, in *Festschrift für Volker...*, 156. No mesmo sentido v., ainda, MATHIAS HABERSACK, *Finanzielle Unterstützung des Aktienerwerbs...*, in *Festschrift für Klaus J.*

invés, os motivos anteriormente referidos sugerem justamente o oposto. Ou seja, e em síntese: as exigências de certeza e segurança jurídicas, o exemplo explícito do Direito inglês, a admissibilidade genérica da realização de empréstimos a acionistas, o regime dos artigos 6.º/3 e 32.º do Código das sociedades comerciais, o efeito penal da proibição e a tendência atual de flexibilização da assistência financeira para aquisição de ações próprias; tudo aponta no sentido de o artigo 322.º não dever ser interpretado de forma a abranger hipóteses por ele expressamente não referidas ou autonomizadas[273/274]. O seu sentido normativo não abrange, assim, as situações de assistência financeira dada em momento posterior ao da aquisição das ações, pelo menos nas hipóteses em que, entretanto, se estabeleceu uma relação de grupo ou de domínio[275] ou de compra alavancada lícita[276].

X – E não se alegue facilitar esta interpretação situações de trama entre o adquirente e a administração da sociedade em prejuízo desta e dos demais sócios. Dir-se-ia ser, num cenário desses, fácil ao adquirente obter um *bridging loan* ou empréstimo intermédio e, depois, a não valer o artigo 322.º, financiá-lo ou garanti-lo com os bens ou ativos da sociedade. Sempre se poderia dizer não afastar a ausência de aplicação do artigo 322.º a estas situações os deveres de lealdade dos administradores, nem as regras de responsabilidade civil. Aliás, à semelhança do sucedido relativamente às situações de *cash management*. A haver, deste ponto de vista, uma situação de ilicitude em prejuízo da sociedade sempre se poderia

Hopt..., 741 e 743, ao referir, designadamente, os perigos resultantes do facto de a Doutrina se mostrar, em toda a parte, inapta na obtenção de um consenso ou assentimento mínimo sobre as finalidades da proibição e de, através da porta dos fundos do *Tatbestand* aberto, vir a introduzir na norma a *ratio* tida por «*certa*» e assim proceder, porventura, ainda mais à sua extensão. Tudo, num permanente recriar e alargamento do âmbito da proibição (para mais, entre nós, dotada de sanção penal).

[273] E, na verdade, o preceito em análise não diz, expressamente, abranger ele as situações de assistência financeira posterior.

[274] Em sentido aproximado Mathias Habersack, *Finanzielle Unterstützung des Aktienerwerbs...*, in *Festschrift für Klaus J. Hopt...*, 740 e ss.

[275] Em direção aproximada Mathias Habersack, *Finanzielle Unterstützung des Aktienerwerbs...*, in *Festschrift für Klaus J. Hopt...*, 741. V. também *infra* § 4. 3. 4. 1.

[276] V. *infra* § 4. 3. 5. 2.

dizer valerem, então, as regras gerais sancionatórias das condutas indevidas. Julgamos, porém, poderem estar, em certas hipóteses, tais situações ainda abrangidas pela interdição de assistência financeira do artigo 322.º/1 do Código das sociedades comerciais. À semelhança, de resto, do sucedido no Direito inglês. Já vimos[277] dispor a secção 678 (1) do *Companies act* de 2006:

> «*Quando uma pessoa está a adquirir ou se propõe adquirir ações de uma* public company, *não é lícito que essa companhia, ou uma companhia sua subsidiária, conceda assistência financeira direta ou indiretamente para fins de aquisição antes ou ao mesmo tempo em que a aquisição ocorre*».

Mas de seguida a secção 678 (3) estabelece também:

> «*Se –*
>
> *(a) uma pessoa tiver adquirido ações* de uma *companhia, e*
>
> *(b) foi incorrida uma responsabilidade (por aquela ou outra pessoa) para o propósito da aquisição, não é lícito àquela companhia, ou uma companhia que é uma sua subsidiária, dar assistência financeira direta ou indiretamente para a finalidade de reduzir ou eliminar a responsabilidade se, no momento em que a assistência é dada, a companhia na qual as ações foram adquiridas é uma* public company».

Portanto, as hipóteses de substituição ou garantia de um *bridging loan* ou empréstimo intermédio pela sociedade-alvo não são lícitas e mostram-se assimiladas às hipóteses de assistência financeira anterior ou contemporânea da aquisição das ações. Nestas situações a ligação material entre a assistência financeira posterior à aquisição e a redução ou eliminação da responsabilidade anterior infeta essa assistência inabilitando-a para efeitos da sua apreciação como ato de financiamento ou garantia realizado em momento posterior à aquisição e, portanto, lícito[278].

No Direito inglês, só não será assim se, nos termos da secção 678 (4) do *Companies act* de 2006:

---

[277] *Supra* § 4. 3. 1. 1. 2, VI, e nota 250.

[278] Donde há ilicitude.

«(a) o principal objetivo da companhia ao prestar a assistência não é reduzir ou liquidar qualquer responsabilidade incorrida por uma pessoa com a finalidade de adquirir ações da companhia ou da sua companhia controladora, ou

(b) a redução ou libertação de qualquer uma dessas responsabilidades é apenas uma parte incidental de algum propósito maior da companhia,

e a assistência for dada de boa fé no interesse companhia».

Também, entre nós, as hipóteses de um empréstimo intermédio se devem ter em princípio, ou pelo menos em certas hipóteses, por vedadas. Nesse cenário para saber se há, ou não, uma assistência financeira proibida é necessário atender ao *Tatbestand* de assistência financeira. Só a definição e reconstrução do regime jurídico, nos termos disciplinados pelo Código das sociedades comerciais, pode determinar a legitimidade da assistência financeira posterior. A adoção de um critério funcional, e não apenas cronológico, permite delimitar as operações de financiamento ou garantias, sucessivas ou posteriores à compra dadas pela sociedade-alvo à sociedade adquirente, interditas[279]. É este aspeto funcional a ir pressuposto na exigência de a assistência financeira ser *para que* um terceiro adquira ações representativas do seu capital. Não basta, portanto, apenas a sucessão ou posterioridade cronológica. É igualmente necessário ter-se a sociedade mantido à margem das vicissitudes que levaram o beneficiário da assistente a obter determinadas ações[280]. Ela não deve, assim, ter-se intrometido nesse processo de chegada do terceiro à sociedade ou de aquisição das ações. A sua composição acionista, no momento da decisão da outorga de um financiamento a favor do (novo) sócio tem, pois, de ser a resultante do livre funcionamento do mercado. A sociedade deve assim *sofrer* ou *sujeitar-se* à decisão do novo sócio de empregar os meios da sociedade ao serviço da aquisição realizada[281]. E isso pressuporá normalmente o estabelecimento de uma relação de domínio ou de grupo, nos termos do artigo 6.º/3 do Código das sociedades comerciais[282]. Se ao invés a aquisição sucedeu graças à intervenção da sociedade-alvo, em termos de a decisão de prestar a assistência financeira não ter sido

[279] No mesmo sentido Stefano Cacchi Pessani, *L'assistenza finanziaria...*, 90.

[280] Assim, também, Stefano Cacchi Pessani, *L'assistenza finanziaria...*, 91.

[281] Nessa direção v., uma vez mais, Stefano Cacchi Pessani, *L'assistenza finanziaria...*, 91.

[282] V. *infra* § 4. 3. 4. 2, *maxime* § 4. 3. 4. 2, X e XI.

imposta pela nova entidade controladora ou não ter sido formada apenas e tão-só após a aquisição das ações, e, desta forma, se poder dizer ter a assistente agilizado o ingresso do novo titular das ações, então, isso só traduz um processo terminal de uma operação unitária no qual participou *também* a sociedade assistente. Isto apesar de a assistência ter sido prestada apenas depois de ter tido lugar a aquisição. Mas permanece uma ligação material, funcional e finalística entre a assistência financeira posterior à aquisição e a redução ou eliminação da responsabilidade anterior. E isso torna, normalmente, este tipo de operações em atos interditos. Diversamente, a harmonização do disposto no artigo 6.º/3 do Código das sociedades comerciais com o artigo 322.º/1, do mesmo diploma, autoriza a aceitação de formas de assistência financeira realizadas em momento posterior se a aquisição efetuada levar ao estabelecimento de uma relação de grupo ou de domínio[283].

Pense-se, por exemplo, na possibilidade de uma sociedade obter autonomamente os meios financeiros para efetuar uma determinada operação de aquisição da totalidade do capital de uma determinada agremiação societária. Se, depois, o novo sócio de controlo no exercício da sua posição de domínio induz a sociedade a transferir para ele as suas disponibilidades líquidas no âmbito de uma operação de *cash pooling* com o objetivo de mobilizar meios financeiros detidos pela sociedade-alvo em depósitos, esta operação – na realidade um verdadeiro financiamento fornecido pela sociedade-filha à sociedade superior – não é para efeitos do artigo 322.º/1 assistência financeira[284]. Não há dúvida representar a operação de *cash pooling* referida uma operação de crédito e agilizar a aquisição (designadamente através da substituição de um empréstimo feito por uma instituição financeira pelos meios recebidos da sociedade-alvo). Mas a sociedade assistente não se intromete nas vicissitudes atinentes à formação da sua estrutura acionista. Ao invés ela suporta ou sofre uma decisão vinculativa assumida pelo seu acionista. Falta nesta eventualidade o elemento finalístico ou ligação funcional, nos termos dos artigos 322.º/1 do Código das sociedades comerciais e 281.º do Código civil, entre a operação de *cash pooling* e a aquisição das ações da sociedade-alvo[285].

---

[283] V. *infra* § 4. 3. 4. 2, *maxime* § 4. 3. 4. 2, X e XI.

[284] No mesmo sentido v. STEFANO CACCHI PESSANI, *L'assistenza finanziaria...*, 91 e 92.

[285] V., uma vez mais na mesma direção, STEFANO CACCHI PESSANI, *L'assistenza finanziaria...*, 92.

Nesses cenários, a assistência posterior passa a ser lícita. Além disso, a própria dimensão subjetivista ou finalística da proibição de assistência financeira permite chegar aos mesmos resultados em todas as hipóteses de assistência posterior (ou até anterior) se ela não for o propósito principal da operação ou se se mostrar meramente incidental[286]. É, aliás, isso a suceder nas hipóteses previstas no artigo 6.º/3 não apenas de existência de uma relação de grupo ou de domínio, mas, igualmente, de interesse próprio da sociedade assistente[287]. Admissíveis são ainda, a nosso ver, certas hipóteses de compra alavancada[288].

§ 4.3.1.2 – A dimensão subjetivista ou finalística da proibição. O nexo de causalidade

I – Para haver um negócio proibido tem de se assistir a uma ligação funcional entre a assistência ou negócio de financiamento e a compra de ações[289]. A assistência financeira tem, na verdade, de apresentar um nexo causal com a aquisição de ações. Dito de outra maneira, o financiamento

[286] Ou seja, nas hipóteses em que o fim de assistência financeira ou é secundário/acessório ou é incidental. V. *infra* já de seguida o § 4. 3. 1. 2.

[287] V. *infra* § 4. 3. 1. 2 e § 4. 3. 4. 2, X.

[288] Cfr. *infra* § 4. 3. 5. 2.

[289] Raúl Ventura, *Acções...*, in *Estudos...*, 377; Maria Victória Ferreira Rocha, *Aquisição de acções próprias...*, 315; José Diogo Horta Osório, *Da Tomada do Controlo de Sociedades...*, 196 e ss.; Bernardo Abreu Mota, *Proibição de assistência financeira. Notas para a sua interpretação e aplicação...*, in *Revista...*, 2005, setembro-dezembro, 12, 109; Mariana Duarte Silva, *Assistência financeira no âmbito das sociedades...*, in *Revista...*, 2010, II, 1/2, I, 195 e ss.; Inês Pinto Leite, *Da proibição de assistência financeira...*, in *Direito...*, 2011, 3, 5 150 e ss.; Paulo de Tarso Domingues, *Assistência financeira...*, in *AB Instantia...*, 2013, I, 2, 62 e ss.; Pedro Nunes, *A proibição de assistência financeira...*, in *Revista...*, 2015, junho, 2, 13 e 39; Isabel Pinheiro Torres, *Da aplicação da proibição de assistência financeira...*, in *Colecção de Estudos...*, 2015, 3, 148 e 151 e ss.; Margarida Costa Andrade, *Código das sociedades comerciais...*, V (artigos 271.º a 372.º-B), comentário ao artigo 322.º, 449, 451 e 452; Ana Perestrelo de Oliveira, *Manual de corporate...*, 227 e 228; Joana Leal de Macedo Vitorino, *A proibição de assistência financeira e o artigo 6.º do Código das Sociedades Comerciais...*, 20 e 27 e ss.; e, na literatura jurídica alemã, de modo ilustrativo, Ulrich Schroeder, *Zur Finanzielle Unterstützung...*, 136 e ss., 198 e ss., 201 e ss.; Becker, *Gesellschaftsrechtliche Probleme der Finanzierung...*, in *Deutsches...*, 1998, 1431; Mathias Habersack, *Finanzielle Unterstützung des Aktienerwerbs...*, in *Festschrift für Klaus J. Hopt...*, 740; Florian Alexander Hassner, *Finanzielle Unterstützung zum institutionellen Leveraged Buyout*

tem de possuir como fim a aquisição de ações. Não basta, pois, a simples realização de um negócio de financiamento. Em jogo está a existência de uma relação causal subjetiva e intencional representativa do elemento finalístico ou subjetivo imprescindível para a proibição[290]. Esta só funcionará se a operação tiver o propósito de facilitar o negócio de aquisição: *para que* um terceiro adquira ou subscreva ações representativas do seu capital.

Está-se, destarte, diante de uma proibição de um negócio com uma finalidade específica – a de assistência financeira[291]. Ou seja: perante um negócio de fim ilícito. Por isso, nos termos do artigo 281.º do Código civil, se apenas o fim do negócio for oposto à lei ou à ordem pública ou ofensivo dos bons costumes, o negócio só é nulo se a finalidade for extensível a ambas as partes. Isto é, à sociedade assistente e ao terceiro assistido[292/293].

Para aferir esta dimensão subjetiva é, em tese, possível proceder-se a um teste objetivo ou, em vez disso, a um teste subjetivo. Um juiz pode, na verdade, indagar segundo pontos de vista ou critérios objetivos *ex post* se um crédito ou garantia dada por uma sociedade apoiou ou não a aquisição das suas próprias ações (trata-se do chamado teste objetivo). E nesse sentido depõe, de facto, alguma Doutrina europeia[294].

---

einer Aktiengesellschaft..., 392 e ss.; CAHN, *Kommentar...*, comentário ao § 71a, anotação 36 e ss.; OECHSLER, *Münchener Kommentar...*, comentário ao § 71a, anotação 35.

290 V., ilustrativamente, RAÚL VENTURA, *Acções...*, in *Estudos...*, 377.

291 JOANA LEAL DE MACEDO VITORINO, *A proibição de assistência financeira e o artigo 6.º do Código das Sociedades Comerciais...*, 19. V., também, ROLAND PÜHLER, *Das Verbot...*, 80 e ss., 88 e ss.; SCHROEDER, *Zur Finanzielle Unterstützung...*, 201 e ss..

292 No mesmo sentido, designadamente, MARIANA DUARTE SILVA, *Assistência financeira no âmbito das sociedades...*, in *Revista...*, 2010, II, 1/2, I, 196; e JOANA LEAL DE MACEDO VITORINO, *A proibição de assistência financeira e o artigo 6.º do Código das Sociedades Comerciais...*, 19. Entre os autores alemães v., na mesma direção, ilustrativamente, BECKER, *Gesellschaftsrechtliche Probleme der Finanzierung...*, in *Deutsches...*, 1998, 1431.

293 Mas o artigo 322.º/3 estende a nulidade também aos atos unilaterais. Nessa situação não sendo, e enquanto o não for, necessário o assentimento da outra parte pode pensar-se bastar ser o fim visado apenas pela sociedade. V., porém, o referido a este respeito *infra* § 4. 3. 4. 1, III.

294 Para referências bibliográficas v. ROLAND PÜHLER, *Das Verbot...*, 91; FLORIAN ALEXANDER HASSNER, *Finanzielle Unterstützung zum institutionellen Leveraged Buyout einer Aktiengesellschaft...*, 392 e ss..

A opinião oposta sustenta, porém, a necessidade de avaliação da vontade – mesmo se a determinar exteriormente – *ex ante* das partes (dependente, portanto, do apelidado teste subjetivo). É esta a opinião largamente dominante nos diversos países europeus[295].

A conjugação, de um lado, do artigo 322.º/1 do Código das sociedades comerciais, e da sua referência propositada a *para que*, com o artigo 281.º do Código civil, do outro, não deixa margem para no nosso Direito se defender a possibilidade de um teste meramente objetivo. Até por se tratar de uma operação dotada de relevância penal.

Portanto, se uma sociedade emprestar dinheiro a um *tertius* adquirente sem, no momento do empréstimo, se ter assente, ou mesmo alvitrado ou imaginado, destinar-se ele à aquisição das suas próprias ações e, mais tarde, as importâncias disponibilizadas forem usadas para esse fim não haverá, então, lugar à aplicação do regime do artigo 322.º do Código das sociedades comerciais[296]. Isto não obstante os pressupostos objetivos da proibição estarem reunidos. Faltará, porém, o pressuposto subjetivo ou finalístico.

O mesmo vale relativamente à possibilidade de a sociedade emprestar dinheiro a uma terceira entidade e esta, por sua vez, o fazer chegar ao comprador. Se as partes não tinham por propósito fazer intervir um intermediário apenas para frustrar a proibição de assistência financeira não há nenhuma nulidade[297].

Não é, finalmente, diferente a solução nas hipóteses de prestação de uma garantia, não a favor do adquirente das ações, mas em proveito de um terceiro[298] financiador, na eventualidade de não haver uma relação direta entre

---

[295] V. SCHROEDER, *Zur Finanzielle Unterstützung ...*, 203 e ss.; ROLAND PÜHLER, *Das Verbot...*, 88 e ss.; FLORIAN ALEXANDER HASSNER *Finanzielle Unterstützung zum institutionellen Leveraged Buyout einer Aktiengesellschaft...*, 393. Entre nós veja-se, ainda, por exemplo, RAÚL VENTURA, *Acções...*, in *Estudos...*, 377; e MARIANA DUARTE SILVA, *Assistência financeira no âmbito das sociedades...*, in *Revista...*, 2010, II, 1/2, I, 195 e ss..

[296] Na mesma direção PAULO DE TARSO DOMINGUES, *Assistência financeira...*, in *AB Instantia...*, 2013, I, 2, 62.

[297] Para as hipóteses de existência do propósito de frustrar a proibição v., ilustrativamente, ULRICH SCHROEDER, *Zur Finanzielle Unterstützung ...*, 146 e 147; OECHSLER, *Münchener Kommentar...*, comentário ao § 71a, anotação 34.

[298] Para as hipóteses de assistência financeira com uma multiplicidade de intervenientes v., por exemplo, ULRICH SCHROEDER, *Zur Finanzielle Unterstützung...*, 162 e ss.; ROLAND PÜHLER, *Das Verbot...*, 93 e ss.; OECHSLER, *Münchener Kommentar...*, comentário ao § 71a, anotação 32 e 33. Já atrás referimos o facto de na expressão *terceiro* usada pelo artigo 322.º/1 do Código das

a sociedade-alvo e o financiador suscetível de ser tida por nula. Isso pode suceder, nas situações de garantias acessórias, na ausência de um pacto ou negociação entre a sociedade dadora, o devedor garantido e o beneficiário da garantia a respeito da finalidade dessa mesma garantia ou, de um modo geral, nas hipóteses de ignorância de boa fé, por parte do financiador, da razão da oferta da garantia ou do fim do empréstimo[299]. Mas voltaremos ao tema adiante[300].

II – Uma parte relevante da Doutrina faz uso do conceito de «*principal purpose*» expressamente presente no Direito inglês e aceite na generalidade dos Ordenamentos europeus por via interpretativa[301]. Nestes termos, exige-se ser a assistência financeira o motivo determinante extensível a todos os intervenientes numa operação para esta ser abrangida pelo artigo 322.º[302/303]. Este entendimento deve ser aceite. Já sublinhámos o

sociedades comerciais estarem normativamente abrangidos também os sócios. Mas temos agora em vista uma situação diversa. A de haver um financiador do adquirente sem ligação direta à aquisição das ações.

[299] Por estar genuinamente convencido ser outro o fim da operação ou não ter nenhuma razão para supor ou dever supor irem as importâncias disponibilizadas ser objeto de utilização na compra de ações da sociedade garante.

[300] V. *infra*, § 5.

[301] As raízes desta restrição a nível normativo encontram-se, designadamente, na secção 153 do *Companies act* de 1985. Cfr. *supra* § 2, VIII. Mas permanecem na secção 678 (2) e (4), e na secção 679 (2) e (4) do *Companies act* de 2006.

[302] Maria Victória Ferreira Rocha, *Aquisição de acções próprias...*, 315; José Diogo Horta Osório, *Da Tomada do Controlo de Sociedades (Takeovers) por Leveraged Buyout...*, 197 e 198; Mariana Duarte Silva, *Assistência financeira no âmbito das sociedades...*, in *Revista...*, 2010, II, 1/2, I, 195 e ss.; Inês Pinto Leite, *Da proibição de assistência financeira...*, in *Direito...*, 2011, 3, 5, 150 e 151; Margarida Costa Andrade, *Código das sociedades comerciais...*, V (artigos 271.º a 372.º-B), comentário ao artigo 322.º, 452; Pedro Nunes, *A proibição de assistência financeira...*, in *Revista...*, 2015, junho, 2, 13, 14 e 39; Ana Perestrelo de Oliveira, *Manual de corporate...*, 227 e 228; e Joana Leal de Macedo Vitorino, *A proibição de assistência financeira e o artigo 6.º do Código das Sociedades Comerciais...*, 28 e ss.. Na Doutrina alemã v., por exemplo, Cahn, *Kommentar...*, comentário ao § 71a, anotação 36; e, ainda, para mais pormenores, Ulrich Schroeder, *Zur Finanzielle Unterstützung...*, 199 e ss.; Roland Pühler, *Das Verbot...*, 80 e ss., com indicações, ainda, nesse mesmo sentido, de autores holandeses e franceses; e Cahn, *Kommentar...*, comentário ao § 71a, anotação 36. Numa linha crítica v., porém, Florian Alexander Hassner *Finanzielle Unterstützung zum institutionellen Leveraged Buyout einer Aktiengesellschaft...*, 401 e ss.. Referências a posições nesse sentido também na Doutrina espanhola podem ser vistas, por

facto de não haver do ponto de vista estrutural nada, nem no negócio de aquisição, nem no de financiamento, suscetível de gerar a proibição[304]. Mais do que um juízo negativo sobre os perigos dos negócios, em si mesmos, objeto de uma valoração de demérito afigura-se, isso sim, o fim *de* e, também, *da* assistência financeira[305]. Basta atentar-se no artigo 322.º/2 do Código das sociedades comerciais para se perceber isso mesmo: nas hipóteses previstas neste preceito a presença de outros fins, para além dos de assistência financeira, legitima as operações nele abrangidas.

Desta forma, se o propósito de assistência financeira não for o fim determinante comum principal da operação, mas se revelar meramente secundário ou incidental de outro e a operação tiver lugar para, de boa fé, servir essa última finalidade ou interesse não vale a interdição.

A importância do fim, enquanto pressuposto do artigo 322.º/1 do Código das sociedades comerciais, tem levado, ainda, a afastar também do

exemplo, entre nós, em Bernardo Abreu Mota, *Proibição de assistência financeira. Notas para a sua interpretação e aplicação...*, in *Revista...*, 2005, setembro-dezembro, 12, 109; Mariana Duarte Silva, *Assistência financeira no âmbito das sociedades...*, in *Revista...*, 2010, II, 1/2, I, 197, notas 167 e 168; e Luis Antonio Velasco San Pedro, *La reforma de la asistencia financiera en Europa*, in *Universidad complutense. Documentos de trabajo del departamento de derecho mercantil*, 2006, 5, 22, nota 59 (estudo suscetível de ser acedido e lido em linha através de <*http://eprints.ucm.es/5992/1/REFORMA_ASISTENCIA_FINANCIERA_EN_EUROPA-E-prints.pdf*>). Por fim, na Jurisprudência italiana v., por exemplo, *Tribunale di Milano, 13-05-1999*, in *Giurisprudenza*, 2000, 1, 75.

303 É justamente este um dos fundamentos alegados por diversos autores para legitimar a admissibilidade do *Leveraged Buyout*. V., por exemplo, José Diogo Horta Osório, *Da Tomada do Controlo de Sociedades (Takeovers) por Leveraged Buyout...*, 196 e ss.; Mariana Duarte Silva, *Assistência financeira no âmbito das sociedades...*, in *Revista...*, 2010, II, 1/2, I, 196 e ss.; Pedro Nunes, *A proibição de assistência financeira...*, in *Revista...*, 2015, junho, 2, 39 (entre outros argumentos); Ana Perestrelo de Oliveira, *Manual de corporate...*, 228; Joana Leal de Macedo Vitorino, *A proibição de assistência financeira e o artigo 6.º do Código das Sociedades Comerciais...*, 28 e ss.. Esta ideia de a suscetibilidade de a aquisição de uma empresa poder ter outros objetivos para além dessa aquisição em si mesma está, de resto, também presente em Menezes Cordeiro, *Da tomada de sociedades (takeover): efectivação, valoração e técnicas de defesa*, in *Revista da Ordem dos Advogados*, 1994, III, 764, ao afirmar: «*A ideia de* takeover *anda, assim, em torno da aquisição duma empresa, através da compra de posições sociais, de modo a tirar partido de particularidades do mercado mobiliário e com fins que transcendem a simples aquisição realizada*».

304 V. *supra* § 4. 2. 4.

305 Em termos não muito distantes v. Joana Leal de Macedo Vitorino, *A proibição de assistência financeira e o artigo 6.º do Código das Sociedades Comerciais...*, 29.

âmbito da norma as situações de propósitos mistos[306] de financiamento, outorgado de boa fé no próprio interesse da sociedade assistente[307].

Isso mesmo é atestado pelo artigo 322.º/2 do Código das sociedades comerciais. Percebe-se, portanto e de resto, ser este preceito, ele próprio, simples manifestação deste pressuposto subjetivo ou finalístico da proibição de assistência financeira. Na medida da exigência pelo Direito europeu e nacional, para a interdição valer, da necessidade de os fundos ou garantias terem (como motivo determinante comum) sido prestados pela sociedade *para que* um terceiro adquira as suas ações, as hipóteses abrangidas no artigo 322.º/2 do Código das sociedades comerciais – por possuírem também outras finalidades relevantes tidas por principais – estariam, numa boa interpretação do artigo 322.º/1, sempre de fora da proibição, mesmo na ausência de uma disposição expressa nesse sentido[308/309].

---

[306] Ana Perestrelo de Oliveira, *Manual de corporate...*, 227 e 228, abrange no âmbito das finalidades mistas, seja a eventualidade de o propósito de facilitar a assistência financeira ser acessório de outro propósito principal, seja o de ser meramente incidental de um outro mais vasto. Julgamos, porém, ser necessário distinguir. Nas situações em que a assistência financeira é meramente secundária ou acessória e não representa o primordial propósito da operação o fim de assistir é meramente subalterno e, portanto, falta o elemento finalístico comum e determinante. Na hipótese de haver propósitos mistos a prestação ou garantia dada pela sociedade tem, ainda, como objetivo fundamental – pois se fosse meramente secundário já estava abrangido pela exceção anterior – assistir o terceiro, mas a assistência faz parte de uma operação mais vasta e complexa destinada a prosseguir, também, outros fins mais abrangentes (neste sentido v., igualmente, Joana Leal de Macedo Vitorino, *A proibição de assistência financeira e o artigo 6.º do Código das Sociedades Comerciais...*, 29 e 30).

[307] Nessa direção v., ilustrativamente Ana Perestrelo de Oliveira, *Manual de corporate...*, 227 e 228; e Joana Leal de Macedo Vitorino, *A proibição de assistência financeira e o artigo 6.º do Código das Sociedades Comerciais...*, 29 e 30.

[308] Não são, portanto, situações de assistência financeira as hipóteses de *cash pooling* no âmbito das relações de grupo mesmo se algum do dinheiro acabar por ser efetivamente usado no âmbito da assistência financeira. O facto de haver um propósito de simplesmente a finalidade dos fundos ser outra que não de todo, ou pelo menos diretamente e apenas, a assistência financeira afasta o artigo 322.º/1 do Código das sociedades comerciais. Além disso, se o *cash pooling* for ordenado pela sociedade superior faltará também o elemento volitivo extensível a ambas as partes e necessário para se poder dizer haver assistência financeira proibida. V., a este respeito, Stefano Cacchi Pessani, *L'assistenza finanziaria...*, 91 e 92; e Cahn, *Kommentar...*, comentário ao § 71a, anotação 36.

[309] Veja-se, por exemplo, a hipótese subjacente ao caso *Dyment v. Boid & others, Court of appeal*

Nessa direção vai, ou parece ir, de resto, a solução expressa do Direito inglês nas subsecções (2) e (4) da secção 678 do *Companies act* de 2006 ao estabelecer este preceito:

«*(1) Quando uma pessoa está a adquirir ou se propõe adquirir ações de uma* public company, *não é lícito que essa companhia, ou uma companhia sua subsidiária, conceda assistência financeira direta ou indiretamente para fins de aquisição antes ou ao mesmo tempo em que a aquisição ocorre.*

(2) A subsecção (1) não proíbe uma companhia de dar assistência financeira para a aquisição de ações da mesma ou de sua holding *se –*

(a) o principal objetivo da companhia ao dar a assistência não for o de a prestar para o propósito de tal aquisição, ou

– *Civil division, novembro 26, 2004*, [2005] 1 WLR 792, [2004] EWCA CIV 1586, acedido em linha através de <*https://app.vlex.com/?r=true#WW/search/*/Dyment+v+Boyden/vid/52571929*>. Dois acionistas deixaram a sociedade tendo as respetivas participações sido adquiridas por outro. Neste âmbito, ficaram titulares de certa propriedade depois cedida em locação à sociedade por valor elevado. Posteriormente, veio alegar-se ser bem inferior o preço real de mercado. Estar-se-ia, assim, diante de uma renda excessiva e ela representaria uma forma de assistência financeira. O tribunal entendeu, porém, não visar a celebração do *leasing*, pela sociedade, a aquisição da mesma. Isto dado o imóvel ser necessário para a realização da atividade societária. O pagamento de uma renda alta foi aceite em resultado do facto de os alienantes estarem em posição de a exigir, pois sabiam não poder a sociedade operar o respetivo negócio sem o bem. O valor foi, assim, fruto da posição negocial das partes envolvidas. A transação teve, desta forma, lugar em ligação com a aquisição de ações, mas não para esse fim. Entre nós v., a respeito, desta decisão, Ana Perestrelo de Oliveira, *Manual de corporate...*, 227. Cfr., também, para uma recensão a este caso, as observações e referências formuladas em <*http://www.cms-lawnow.com/ealerts/2004/04/financial-assistance-dyment-v-boyden-and-others-2004-all-er-d-463?cc_lang=en*>. V., ainda, *Re Uniq. Plac, High Court of Justice chancery division companies court, 25/03/2011*, [2011] EWHC 749 (Ch), in <*http://www.bailii.org/ew/cases/EWHC/Ch/2011/749.html*>, designadamente «*par.*» 38, onde se pode ler: «*Se uma companhia faz um pagamento, contra reembolso total, recebido por si ou por uma das suas dominadas, e com o propósito genuíno de prosseguir os seus próprios interesses e não de conceder assistência financeira, poderia bem dizer-se que não foi, na linguagem ordinária do comércio, assistência financeira, apesar de saber que o recetor irá usar o dinheiro pago para financiar a aquisição de ações na companhia ou na sua holding*». Todavia, dado esse entendimento poder, à luz do caso *Belmont Finance Corporation Ltd. v. Williams Furniture Ltd. (N.º 2)*, gerar alguma disputa, o tribunal julgaria ser melhor analisar se cada um dos pagamentos individualmente tomados representava assistência financeira e, se sim, indagar o seu propósito. V., entre nós, a respeito desta decisão Joana Leal de Macedo Vitorino, *A proibição de assistência financeira e o artigo 6.º do Código das Sociedades Comerciais...*, 32. Na Doutrina de língua inglesa v. Chan Ho, *Principles of corporate finance...*, 242.

b) a prestação da assistência para esse propósito for apenas uma parte incidental de algum propósito maior da companhia;

e a assistência for prestada de boa fé no interesse da companhia.

(3) Na eventualidade de –

(a) uma pessoa ter adquirido ações de uma companhia, e

(b) foi incorrida uma responsabilidade (por aquela ou outra pessoa) para o propósito da aquisição, não é lícito àquela companhia, ou uma companhia que é uma sua subsidiária, dar assistência financeira direta ou indiretamente para a finalidade de reduzir ou eliminar a responsabilidade se, no momento em que a assistência é dada, a companhia na qual as ações foram adquiridas é uma public company.

(4) A subsecção (3) não proíbe uma companhia de prestar assistência financeira se:

(a) o principal objetivo da companhia ao prestar a assistência não for reduzir ou liquidar qualquer responsabilidade incorrida por uma pessoa com a finalidade de adquirir ações da sua companhia ou da sua companhia holding, *ou*

(b) a redução ou supressão de qualquer responsabilidade for apenas uma parte incidental de algum propósito maior da companhia,

e a assistência for prestada de boa fé no interesse da companhia».

Depõem, ainda, no mesmo sentido as subsecções (3) e (4) da secção 679 do mesmo diploma. Determina-se aí:

«*(1) Se uma pessoa adquirir ou se propuser a adquirir ações de uma* private company, *não é lícito a uma companhia pública subsidiária daquela companhia fornecer assistência financeira direta ou indiretamente com o propósito de aquisição antes ou ao mesmo tempo que a aquisição ocorre.*

(2) A subsecção (1) não proíbe uma companhia de dar assistência financeira para a aquisição de ações na sua holding *se:*

(a) a finalidade principal da companhia ao prestar a assistência não for concedê-la para o propósito de tal aquisição, ou

(b) a prestação da assistência para esse fim for apenas uma parte incidental de algum propósito maior da companhia,

e a assistência é dada de boa fé aos interesses da companhia.

(3) Se –

(a) uma pessoa adquiriu ações de uma private company e

(b) foi incorrida uma responsabilidade (por essa ou outra pessoa) para o propósito da aquisição, não é lícito a uma public company *que seja uma subsidiária daquela*

companhia prestar assistência financeira direta ou indiretamente com a finalidade de reduzir ou suprimir a responsabilidade.

(4) A subsecção (3) não proíbe uma companhia de prestar assistência financeira se:

(a) o principal objetivo da companhia ao prestar a assistência não for reduzir ou liquidar qualquer responsabilidade incorrida por uma pessoa com a finalidade de adquirir ações da sua companhia holding*, ou*

(b) a redução ou supressão de qualquer responsabilidade for apenas uma parte incidental de algum propósito maior da companhia,

e a assistência for prestada de boa fé no interesse da companhia».

E no mesmo sentido, do disposto no Ordenamento inglês, vai o Direito da República da Irlanda. De facto, a secção 82 (2) e (5) do *Companies act* irlandês de 2014 estatui:

«(2) Não será lícito para uma companhia dar qualquer assistência financeira para fins de uma aquisição feita ou a ser feita por qualquer pessoa de quaisquer ações da companhia, ou, quando a companhia é uma subsidiária, na sua holding.

(...)

(5) A subsecção (2) não proíbe a concessão de assistência financeira em relação à aquisição de ações de uma companhia ou da sua holding *se:*

(a) a finalidade principal da companhia ao prestar a assistência não é concedê-la para o propósito de tal aquisição; ou

(b) a prestação da assistência para esse fim é apenas uma parte incidental de algum propósito maior da companhia,

e a assistência é prestada de boa fé no interesse da companhia».

As subsecções (2) (a) e (4) (a) da secção 678 e as subsecções (2) (a) e (4) (a) da secção 679 do *Companies act* inglês de 2006 assim como a subsecção (5) (a) da secção 82 do *Companies act* irlandês de 2014 abrangem as hipóteses atrás referidas de mera acessoriedade da assistência financeira relativamente a outro propósito principal. As subsecções (2) (b) e (4) (b) da secção 678 e as subsecções (2) (b) e 84) (b) da secção 679 do *Companies act* inglês de 2006, assim como a subsecção (5) (b) da secção 82 do *Companies act* irlandês de 2014, reportam-se aos cenários de propósitos mistos.

III – Entre nós pode, porém, surgir algum embaraço na aceitação da licitude das situações de assistência financeira dotada de um fim principal e mais amplo do que simplesmente prestar assistência financeira ou de propósitos mistos. Isso em virtude das soluções vertidas pelas sucessivas Diretrizes destinadas a, supostamente, flexibilizarem a legitimidade de operações de financiamento ou garantia pela sociedade-alvo da aquisição das suas próprias ações. Na verdade, a Diretriz 2006/68/CE do Parlamento europeu e do Conselho, de 6 de setembro, veio impor uma nova redação para o artigo 23.º da Segunda Diretriz em matéria de Direito das sociedades de forma a sujeitar as hipóteses de assistência lícita a um determinado procedimento obrigatório.

Nestes termos, e segundo a nova redação do preceito, para tornarem estas operações admissíveis, os Estados-membros devem impor a necessidade de as operações serem realizadas sob a responsabilidade do órgão de administração ou de direção, em condições justas de mercado, especialmente no respeitante aos juros pagos à sociedade e às garantias que lhe são oferecidas pelos empréstimos e os adiantamentos. Além disso, a situação em termos de fiabilidade creditícia do terceiro ou, na eventualidade de operações dotadas de múltiplas partes, de cada contraparte, deve ter sido devidamente analisada.

As transações devem ser submetidas pelo órgão de administração ou de direção à aprovação prévia da assembleia geral para deliberação segundo as regras de quórum e de maioria não inferior a dois terços dos votos correspondentes, seja aos títulos representados, seja ao capital subscrito representado, podendo, todavia, estabelecer-se a possibilidade de bastar a maioria simples dos votos indicados no n.º 1 se estiver representado, pelo menos, metade do capital subscrito.

O órgão de administração ou de direção deve redigir e apresentar à assembleia geral um relatório, mencionando as razões da operação, o interesse da sociedade na sua realização, as condições do seu processamento, os perigos nela envolvidos para a liquidez e solvabilidade da sociedade e o preço a que o terceiro obterá as ações.

Este procedimento foi mantido pelo artigo 25.º da Diretriz 2012/30/UE do Parlamento europeu e do Conselho, de 25 de outubro de 2012 e, depois, pelo artigo 64.º da Diretriz 2017/1132/UE do Parlamento europeu e do Conselho, de 14 de junho de 2017.

IV – Se bem se atentar nas exigências do relatório a redigir e a submeter pelo órgão de administração ou de direção à assembleia geral, um dos aspetos a mencionar expressamente são as razões e *o interesse da sociedade na realização da operação*. Pois bem: se há um interesse da sociedade na prestação da assistência financeira, então, ou estamos na presença de um cenário de assistência financeira de propósito ou secundário de um outro principal e mais vasto ou, pelo menos, misto. Algumas vozes têm afirmado não ser possível apurar de modo patente se as razões da operação, referidas pelas normas europeias suavizadoras, têm em vista a indução causal (por exemplo a saída, por razões de idade, de um grande acionista) ou um objetivo futuro a realizar ou, ainda, determinar de forma óbvia onde reside a delimitação entre razões e interesse[310]. Mas muitos dos exemplos usados pela Doutrina nacional dos Estados-membros para ilustrar esta exigência do procedimento imposto pelo Direito europeu, de menção *do interesse da sociedade*, ilustram, justamente, situações ou de propósito secundário ou de fim misto[311] (e até por vezes de propósito subalterno ou acessório). Mas a ser assim, se de facto a menção, feita no artigo 64.º/3, *b*) da Diretriz 2017/1132/UE Parlamento europeu e do Conselho, de 14 de junho de 2017, ao interesse da sociedade envolver as hipóteses de finalidade acessória ou mista, então, a conformidade entre as soluções do Direito inglês e o Direito irlandês, de um lado, e do Direito europeu, do outro, é duvidosa[312].

---

[310] Assim FLORIAN ALEXANDER HASSNER *Finanzielle Unterstützung zum institutionellen Leveraged Buyout einer Aktiengesellschaft...*, 222.

[311] V., por exemplo, TOM HARTUNG, *Financial Assistance.* § 71a AktG..., 46; STEFANO CACCHI PESSANI, *L'assistenza finanziaria...*, 107.

[312] A via de refúgio possível parece, todavia, estar na forma muito restritiva como a Jurisprudência inglesa, através de um aparente jogo de palavras, tem entendido as situações de propósitos secundários ou mistos, esvaziando, totalmente ou quase, estas situações. Mas v. PABLO SANZ BAYÓN/ALBERTO PALOMERO BENAZERRAF, *Alcance de la prohibición de asistencia financiera en las adquisiciones apalancadas*, in *Aranzadi civil-mercantil. Revista doctrinal*, 2013, 3, 2, 24 (acedido em linha. A númeração das páginas do texto em linha e do texto da revista não coincide), no sentido de existir uma evolução a este nível desde o entendimento restritivo expresso no caso *Brady v. Brady* até uma progressiva flexibilização nos casos *Arab Bank Plc. v. Mercantile Holdings Ltd* e, finalmente, o caso *Re Uniq. Plac.* Não temos, porém, notícia sobre se existe algum entendimento firmado ao nível jurisprudencial no Direito irlandês. Alguma literatura jurídica irlandesa recente afirma não se terem ainda os tribunais irlandeses pronunciado a este respeito.

E a esta luz, também uma interpretação do Direito português, no sentido de entender, sem mais, lícitas as hipóteses de assistência financeira ou secundária, enfrentaria os mesmos empecilhos das soluções apresentadas, à primeira vista, pelo Direito inglês e pelo Direito irlandês. Ela não se mostraria conforme ao Direito europeu e ao artigo 64.º/3, *b*) da Diretriz 2017/1132/UE. Portanto, afigurar-se-ia ilegítimo o entendimento da exigência do elemento finalístico, manifestado através da expressão *para que*, presente no artigo 322.º/1 do Código das sociedades comerciais, de forma a deixar de fora as situações de assistência financeira acessória de um outro fim principal ou incidental face a outro mais amplo se, em ambas as hipóteses, realizadas de boa fé no interesse da sociedade assistente. E seria ilegítimo, pois, segundo as regras de interpretação sistemática, não deve valer, no âmbito interno, uma interpretação não conforme ao imposto pela Diretriz[313].

V – A ideia de fundo, desde as primeiras propostas do Grupo SLIM[314], em torno da reforma da Segunda Diretriz sobre o Direito das sociedades[315] foi, de forma manifesta e patente, a de liberalizar ou atenuar o regime da assistência financeira permitindo uma margem de atuação até então teoricamente inexistente[316]. Isto tendo como pano subjacente a existência de censuras generalizadas à rigidez da proibição anterior e as reiteradas e sucessivas afirmações, por grupos de estudo, comissões e autores, no sentido de a proibição não ponderar as vantagens reais e

---

[313] Lembre-se a afirmação, já antes citada *supra* nota 157, de MENEZES CORDEIRO, *Direito europeu...*, 81 e ss.; Id., *A Directriz 2007/36, de 11 de Julho (accionistas de sociedades cotadas)...*, in *Revista...*, 2008, 68, II/III, 516 e 517, ao dizer: «*a jurídico-positividade dimanada do artigo 349.º/3 do Tratado da União, obriga, por uma lógica de sistema, à interpretação conforme. Esta funciona como o embrião de uma Ciência do Direito capaz de acolher e de tratar o Direito nacional e o Direito comunitário, na área em que se interpenetram: a das normas de transposição*»; e o nosso *A vinculação...*, 935. Ainda a propósito da interpretação conforme com as Diretrizes v., ANA MARIA GUERRA MARTINS, *Manual...*, 517, 523, 558 e, na literatura alemã, a título ilustrativo FLORIAN ALEXANDER HASSNER, *Finanzielle Unterstützung zum institutionellen Leveraged Buyout einer Aktiengesellschaft...*, 121 e ss..

[314] V. *supra* § 3, II.

[315] Diretriz 77/91/CEE do Conselho, de 13 de dezembro de 1976.

[316] Assim LUIS ANTONIO VELASCO SAN PEDRO, *La reforma de la asistencia financiera...*, in *Universidad complutense. Documentos de trabajo...*, 2006, 5, 21; HARTUNG, *Financial Assistance. § 71a AktG...*, 42; e FLORIAN ALEXANDER HASSNER, *Finanzielle Unterstützung zum institutionellen Leveraged Buyout einer Aktiengesellschaft...*, 207 e 208. V., também, *supra* § 3, I e II.

a possibilidade de criação de riqueza e andamento dos negócios e da vida societária proporcionados pela admissibilidade, em certos cenários, deste tipo de operações.

O próprio considerando (5) da Diretriz 2006/68/CE do Parlamento europeu e do Conselho, de 6 de setembro, ao vir alterar a Diretriz 77/91/ /CEE do Conselho (a chamada Segunda Diretriz), dispunha deverem os Estados-membros ter a possibilidade de permitir que as sociedades anónimas forneçam assistência financeira tendo em vista a aquisição das suas ações por terceiros até ao limite das reservas passíveis de distribuição da sociedade, de forma a reforçar a flexibilidade no que diz respeito aos direitos que assistem a participação no capital das sociedades[317].

Ora, às exceções já expressamente aceites pela versão inicial da Segunda Diretriz, representadas pelas operações correntes das instituições financeiras e pela participação do pessoal da sociedade, havia de se juntar já as situações obtidas por via interpretativa pela Doutrina e Jurisprudência dos diversos países, muitas delas absolutamente firmadas, no sentido de se entender estarem, certas hipóteses, ou fora do conceito jurídico de assistência financeira proibida ou fora da respetiva *ratio*[318]. E entre essas exceções, obtidas em sede de desenvolvimento e elaboração dogmática e interpretativa, estava a ideia no sentido de não se dever entender existir, por falta do elemento finalístico, interdição se se estiver diante de operações dotadas de fins complexos e destinadas a servir outros fins principais ou mistos. Além de, ao tempo, ter sido já prevista pela secção 153 do *Companies act* de 1985 essa exceção reapareceria, já o vimos, no *Companies act* inglês de 2006 e no *Companies act* irlandês de 2014. A nível doutrinal e ou jurisprudencial a orientação era defendida, por exemplo, em países como a Holanda[319], a Alemanha[320], a França[321], a Itália[322], a Espanha[323] e Portugal[324].

---

[317] V. *supra* § 3, III.

[318] V., uma vez mais, no mesmo sentido Luis Antonio Velasco San Pedro, *La reforma de la asistencia financiera...*, in *Universidad complutense. Documentos de trabajo...*, 2006, 5, 21 e 22.

[319] V. as referências fornecidas por Roland Pühler, *Das Verbot...*, 80 e ss..

[320] Ulrich Schroeder, *Zur Finanzielle Unterstützung...*, 199 e ss.; Roland Pühler, *Das Verbot...*, 80 e ss.; Cahn, *Kommentar...*, comentário ao § 71a, anotação 36.

[321] V. as menções de Roland Pühler, *Das Verbot...*, 80 e ss..

[322] Por fim, na Jurisprudência italiana v., por exemplo, *Tribunale di Milano, 13-05-1999*, in *Giurisprudenza*, 2000, 1, 75 e ss..

VI – Porém, se o sentido do regime introduzido pela Diretriz 2006/68/CE do Parlamento europeu e do Conselho, de 6 de setembro – e preservado, depois, pelas Diretrizes posteriores – ao impor a necessidade de o relatório elaborado pelo órgão de administração mencionar o interesse da sociedade, é o de sujeitar estas hipóteses de assistência financeira em hipóteses dotadas de fins complexos, onde está presente o próprio interesse da sociedade, ao pesado procedimento legitimador, então: o resultado da reforma é justamente o oposto ao pretendido. E é oposto, pois a nova redação do artigo 23.º da Segunda Diretriz em matéria de sociedades, vertida pela Diretriz 2006/68/CE e dotada de soluções materialmente mantidas nas Diretrizes posteriores[325], passa a fazer depender a legitimidade ou possibilidade de assistência financeira lícita da observância de um procedimento pesado e difícil de superar. E essa atuação, indispensável para a legitimação da assistência, não só abrange, como parece pressupor (ao mencionar a exigência de um interesse da sociedade) para poder ter lugar, estar-se diante de uma situação de assistência financeira meramente acessória (portanto secundária) de um outro fim principal ou, no mínimo, perante uma hipótese de finalidades mistas.

Ora, essas situações já eram entendidas como lícitas à luz do anterior regime tido por supostamente mais restritivo. E eram admitidas por simples deliberação do órgão de administração, sem necessidade de observância do pesado procedimento e da difícil via legitimadora, entretanto estabelecida. Com a alegada flexibilização introduzida pela Diretriz

---

[323] Cfr. as referências a posições nessa direção dadas, por exemplo, por BERNARDO ABREU MOTA, *Proibição de assistência financeira. Notas para a sua interpretação e aplicação...*, in *Revista...*, 2005, setembro-dezembro, 12, 109; MARIANA DUARTE SILVA, *Assistência financeira no âmbito das sociedades...*, in *Revista...*, 2010, II, 1/2, I, 197, nota 167 e 168; LUIS ANTONIO VELASCO SAN PEDRO, *La reforma de la asistencia financeira...*, in *Universidad complutense. Documentos de trabajo...*, 2006, 5, 22, nota 59; e ANA CARRETERO PIRES, *Prohibición de asistencia financiera: concepto y aplicación a operaciones de adquisición apalancadas*, in *Anuario Facultad de Derecho – Universidad de Alcalá*, 2008, I, 424 e 425.

[324] Assim JOSÉ DIOGO HORTA OSÓRIO, *Da Tomada do Controlo de Sociedades (Takeovers) por Leveraged Buyout...*, 196 e ss.; MARIANA DUARTE SILVA, *Assistência financeira no âmbito das sociedades...*, in *Revista...*, 2010, II, 1/2, I, 196 e ss.; PEDRO NUNES, *A proibição de assistência financeira...*, in *Revista...*, 2015, junho, 2, 13, 14 e 39; ANA PERESTRELO DE OLIVEIRA, *Manual de corporate...*, 227 e 228; JOANA LEAL DE MACEDO VITORINO, *A proibição de assistência financeira e o artigo 6.º do Código das Sociedades Comerciais...*, 28 e ss..

[325] Não obstante as diferenças de redação e sistematização dessas soluções.

2006/68/CE e mantida pelas Diretrizes posteriores, essas mesmas hipóteses parecem ter passado: *i*) nos países onde se procedeu à transposição do novo regime dito mais elástico ou maleável, a depender, para poderem ter lugar, da observância dessa árdua forma de validação; *ii*) a serem totalmente inadmissíveis, por falta de previsão do processo de habilitação, tido – na perspetiva das novas Diretrizes europeias[326] – por necessário e indispensável pressuposto legitimador da assistência[327], se os Estados-membros não procederam à transposição da nova solução mais *maleável, liberal* ou *suave*[328].

A adoção da solução tida por mais *branda* mostra-se, é certo, opcional para os Estados-membros. Mas ela só é optativa em parte: deixa aos Estados a possibilidade de adotarem, ou não, a solução de habilitação introduzida pela Diretriz 2006/68/CE do Parlamento europeu e do Conselho, de 6 de setembro. Mas é obrigatória ao fazer depender a legitimação da assistência financeira do processo nela estabelecido. Portanto, não pode haver assistência financeira lícita fora das situações de observância das regras nela estabelecidas sob pena de incumprimento do Direito europeu.

Não faltam, é certo, vozes no sentido de a norma *suavizadora*, resultante da alteração introduzida pela Diretriz 2006/68/CE à redação do artigo 23.º da Segunda Diretriz, se mostrar totalmente irrelevante, por falta de transposição, seja para a interpretação do antigo enunciado da Diretriz 77/91/CEE do Conselho, de 13 de dezembro de 1976, seja para o entendimento da norma de Direito interno proibitiva da assistência financeira, se não se tiver assistido a uma efetiva transposição por um dado Estado-membro da opção dada pela nova norma de Direito europeu secundário. Enquanto esse Estado-membro não tivesse, no exercício da opção deixada pela nova formulação da Diretriz, transformado em Direito interno o regime mais moderno

[326] A saber, a Diretriz 2006/68/CE do Parlamento europeu e do Conselho, de 6 de setembro, a Diretriz 2012/30/EU, do Parlamento europeu e do Conselho, de 25 de outubro e, finalmente, pela Diretriz 2017/1132/ UE do Parlamento europeu e do Conselho, de 14 de junho.

[327] E, portanto, sem a sua observância e cumprimento não pode haver, na perspetiva deste regime dito de flexibilização, assistência financeira lícita.

[328] Não podendo ter lugar um efeito direto horizontal da Diretriz, não há maneira de, na falta, entre nós, de norma expressa a prever a adoção do procedimento, proceder à sua aplicação no plano interno.

estaria vedada a possibilidade da sua ponderação para efeitos de determinar o sentido da regra proibitiva nacional[329].

Na verdade, pelo facto de o regime *liberalizador* ser opcional e não ter sido adotado na Ordem interna dir-se-á ter o nosso Direito procedido à transposição do regime sobre assistência financeira segundo a antiga formulação do artigo 23.º da Segunda Diretriz, datada de 1976, à qual estava então obrigado. É, pois, essa versão da Diretriz a estar subjacente ao Direito português vigente. Portanto, os tribunais nacionais, à semelhança dos pertencentes aos Estados-membros em situação igual à portuguesa, estariam obrigados a uma interpretação conforme do Direito interno segundo o anterior enunciado da Diretriz 77/91/CEE do Conselho, de 13 de dezembro de 1976[330]. Ou seja, para a interpretação do sentido e extensão do artigo 322.º/1 do Código das sociedades comerciais, os juízes portugueses deveriam proceder a uma interpretação conforme com a anterior enunciação da Segunda Diretriz. E se assim fosse, nada obrigaria a rever o entendimento formulado pela Doutrina nacional no sentido de, à luz do elemento finalístico presente no artigo 322.º/1 do Código das sociedades comerciais, as situações de assistência financeira dotadas de fins secundários ou acessórios de uma outra finalidade principal ou as de propósitos mistos estarem fora do âmbito da proibição. O novo regime introduzido a partir da reforma de 2006 da Segunda Diretriz seria irrelevante e não poderia ser usado para, ao abrigo da ideia de sistema, se proceder a uma interpretação do preceito nacional conforme às novas Diretrizes. Portanto, a reforma introduzida no Direito europeu a este nível, a partir de 2006, não teria nenhum impacto sobre o entendimento, no Direito interno, do sentido e extensão do elemento finalístico da proibição de assistência financeira. Não haveria, pois, dissonância entre o Direito nacional, de um lado, e o Direito europeu, do outro, não obstante o teor dos novos preceitos europeus sobre a matéria, pelo facto de as hipóteses de propósitos mistos ou secundários serem tidas por situações de assistência financeira legítima. E se, de facto, assim fosse o cenário afigurar-se-ia bem simples.

Todavia, tudo o que na formulação da Diretriz reformada permite uma inferência à anterior versão da Diretriz, seja através de aclarações para o

---

[329] Parece ir de algum modo nesse sentido, mesmo se porventura apenas implicitamente, JAN BROSIUS, *Die finanzielle Unterstützung des Erwerbs eigener Aktien...*, 31 e ss..

[330] Veja-se FLORIAN ALEXANDER HASSNER, *Finanzielle Unterstützung zum institutionellen Leveraged Buyout einer Aktiengesellschaft...*, 209, e as referências na nota 1418.

futuro, seja através de afastamentos manifestos relativamente à precedente situação jurídica, não tem apenas interesse arqueológico[331]. Ao invés desempenha e produz um efeito mediato sobre o Direito nacional. É aceite dever, na presença de alterações às Diretrizes, proceder-se a uma comparação entre a nova e a antiga versão dotada de influência na interpretação do Direito secundário formado pelas Diretrizes. Este procedimento afigura-se não apenas um meio possível, mas, antes, um instrumento necessário para apurar o sentido do Direito europeu[332]. Na maior parte das vezes isso levará a um melhor entendimento da nova enunciação da Diretriz. Mas não há nenhuma razão visível para, em sentido oposto, a partir da Diretriz reformada se tirarem inferências sobre uma Diretriz antiga, pois o resultado intelectual do paralelo coincide totalmente[333]. As novas técnicas de legislar através de Diretrizes e o reforço dos modelos opcionais, suscetíveis de levarem à vigência simultânea de diferentes versões de um mesmo regime, devem exigir a realização desse paralelo ou símile[334].

Regras da nova formulação dotadas de natureza explicitadora manifesta desempenham um papel sobre a anterior versão e trazem ganhos de entendimento. Ao invés, novos elementos supostamente divergentes, de modo patente, das regras estabelecidas nas antigas enunciações das Diretrizes não devem ter-se por nelas já presentes[335]. E nessa perspetiva trazem, também eles, novos benefícios de inteligência e sentido. Aí onde a nova Diretriz pretende ver um determinado assunto avaliado e submetido a uma regulamentação mais liberal, não se pode partir do princípio ou aceitar ser essa disciplina mais flexível já admitida, antes da reforma, pela antiga Diretriz[336].

---

331 No mesmo sentido Florian Alexander Hassner, *Finanzielle Unterstützung zum institutionellen Leveraged Buyout einer Aktiengesellschaft...*, 209.

332 V., uma vez mais, Florian Alexander Hassner, *Finanzielle Unterstützung zum institutionellen Leveraged Buyout einer Aktiengesellschaft...*, 209, com referências.

333 Assim, também, Florian Alexander Hassner, *Finanzielle Unterstützung zum institutionellen Leveraged Buyout einer Aktiengesellschaft...*, 209, novamente com referências ao nível da Jurisprudência europeia.

334 Cfr., outra vez, Florian Alexander Hassner, *Finanzielle Unterstützung zum institutionellen Leveraged Buyout einer Aktiengesellschaft...*, 209 e 210.

335 Sempre na mesma direção Florian Alexander Hassner, *Finanzielle Unterstützung zum institutionellen Leveraged Buyout einer Aktiengesellschaft...*, 210.

336 Segue-se, sempre, Florian Alexander Hassner, *Finanzielle Unterstützung zum institutionellen Leveraged Buyout einer Aktiengesellschaft...*, 210.

Dado o primitivo teor e sentido do artigo 23.º da Segunda Diretriz se refletir nas regras nacionais transpostas (a saber, no cenário português, o artigo 322.º do Código das sociedades comerciais) obtêm-se, a este nível igualmente e uma vez mais, proveitos de inteligência também das regras internas. Não têm, pois, razão os defensores da posição favorável à interdição – para efeitos de determinar o sentido da regra nacional proibitiva, adotada ao abrigo da anterior versão da Diretriz – da ponderação de uma nova formulação de uma Diretriz se o Estado-membro não tiver, no uso da opção dada pela redação mais recente, transformado o regime posterior e optativo em Direito interno[337].

Nessa medida afigura-se, de resto, totalmente surpreendente o facto de a literatura jurídica dos Estados-membros onde não foi adotada a possibilidade de *suavização* da proibição de assistência financeira, designadamente a portuguesa, não ponderar, ou apenas o fazer de modo mais ou menos superficial, aspetos essenciais da nova regulamentação[338].

Há, assim, uma total desarmonia e dissonância entre o lastro, percurso e trilho históricos tendentes à nova Diretriz, o contexto e as circunstâncias de elaboração da lei e a própria intenção expressa nos seus próprios considerandos preambulares, de um lado, e, do outro, o resultado, aparentemente introduzido pela nova redação dada ao artigo 23.º da Segunda Diretriz e, depois, mantido nas Diretrizes posteriores. Tudo numa profunda, ininteligível e impenetrável aporia. Afigura-se, por isso, extremamente impressiva a expressão já usada a este respeito no sentido de a Diretriz traduzir um mero golpe de espada na água (*coup d'epée dans l'eau*) em alternativa e oposição à ideia de suavização nela expressa[339].

---

[337] Mais categórico ainda no sentido de uma interdição absoluta de apelo ao Direito interno dos Estados-membros JAN BROSIUS, *Die finanzielle Unterstützung des Erwerbs eigener Aktien...*, 32.

[338] Um juízo semelhante é feito perante o Direito alemão por FLORIAN ALEXANDER HASSNER, *Finanzielle Unterstützung zum institutionellen Leveraged Buyout einer Aktiengesellschaft...*, 210 e 211.

[339] A expressão é usada na língua francesa para designar tentativas de fazer evoluir uma situação sem o lograr ou, num outro prisma, o emprego de muita energia para nada. Veja-se o título da obra de A. COIBION/G. PIERPONT, *Assistance financière, rachat d'actions propres et apports en nature: assouplissement nécessaire ou coup d'epée dans l'eau?*, in *Code des sociétés*, organização de Y. DE CORDT/ANDRÉ-DUMONT, 2011, *APUD* HENRI CULOT/LOUIS CULOT/YVES DE CORDT/ /GABRIELA DE PIERPONT/JEAN-MARC GOLLIER/ALICE HANNOUILLE/NATALIE KONINGS/FRÉDÉRIC MAGNUS/GAUTHIER PARISIS/KIM VAN DE VELDEN/SÉBASTIEN WOLFF, *Société anonyme*,

VII – Para afastar este desacerto, e relegar para um plano de total irrelevância para o entendimento da nova redação do artigo 23.º da Segunda Diretriz introduzido pela Diretriz 2006/68/CE do Parlamento europeu e do Conselho, de 6 de setembro, para a inteligibilidade do artigo 25.º da Diretriz 2012/30/UE do Parlamento europeu e do Conselho, de 25 de outubro de 2012 e, depois, para a leitura e perceção do artigo 64.º da Diretriz 2017/1132/UE do Parlamento europeu e do Conselho, de 14 de junho de 2017, das soluções defendidas nesta matéria pela Doutrina e/ou Jurisprudência em países tão distintos como, pelo menos, a Holanda, Alemanha, França, Itália, Espanha e Portugal[340] e, ainda, vertidas legislativamente de modo expresso na Inglaterra e na Irlanda, não basta, nem serve, alegar de forma acrítica o primado do Direito europeu e a sua autonomia[341].

A autonomia do Direito europeu expressa a ideia de este se basear: *a*) num sistema de fontes específico; *b*) num quadro institucional independente; *c*) num sistema de fiscalização judicial eficaz; *d*) em princípios próprios; *e*) na particularidade de objetivos[342].

O princípio do primado do Direito europeu estabelece a prevalência hierárquica deste sobre o Direito interno dos Estados-membros na eventualidade de conflito de interesses[343].

Mas a ideia de primado só faz sentido se houver, na verdade, oposição entre duas normas ou soluções provenientes de Ordenamentos distintos suscetíveis de valerem no mesmo espaço para uma mesma situação. Por isso, se se eliminar a oposição através de interpretação não se afigura necessário o apelo à ideia de primado.

coordenação de Yves de Cordt, 2014, 499, nota 1722. Por isso, pode afirmar-se, também, à semelhança de Luis Antonio Velasco San Pedro, *La reforma de la asistencia financiera...*, in *Universidad complutense. Documentos de trabajo...*, 2006, 5, 24, não ter, à primeira vista, sido a reforma acertada.

340 Haverá possivelmente outros países no mesmo sentido, sendo isso até talvez de presumir atendendo ao facto de haver manifestações, maiores ou menores, da mesma interpretação em todas as Ordens por nós analisadas – e que são justamente as já referidas: da Holanda, da Alemanha, da França, da Itália, Espanha e Portugal, Inglaterra e Irlanda.

341 Sobre a autonomia e o primado do Direito europeu v., por todos, Ana Maria Guerra Martins, *Manual...*, 516 e ss..

342 V., novamente, Ana Maria Guerra Martins, *Manual...*, 516.

343 Ana Maria Guerra Martins, *Manual...*, 517.

Ou só se afigurará, eventualmente, de forma parcial: para fundamentar a necessidade de ser a norma de hierarquia inferior a ter de se adaptar interpretativamente à superior e não o inverso. Todavia, mesmo se esta última afirmação ou perspetiva for verdadeira, nem o princípio do primado do Direito europeu, nem a sua autonomia levam a um total desprezo ou alteração do modo de tratamento do problema metodológico de interpretação, compreensão e realização do Direito ou da juridicidade. Muito embora existam singularidades, as normas de Direito europeu permanecem, no essencial, sujeitas aos critérios e regras de interpretação usados e sabidos no âmbito do problema metodológico de interpretação e realização do Direito no plano interno[344]. Na interpretação das Diretrizes, os aspetos gramaticais, sistemáticos, históricos e teleológicos devem, ainda, ser manuseados[345] e o modelo metodológico de realização do Direito não deixa de ser convocado nos mesmos moldes[346].

VIII – Do ponto de vista gramatical existem, desde logo, algumas especificidades. Há uma construção conceptual e terminológica em grande medida própria do Direito da União. Na dúvida, os diplomas e atos europeus servem-se de uma linguagem técnica própria. Segundo a Jurisprudência europeia a respetiva Ordem não se serve ou determina os seus conceitos em adesão a um ou mais Ordenamentos nacionais, se isso não for expressamente previsto. Os conceitos técnico-jurídicos não têm assim, necessariamente, o mesmo sentido do Direito interno. Mas se isso é verdade, também não o é menos o facto de se suscitar um problema da linguagem[347]. Os textos fazem fé em várias línguas. Na dúvida, perante incorreções ou soluções difíceis resultantes da tradução, deverá apelar-se

---

[344] Nesse mesmo sentido v., por exemplo, FLORIAN ALEXANDER HASSNER, *Finanzielle Unterstützung zum institutionellen Leveraged Buyout einer Aktiengesellschaft...*, 122. Para mais pormenores a propósito do processo de interpretação das Diretrizes societárias v., ainda, ULRICH SCHROEDER, *Zur Finanzielle Unterstützung...*, 62 e ss.; MENEZES CORDEIRO, *Direito europeu...*, 81 e ss..

[345] No mesmo sentido FLORIAN ALEXANDER HASSNER, *Finanzielle Unterstützung zum institutionellen Leveraged Buyout einer Aktiengesellschaft...*, 122.

[346] A este propósito v., designadamente, o nosso *Direitos reais. Relatório sobre o programa, conteúdo e métodos de ensino*, 2009, 23 e ss., 552 e ss., e as referências doutrinais aí presentes.

[347] A este respeito v., entre nós, MENEZES CORDEIRO, *Direito europeu...*, 77; e na Doutrina alemã, ilustrativamente, ULRICH SCHROEDER, *Zur Finanzielle Unterstützung...*, 64 e 65, ss., 74 e ss.; e

a outras versões. Mas não basta saber outros idiomas. Impõe-se sempre a sindicância do Direito comparado[348].

A isto soma-se, ainda, no plano sistemático, o facto vulgarmente assinalado de as Diretrizes em matéria de Direito das sociedades, não obstante formarem parte do Ordenamento europeu globalmente tomado e, deverem, portanto, ser vistas à sua luz, não representarem um sistema, do tipo do existente a nível interno, ou ordem jurídica coerente e mais ou menos desenvolvida[349]. Elas abrangem apenas aspetos e problemas meramente parciais e oferecem igualmente soluções mais ou menos pontuais sem verdadeiro desenvolvimento de um sistema. Por isso, a utilização do clássico elemento sistemático é, muitas vezes, por si, improdutiva e obriga, na reconstituição do conteúdo normativo das Diretrizes, múltiplas vezes, a uma utilização intensa do Direito comparado[350].

IX – Também a propósito da relevância do elemento teleológico, histórico e histórico-teleológico há especialidades ao nível da interpretação do Direito comunitário, de resto, dotada de diversidades no âmbito do Direito originário, de um lado, e secundário, do outro[351].

Não entraremos no debate pormenorizado dessas especialidades. Sempre diremos ser, por um lado, assumida, por todos, a relevância fundamental do elemento teleológico[352]. Por outro, não parecer procedente a secundarização da interpretação histórica e histórico-teleológica[353].

Florian Alexander Hassner, *Finanzielle Unterstützung zum institutionellen Leveraged Buyout einer Aktiengesellschaft...*, 128 e 129.

[348] Menezes Cordeiro, *Direito europeu...*, 80.

[349] Menezes Cordeiro, *Direito europeu...*, 79; Florian Alexander Hassner, *Finanzielle Unterstützung zum institutionellen Leveraged Buyout einer Aktiengesellschaft...*, 130 e 131..

[350] V, novamente, Menezes Cordeiro, *Direito europeu...*, 79.

[351] A este respeito v., uma vez mais, entre nós, Menezes Cordeiro, *Direito europeu...*, 84 e 85; e na literatura alemã, com entendimentos algo divergentes entre eles, em especial a propósito do elemento histórico-teleológico, Ulrich Schroeder, *Zur Finanzielle Unterstützung...*, 66 e ss.; Florian Alexander Hassner, *Finanzielle Unterstützung zum institutionellen Leveraged Buyout einer Aktiengesellschaft...*, 140 e ss..

[352] A ir, aliás, ao invés do entendido por alguns muito para além da simples ponderação dos considerandos ou dos fins visados pelo legislador comunitário histórico.

[353] De resto, a subalternização é bem maior no âmbito do Direito primário do que no domínio do Direito secundário. V. Florian Alexander Hassner, *Finanzielle Unterstützung zum institutionellen Leveraged Buyout einer Aktiengesellschaft...*, 143 e 144.

Desde logo, por não aceitarmos a ideia, subjacente à subalternização desta dimensão do processo metodológico de interpretação-compreensão-realização do Direito, no sentido da existência de uma ligação entre a interpretação histórica e a interpretação subjetiva ou subjetivo-teleológica. A relevância da dimensão histórica da interpretação não tem nada ou tem apenas limitadamente a ver com o apuramento da intenção histórica do legislador. Isso seria mais uma forma de positivismo. Ela destina-se antes a permitir refazer a essência e sentido da norma enquanto norma: a sua intencionalidade normativa própria num processo unitário de interpretação-realização do Direito[354]. Ela está na base do trabalho dogmático.

O Direito não é, lembra a propósito MENEZES CORDEIRO[355], uma lei ou muitas: estaríamos perante um retrocesso positivista desprovido de total fundamento. O Direito é antes de mais vivência coletiva suscetível de resolver problemas. Para isso, materializa todo um processo de realização: da fonte ao caso. Princípios, conceitos indeterminados, esquemas integradores e conexões variadas tudo aflui, com a mediação criativa e constitutiva do intérprete-aplicador, para a resolução do caso concreto[356]. Ou ainda, aproveitando e adaptando as palavras de ORESTANO, depois reproduzidas por RUY DE ALBUQUERQUE, o elemento constitutivo da experiência jurídica é a atividade humana. O Direito une-se com o mundo integral da ação, em todos os seus enredamentos e explicações, a ponto de nenhum aspeto suscetível de ser ligado à referida experiência se poder ter por irrelevante ou frívolo, visto todos os elementos, factos e dados serem parte integrante dela, como fatores constitutivos[357].

Nada disto é desmentido pela autonomia do Direito comunitário. Exatamente da mesma forma que a autonomia do Direito nacional relativamente a outras Ordens estrangeiras não permite negar ou afetar a relevância, mesmo nas matérias não sujeitas a harmonização, da importância

---

[354] V., uma vez mais, os nossos *Direitos..., passim, maxime* 578 e ss., e as indicações aí dadas; e *A vinculação..., passim*, designadamente, 39 e ss., nota 13, 912 e 913. Cfr., também, DIOGO COSTA GONÇALVES, *Pessoa coletiva...*, 62 e 63.

[355] MENEZES CORDEIRO, *Direito europeu...*, 77.

[356] MENEZES CORDEIRO, *Direito europeu...*, 77.

[357] RUY DE ALBUQUERQUE, *As represálias. Estudo de história do Direito português (sécs. XV e XVI)*, I, 1972, XXI.

destas, do ponto de vista do Direito comparado e da história do Direito, para a interpretação do nosso Ordenamento interno e para a respetiva elaboração dogmática. Ou por outra perspetiva: do mesmo modo que a autonomia do Direito português em nada é afetada por estudos histórico-comparatísticos, até de proveniência exterior à União Europeia, e pela introdução de elementos provenientes desse labor na interpretação-realização do nosso Direito e no trabalho de natureza dogmática.

E não se alegue tornar, esta abordagem, ao defender a relevância da experiência interna dos diversos países, para o entendimento das fontes e para o processo de interpretação do Direito europeu, algo de impossível para os cidadãos dos Estados-membros[358]. Também não parecem procedentes os argumentos no sentido de isso perpetuar o renascimento do Direito não harmonizado, de envolver uma violação do princípio da igualdade dos Estados-membros[359], de suscitar problemas políticos, etc.[360]. A serem verdadeiros, estes argumentos não sentenciariam apenas a relevância das diversas experiências e soluções europeias para a interpretação do sentido das Diretrizes, mas impediriam, em geral e de forma definitiva, os Estudos histórico-comparativos. Alegar, assim, a este propósito, a autonomia do Direito europeu e a complexidade do trabalho a realizar, para obstar à relevância das soluções ou experiências internas dos Estados-membros, seria fazer algo de semelhante a referir esses argumentos para impedir a pertinência e valor do *Direito romano*, do *ius commune* ou do Direito comparado para o entendimento do Direito nacional. A improcedência a este último nível do argumento determina, também, a sua falta de fundamento no plano europeu[361].

Nas áreas técnicas o conhecimento da(s) Ordem(ns) jurídica(s) dadora(s) é, desde logo, inultrapassável[362]. E lembre-se: entre os países

---

[358] Nesse sentido v., por exemplo, FLORIAN ALEXANDER HASSNER, *Finanzielle Unterstützung zum institutionellen Leveraged Buyout einer Aktiengesellschaft...*, 177 e ss..

[359] Igualdade, obviamente, de resto, não afetada se, na medida da pertinência do real contributo de cada Estado, for ponderada a aportação de todos.

[360] Este tipo de argumentação está presente, por exemplo, em FLORIAN ALEXANDER HASSNER, *Finanzielle Unterstützung zum institutionellen Leveraged Buyout einer Aktiengesellschaft...*, 178 e ss..

[361] De resto, e relativamente, à alegada complexidade, as soluções oferecidas pela inteligência artificial, num horizonte temporal que se perfila já, são de molde a fazê-la desaparecer de modo muito significativo.

[362] No mesmo sentido MENEZES CORDEIRO, *Direito europeu...*, 85.

dadores, embora não seja, ao invés do por vezes entendido, o único relevante, está, designadamente, o inglês[363]. Também inultrapassáveis, pelas razões já antes referidas, são as experiências e soluções internas de aplicação das Diretrizes pelos e no âmbito dos países.

De resto, mesmo a aceitarem-se, em geral, os pressupostos, por nós rejeitados, mais ou menos limitativos de relevância das soluções internamente adotadas e desenvolvidas nos diversos países da União Europeia e a aceitar-se a orientação de tipo positivista subjacente à subalternização do elemento histórico e sua recondução à vontade do legislador histórico, a verdade está no facto de ser a própria Diretriz 2006/68/CE do Parlamento europeu e do Conselho, de 6 de setembro, a, de forma implícita, remeter para o próprio *statu quo* anterior vivido *em concreto* pelos Estados-membros ao referir-se às *faculdades* que eles deverão passar a ter (e portanto antes não tinham) e ao falar em *flexibilização*.

X – Como entender, então, a menção ao interesse social feita pela nova redação do artigo 23.º/1 da Segunda Diretriz, e pelo artigo 64.º/3, *b*) da Diretriz 2017/1132/UE do Parlamento europeu e do Conselho, de 14 de junho de 2017, de forma a não afastar a possibilidade, já aceite expressamente por Ordenamentos europeus e, noutros, admitida pela Doutrina e/ou Jurisprudência, de assistência financeira ao serviço de propósitos principais mais amplos ou de fins mistos, sem entrar em aporia?

Julgamos dever entender-se o artigo 64.º/3, *b*) da Diretriz 2017/1132/UE e a menção ao interesse social aí prevista como simplesmente um limite negativo. Portanto, o órgão de administração deve mencionar e referir o facto de a operação financeira a sujeitar à deliberação da assembleia geral não afetar a realização do interesse social e os objetivos ou fins prosseguidos e a seguir pela sociedade tendo em vista a solvabilidade do devedor ou garantido, a capacidade financeira da própria sociedade, as justas condições de mercado nomeadamente em relação aos juros, prazos de pagamento e garantias oferecidas pelo assistido, os benefícios económicos diretos proporcionados pela operação, etc.. É essa, a nosso

[363] Outro dos Ordenamentos dadores é, já o vimos, o belga. Mas como veremos de seguida também este trará elementos de extrema relevância para o entendimento por nós advogado a propósito do afastamento do âmbito da assistência financeira proibida das hipóteses de propósito principal diverso da assistência ou de fins mistos.

ver, e apenas essa, a imposição resultante do artigo 64.º/3, *b*) da Diretriz 2017/1132/UE. Por outro lado, deve presumir-se ser esse interesse da sociedade, ou, se se preferir, esse limite negativo traduzido pelo interesse da sociedade, respeitado pela sociedade se estiverem reunidos e forem observados todos os demais pressupostos de licitude da operação previstos no artigo 64.º da Diretriz 2017/1132/UE[364]. Mas se, não só o interesse da sociedade não for afetado como, ao invés, a satisfação do interesse social, apreciado na perspetiva da *business judgment rule*, exigir ou apontar (no sentido de persuadir ou sugerir) positivamente para a realização da operação de assistência financeira como uma peça de um propósito principal mais amplo ou de um fim misto, então, a operação é, em si mesma lícita e não proibida, não necessitando, à luz da ideia de *principal purpose*, de ser autorizada pela assembleia geral[365].

---

[364] Nesse sentido podem ver-se, de resto, na Doutrina belga as referências fornecidas por Henri Culot/Louis Culot/Yves de Cordt/Gabriela de Pierpont/Jean-Marc Gollier/Alice Hannouille/Natalie Konings/Frédéric Magnus/Gauthier Parisis/Kim Van de Velden/Sébastien Wolff, *Société...*, 500 e 501, e nota 1729. Na Doutrina alemã cfr., igualmente, Jan Brosius, *Die finanzielle Unterstützung des Erwerbs eigener Aktien...*, 280 e 281, ao reportar-se à menção feita pelas Diretrizes europeias *suavizadoras* ao interesse da sociedade (no artigo 23.º/1 da Segunda Diretriz, com a redação introduzida pela Diretriz 2006/68/ /CE do Parlamento europeu e do Conselho, de 6 de setembro de 2006; e no artigo 64.º/3/*a*) da Diretriz 2017/1132/EU do Parlamento europeu e do Conselho, de 14 de junho de 2017) e ao entender estarem em jogo situações de falta manifesta e evidente de um interesse da sociedade. Apenas nessa situação se poderia dizer haver uma falha no relatório a apresentar pelo órgão de administração. Parece, portanto, estar-se, também, na opinião deste autor diante de um mero limite negativo. Além disso, afirma Brosius, não se deve abrir a porta a uma análise jurisprudencial de fundo. Se assim fosse permitir-se-ia aos juízes substituírem-se às sociedades e seus órgãos na tomada de decisões económicas referentes à agremiação.

[365] Ou seja, e em bom rigor: o interesse da sociedade referido no artigo 64.º/3, *b*) da Diretriz 2017/1132/EU, e já antes na alteração à redação inicial do artigo 23.º da Segunda Diretriz, prende-se apenas ao interesse direto e imediato da sociedade na transação tomada em si mesma autonomamente e de forma isolada. E por isso, se pode dizer, com a Doutrina belga, presumir-se existir ele nas hipóteses de observância de todos os outros pressupostos do procedimento estabelecido na Diretriz para legitimar a assistência. De algum modo este entendimento sem, todavia, se esgotar nele, parece aproximar este (limite negativo do) interesse da sociedade (referido no artigo 64.º/3, *b*) da Diretriz 2017/1132/EU), de uma síntese dos restantes pressupostos presentes no preceito da Diretriz. Mas se a assistência permitir efetivar um objetivo, fim ou interesse ulterior situado para além desse interesse imediato, resultante da operação e normalmente representado ou presente se todos os demais pressupostos de licitude

Obtém-se assim um reencontro, primeiro, entre as soluções proporcionadas expressamente pelo Direito inglês e o Direito irlandês, de um lado, e o Direito europeu, do outro, e, depois, também a reconciliação da Dogmática de países como Holanda, Alemanha, França, Itália, Espanha e Portugal com o fio, mais ou menos profundo, dependendo dos Estados, da sua evolução interna a par do Direito europeu.

Portanto, e em síntese, hipóteses onde o objetivo de assistência financeira não se revela ser a finalidade determinante comum principal da operação, mas se afigura meramente secundária ou acessória ou, ainda, situações de propósitos mistos realizadas de boa fé para servir essas finalidades, propiciadoras da realização do interesse social, são admissíveis – e não estão abrangidas pela proibição do artigo 322.º/1 do Código das sociedades comerciais – como entre outras as a seguir referidas[366]:

a) Uma sociedade pretende manter um cliente *A* fundamental ou (apenas) importante para a sua própria sobrevivência ou desenvolvimento a médio ou longo prazo. Recentemente *A* tem estado, porém, a sofrer de modo visível embaraços financeiros suscetíveis de serem ultrapassados se lhe for dado apoio. A sociedade resolve, então, financiar *A*. A sociedade sabe, porém, ter *A* adquirido antes ações dela própria. Está também ciente, ou até acorda isso mesmo, ir *A* servir-se desse dinheiro para reembolsar um anterior crédito obtido em condições desvantajosas (por exemplo por se ter assistido a uma diminuição da taxa de juros) justamente para compra das suas ações próprias.

b) *B* fornecedor relevante da sociedade pretende estabelecer, juntamente com ela, uma nova linha de produção ou desenvolver um produto novo ou proceder ao melhoramento de um bem já produzido pela sociedade. *B* tinha comprado anteriormente ações da própria sociedade. Para o efeito recebeu um financiamento de uma instituição financeira e necessita de novo finan-

e procedimento presentes no artigo 64.º/2 e 3 da Diretriz 2017/1132/EU forem observados, visto de forma autónoma, e se inserir numa operação complexa ao serviço da qual se situa, então, já estamos no domínio do conceito de *principal purpose*. O financiamento ou a garantia dados de boa fé nesse âmbito para garantir situações de fim primordial diferente do de facilitar a aquisição das ações ou dotados de finalidades mistas são válidos por deliberação do Conselho de administração, pois, não estão abrangidos pelo elemento finalístico da proibição.

[366] Estes exemplos são inspirados nos fornecidos por ULRICH SCHROEDER, *Zur Finanzielle Unterstützung...*, 200.

ciamento para poder participar no novo projeto a implementar. A sociedade sozinha não tem saber ou ciência ou só mais dificilmente atinge serviços, bens ou mercados facilmente acessíveis a *B*. As instituições financeiras, porém, só dão novo financiamento a *B* se este apresentar garantias, seja para o anterior, seja para o novo crédito destinado à nova linha de produção. A sociedade oferece essas garantias para os dois financiamentos.

A existência de um interesse próprio da sociedade nestas operações rompe o nexo de ligação funcional à aquisição de ações próprias e, desse modo, impede a aplicação do artigo 322.º/1 do Código das sociedades comerciais[367]. A apreciação do interesse pertence ao órgão de administração e pode traduzir-se na obtenção das mais distintas vantagens. Desde a restruturação da sociedade à substituição do acionista maioritário já envelhecido por outro mais novo e suscetível de dar novos rumos à sociedade, na sua expansão, na obtenção de novos mercados, novos produtos, novas tecnologias, em sinergias (especialmente as obtidas por investidores estratégicos), etc..

§ 4.3.2 – **Afastamento da proibição: as exceções**

I – O artigo 322.º/2 do Código das sociedades comerciais exceciona duas hipóteses de admissibilidade de assistência financeira. A primeira está ligada às operações correntes dos bancos ou outras instituições financeiras. A segunda é referente às operações efetuadas com vista à aquisição de ações pelo ou para o pessoal da sociedade ou de uma sociedade coligada. Analisaremos de seguida individual e separadamente estas duas hipóteses. Ambas as exceções do artigo 322.º/2 provêm do Direito europeu. Em bom rigor, porém, dissemo-lo antes, elas já resultam do elemento subjetivista ou finalístico da proibição de assistência financeira[368].

---

[367] No mesmo sentido ULRICH SCHROEDER, *Zur Finanzielle Unterstützung...*, 199; ROLAND PÜHLER, *Das Verbot...*, 80 e ss.; CAHN, *Kommentar...*, comentário ao § 71a, anotação 36.

[368] Por isso mesmo INÊS PINTO LEITE, *Da proibição de assistência financeira...* in *Direito...*, 2011, 3, 5, 157 afirma a perda de importância da autonomização das exceções a partir do momento em que vingou o elemento subjetivista. Mas já o afirmámos: as exceções são o afloramento de um princípio geral, expressam-no e clarificam-no.

II – Destas transações não pode, todavia, resultar tornar-se o ativo líquido da sociedade inferior ao montante do capital subscrito acrescido das reservas insuscetíveis de serem distribuídas segundo a lei ou o contrato de sociedade (artigo 322.º/2 *in fine*)[369]. Impõe-se, portanto, uma salvaguarda da intangibilidade do capital social. Isto exprime apenas se poder realizar a assistência financeira através do apelo a bens livremente distribuíveis. Embora nos suscite dúvidas e não se nos afigure perentório pendemos, não obstante algumas hesitações, para o entendimento no sentido de não dever o crédito relativo à saída do dinheiro ser ponderado e apenas ser de atender à diminuição patrimonial[370].

Mesmo assim grande parte dos autores entende estar-se diante de uma proteção muito frágil[371]. Isto pelo facto de o crédito, em operações futuras, não deixar de ser registado no ativo e, portanto, de aumentar o ativo líquido da sociedade para efeitos de novas transações do mesmo tipo. Além disso, tem-se dito ter a solução reduzido sentido útil se a assistência financeira for prestada através de garantia[372/373].

---

[369] A este respeito v., por exemplo, RAÚL VENTURA, *Acções...*, in *Estudos...*, 381 e 382; MARIANA DUARTE SILVA, *Assistência financeira no âmbito das sociedades...*, in *Revista...*, 2010, II, 1/2, I, 219 e ss.; INÊS PINTO LEITE, *Da proibição de assistência financeira...*, in *Direito...*, 2011, 3, 5, 159; PEDRO DE ALBUQUERQUE, *Código das sociedades comerciais...*, comentário ao artigo 322.º, 889; PAULO DE TARSO DOMINGUES, *Assistência financeira...*, in *AB Instantia...*, 2013, I, 2, 65; ANA PERESTRELO DE OLIVEIRA, *Manual de corporate...*, 230; PEDRO NUNES, *A proibição de assistência financeira...*, in *Revista...*, 2015, junho, 2, 16. Na literatura tudesca v., por exemplo, ULRICH SCHROEDER, *Zur Finanzielle Unterstützung...*, 223 e ss.; CAHN, *Kommentar...*, comentário ao § 71a, anotação 59 e 60; OECHSLER, *Münchener Kommentar...*, comentário ao § 71a, anotação 48 e 49.

[370] No mesmo sentido v. RAÚL VENTURA, *Acções...*, in *Estudos...*, 382; e, ainda, PEDRO DE ALBUQUERQUE, *Código das sociedades comerciais...*, comentário ao artigo 322.º, 889; PEDRO NUNES, *A proibição de assistência financeira...*, in *Revista...*, 2015, junho, 2, 16.

[371] Nesse sentido MARIA VICTÓRIA FERREIRA ROCHA, *Aquisição de acções próprias...*, 317 e 318; PAULO DE TARSO DOMINGUES, *Assistência financeira...*, in *AB Instantia...*, 2013, I, 2, 65; PEDRO NUNES, *A proibição de assistência financeira...*, in *Revista...*, 2015, junho, 2, 16. Mas se for como referimos e não se atender ao crédito relativo à saída do dinheiro essa fragilidade diminui embora o problema não desapareça.

[372] Assim v. MARIANA DUARTE SILVA, *Assistência financeira no âmbito das sociedades...*, in *Revista...*, 2010, II, 1/2, I, 219; e PEDRO NUNES, *A proibição de assistência financeira...*, in *Revista...*, 2015, junho, 2, 16.

[373] Uma possibilidade aventada para se saber se, nesse cenário, é ultrapassada a exigência da parte final do artigo 322.º/2, é a de se imaginar ser a compra efetuada, não pelo terceiro, mas, sim, pela própria sociedade. Cfr. ULRICH SCHROEDER, *Zur Finanzielle Unterstützung...*, 224;

Não obstante, não nos parece ser necessário, nos cenários abrangidos por estas exceções, formar uma reserva indisponível do mesmo valor. Os créditos são válidos e devem ser contabilizados para efeitos de operações futuras[374]. Nesse sentido depõe, de resto, o Direito europeu. Repare-se no facto de a Diretriz 2017/1132/UE do Parlamento europeu e do Conselho, de 14 de junho, exigir a formação de uma reserva indisponível no domínio das operações de assistência financeira não abrangidas por nenhuma das exceções agora referidas. Mas mantém o limite de reserva do capital para as hipóteses do tipo das previstas pelo artigo 322.º/2 do Código das sociedades comerciais[375]. Não parece, destarte, fazer sentido alegar-se[376] o disposto no artigo 64.º/4 da Diretriz 2017/1132/UE do Parlamento europeu e do Conselho, de 14 de junho, para se defender a necessidade de uma ponderação global. Isto pela razão simples de o próprio artigo 64.º/6 da Diretriz dizer expressamente:

> «*O disposto nos n.ºs 1 a 5 não se aplica às transações que se enquadrem nas operações correntes dos bancos ou de outras instituições financeiras, nem às operações efetuadas com vista à aquisição de ações pelo ou para o pessoal da sociedade ou de uma sociedade coligada com ela*».

OECHSLER, *Münchener Kommentar...*, comentário ao § 71a, anotação 48. Mas nessa hipótese teria de se debater se seria de aplicar, ou não, o limite do artigo 317.º/4. À primeira vista, não nos parece.

374 Na mesma direção RAÚL VENTURA, *Acções...*, in *Estudos...*, 382; e MARIANA DUARTE SILVA, *Assistência financeira no âmbito das sociedades...*, in *Revista...*, 2010, II, 1/2, I, 219. Em sentido diverso v., por exemplo, ULRICH SCHROEDER, *Zur Finanzielle Unterstützung...*, 225 e 226; e OECHSLER, *Münchener Kommentar...*, comentário ao § 71a, anotação 49. Cfr., ainda, MERKT, *Aktiengesetz...*, 3, 2, comentário ao § 71 a, 487.

375 Isso mesmo é sublinhado, por exemplo, por MARIANA DUARTE SILVA, *Assistência financeira no âmbito das sociedades...*, in *Revista...*, 2010, II, 1/2, I, 220.

376 Como faz, por exemplo, OECHSLER, *Münchener Kommentar...*, comentário ao § 71a, anotação 49, ao lembrar a necessidade de uma interpretação conforme com as Diretrizes.

§ 4.3.2.1 – As operações correntes de instituições financeiras

I – A primeira exceção é aberta em função do objeto da sociedade emitente das ações: sociedades que exerçam a atividade bancária ou outras instituições financeiras[377].

Necessário é, todavia, emoldurar-se a operação no âmbito das operações correntes da sociedade-alvo. A exigência manifesta o facto de os bancos e instituições bancárias não estarem, sem mais, isentos da proibição de assistência financeira. Impõe-se, assim, determinar o sentido normativo de *operação corrente*. A expressão é diretamente proveniente do artigo 23.º/2 da Diretriz 77/91/CEE do Conselho, de 13 de dezembro de 1976.

Decisivo parece ser o tipo de atividade exercida pela sociedade. Tem-se entendido estar o pressuposto preenchido se se tratar de um *tipo de operação* habitualmente efetuada pela sociedade no âmbito da realização da sua atividade[378].

---

[377] V., entre outros, RAÚL VENTURA, *Acções...*, in *Estudos...*, 379 e 380; MARIA VICTÓRIA FERREIRA ROCHA, *Aquisição de acções próprias...*, 316; MARIANA DUARTE SILVA, *Assistência financeira no âmbito das sociedades...*, in *Revista...*, 2010, II, 1/2, I, 208 e ss.; INÊS PINTO LEITE, *Da proibição de assistência financeira...*, in *Direito...*, 2011, 3, 5, 156 e 157.; PAULO DE TARSO DOMINGUES, *Assistência financeira...*, in *AB Instantia...*, 2013, I, 2, 64; ANA PERESTRELO DE OLIVEIRA, *Manual de corporate...*, 228 e 229; PEDRO NUNES, *A proibição de assistência financeira...*, in *Revista...*, 2015, junho, 2, 14 e 15. Na Doutrina alemã pode ver-se, ilustrativamente, ULRICH SCHROEDER, *Zur Finanzielle Unterstützung...*, 215 e ss.; CAHN, *Kommentar...*, comentário ao § 71a, anotação 56 e 57; OECHSLER, *Münchener Kommentar...*, comentário ao § 71a, anotação 44 e ss.; MERKT, *Aktiengesetz...*, 3, 2, comentário ao § 71a, 486. Na nossa Jurisprudência cfr. RPt 07-11-2011 (ANA PAULA CARVALHO), Proc. 555/08.1TVPRT.P1 (venda de ações – nulidade – atividade bancária – abuso de direito – prescrição).

[378] Nesse sentido v., por exemplo, ANA PERESTRELO DE OLIVEIRA, *Manual de corporate...*, 229; PEDRO NUNES, *A proibição de assistência financeira...*, in *Revista...*, 2015, junho, 2, 15; e na Doutrina alemã, de forma ilustrativa, ULRICH SCHROEDER, *Zur Finanzielle Unterstützung...*, 217; CAHN, *Kommentar...*, comentário ao § 71a, anotação 57; OECHSLER, *Münchener Kommentar...*, comentário ao § 71a, anotação 46. V., também, MERKT, *Aktiengesetz...*, 3, 2, comentário ao § 71a, 486. Em direção aparentemente diversa, parecendo bastar-se com a simples ligação da operação ao objeto social, JOSÉ DIOGO HORTA OSÓRIO, *Da Tomada do Controlo de Sociedades (Takeovers) por Leveraged Buyout...*, 210.

II – Indícios no sentido de se tratar de negócios fora do comum (e, destarte, normativamente não suscetíveis de serem tidos por *operações correntes*) são, entre outros[379]:

i) o volume invulgarmente elevado do negócio;
ii) ausência de garantias;
iii) condições de crédito inusitadamente favoráveis, entre outras uma contraprestação em excesso baixa, um prazo de pagamento demasiado dilatado, ausência de avaliação do risco de crédito, etc..

Estes dados, associados ao financiamento de ações próprias, podem demonstrar não se estar perante situações abrangidas pelo artigo 322.º/2 do Código das sociedades comerciais.

§ 4.3.2.2 – **A aquisição de ações pelo pessoal da sociedade**

I – A segunda exceção prevista no artigo 322.º/2 do Código das sociedades comerciais depende da qualidade do beneficiário da assistência financeira: o pessoal da sociedade ou de uma sociedade com ela coligada[380].

A expressão *pessoal* suscita ou pode suscitar dúvidas.

---

[379] Para uma análise dos vários fatores suscetíveis de serem tidos como indícios de uma operação não usual ou corrente v., por exemplo, Raúl Ventura, *Acções...*, in *Estudos...*, 379 e 380; Ana Perestrelo de Oliveira, *Manual de corporate...*, 229; Pedro Nunes, *A proibição de assistência financeira...*, in *Revista...*, 2015, junho, 2, 15; e, entre os autores alemães, Ulrich Schroeder, *Zur Finanzielle Unterstützung...*, 218; Oechsler, *Münchener Kommentar...*, comentário ao § 71a, anotação 46; Merkt, *Aktiengesetz...*, 3, 2, comentário ao § 71a, 486.

[380] Raúl Ventura, *Acções...*, in *Estudos...*, 380 e 381; Maria Victória Ferreira Rocha, *Aquisição de acções próprias...*, 317; José Diogo Horta Osório, *Da Tomada do Controlo de Sociedades (Takeovers) por Leveraged Buyout...*, 210 e ss.; Mariana Duarte Silva, *Assistência financeira no âmbito das sociedades...*, in *Revista...*, 2010, II, 1/2, I, 213 e ss.; Inês Pinto Leite, *Da proibição de assistência financeira...*, in *Direito...*, 2011, 3, 5, 157 e ss.; Paulo de Tarso Domingues, *Assistência financeira...*, in *AB Instantia...*, 2013, I, 2, 64; Ana Perestrelo de Oliveira, *Manual de corporate...*, 229 e 230; Pedro Nunes, *A proibição de assistência financeira...*, in *Revista...*, 2015, junho, 2, 15 e 16. V., também, Ulrich Schroeder, *Zur Finanzielle Unterstützung...*, 219 e ss.; Cahn, *Kommentar...*, comentário ao § 71a, anotação 58; Oechsler, *Münchener Kommentar...*, comentário ao § 71a, anotação 47; Merkt, *Aktiengesetz...*, 3, 2, comentário ao § 71a, 486 e 487.

Abrangidos mostram-se, desde logo, os trabalhadores da sociedade[381]. No fundo, subjacente à intencionalidade normativa está a aceitação e reconhecimento das vantagens associadas à participação de determinados colaboradores societários no capital do ente societário tendo em vista, designadamente, objetivos de política social[382]. E neste espaço estão, em primeira linha, abrangidos os trabalhadores. No âmbito da *ratio* ou intencionalidade normativa mostram-se, igualmente, abrangidos os ex-trabalhadores com vínculos já cessados por motivo de reforma[383].

Mais duvidoso é saber se os prestadores de serviço autónomo estão, ou não, abrangidos[384]. Temos hesitações a este respeito. À primeira vista, não nos parecem dever ser cingidos pela exceção. Mas admitimos, em tese, a eventual possibilidade de se ter de ponderar e analisar se determinados prestadores de serviço têm uma ligação suficientemente longa ou estável e se mostram mais ou menos ligados à própria organização interna da sociedade. Nessa situação poder-se-ia entender valerem, também, para eles os objetivos de política social visados pela norma em análise de participação popular e melhoramento do desempenho da sociedade em virtude da participação no seu capital dos respetivos colaboradores.

II – Importante para se ter por preenchido o pressuposto do artigo 322.º/2 do Código das sociedades comerciais é o facto de o vínculo à sociedade ser real. Dito de outra forma, ele não deve ter sido determinado apenas para efeitos de afastar a proibição do artigo 322.º/1. Mas, ao

---

[381] Nesse sentido v., por exemplo, ANA PERESTRELO DE OLIVEIRA, *Manual de corporate...*, 229.

[382] Cfr., por exemplo, ULRICH SCHROEDER, *Zur Finanzielle Unterstützung...*, 219; e FLORIAN ALEXANDER HASSNER, *Finanzielle Unterstützung zum institutionellen Leveraged Buyout einer Aktiengesellschaft...*, 473 e 474.

[383] Assim, também, RAÚL VENTURA, *Acções...*, in *Estudos...*, 381. Em sentido diverso v., porém, FLORIAN ALEXANDER HASSNER, *Finanzielle Unterstützung zum institutionellen Leveraged Buyout einer Aktiengesellschaft...*, 479.

[384] Em sentido adverso à inclusão dos prestadores de serviço ou mais latamente todos os que não sejam trabalhadores subordinados v. RAÚL VENTURA, *Acções...*, in *Estudos...*, 381; MARIA VICTÓRIA FERREIRA ROCHA, *Aquisição de acções próprias...*, 317; JOSÉ DIOGO HORTA OSÓRIO, *Da Tomada do Controlo de Sociedades (Takeovers) por Leveraged Buyout...*, 210; PAULO DE TARSO DOMINGUES, *Assistência financeira...*, in *AB Instantia...*, 2013, I, 2, 64, expressando dúvidas se se devem, ou não, ter por abrangidos os prestadores regulares de serviços. A favor PEDRO NUNES, *A proibição de assistência financeira...*, in *Revista...*, 2015, junho, 2, 15; e MARIANA DUARTE SILVA, *Assistência financeira no âmbito das sociedades...*, in *Revista...*, 2010, II, 1/2, I, 214.

invés do por vezes defendido[385], não se nos afigura necessária a existência de um período mais ou menos longo de vigência da colaboração[386]. Basta não se tratar de uma situação destinada a ludibriar a proibição. Pode, isso sim, debater-se se situações de vínculos instáveis estão igualmente abrangidas pela exceção. Nesse âmbito poder-se-iam referir os estagiários ou os trabalhadores sujeitos a contratos a prazo. Alguns autores afastam os estagiários[387], do âmbito do artigo 322.º/2, devido ao facto de a sua ligação à sociedade ser tida por necessariamente temporária. Mas a essa luz dever-se-ia, se bem vimos, afastar-se também os trabalhadores a prazo dado o facto de a sua ligação à sociedade também não ser definitiva. E, hoje, a entrada no mundo do trabalho faz-se, tantas vezes, através de estágios mais tarde suscetíveis, se o estagiário revelar mérito, de serem transformados em contratos de trabalho. O estágio é assim, não raro, a porta de entrada na sociedade. Não nos repugna, dessa forma, poder entender-se valerem também para os estagiários os objetivos de política social subjacentes à exceção agora em análise[388].

Nada impede, além disso, poder a sociedade estabelecer regras ou pressupostos de participação por forma a distinguir ou diferenciar, de entre o pessoal, a quem será dada a assistência[389]. Por exemplo, em razão do número de anos de ligação à sociedade. A assistência não tem, assim, de ser dirigida à totalidade do pessoal. Pode haver distinções. Para tanto, basta afigurarem-se as diferenciações, estabelecidas pela sociedade, em harmonia com os fins de participação societária subjacentes ao artigo 322.º/2 do Código das sociedades comerciais. Além disso, as disparidades não devem ser arbitrárias e violar o princípio da igualdade entre trabalhadores. Portanto, a diversidade de tratamento deve ser materialmente fun-

---

[385] A este respeito v., designadamente, OECHSLER, *Münchener Kommentar...*, comentário ao § 71a, anotação 47.

[386] No mesmo sentido FLORIAN ALEXANDER HASSNER, *Finanzielle Unterstützung zum institutionellen Leveraged Buyout einer Aktiengesellschaft...*, 477.

[387] Assim PEDRO NUNES, *A proibição de assistência financeira...*, in *Revista...*, 2015, junho, 2, 15, nota 47.

[388] A favor deste entendimento v. MARIANA DUARTE SILVA, *Assistência financeira no âmbito das sociedades...*, in *Revista...*, 2010, II, 1/2, I, 214. Também JOÃO LABAREDA, *Nota sobre a prestação de garantias por sociedades comerciais...*, in *Direito societário português...*, 188, nota 20, afirma estarem abrangidos pela noção de pessoal todos os que em substância trabalham para a sociedade.

[389] ULRICH SCHROEDER, *Zur Finanzielle Unterstützung...*, 222.

dada[390]. Ela terá de se alicerçar na própria relação laboral e prosseguir os objetivos de política social latentes nesta exceção. Tem, pois, de ter guarida na própria intencionalidade da norma agora em análise. Deste modo, por exemplo, a formação de grupos distintos de trabalhadores tendo em vista selecionar, apenas, os suscetíveis de adotarem determinadas orientações de voto no seio da sociedade deve ter-se por afastado do âmbito da ressalva do artigo 322.º/2 e vedado pelo artigo 322.º/1[391].

III – De fora do âmbito desta exceção estão os membros dos órgãos de administração e de fiscalização[392]. Isto mesmo resulta do artigo 397.º do Código das sociedades comerciais.

Observe-se, ainda, o facto de tanto o artigo 322.º/2 como o Direito europeu preverem a possibilidade de as ações serem adquiridas *pelo pessoal* como *para o pessoal*. São, pois, abrangidas duas situações diversas. *Pelo pessoal* reporta-se às hipóteses de aquisição direta pelos funcionários da sociedade. *Para o pessoal* diz respeito a organizações e agremiações formadas pelos colaboradores da assistente[393].

A fechar, de referir serem, para efeitos do artigo 322.º/2 do Código das sociedades comerciais, sociedades coligadas todas as ligadas por uma

[390] A este respeito v. ULRICH SCHROEDER, *Zur Finanzielle Unterstützung...*, 222.

[391] V., uma vez mais, ULRICH SCHROEDER, *Zur Finanzielle Unterstützung...*, 222.

[392] Nesse sentido v., igualmente, a título de exemplo, RAÚL VENTURA, *Acções...*, in *Estudos...*, 381; MARIA VICTÓRIA FERREIRA ROCHA, *Aquisição de acções próprias...*, 317; JOSÉ DIOGO HORTA OSÓRIO, *Da Tomada do Controlo de Sociedades (Takeovers) por Leveraged Buyout...*, 210 e ss.; PAULO DE TARSO DOMINGUES, *Assistência financeira...*, in *AB Instantia...*, 2013, I, 2, 64; ANA PERESTRELO DE OLIVEIRA, *Manual de corporate...*, 230; PEDRO NUNES, *A proibição de assistência financeira...*, in *Revista...*, 2015, junho, 2, 16; e, na literatura alemã, ULRICH SCHROEDER, *Zur Finanzielle Unterstützung...*, 221; FLORIAN ALEXANDER HASSNER, *Finanzielle Unterstützung zum institutionellen Leveraged Buyout einer Aktiengesellschaft...*, 477 e 478; e OECHSLER, *Münchener Kommentar...*, comentário ao § 71a, anotação 47. Em sentido oposto v., porém, JOÃO LABAREDA, *Nota sobre a prestação de garantias por sociedades comerciais...*, in *Direito societário português...*, 188 e 189; e MARIANA DUARTE SILVA, *Assistência financeira no âmbito das sociedades...*, in *Revista...*, 2010, II, 1/2, I, 217 e 218.

[393] No mesmo sentido RAÚL VENTURA, *Acções...*, in *Estudos...*, 380. V., também, a este respeito FLORIAN ALEXANDER HASSNER, *Finanzielle Unterstützung zum institutionellen Leveraged Buyout einer Aktiengesellschaft...*, 478.

das modalidades de relacionamento previstas no Título VI do Código das sociedades comerciais[394].

§ 4.3.3 – O problema da aplicabilidade, ou não, da proibição às sociedades por quotas

I – Assunto profusamente debatido, entre nós, mostra-se saber se a proibição de assistência financeira se estende igualmente às sociedades por quotas[395]. Deve-se isso ao facto de faltar, no Título III do Código das sociedades comerciais referente às sociedades por quotas, uma norma semelhante ao artigo 322.º.

A omissão é entendida por parte da Doutrina[396] no sentido de não haver uma proibição de assistência financeira no âmbito da aquisição de

---

[394] Na mesma direção v. RAÚL VENTURA, *Acções...*, in *Estudos...*, 381; e MARIA VICTÓRIA FERREIRA ROCHA, *Aquisição de acções próprias...*, 317. Para uma referência ao modo como a expressão tem sido normativamente entendida em vários países europeus v., por todos, FLORIAN ALEXANDER HASSNER, *Finanzielle Unterstützung zum institutionellen Leveraged Buyout einer Aktiengesellschaft...*, 479 e 480.

[395] JOÃO LABAREDA, *Nota sobre a prestação de garantias por sociedades comerciais...*, in *Direito societário português...*, 188 e 189, nota 22; BERNARDO ABREU MOTA, *Proibição de assistência financeira... (Parte II)*, in *Revista...*, 2006, setembro - dezembro, 15, 91 e 92; INÊS PINTO LEITE, *Da proibição de assistência financeira...*, in *Direito...*, 2011, 3, 5, 130 e 131, nota 2; ISABEL PINHEIRO TORRES, *Da aplicação da proibição de assistência financeira...*, in *Colecção de Estudos...*, 2015, 3, 155 e ss.; MARIANA DUARTE SILVA, *Assistência financeira no âmbito das sociedades...*, in *Revista...*, 2010, II, 1/2, I, 198 e ss.; ANA PERESTRELO DE OLIVEIRA, *Manual de corporate...*, 230 e 231; PEDRO NUNES, *A Proibição de Assistência Financeira...*, in *Revista...*, 2015, junho, 2, 18 e ss.; PAULO OLAVO CUNHA, *Direito das sociedades...*, 469 e 470; e JOANA LEAL DE MACEDO VITORINO, *A proibição de assistência financeira e o artigo 6.º do Código das Sociedades Comerciais...*, 23 e ss.. Na nossa Jurisprudência v. RCb 03-03-2009 (SÍLVIA PIRES), Proc. 228/04.4TBILHV.C1/ITIJ (contrato-promessa de compra e venda – promessa de venda – nulidade do contrato – propriedade horizontal – constituição – alienação bem imóvel – sociedade – dívida – sócio – vícios – vontade – sanção pecuniária compulsória).

[396] Assim v., por exemplo, BERNARDO ABREU MOTA, *Proibição de assistência financeira... (Parte II)*, in *Revista...*, 2006, setembro - dezembro, 15, 91; INÊS PINTO LEITE, *Da proibição de assistência financeira...*, in *Direito...*, 2011, 3, 5, 130 e 131, nota 2; MARIANA DUARTE SILVA, *Assistência financeira no âmbito das sociedades...*, in *Revista...*, 2010, II, 1/2, I, 198 e ss.; JOANA LEAL DE MACEDO VITORINO, *A proibição de assistência financeira e o artigo 6.º do Código das Sociedades Comerciais...*, 23.

quotas da sociedade assistente. Isto numa orientação merecedora já de adesão ao nível da Jurisprudência[397].

Dever-se-ia isso ao facto de se entender ser a alegada omissão de proibição propositada e não haver, portanto, uma lacuna a necessitar de preenchimento através de uma aplicação analógica do artigo 322.º do Código das sociedades comerciais. As regras existentes a propósito das quotas próprias seriam bem mais flexíveis e permissíveis no domínio deste tipo societário[398]. A tudo isto somar-se-ia o facto de o artigo 322.º representar uma norma excecional para mais sujeita a uma sanção penal e se não poder aplicar analogicamente normas excecionais[399] e, sobretudo, normas dotadas de sanção penal.

II – Em sentido oposto[400] algumas posições negam representar o artigo 322.º uma norma excecional[401]. Outros afirmam ser isso, pelo menos, pas-

---

[397] RCb 03-03-2009 (Sílvia Pires), Proc. 228/04.4TBILHV.C1/ITIJ (contrato-promessa de compra e venda – promessa de venda – nulidade do contrato – propriedade horizontal – constituição – alienação bem imóvel – sociedade – dívida – sócio – vícios – vontade – sanção pecuniária compulsória).

[398] Assim v., por exemplo, Bernardo Abreu Mota, *Proibição de assistência financeira... (Parte II)*, in *Revista...*, 2006, setembro-dezembro, 15, 91 e 92; Mariana Duarte Silva, *Assistência financeira no âmbito das sociedades...*, in *Revista...*, 2010, II, 1/2, I, 198 e ss.; Inês Pinto Leite, *Da proibição de assistência financeira...*, in *Direito...*, 2011, 3, 5, 130 e 131, nota 2. V., também, RCb 03-03-2009 (Sílvia Pires), Proc. 228/04.4TBILHV.C1/ITIJ (contrato-promessa de compra e venda – promessa de venda – nulidade do contrato – propriedade horizontal – constituição – alienação bem imóvel – sociedade – dívida – sócio – vícios – vontade – sanção pecuniária compulsória).

[399] José Diogo Horta Osório, *Da Tomada do Controlo de Sociedades (Takeovers) por Leveraged Buyout...*, 193 e 194; Bernardo Abreu Mota, *Proibição de assistência financeira... (Parte II)*, in *Revista...*, 2006, setembro-dezembro, 15, 91; Mariana Duarte Silva, *Assistência financeira no âmbito das sociedades...*, in *Revista...*, 2010, II, 1/2, I, 199.

[400] João Labareda, *Nota sobre a prestação de garantias por sociedades comerciais...*, in *Direito societário português...*, 188 e 189, nota 22; Isabel Pinheiro Torres, *Da aplicação da proibição de assistência financeira...*, in *Colecção de Estudos...*, 2015, 3, 155 e ss.; Paulo de Tarso Domingues, *Assistência financeira...*, in *AB Instantia...*, 2013, I, 2, 68 e 69; Ana Perestrelo de Oliveira, *Manual de corporate...*, 230 e 231; Pedro Nunes, *A proibição de assistência financeira...*, in *Revista...*, 2015, junho, 2, 19 e 20.

[401] Assim Isabel Pinheiro Torres, *Da aplicação da proibição de assistência financeira...*, in *Colecção de Estudos...*, 2015, 3, 170.

sível de disputa[402]. Mas não nos parece necessário debater se o preceito em análise é, ou não, suscetível de ser tido por excecional. A ideia da inviabilidade de aplicação analógica das normas excecionais é tributária de uma lógica formal e conceptual ultrapassada[403]. Portanto, mesmo se excecional, o artigo 322.º poderia, na verdade, ser perfeitamente suscetível de

---

[402] Assim PAULO DE TARSO DOMINGUES, *Assistência financeira...*, in *AB Instantia...*, 2013, I, 2, 68.

[403] A proibição de aplicação por analogia, de normas excecionais, mostra-se, não obstante o disposto no artigo 11.º do Código civil, hoje superada. Mesmo um autor tradicional, do ponto de vista metodológico, como OLIVEIRA ASCENSÃO, *O direito...*, 450, chama a atenção para o facto de certas hipóteses, embora não diretamente emolduráveis na exceção, poderem apresentar maiores afinidades com ela do que com o preceito geral, sendo princípio inerente a toda a lei, se e na medida da sua pretensão a ser «Direito», o tratamento igual do igual. Ou seja, nestas situações, a analogia ou identidade de valoração funda-se, devido à sua semelhança, na exigência de justiça de tratar igualmente as situações iguais (cfr., a este respeito LARENZ, *Metodologia...*, 500 e ss., 531 e 541. Para uma análise pormenorizada a propósito da noção de igualdade e, designadamente, a respeito da sua ligação à ideia de justiça e à figura da analogia v., entre nós, MARTIM DE ALBUQUERQUE, *Da igualdade..., per totum, maxime* 332 e ss.. Veja-se, também, a respeito da noção de analogia, admissibilidade, ou não, de um dado juízo analógico e importância do princípio da igualdade no discorrer analógico, FERNANDO JOSÉ BRONZE, *A metodonomologia entre a semelhança e a diferença (reflexão problematizante dos pólos da radical matriz analógica do discurso jurídico)*, 1994 *passim*, designadamente, 438 e ss., nota (1068), e 555 e ss.). Nessas hipóteses, não só não se vê motivo para rejeitar a analogia como, diversamente, ela impõe-se por via de um princípio ínsito na própria lei e ideia de Direito. Por isso mesmo, já a Doutrina anterior ao atual Código civil (cfr., por exemplo, CABRAL DE MONCADA, *Lições de direito civil*, 3.ª ed., 1959, I, 43 e 44, para quem: «(...) *definido o direito excecional absurdo seria querer aplicar às suas disposições o princípio do artigo 11.º do Código Civil, que estabelece que as leis excecionais não podem ser aplicadas por analogia a nenhuns casos que não estejam especificados nessas mesmas leis. A verdade é, pelo contrário, como ensina Coviello, que as próprias normas de direito excecional quando formem um sistema orgânico são tão suscetíveis de aplicação por analogia como as de direito comum, uma vez que se apliquem a casos não contemplados nelas, mas que entram na esfera de relações que esse direito excecional regula que foram subtraídas ao direito comum.*») tentava delimitar uma esfera mais restrita dentro da qual a regra excecional pudesse ser analogicamente aplicada. Assente nessas tentativas, e como nota a propósito OLIVEIRA ASCENSÃO (*op. cit.*, 452 e 453), o artigo 11.º do Projeto do Código civil, determinava que as normas excecionais «não comportam aplicação analógica se as normas gerais correlativas contiverem princípios essenciais de ordem pública». Esta restrição haveria de ser suprimida da versão definitiva, por se julgar não haver sido obtida uma fórmula satisfatória para o princípio a estabelecer. Mas o horizonte permaneceu aberto, afirma-o OLIVEIRA ASCENSÃO, para a Doutrina resolver o assunto. Nesses termos, seriam de afastar da aplicação analógica as regras opostas a princípios fundamentais, informadores da ordem jurídica ou de um ramo de Direito em especial. Parece-nos, todavia, e com o devido respeito, impedirem as razões subjacentes à não estipulação definitiva do teor do artigo 11.º

do Projeto de Código civil, também, outras tentativas para se estabelecer uma fórmula de amplitude geral destinada a resolver o problema da aplicação analógica das normas excecionais (para mais pormenores a propósito da aplicação analógica v. o nosso estudo, *A aplicação do prazo prescricional do n.º 1 do artigo 498.º do Código Civil à responsabilidade contratual*, separata da *Revista da Ordem dos Advogados*, 1989, 49, III, 826 e ss., com referências; Id., *A representação voluntária...*, 995 e ss., em nota, e 1054 e ss.). Sabe-se, além disso, já o referimos, hoje, ser a aplicação e realização, de toda a norma, sempre feita por analogia. A proibição de utilização analógica de normas excecionais, a valer, representaria assim, pura e simplesmente, um impedimento à sua aplicação a toda e qualquer situação, mesmo à excecional, por ela prevista. Além disso, o Direito só será, verdadeiramente, Direito se e na medida da realização da ideia de justiça, dando a cada um aquilo que é seu. Para isso, deve tratar de modo igual o igual e de modo desigual o desigual. Submeter uma hipótese a uma norma geral, não obstante ela apresentar analogia, não com os casos intencionados por essa regra, mas, sim, com os abrangidos pela norma excecional é tratar, precisamente, de modo diverso o que se mostra igual e, portanto, violentar a própria ideia de Direito. Numa palavra, pode mesmo afirmar-se ser a proibição de aplicação analógica de normas excecionais verdadeira negação do Direito. Sobre tudo isto v., designadamente, CANARIS, *Feststellung von Lücken im Gesetz*, 2.ª ed., 1983, 181 e ss., ao lembrar o facto de a proibição analógica das normas excecionais se mostrar hoje ultrapassada e de ela traduzir uma infração ao mandamento supremo da ideia de Direito, o mandamento da igualdade de tratamento, tendo toda a proibição de analogia *prima facie* algo de perturbante ou escandaloso; e aceitando estes pontos de vista, CASTANHEIRA NEVES, *O princípio da legalidade da legalidade criminal*, in *Digesta. Escritos acerca do Direito, do pensamento jurídico, da sua metodologia e outros*, 1995, I, 448 e ss.; Id., *Metodologia jurídica...*, 275 e ss.. Cfr., ainda, no sentido de as normas sobre interpretação não terem natureza percetiva, BAPTISTA MACHADO, *Introdução ao direito e ao discurso legitimador*, 1983, 173 e ss.; e JOSÉ BRONZE, *Lições...*, 961, ao afirmar que, se é verdade sustentarem a orientação tradicional e o artigo 11.º do Código civil, a impossibilidade de aplicação analógica das normas excecionais, hoje em dia não se duvida do facto de ser admissível a respetiva analogia por bem se saber impossível a distinção interpretação/analogia e por ninguém negar a necessidade de se interpretar as normas excecionais. Face ao artigo 9.º/2 do Código civil português, perguntar-se-á pela viabilidade de uma tal superação dos limites (negativos) da letra da lei. O que fazer deste preceito e como entender o seu sentido? São de todos sabidas as tentativas de políticos e governantes no sentido de cercearem, ou mesmo afastarem, a possibilidade de interpretação das fontes jurídicas. Já vimos ao longo destas páginas não permitir o problema metodológico da realização do Direito não, seja em si, seja nos seus princípios e critérios, como bem observa CASTANHEIRA NEVES, poder ele pensar-se como um mero problema de Direito positivo ou de ser por este resolvido. Trata-se de um problema metapositivo. Donde, resulta um juízo relativamente à extensão das regras sobre a interpretação ou quaisquer outras regras de sentido metodológico: são regras metodológicas e não prescrições do domínio jurídico-dogmático. Como tais, repise-se, elas participam da dimensão problemática do Direito. O respetivo sentido e alcance só poderá ser o resultante, problemática, autónoma e criticamente, da sua inserção na primeira dimensão. Como deter-

analogia[404]. Para tanto bastaria demonstrar a identidade de razões. E essa identidade é alegada por muitos[405]. Mas o argumento decisivo parece-nos ser o facto de o artigo 510.º/1 do Código das sociedades comerciais prever expressamente a ilicitude da assistência financeira realizada no âmbito de uma sociedade por quotas[406/407]. Na verdade, estabelece-se aí:

---

minações metodológicas positivas, ou positivadas, elas hão de ser entendidas e assimiladas, saliente-se de novo, na perspetiva da metodologia jurídica. Para ulteriores desenvolvimentos a propósito do sentido e alcance do artigo 9.º do Código civil v. José Bronze, *Lições...*, 828 e ss., relativizando igualmente a importância do artigo em referência, mas afirmando a existência de várias decisões dos nossos tribunais excessivamente apegadas ao seu teor. Na Doutrina estrangeira pode ver-se no sentido da insuficiência das normas interpretativas, entre tantos outros, Diego Poole Derqui, *El derecho de los juristas y sus implicaciones. Un diálogo con Lombardi Valluari*, 1988, 83 e ss.. O artigo 203.º da nossa Constituição submete, é certo, já o vimos, os tribunais, apenas, à lei. Porém, o artigo 202.º/1 da lei fundamental atribui aos tribunais a aplicação da justiça, a transcender, conforme nota Menezes Cordeiro, *Tratado...*, 3.ª ed., 2005, I, I, 140, a lei em sentido formal; e Id., *Tratado...*, 4.ª ed., I, 694. De resto, e mesmo se assim não fosse, já o assinalámos também, nem os enganos constitucionais poderiam mudar a natureza das coisas. Sabe-se hoje não poderem as fontes de Direito, efetivamente e não obstante pretensões vãs, continuar a ser político-constitucionalmente tematizadas. Expressamente assim v., por exemplo, Castanheira Neves, *O sentido actual da metodologia jurídica*, in *Boletim da Faculdade de Direito*, 2003, Volume Comemorativo, 157; e Pedro de Albuquerque, *Direitos reais. Relatório sobre o programa, conteúdo e métodos de ensino*, 2009, 601 e ss., e bibliografia aí referida.

[404] Nessa direção a propósito precisamente do artigo 322.º, v. Pinheiro Torres, *Da aplicação da proibição de assistência financeira...*, in *Colecção de Estudos...*, 2015, 3, 155 e ss., 170; Paulo de Tarso Domingues, *Assistência financeira...*, in *AB Instantia...*, 2013, I, 2, 68. Na mesma direção irá, também, Pedro Nunes, *A proibição de assistência financeira...*, in *Revista...*, 2015, junho, 2, 19 e 20.

[405] No sentido dessa identidade v., por exemplo, Isabel Pinheiro Torres, *Da aplicação da proibição de assistência financeira...*, in *Colecção de Estudos...*, 2015, 3, 169; Paulo de Tarso Domingues, *Assistência financeira...*, in *AB Instantia...*, 2013, I, 2, 69; Ana Perestrelo de Oliveira, *Manual de corporate...*, 230 e 231; Pedro Nunes, *A proibição de assistência financeira...*, in *Revista...*, 2015, junho, 2, 19 e 20.

[406] Sublinham-no igualmente Ana Perestrelo de Oliveira, *Manual de corporate...*, 230 e 231; Pedro Nunes, *A proibição de assistência financeira...*, in *Revista...*, 2015, junho, 2, 19 e 20.

[407] Não tem pois, salvo o devido respeito, razão Paulo de Tarso Domingues, *Assistência financeira...*, in *AB Instantia...*, 2013, I, 2, 69, ao defender a proibição de assistência financeira no âmbito das sociedades por quotas mas ao postular não haver sanção penal para se respeitar o princípio *nulla poena sine lege*. Na mesma linha vai Paulo Olavo Cunha *Direito das sociedades...*, 470. É, porém, o próprio artigo 510.º/1 a impor diretamente essa pena! Do mesmo passo, é bom de ver, estabelece também a ilicitude e inadmissibilidade da própria assistência financeira no domínio das sociedades por quotas. Não faz nenhum sentido punir uma atitude ou operação

«O gerente ou administrador de sociedade que, em violação da lei, subscrever ou adquirir para a sociedade quotas ou acções próprias desta, ou encarregar outrem de as subscrever ou adquirir por conta da sociedade, ainda que em nome próprio, ou por qualquer título facultar fundos ou prestar garantias da sociedade para que outrem subscreva ou adquira quotas ou acções representativas do seu capital, é punido com multa até 120 dias».

§ 4.3.4 – A prestação de garantias e a assistência financeira nas relações de grupo ou de domínio

§ 4.3.4.1 – O artigo 6.º/3 do Código das sociedades comerciais, o interesse social e as relações de grupo e de domínio

I – O artigo 6.º/1 do Código das sociedades comerciais verte um princípio de capacidade ampla das sociedades comerciais[408]. Por sua vez o artigo

tida por lícita. Não há, pois, nenhuma violação do princípio da legalidade na aplicação aos gerentes da sanção expressamente estipulada no artigo 510.º/1, na eventualidade de eles serem responsáveis pela assistência financeira indevida. No fundo não há aqui nada de diverso relativamente ao sucedido, por exemplo, com o artigo 131.º do Código penal ao estipular: «*Quem matar outra pessoa é punido com pena de prisão de 8 a 16 anos*».

[408] Nesse sentido v. os desenvolvimentos e posições por nós defendidas no nosso *A vinculação...*, I, 850 e ss., assim como a bibliografia e Jurisprudência aí referidas. Agora citam-se no mesmo sentido apenas dois acórdãos proferidos em momento posterior a esta nossa obra: RCb 21-11-2017 (Vítor Amaral), Proc. 302/15.1T8GRD-B.C1/ITIJ (aval – sociedade comercial – princípio da especialidade – livrança); RG 22-02-2018 (Maria da Purificação Carvalho), Proc. 2522/16.2T8BRG.G1/ITIJ (sociedades comerciais – grupo de sociedades – princípio da especialidade – garantia das obrigações – ónus da prova), onde se refere o facto de apenas por inércia alguma Doutrina continuar a afirmar essa especialidade. Aproveitamos o ensejo para, e por isso nos parecer elucidativo, reproduzir de forma sequencial dois preceitos cuja articulação a Doutrina favorável à nulidade dos atos não lucrativos (designadamente das garantias prestadas a terceiro de boa fé mediante protesto por parte da sociedade de existência de um interesse próprio) parecerá, salvo melhor interpretação, não ponderar ou ter presente. Trata-se do artigo 6.º/1 a 3 do Código das sociedades comerciais e o artigo 281.º do Código civil. Artigo 6.º do Código das sociedades comerciais *(Capacidade) 1 – A capacidade da sociedade compreende os direitos e as obrigações necessários ou convenientes à prossecução do seu fim, exceptuados aqueles que lhe sejam vedados por lei ou sejam inseparáveis da personalidade singular. 2 – As liberalidades que possam ser consideradas usuais, segundo as circunstâncias da época e as condições da própria sociedade, não são havidas como contrárias ao fim desta. 3 – Considera-se contrária ao fim*

6.º/3 do Código das sociedades comerciais permite a uma sociedade a prestação de garantias pessoais reais ou pessoais a dívidas de outras entidades se existir justificado interesse próprio da sociedade garante ou se se tratar de sociedade em relação de domínio ou de grupo[409].

Afirmado o princípio de capacidade ampla das sociedades, a relevância do artigo 6.º/3 do Código das sociedades comerciais passa a ser primordialmente interna. Sendo desrespeitado haverá responsabilidade dos administradores[410]. Mas, se o terceiro estiver de boa fé, não mais do que isso. As hipóteses de admissibilidade de prestação de garantias previstas no preceito são, assim, situações de afastamento dessa responsabilidade e de assunção e afirmação expressa da respetiva licitude. Isto por se entender haver nesses cenários motivos próprios atendíveis para a prestação da garantia suscetíveis de levarem a afastar liminarmente a possibilidade de esses atos poderem ser tidos por lesivos da sociedade garante[411].

II – Relativamente à primeira hipótese prevista no artigo 6.º/3, demonstrámos já não ser necessário ao terceiro beneficiário da garantia apurar a existência, ou não, desse interesse social. Na verdade, saber se um ato é, ou não, de interesse social, e salvo hipóteses verdadeiramente excecionais, postula uma ciência dos negócios da sociedade só suscetível

da sociedade a prestação de garantias reais ou pessoais a dívidas de outras entidades, salvo se existir justificado interesse próprio da sociedade garante ou se se tratar de sociedade em relação de domínio ou de grupo». Artigo 281.º do Código civil: «*(Fim contrário à lei ou à ordem pública, ou ofensivo dos bons costumes). Se apenas o fim do negócio jurídico for contrário à lei ou à ordem pública, ou ofensivo dos bons costumes, o negócio só é nulo quando o fim for comum a ambas as partes*». Afigura-se-nos, salvo outro entendimento, ser a interpretação favorável à nulidade, nos cenários referidos, ab-rogante do artigo 281.º do Código civil.

409 Não iremos desenvolver agora pormenorizadamente o estudo do preceito em análise. Limitamo-nos a remeter para quanto dizemos no nosso *A vinculação das sociedades...*, I, 850 e ss., 965 e ss., 985 e ss., 1022 e ss., e bibliografia e Jurisprudência aí referidas.

410 Nesse sentido v. Pedro de Albuquerque, *Da prestação de garantias por sociedades comerciais a dívidas de outras entidades*, separata da *Revista da Ordem dos Advogados*, 1997, 57, I, 133 e 134; Id., *A vinculação...*, I, 910, 994 e 995, nota 5763; e Diogo Costa Gonçalves, *Pessoa coletiva...*, 778 e ss., 782 e ss., 789 e ss., 793 e ss..

411 Mas note-se: toda a atuação em abstrato lícita pode ser objeto de atuação abusiva e mesmo no âmbito das relações de grupo há limites à possibilidade de se darem instruções desvantajosas. E, portanto, a afirmação feita acima no texto pressupõe o respeito desses limites e a inexistência de abuso. V. *infra* notas 430, 476 e 487.

de ser detida pelos órgãos sociais, não por um terceiro. Por isso, sustentar a necessidade de os terceiros realizarem um controlo de mérito sobre a deliberação social, em virtude da qual se decide oferecer determinada garantia, envolveria a possibilidade de os terceiros se substituírem às sociedades na determinação dos objetivos a realizar. Só dessa forma lhes seria dado apurar o interesse social. E o mesmo se dirá a propósito da possibilidade de os tribunais sindicarem a existência, ou não, do interesse social alegado pela sociedade para legitimar a oferta de determinada garantia[412]. Porém, a definição do rumo a seguir durante a vida do ente coletivo, tal como a determinação dos meios mais apropriados para o atingir, pertence tipicamente, e por natureza, à esfera de julgamento da sociedade. Admitir a possibilidade de intervenção de um terceiro, ou do tribunal, neste domínio afigura-se, despropositado e irrealista[413]. Até porque, se a sociedade protestar a existência de interesse social na prestação da garantia o terceiro não tem, em regra, meios para averiguar se ele é real ou não. Por isso mesmo, perante a afirmação da sociedade da presença de um interesse a garantia é inabalável[414].

---

[412] De resto, como observa MENEZES CORDEIRO, *Direito das sociedades*, I, *Parte geral*, 3.ª ed., 2016, 383, em Direito privado a definição dos interesses pertence aos seus próprios titulares. Em sentido algo diverso, mas dotado de afinidades com esta ideia JANUÁRIO GOMES, *Assunção fidejussória de dívida. Sobre o sentido e âmbito da vinculação como fiador*, 1999, 576, defende a existência de uma presunção *hominis* de existência do interesse próprio pela razão de ser a sociedade a saber do seu interesse. Assim sendo, independentemente do tipo de ação, deve ser sempre a sociedade prestadora a ilidir a presunção de existência de justificado interesse próprio. V., ainda, o nosso *A vinculação das sociedades...*, I, 985.

[413] No sentido de o ónus da prova da conformidade do ato não poder ser imposto ao terceiro v., por exemplo, PEDRO ROMANO MARTINEZ/FUZETA DA PONTE, *Garantias de cumprimento*, 5.ª ed., 2006, 108, se bem lemos; PEDRO PAIS DE VASCONCELOS, *Vinculação das sociedades comerciais*, in *Direito das sociedades em revista*, 2014, IV, 12, 81. Cfr., também, JANUÁRIO GOMES, *Assunção fidejussória de dívida...*, 576; MENEZES CORDEIRO, *Direito...*, I, 383 e ss.; Id., *Código das sociedades comerciais anotado*, coordenação de MENEZES CORDEIRO, 2.ª ed., 2011, comentário ao artigo 6.º, 96; e DIOGO COSTA GONÇALVES, *Pessoa coletiva...*, 777; e o nosso *A vinculação das sociedades...*, I, 985 e ss..

[414] V., uma vez mais, o nosso *A vinculação das sociedades...*, I, 985 e ss., onde se podem ver, ainda, menções às vozes em sentido oposto.

III – Esta solução tem tido, de um modo ou de outro, aceitação largamente maioritária na Jurisprudência[415]. Uma análise da Jurisprudência referente à aplicação do artigo 6.º/3 permite, na verdade, atestar como se assiste[416]:

- por um lado, alargamento casuístico do justificado interesse próprio, de modo a exceção absorver a regra;
- por outro, a afirmação no plano jusprobatório da validade das garantias prestadas como princípio geral.

E, na verdade, como o atesta, designadamente, a análise encetada por Costa Gonçalves, a Jurisprudência tem vindo a admitir a presença de um justificado interesse próprio de forma de tal modo ampla que se mostra penoso formular uma delimitação negativa do conceito[417].

Em certas situações suscita-se, expressamente, a dúvida sobre se os tribunais podem apreciar o justificado interesse próprio[418]:

> – RLx 11-03-2004 (Caetano Duarte)[419]: «(...) *pode questionar-se a legitimidade de o tribunal avaliar do que é interesse da sociedade por se entender que tal facto constituiria uma ingerência nos negócios societários totalmente indesejável*».

Noutros cenários, aceita-se, de forma larga, a existência de um interesse próprio[420/421].

---

[415] Ora através da pura e simples afirmação da formulação positiva (e não negativa) do princípio da especialidade, ora da sua superação dogmática, ou, ainda, através de formas de superação pragmática. Cfr. Pedro de Albuquerque, *A vinculação...*, I, 856 e ss..

[416] V. Diogo Costa Gonçalves, *Pessoa coletiva e sociedades comerciais...*, 773; e o nosso *A vinculação das sociedades...*, I, 1004.

[417] Diogo Costa Gonçalves, *Pessoa coletiva e sociedades comerciais...*, 773.

[418] Assim v. o nosso *A vinculação...*, I, 1004.

[419] RLx 11-03-2004 (Caetano Duarte), in *Sociedades comerciais, Jurisprudência, 1997-2008*, coordenação de António Abrantes Geraldes, 2009, 59 e ss., = *Colectânea de Jurisprudência*, 2004, XXIX, 2, 86 e ss., 88 (fiança – prestação por sociedade comercial a terceiro – princípio da ilimitação – justificado interesse da sociedade garante).

[420] RPt 13-04-1999 (Pelayo Gonçalves), in *Colectânea de Jurisprudência*, 1999, II, 193 e ss.. (embargos de executado – capacidade de sociedade comercial – hipoteca para garantia de dívida contraída por outra sociedade); STJ 14-04-1999 (Sousa Dinis), Proc. 99B059/ITIJ (sociedade comercial – deliberação social – fim social), com voto de vencido de Sousa Inês;

Numa linha distinta, mas numa verdadeira superação pragmática do princípio da especialidade, uma orientação jurisprudencial extremamente abundante e expressiva afirma ser a sociedade a ter de provar a falta de justificado interesse próprio[422]. Não o beneficiário da garantia.

STJ 25-06-2002 (Alípio Calheiros), Proc. 01A2736/ITIJ (capacidade para prestar garantias em favor de terceiro); STJ 13-05-2003 (Pinto Monteiro), Proc. 03A318/ITIJ (pessoa coletiva – princípio da especialidade – sociedade comercial – grupo de sociedades – fim social – capacidade jurídica – garantia do pagamento – ónus da prova); RLx 11-03-2004 (Caetano Duarte), in *Sociedades comerciais, Jurisprudência, 1997-2008*, coordenação de António Abrantes Geraldes, 2009, 59 e ss., = *Colectânea de Jurisprudência*, 2004, XXIX, 2, 86 e ss., 88 (fiança – prestação por sociedade comercial a terceiro – princípio da ilimitação – justificado interesse da sociedade garante); RG 27-03-2008 (António Magalhães), Proc. n.º 43/08-1/ /ITIJ (oposição – execução – letra aceite de favor – princípio da especialidade – capacidade sociedade comercial); STJ 17-09-2009 (Alberto Sobrinho), JUSNET/4869/2009 (capacidade – ato gratuito – garantia a dívidas de terceiros – justificado interesse da sociedade – coassunção de dívidas [= Proc. 267/09.9YFLSB.S1/ITIJ]); RPt 06-12-2012 (Pires da Rosa), Proc. 2460/07.0TBFAF.G1.S1/ITIJ (contrato de sociedade – cessão de quota – sócio – cumprimento – pagamento – cheque – falta de pagamento – ordem de não pagamento – cheque sem provisão – direito à indemnização – responsabilidade extracontratual – responsabilidade bancária responsabilidade solidária); RG 11-09-2012 (Maria Catarina Gonçalves), in *Colectânea de Jurisprudência*, 2012, XXXVIII, IV, 237 e ss. (garantia contrária ao fim social – aceite de favor).

[421] Para mais pormenores a respeito desta Jurisprudência v. o nosso *A vinculação das sociedades comerciais...*, I, 1005 e ss..

[422] Cfr. STJ 06-02-1996 (Fernandes Magalhães), Proc. 087947/ITIJ (sociedade comercial – fiança – gerente comercial), com simples menção de sumário; STJ 22-04-1997 (Lopes Pinto), in *Colectânea de Jurisprudência, Acórdãos do Supremo Tribunal de Justiça*, 1997, V, II, 60 e ss. (o presente Acórdão pode ser também lido na *Revista da Ordem dos Advogados*, 1997, 57, 691 e ss., e na *Colectânea de Jurisprudência. Acórdãos do Supremo Tribunal de Justiça*, 1997, V, II, 60 e ss., mas datado de 22-04-1996 e com menção, como relator, de Torres Paulo); RLx 19-10-1999 (Bettencourt Faria), Proc. 0039981 (sociedade – poderes de representação – assunção de dívida – terceiros), apenas com menção de sumário; STJ 21-09-2000 (Abel Simões Freire), in *Sociedades comerciais, Jurisprudência, 1997-2008*, coordenação de António Abrantes Geraldes, 2009, 49 e ss., *maxime* 51 (capacidade jurídica – atos dos sócios gerentes – vinculação da sociedade – ónus da prova [= *Colectânea de Jurisprudência, Acórdãos do Supremo Tribunal de Justiça*, 2000, III, 36 e ss., = *Boletim do Ministério da Justiça*, 2000, 499, 354 e ss.); STJ 24-04-2001 (Lopes Pinto), in *Sumários de Acórdãos (Supremo Tribunal de Justiça)*, 2001, 13, com simples menção do sumário (sociedade comercial – livrança – aval – interesse da empresa – ónus da prova – Revista 911/01 1.ª secção); STJ 13-05-2003 (Pinto Monteiro), Proc. 03A318/ITIJ (pessoa coletiva – princípio da especialidade – sociedade comercial – grupo de sociedades – fim social – capacidade jurídica – garantia do pagamento – ónus da prova); RLx 13-11-2003 (Graça Maria Lima de Figueiredo Amaral), in *Colectânea de Jurisprudência*,

Num fenómeno acentuado por DIOGO COSTA GONÇALVES esta orientação jurisprudencial, além de partir da assimilação normativa entre fim

2003, XXVIII, V (aval – representação das sociedades comerciais – ónus da prova – protesto) acedido através de JUSNET, sem menção de páginas (=*Sociedades comerciais, Jurisprudência, 1997-2008*, coordenação de ANTÓNIO ABRANTES GERALDES, 2009, 53 e ss., 53 e ss.); RÉv 05-02-2004 (PEREIRA BATISTA), in *Sociedades comerciais, Jurisprudência, 1997-2008*, coordenação de ANTÓNIO ABRANTES GERALDES, 2009, 58 e 59; STJ 17-06-2004 (QUIRINO SOARES), Proc. 04B1773/ITIJ (sociedade comercial – garantia das obrigações – aval – fim social – ónus da prova); STJ 30-09-2004 (ABÍLIO VASCONCELOS), Proc. 04S2540/ITIJ (garantias especiais das obrigações – ato vinculativo – ónus da prova); STJ 03-10-2006 (PAULO SÁ), Proc. 06A2006/ /ITIJ (embargos de executado – sociedade anónima – hipoteca – vinculação); RÉv 01-02-2007 (ACÁCIO NEVES), Proc. n.º 1690/06-3/ITIJ (sociedades comerciais – capacidade – ónus da prova – nulidade da sentença – princípio dispositivo); RG 27-03-2008 (ANTÓNIO MAGALHÃES), Proc. n.º 43/08-1/ITIJ (oposição – execução – letra aceite de favor – princípio da especialidade – capacidade sociedade comercial); RG 14-04-2014 (EVA ALMEIDA), Proc. 2460/07.0TBFAF.G1/ /ITIJ (documento particular – valor probatório – assunção de dívida – recusa de pagamento); RLx 26-04-2012 (JERÓNIMO FREITAS), Proc. n.º 4117/06.0TVLSB.L1-6/ITIJ (procuração – falsidade – nulidade – assinatura – prova pericial – relatório pericial – força probatória – sociedade anónima – garantias especiais das obrigações – ónus da prova – princípio dispositivo) maioria, com voto de vencido, mas não referente ao aspeto agora em referência; STJ 28-05-2013 (FERNANDO DO VALE), Proc. 300/04.0TVPRT-A.P1.S1/ITIJ (assunção de dívida – obrigação solidária – sociedade comercial – capacidade jurídica – liberalidade – nulidade – ónus da prova); STJ 26-09-2013 (ORLANDO AFONSO), Proc. 213/08.7TJVNF-A.P1.S1/ITIJ (título de crédito – letra de câmbio – título executivo – execução para pagamento de quantia certa – relações imediatas – obrigação cartular – relação jurídica subjacente – garantia do pagamento – sociedade comercial – objeto – assunção de dívida – negócio gratuito – nulidade); RLx 12-12-2013 (MAGDA GERALDES), Proc. n.º 1522/10.0TVLSB.L1-2/ITIJ (ação de simples apreciação – sociedade comercial – grupo de empresas – capacidade jurídica – ónus da prova litigância de má fé); STJ 16-11-2014 (TAVARES DE PAIVA), Proc. 1281/10.7TBAMT-A.P1.S1/ITIJ (título executivo – letra de câmbio – cheque – novação – aceite – atos dos representantes legais ou auxiliares – liberalidade – sociedade comercial – ónus da prova – nulidade); STJ 12-03-2015 (MARIA CLARA SOTTOMAYOR), Proc. 5995/03.0TVPRT-C.P1.S1/ITIJ (oposição à execução – sociedade comercial – aval – capacidade das sociedades – gerentes – abuso do direito); RG 06-10-2016 (PEDRO DAMIÃO E CUNHA), Proc. 7091/15.8T8VNF-A.G1/ITIJ (ação executiva – suspensão – caução – hipoteca); RÉv 09-03-2017 (MARIA JOÃO SOUSA E FARO), Proc. 437/14.8TBVRS.E1/ITIJ (grupo de sociedades – prestação de garantias); RLx 14-09-2017 (LUÍS CORREIA DE MENDONÇA), Proc. 16347-15.9T8SNT-F.L1-8/ITIJ (prestação de garantia – justificado interesse próprio); RG 11-07-2017 (ANTÓNIO FIGUEIREDO DE ALMEIDA), Proc. 3388/15.5T8BRG.G1/ITIJ (depoimento indireto – sociedades comerciais – garantia pessoal – garantia real); RG 26-01-2017 (FERNANDO FERNANDES FREITAS), Proc. 119/13.8TBMDB.G1/ITIJ (novação – declaração de vontade – sociedade comercial – libe-

e interesse da sociedade, leva a assumir, na prática, ser a regra geral (a imposta aos terceiros e beneficiários) a da validade das garantias prestadas a dívidas de outras entidades[423].

Sempre se aditará, porém, ainda a este respeito o seguinte. O referido já a propósito da relevância do fim na determinação da validade ou nulidade da assistência financeira demonstra bem a improcedência das posições esgrimidas, em geral nas situações de garantias dadas por sociedades (e, portanto, fora dos cenários de assistência financeira), favoráveis à necessidade de o beneficiário de uma garantia dada, nos termos do artigo 6.º/3 do Código das sociedades comerciais, ter o ónus da prova da existência de um justificado interesse próprio para ela se manter na eventualidade de a sociedade a disputar. Se se trata de um problema de fim (o artigo 6.º/3 do Código das sociedades comerciais fala expressamente em fim da garantia), então, só pode haver nulidade, nos termos do artigo 281.º do Código civil, se o fim ilegal for comum a ambas as partes. Porém, se o beneficiário da garantia se mostrar persuadido (pela sociedade) da existência de um interesse da garante, não se pode, por definição, estar diante de uma situação de fim extensível a ambas as partes. A persuasão do beneficiário afasta a comunhão no fim. E isso, por si só, obsta a toda a possibilidade de se falar sequer em nulidade e torna irrelevante a própria existência, ou não, do interesse. Não havendo harmonia no fim, não se pode suscitar nenhum problema de ónus da prova do interesse. A simples desarmonia ou desentendimento entre as partes a este nível é, em si mesma, impeditiva da nulidade. Portanto, o simples facto de uma delas estar de boa fé, impede, independentemente de o interesse existir de facto, ou não, e da sua prova, a possibilidade de haver uma sanção ou invalidade. Insista-se: pressuposto de invalidade nas situações de fim contrário à lei é a finalidade partilhada por ambas as partes. E a partilha não existe se uma julga, de boa fé, existir um interesse, mesmo se ele não tiver lugar. Isto parece ser

---

ralidade); RG 09-02-2017 (Lina Castro Baptista), Proc. 612/11.7TJVNF.G1/ITIJ (factos essenciais – factos instrumentais – garantia real – garantia pessoal); RG 22-02-2018 (Maria da Purificação Carvalho), Proc. 2522/16.2T8BRG.G1/ITIJ (sociedades comerciais – grupo de sociedades – princípio da especialidade – garantia das obrigações – ónus da prova); RG 08-03-2018 (Anabela Tenreiro), Proc. 1551/12.0 TBBRG-E.G1/ITIJ (graduação de créditos – direito de retenção – consumidor – acórdão uniformizador – sociedades comerciais – capacidade jurídica – princípio da especialidade – relação de grupo).

423 Assim v. o nosso *A vinculação das sociedades comerciais...*, I, 1021.

indubitável em todas as hipóteses de garantias resultantes de contratos entre o garante e o beneficiário da garantia. Há, porém, hipóteses de garantias de natureza unilateral. Debate-se, por exemplo, a natureza da fiança, se sujeita ao princípio do contrato, se dotada da natureza de negócio unilateral, muito embora a opinião dominante vá no primeiro sentido. E o aval cambiário tem natureza unilateral assim como a pode ter a hipoteca (artigo 712.º do Código civil: a «(...) *hipoteca voluntária é a que nasce de contrato ou declaração unilateral*») ou a consignação de rendimentos (artigo 658.º/2: é «(...) *voluntária a consignação de rendimentos constituída pelo devedor ou por terceiro, quer mediante negócio entre vivos, quer por meio de testamento* (...)»). Poderá, então, valer igualmente a necessidade de partilha do fim, entre prestador da garantia (a sociedade) e o beneficiário da garantia (o financiador) unilateral?

Pode desde logo debater-se se, na eventualidade, de o credor impor a existência de uma garantia, dada pela sociedade, para proceder ao empréstimo a favor de terceiro ou lhe atribuir algum outro benefício (por exemplo, não executar os créditos vencidos que já detém sobre o *tertius* e lhe oferecer antes uma moratória), se ainda se pode dizer ter a garantia natureza unilateral ou se, passa, na medida do pressuposto e exigência estabelecidos, a possuir natureza contratual. Mas admitamos não interferir a imposição do financiador na natureza unilateral da garantia. Deverá, então, o fim oposto à lei ser partilhado também pelo beneficiário da garantia, não obstante ela ter natureza unilateral e, destarte, não se poder falar de partes, mas haver antes, apenas, uma parte? Não bastará, nessa eventualidade, apenas o *fim* prosseguido pela única parte do negócio?

Pensamos ir a resposta, ainda, no sentido de a finalidade ter de ser partilhada pelo garante e pelo beneficiário da garantia. Mesmo tratando-se de uma garantia unilateral. Na verdade, no cenário agora em análise, ainda se a garantia for unilateral, isso não obsta à sua inserção num esquema negocial complexo ao serviço do qual ela se insere como uma simples peça. Por isso, o artigo 281.º do Código civil e a exigência nele formulada de partilha da finalidade para poder haver nulidade, não deixa de valer. Isto, seja por aplicação direta do preceito, devidamente interpretado, seja por analogia (se se autonomizar a analogia do processo de interpretação e a emoldurarmos na interpretação enunciativa – e não é essa a nossa posição: a interpretação é sempre, a nosso ver, analógica, donde, a analogia é apenas e só interpretação), atendendo à identidade ou similitude de razões. Há uma paridade valorativa e a ideia de igualdade subjacente à ideia de Direito e de sistema deve levar aos mesmos resultados. A figura da união ou coligação de contratos afigura-se, neste âmbito útil. No cenário agora em referência, na eventualidade de a garantia se afigurar um negócio unilateral, estaremos perante uma coligação funcional entre ela e o negócio de financiamento. Avulta, portanto, a ideia de fim comum. Há, na união funcional de negócios, uma coligação para a realização de um certo fim. Este tipo de uniões tem impacto nas próprias declarações das partes. Elas devem ser ponderadas no seu conjunto interligando-se. O seu próprio sentido e interpretação depende umas das outras. A afinidade com o sucedido nos negócios bilaterais é, neste ponto, manifesta.

As razões subjacentes à qualificação de certas garantias como unilaterais ligam-se à respetiva formação. Trata-se de saber se existe, ou não, garantia, não obstante apenas haver uma declaração de uma das partes. Isto é, se a garantia surge apenas com a manifestação de vontade de uma delas. Mas isso não se opõe à ponderação, na eventualidade de a garantia ser um pressuposto ou exigência do financiador, para efeitos de determinação da sua validade/invalidade à luz da ideia de fim conforme ou oposto à lei, nos termos do artigo 281.º do Código civil, do esquema negocial complexo, da união de negócios, e do fim visado pelo todo para se poder dizer, então, se há ou não nulidade. Donde: estando nós perante um negócio unilateral, inserido num esquema negocial complexo mais vasto, numa união funcional interna, não basta a ponderação da vontade ou fim tido em vista pela sua única parte. Integrando-se e interligando-se entre si, por estarem todas elas ao serviço de um mesmo fim, ao ponto de o sentido de umas depender também do das outras, as diversas manifestações dos distintos intervenientes na união de negócios, então, só a ponderação dos fins unitários globais visados por todas as partes pode, em termos similares ao sucedido num negócio bilateral, levar a dizer se há, ou não, negócio nulo em virtude do artigo 281.º do Código civil. Dito de outra maneira: neste aspeto, a união, entre o negócio unilateral de garantia e o negócio de financiamento, deve ser, para efeitos de aplicação do preceito agora em referência, tratada como se de um só contrato se tratasse. Ou seja: para efeitos de se apurar a sua validade ou invalidade em razão do respetivo fim, a garantia unilateral deve ser vista como se tivesse de facto natureza contratual e se assistisse a uma junção entre a declaração do garante e do beneficiário da garantia em termos semelhantes à fusão de declarações existentes nos negócios bilaterais.

Em bom rigor uma análise do modo como o artigo 6.º/3 do Código das sociedades comerciais tem sido lido permite detetar uma assimilação do fim com o interesse[424]. O artigo 6.º/3 surge-nos sob uma formulação negativa. Todavia, num passo devidamente acentuado por DIOGO COSTA GONÇALVES[425], a formulação positiva é especialmente sugestiva do seu sentido: «*serve o fim da sociedade a prestação de garantias reais ou pessoas a dívidas de outras entidades em caso de justificado interesse próprio*».

IV – A segunda hipótese referida no artigo 6.º/3 do Código das sociedades comerciais diz respeito às sociedades em relação de domínio ou de grupo. São válidas as garantias prestadas a dívida de terceira entidade tratando-se de sociedades em relação de domínio ou de grupo[426]. É indiferente serem as garantias descendentes, ascendentes[427] ou laterais[428]. Em nosso entender, abrangidos estão tanto os grupos de Direito como os de facto[429/430/431].

---

[424] V. DIOGO COSTA GONÇALVES, *Pessoa coletiva...*, 770 e ss.; o nosso *A vinculação...*, I, 975 e ss., 1002 e ss.; e JOANA LEAL DE MACEDO VITORINO, *A proibição de assistência financeira e o artigo 6.º do Código das Sociedades Comerciais...*, 46.

[425] DIOGO COSTA GONÇALVES, *Pessoa coletiva...*, 767. V., também, JOANA LEAL DE MACEDO VITORINO, *A proibição de assistência financeira e o artigo 6.º do Código das sociedades comerciais...*, 46.

[426] A este respeito v. o nosso *A vinculação das sociedades comerciais...*, I, 996 e ss., 1001 e ss., 1022 e ss., e as referências bibliográficas e jurisprudenciais aí fornecidas. V., também, *supra* § 4. 3. 1. 1. 2, VI e nota 259.

[427] PEDRO DE ALBUQUERQUE, *A vinculação das sociedades comerciais...*, I, 996 e ss., 1001 e ss., 1002 e ss.. Cfr., igualmente, *supra* § 4. 3. 1. 1. 2, VI e nota 259.

[428] Para as garantias laterais v. ANA PERESTRELO DE OLIVEIRA, *Grupos de sociedades...*, 524; Id., *Manual de grupos...*, 180 e ss., 185, 188, 190; Id., *Manual de corporate...*, 280, 288 e 290; e, também, para os grupos paritários, COUTINHO DE ABREU, *Curso...*, II, 193, nota 433; DIOGO COSTA GONÇALVES, *Pessoa coletiva...*, 770, 791. V., ainda, *supra* § 4. 3. 1. 1. 2, VI e nota 260.

[429] PEDRO DE ALBUQUERQUE, *A vinculação das sociedades comerciais...*, I, 1001, 1022 e ss., 1026 e ss.. Agora explicite-se apenas um aspeto. O artigo 6.º/3 do Código das sociedades comerciais refere-se a grupos e a sociedades em relação de domínio. E admite em ambos os cenários a prestação de garantias. Relativamente aos grupos sem distinguir o tipo, se de Direito, se de facto. Já o domínio, nos termos do artigo 486.º do Código das sociedades comerciais, não pressupõe necessariamente a existência de um grupo de facto em sentido estrito. Basta, para haver domínio, a possibilidade de uma sociedade, dita dominante, poder exercer, direta ou indiretamente, ou por sociedades ou pessoas que preencham os requisitos indicados no artigo 483.º/2, sobre outra dita dependente, uma influência dominante (sendo certo poder usar-se também a expressão grupo em sentido lato, para designar todas as formas de coligação societária nos termos do artigo 482.º do Código das sociedades comerciais). Todavia, se nessas hipóteses de simples possibilidade de influência dominante o artigo 6.º/3 já admite a

§ 4.3.4.2 – A articulação entre o artigo 6.º/3 e o artigo 322.º do Código das sociedades comerciais

I – Perante esta admissibilidade expressa de prestação de garantias a dívidas de terceiras entidades nas hipóteses de existência de um justificado

---

prestação de garantias entre as sociedades coligadas, como se poderia negar essa possibilidade aos grupos de facto onde existe uma efetiva direção unitária e não uma simples hipótese de exercício de domínio real? No sentido agora advogado da possibilidade de prestação de garantias, ascendentes ou descendentes, seja no âmbito das relações de grupo, seja no âmbito dos grupos de facto, seja ainda nas situações de domínio v., além, da nossa obra citada nesta nota, também e, por exemplo, José Diogo Horta Osório, *Da Tomada do Controlo de Sociedades (Takeovers) por Leveraged Buyout*..., 155 e 156 (referindo-se aos grupos e às relações de domínio); Januário Gomes, *Assunção fidejussória de dívida*..., 574, nota 813; Pereira de Almeida, *Sociedades comerciais e valores mobiliários*, 5.ª ed., 2008, 43; Ana Perestrelo de Oliveira, *Grupos de sociedades*..., 492 e 493, e nota 1491, 522 e ss; Id., *Manual de grupos*..., 186 e ss.; Id., *Manual de corporate*..., 286 e ss.; Miguel Urbano, *Garantias bancárias autónomas ordenadas a favor de terceiros: capacidade e questões atinentes*, in *III Congresso. Direito das sociedades em revista*, 2015, 572 e ss., 575 e 576 (a propósito dos grupos e das relações de domínio); Diogo Costa Gonçalves, *Pessoa coletiva*..., 791 e 792. Pensamos ir na mesma direção Menezes Cordeiro, *Código*..., comentário ao artigo 6.º, 96. V., ainda, *supra* § 4. 3. 1. 1. 2 e notas 258 e ss..

[430] A propósito dos limites e exigências, presentes nos grupos de facto, à prestação de garantias, em termos por nós partilhados, v. Ana Perestrelo de Oliveira, *Grupos de sociedades*..., 502 e ss., 524 e ss.; Id., *Manual de grupos*..., 180 e ss., 185 e 186, 189 e 190, 247 e ss.; Id., *Manual de corporate*..., 288 e 289. Mais desenvolvidamente sobre a licitude das medidas desvantajosas no âmbito dos grupos de facto e medidas compensatórias v. da mesma autora, *Grupos de sociedades*..., 340 e ss., 484 e ss., 518 e ss., e *passim*; Id., *Manual de grupos*..., 70 e ss., 164 e ss., 248 e ss., onde a autora defende uma *juridificação* dos grupos de facto em razão e à luz do princípio da lealdade. V., ainda, *infra* § 4. 3. 4. 2, X.

[431] Na Jurisprudência v., igualmente nesse sentido, defendendo, RG 22-02-2018 (Maria da Purificação Carvalho), Proc. 2522/16.2T8BRG.G1/ITIJ (sociedades comerciais – grupo de sociedades – princípio da especialidade – garantia das obrigações – ónus da prova); RG 08-03-2018 (Anabela Tenreiro), Proc. 1551/12.0 TBBRG-E.G1/ITIJ (graduação de créditos – direito de retenção – consumidor – acórdão uniformizador – sociedades comerciais – capacidade jurídica – princípio da especialidade – relação de grupo). Em ambas as decisões se admite a possibilidade de prestação de garantias entre sociedades do mesmo grupo mesmo se a garantia não for da sociedade-filha para a sociedade-mãe. Relativamente à admissibilidade da aplicação do artigo 6.º/3 aos grupos de facto v., por exemplo, e além das sentenças anteriormente referidas nesta nota, em especial a primeira, STJ 22-04-1997 (Lopes Pinto), in *Colectânea de Jurisprudência, Acórdãos do Supremo Tribunal de Justiça*, 1997, V, II; STJ de 22-04--1997 (o presente Acórdão pode ser também lido na *Revista da Ordem dos Advogados*, 1997, 57, 691 e ss., e na *Colectânea de Jurisprudência. Acórdãos do Supremo Tribunal de Justiça*, 1997, V, II,

interesse próprio e de relação de domínio ou de grupo pode perguntar-se se a via aberta pelo artigo 6.º/3 do Código das sociedades comerciais prevalece sobre a proibição do artigo 322.º/1 ou se é o inverso. Sendo uma garantia prestada para um terceiro adquirir ações representativas do capital social da sociedade assistente tornar-se-á a operação lícita se se estiver no âmbito de alguma das situações previstas no artigo 6.º/3? E atendendo ao facto de haver similitudes funcionais e estruturais[432] entre, por um lado, a prestação de garantias e, do outro, a realização de empréstimos não se deverá alargar a solução às hipóteses de atos desta última natureza[433]?

---

60 e ss., mas datado de 22-04-1996 e com menção, como relator, de TORRES PAULO); RPt 22-09-1998 (GONÇALVES VILAR), Proc. 9721064/ITIJ (julgamento – poderes do juiz – sociedades comerciais – hipoteca voluntária – validade); RÉv 13-06-2002 (FÁTIMA GALANTE), in *Colectânea de Jurisprudência*, 2002, XXVII, III, 259 e ss. (grupo societário – reestruturação financeira – prestação de garantias a favor de outras sociedades do grupo); RÉv. 14-07-2005 (ÁLVARO RODRIGUES), Proc. 1480/05-3/ITIJ (anulação de deliberações sociais – prestação de garantias reais a dívidas alheias); RCb 03-03-2009 (SÍLVIA PIRES), Proc. JUSNET 1143/2009 (=228/04.4TBILHV.C1/ITIJ); RPt 06-12-2012 (PIRES DA ROSA), Proc. 2460/07.0TBFAF.G1.S1/ /ITIJ (contrato de sociedade – cessão de quota – sócio – cumprimento – pagamento – cheque – falta de pagamento – ordem de não pagamento – cheque sem provisão – direito à indemnização – responsabilidade extracontratual – responsabilidade bancária – responsabilidade solidária), muito embora *in casu* não se tratasse da prestação de uma verdadeira garantia, mas da emissão de um cheque e não houvesse uma verdadeira coligação societária mas sim a emissão de um cheque para garantir a dívida de um sócio, pessoa física com influência decisiva na condução dos negócios da sociedade. Mas no sentido da aplicação do regime das garantias intragrupo também a outras hipóteses em que a entidade controladora não seja uma sociedade por quotas ou anónima, mas assuma forma jurídica distinta, podendo, até, ser uma pessoa física dotada da natureza de empresa v. ANA PERESTRELO DE OLIVEIRA, *Manual de grupos...*, 188; Id., *Manual de corporate...*, 287 e 288.

432 MIOLA, *Le garanzie...*, 14 e ss., *maxime* 17 e ss.; ANA PERESTRELO DE OLIVEIRA, *Grupos de sociedades...*, 522; Id., *Manual de corporate...*, 286; Id., *Manual de grupos...*, 186, ao referir as afinidades funcionais e estruturais entre a prestação de garantias e a concessão de empréstimos a legitimarem um tratamento essencialmente idêntico dos dois problemas sob o ponto de vista interno do grupo.

433 Sobre o problema v., por exemplo, JOSÉ DIOGO HORTA OSÓRIO, *Da Tomada do Controlo de Sociedades (Takeovers) por Leveraged Buyout...*, 149 e ss., 214 e ss.; JOANA PINTO MONTEIRO, *A assistência financeira...*, 40 e ss., 47 e ss.; BERNARDO ABREU MOTA, *Proibição de assistência financeira... (Parte II)*, in *Revista...*, 2006, setembro - dezembro, 15, 93; MARIANA DUARTE SILVA, *Assistência financeira no âmbito das sociedades...*, in *Revista...*, 2010, II, 1/2, I, 203 e ss., 220 e ss., *maxime* 222 e 223; INÊS PINTO LEITE, *Da proibição de assistência financeira...*, in *Direito...*, 2011, 3, 5, 149 e 150,

II – No Direito alemão o § 71a, I, *in fine*, da *AktG* estabelece expressamente não valer a proibição de assistência financeira na eventualidade de existir um contrato de subordinação ou de transferência de lucros[434/435].

---

154 e 155; RITA TRABULO, *As acções próprias. O regime da aquisição de acções próprias e a prestação de assistência financeira...*, in *Temas de direito...*, 415 e 416, situando o problema na perspetiva da ligação da proibição da assistência financeira ao da capacidade das sociedades comerciais e afirmando tratar-se de problemas diversos com níveis de proteção igualmente diversos; PAULO DE TARSO DOMINGUES, *Assistência financeira...*, in *AB Instantia...*, 2013, I, 2, 71 e 72; CARLOS OSÓRIO DE CASTRO, *A prestação de garantias e a assistência financeira...*, in *Estudos...*, II, 425 e 426; MARGARIDA COSTA ANDRADE, *Código das sociedades comerciais...*, V (artigos 271.º a 372.º-B), comentário ao artigo 325.º-A e 325.º-B, 476 e ss.; PEDRO NUNES, *A Proibição de Assistência Financeira...*, in *Revista...*, 2015, junho, 2, 20; e JOANA LEAL DE MACEDO VITORINO, *A proibição de assistência financeira e o artigo 6.º do Código das Sociedades Comerciais...*, 27 e 45 e ss.. Na literatura italiana v., entre outros, ANDREA VICARI, *L'assistenza...*, 36 e ss.. Na Doutrina alemã, a respeito da articulação das regras de assistência financeira com as referentes às relações de grupo e de domínio, v., por exemplo, ROLAND PÜHLER, *Das Verbot...*, 97 e ss., com referências ao Direito alemão, belga, holandês, francês e italiano; ULRICH SCHROEDER, *Zur Finanzielle Unterstützung...*, 116 e 117, 271 e ss., 284 e ss., 292, 297; HOLGER FLEISCHER, *Zur Finanzielle Unterstützung des Aktienerwerbs...* in *Die Aktiengesellschaft...*, 1996, 505 e ss.; MATHIAS HABERSACK, *Die finanzielle Unterstützung des Aktienerwerbs – Überlegungen zu Zweck und Anwendungsbereich...*, in *Festschrift für Volker...*, 165, e nota 44; Id., *Finanzielle Unterstützung des Aktienerwerbs...*, in *Festschrift für Klaus J. Hopt...*, 742 e 743; FLORIAN ALEXANDER HASSNER, *Finanzielle Unterstützung zum institutionellen Leveraged Buyout einer Aktiengesellschaft...*, 424 e ss., *maxime* 455 e ss.; OECHSLER, *Münchener Kommentar...*, comentário ao § 71a, anotação 49a e ss.; WIENEKE, *Aktiengesetz. Heidelberg Kommentar*, organização de BÜRGERS/KÖBER, 4.ª ed., 2017, comentário ao § 71a, 679; MERKT, *Aktiengesetz...*, 3, 2, comentário ao § 71a, 470 e ss., todos sustentando, e apenas nalguns autores com matizes relativamente aos grupos de facto, a supremacia das regras referentes às relações de grupo sobre as atinentes à proibição de assistência financeira. Num sentido diverso alegando a prevalência da proibição do § 71a sobre o § 291 da *AktG*, v. MARCUS LUTTER/HENNING WAHLERS, *Der buyout: Amerikanische Fälle...*, in *Die Aktiengesellschaft...*, 1989, 9. Mas a atual redação do § 71, I, 3, da *AktG*, introduzida pela *MoMiG*, afasta expressamente a solução advogada por MARCUS LUTTER/HENNING WAHLERS.

[434] Alguns autores sustentam, não valer, também, a proibição de assistência financeira se o crédito for *vollwertig* (inteiramente realizável ou reembolsável) e, portanto, nos termos do §57, I, 3, da *AktG*, não tiver lugar a proibição de restituição das entradas. Assim v. CAHN, *Kommentar...*, comentário ao § 71a, anotação 18 e ss..

[435] V., porém, FLORIAN ALEXANDER HASSNER, *Finanzielle Unterstützung zum institutionellen Leveraged Buyout einer Aktiengesellschaft...*, 257 e ss., 455 e ss., 466 e ss.. Este autor, numa orientação minoritária, defende a existência de uma oposição entre a ressalva do § 71a, I, *in fine* e o Direito europeu. HASSNER sustenta pressupor o artigo 26.º da Diretriz 2012/30/UE do Parlamento europeu e do Conselho, de 25 de outubro de 2012 (atual artigo 65.º da Diretriz

Mas mesmo antes da entrada em vigor da atual redação do § 71a, introduzida pela *MoMiG*[436], e da expressa ressalva da existência de uma relação de subordinação ou convenção de transferência de lucros, entendia-se ser a proibição de assistência financeira afastada pelo disposto no § 291 da *AktG*, onde justamente se previa a possibilidade de estabelecimento de um contrato de subordinação ou de transferência de lucros[437]. Isto por se julgar ser, então, a interdição de assistência financeira substituída por um sistema de risco consolidado[438]. Além disso, acentua-se o facto de, a valer a interdição de assistência financeira, isso tornar impossível à sociedade adquirida participar em sistemas de *cash management* antes de as suas ações se mostrarem totalmente pagas. Na verdade, dado não ser viável afastar totalmente os nexos funcionais em sistemas de conta-corrente centralizados, isso minaria a possibilidade de participação em sistemas desse tipo por parte da sociedade recém-adquirida, assim afetando a própria substância e essência da disciplina dos grupos[439]. Portanto, tudo visto, apenas na eventualidade de a responsabilidade carecer de efetividade real, devido a embaraços de solvência por parte da sociedade-mãe, teria, então, lugar o impedimento[440].

Em sentido oposto à aplicação do § 71a, I, às hipóteses de grupos de sociedades alegam, ainda, algumas vozes, o facto de o artigo 23.º da Segunda Diretriz em matéria de Direito das sociedades (Diretriz 77/91//CEE do Conselho, de 13 de dezembro de 1976), não ter tido a pretensão

2017/1132/UE do Parlamento europeu e do Conselho de, 14 de junho de 2017), a aplicação do artigo 25.º aos grupos (atual artigo 64.º da Diretriz 2017/1132/UE do Parlamento europeu e do Conselho, de 14 de junho de 2017). Nessa medida a norma seria ineficaz.

[436] *Gesetz zur Modernisierung des GmbH-Rechts und zur Bekämpfung von Missbräuchen.*

[437] Assim v., por exemplo, ULRICH SCHROEDER, *Zur Finanzielle Unterstützung...*, 284 e ss.; HOLGER FLEISCHER, *Zur Finanzielle Unterstützung des Aktienerwerbs...* in *Die Aktiengesellschaft...*, 1996, 505 e 506; CAHN, *Kommentar...*, comentário ao § 71a, anotação 17; OECHSLER, *Münchener Kommentar...*, comentário ao § 71a, anotação 49a; MERKT, *Aktiengesetz...*, 3, 2, comentário ao § 71a, 472. Em sentido divergente v. MARCUS LUTTER/HENNING WAHLERS, *Der buyout: Amerikanische Fälle...*, in *Die Aktiengesellschaft...*, 1989, 9; e TOBIAS KLASS, *Untersuchung...*, 139 e ss..

[438] FLEISCHER, *Zur Finanzielle Unterstützung des Aktienerwerbs...* in *Die Aktiengesellschaft...*, 1996, 505 e 506; OECHSLER, *Münchener Kommentar...*, comentário ao § 71a, anotação 49a; MERKT, *Aktiengesetz...*, 3, 2, comentário ao § 71a, 472.

[439] Cfr. ULRICH SCHROEDER, *Zur Finanzielle Unterstützung...*, 286.

[440] CAHN, *Kommentar...*, comentário ao § 71a, anotação 17; OECHSLER, *Münchener Kommentar...*, comentário ao § 71a, anotação 49b.

de interferir na dinâmica e sistemática do Direito dos grupos dos Estados-membros[441]. Seria, porém, precisamente esse o resultado obtido se a proibição valesse também no âmbito das sociedades em relação de grupo.

Afigura-se, todavia, necessário diferenciar entre ações da sociedade-mãe ou dominante e ações de sociedades dependentes ou irmãs.

Relativamente às ações da sociedade superior o § 71d da *AktG* faz valer a proibição de assistência financeira e entende-se não haver nenhum aspeto da disciplina dos grupos de sociedades suscetível de ter podido levar à estipulação ou sugestão de solução diversa[442]. Portanto, relativamente às ações da sociedade dominante a proibição do §71a da *AktG* vale de forma mais ou menos irrestrita[443].

---

[441] Assim Ulrich Schroeder, *Zur Finanzielle Unterstützung...*, 279 e ss., 293. Sobre o Direito europeu neste ponto v., igualmente, Florian Alexander Hassner, *Finanzielle Unterstützung zum institutionellen Leveraged Buyout einer Aktiengesellschaft...*, 257 e ss., 455 e ss., 466 e ss.. Este autor lembra, porém, já o referimos, justamente ao arrepio da posição de Schroeder, o facto de o artigo 23.º-A da Diretriz 2006/68/CE do Parlamento europeu e do Conselho, de 6 de setembro, parecer pressupor a aplicação das regras referentes à assistência financeira também aos grupos de sociedades. Na mesma linha iria o artigo 26.º da Diretriz 2012/30//UE do Parlamento europeu e do Conselho, de 25 de outubro de 2012 (atual artigo 65.º da Diretriz 2017/1132/UE do Parlamento europeu e do Conselho, de 14 de junho de 2017), ao parecer ter subjacente a aplicação do artigo 25.º aos grupos (atual artigo 64.º da Diretriz 2017/1132/UE do Parlamento europeu e do Conselho, de 14 de junho de 2017). Nessa medida a norma seria ineficaz. Não deve, todavia, deixar de se lembrar ter essa Diretriz vindo afastar a proibição necessária imposta pela Diretriz 77/91/CEE do Conselho, de 13 de dezembro de 1976, e flexibilizado a possibilidade de uma sociedade auxiliar um terceiro na compra das suas próprias ações. Essa flexibilização não foi expressamente adotada pelo Direito nacional que, aparentemente, permaneceu no registo imposto, inicialmente, pela Diretriz 77/91/CEE.

[442] Cfr., por exemplo, Oechsler, *Münchener Kommentar...*, comentário ao § 71a, anotação 49c; Merkt, *Aktiengesetz...*, 3, 2, comentário ao § 71a, 471.

[443] Marcus Lutter/Henning Wahlers, *Der buyout: Amerikanische Fälle...*, in *Die Aktiengesellschaft...*, 1989, 9; Pühler, *Das Verbot...*, 97 e ss., 105 e ss.; Cahn, *Kommentar...*, comentário ao § 71a, anotação 20; Oechsler, *Münchener Kommentar...*, comentário ao § 71a, anotação 49c; e Merkt, *Aktiengesetz...*, 3, 2, comentário ao § 71a, 471. Mas v. Ulrich Schroeder, *Zur Finanzielle Unterstützung...*, 292 e ss.; Florian Alexander Hassner, *Finanzielle Unterstützung zum institutionellen Leveraged Buyout einer Aktiengesellschaft...*, 305 e ss.; e o próprio Merkt, *Aktiengesetz...*, 3, 2, comentário ao § 71a, 474 e 475, ao admitirem algumas exceções. Schroeder e Hassner admitem a possibilidade de a filha dar assistência nas mesmas hipóteses em que a mãe o poderia fazer. Schroeder e Merkt aceitam igualmente a possibilidade de financiamento na eventualidade de haver uma relação de grupo de Direito ou de facto.

Mas o mesmo não sucede relativamente às ações da sociedade dependente. A opinião tida por certa entende não estarem elas abrangidas pelo § 71a, I, da *AktG*[444], muito embora se mantenham impedidas de adquirir as suas próprias ações e sujeitas, destarte, ao § 71[445].

A solução obtida para as sociedades sujeitas a um contrato de subordinação tem sido alargada, também, por parte importante da Doutrina aos grupos de facto[446]. Isto, não obstante, alguns dos autores favoráveis a este entendimento exigirem a necessidade de compensação das medidas desvantajosas nos termos do § 311 da *AktG*. Na eventualidade de a contrapartida não ter lugar, então, valeria (seria represtinada) a proibição de assistência financeira.

III – As soluções vigentes no Direito alemão devem ter-se, em grande medida, igualmente por válidas à luz do Direito português. Também entre nós se deve entender prevalecer, no essencial, o regime dos grupos de sociedades (mas também nos termos do artigo 6.º/3, as relações de domínio) sobre a proibição do artigo 322.º/1. Isto com as ressalvas previstas nos artigos 325.º-A e 325.º-B do Código das sociedades comerciais[447].

---

444 Ulrich Schroeder, *Zur Finanzielle Unterstützung...*, 297, se bem lemos; Holger Fleischer, *Zur Finanzielle Unterstützung des Aktienerwerbs...* in *Die Aktiengesellschaft...*, 1996, 507; Merkt, *Aktiengesetz...*, 3, 2, comentário ao § 71a, 471.

445 Assim v., por exemplo, Marcus Lutter/Henning Wahlers, *Der buyout: Amerikanische Fälle...*, in *Die Aktiengesellschaft...*, 1989, 9; Ulrich Schroeder, *Zur Finanzielle Unterstützung...*, 292; e Merkt, *Aktiengesetz...*, 3, 2, comentário ao § 71a, 471.

446 Assim v., designadamente, Ulrich Schroeder, *Zur Finanzielle Unterstützung...*, 274 e ss., 281 e ss., 283, 297; Holger Fleischer, *Zur Finanzielle Unterstützung des Aktienerwerbs...* in *Die Aktiengesellschaft...*, 1996, 507, apesar de referir a necessidade de aprofundamento do tema; Merkt, *Aktiengesetz...*, 3, 2, comentário ao § 71a, 471, 473 e ss.. Em sentido oposto v. Oechsler, *Münchener Kommentar...*, comentário ao § 71a, anotação 49d.

447 A este propósito v., por exemplo, José Diogo Horta Osório, *Da Tomada do Controlo de Sociedades (Takeovers) por Leveraged Buyout...*, 214 e ss.; Carlos Osório de Castro, *A prestação de garantias e a assistência financeira...*, in *Estudos...*, II, 425 e 426; Margarida Costa Andrade, *Código das sociedades comerciais...*, V (artigos 271.º a 372.º-B), comentário ao artigo 325.º-B, 490; Joana Leal de Macedo Vitorino, *A proibição de assistência financeira e o artigo 6.º do Código das Sociedades Comerciais...*, 46 e ss..

Na sua redação inicial o artigo 325.º-A estabelecia:

Subscrição, aquisição e detenção de acções

«1 – As acções de uma sociedade anónima subscritas, adquiridas ou detidas por uma sociedade daquela dependente, directa ou indirectamente nos termos do artigo 486.º, consideram-se, para todos os efeitos, acções próprias da sociedade dominante.

2 – Não estão compreendidas no número anterior a subscrição, a aquisição e a detenção de acções da sociedade anónima pela sociedade dela dependente, directa ou indirectamente, mas por conta de um terceiro que não seja a sociedade anónima referida no número anterior, nem outra em que a sociedade anónima exerça influência dominante.

3 – A equiparação prevista no n.º 1 aplica-se ainda que a sociedade dependente tenha a sede efectiva ou a sede estatutária no estrangeiro, desde que a sociedade dominante esteja sujeita à lei portuguesa».

Entretanto, o artigo 325.º-A/1 seria alterado, pelo Decreto-Lei n.º 49/2010, de 19 de maio, de modo a passar a ter a seguinte redação:

«1 – As acções de uma sociedade anónima subscritas, adquiridas ou detidas por uma sociedade daquela dependente, directa ou indirectamente nos termos do artigo 486.º ou que com aquela esteja em relação de grupo nos termos do artigo 488.º e seguintes, consideram-se, para todos os efeitos, acções próprias da sociedade dominante».

Por sua vez o artigo 325.º-B determina:

Regime da subscrição, aquisição e detenção de acções

«1 – À subscrição, aquisição e detenção de acções nos termos do n.º 1 do artigo anterior aplica-se o regime estabelecido nos artigos 316.º a 319.º e 321.º a 325.º, com as devidas adaptações.

2 – A aquisição de acções da sociedade anónima pela sociedade dependente está sujeita apenas a deliberação da assembleia geral daquela sociedade, mas não a deliberação da assembleia geral desta última.

3 – Enquanto as acções pertencerem à sociedade dependente, consideram-se suspensos os direitos de voto e os direitos de conteúdo patrimonial incompatíveis com o n.º 1 do artigo 316.º».

A alteração do artigo 325.º-A/1 surge totalmente por dilucidar nas considerações preambulares ou outros elementos tornados públicos[448]. E ela gera perplexidades a afastar pela interpretação[449]. Segundo MENEZES CORDEIRO[450], na sua tentativa de *caprichar* (*sic*), o legislador, ao remeter, sem mais, para a existência de uma relação de grupo, nos termos por ele feitos[451], não elucida se, ao invés da remissão presente na redação mais antiga do preceito[452], pretende abranger apenas a sociedade daquela totalmente dependente ou subordinada; ou se intenciona também a sociedade totalmente dominante ou diretora. A dúvida haverá de se resolver atendendo desde logo à intencionalidade problemática da norma. E deste ponto de vista o Direito europeu fornece uma ajuda preciosa[453]. Ora, segundo o considerando n.º 3 da Diretriz 92/101/CEE do Conselho, de 23 de novembro de 1992, que altera a Diretriz 77/91/CEE relativa à constituição da sociedade anónima, bem como à conservação e às modificações do seu capital social, a razão do aditamento de um novo artigo 24.º-A (onde se estabeleceu inicialmente a regra depois transposta para o artigo 325.º-A do Código das sociedades comerciais), pretende-se:

> «*evitar que uma sociedade anónima se sirva de outra sociedade, na qual dispõe da maioria dos direitos de voto ou sobre a qual pode exercer uma influência dominante, para proceder a tais aquisições sem respeitar as limitações previstas a este respeito* (...)» pelo que «(...) *convém tornar extensível o regime respeitante à aquisição de acções*

[448] MENEZES CORDEIRO, *O CSC e a reforma de 2010. Gralhas, lapsos, erros e retificações*, in *Revista de direito das sociedades*, 2010, 3/4, 514 e 515; e MARGARIDA COSTA ANDRADE, *Código das sociedades comerciais...*, V (artigos 271.º a 372.º-B), comentário ao artigo 325.º-A, 478.

[449] MENEZES CORDEIRO, *O CSC e a reforma de 2010. Gralhas, lapsos...*, in *Revista...*, 2010, 3/4, 514 e 515; e MARGARIDA COSTA ANDRADE, *Código das sociedades comerciais...*, V (artigos 271.º a 372.º-B), comentário ao artigo 325.º-A, 478.

[450] MENEZES CORDEIRO, *O CSC e a reforma de 2010. Gralhas, lapsos...*, in *Revista...*, 2010, 3/4, 515. V., também, MARGARIDA COSTA ANDRADE, *Código das sociedades comerciais...*, V (artigos 271.º a 372.º-B), comentário ao artigo 325.º-A, 478.

[451] Ou seja, ao dizer: «*sociedade* (...) *que com aquela esteja em relação de grupo nos termos do artigo 488.º e seguintes*».

[452] Onde se mencionava apenas a sociedade dependente.

[453] No mesmo sentido MENEZES CORDEIRO, *O CSC e a reforma de 2010. Gralhas, lapsos...*, in *Revista...*, 2010, 3/4, 515; e MARGARIDA COSTA ANDRADE, *Código das sociedades comerciais...*, V (artigos 271.º a 372.º-B), comentário ao artigo 325.º-A, 478 e 479.

próprias por uma sociedade aos casos mais importantes e mais frequentes de aquisição de acções efectuada por essa outra sociedade (...)».

Destarte, visada pela Diretriz subjacente à transposição para o Direito interno da regra presente no artigo 325.º-A do Código das sociedades comerciais estava apenas a intenção de abranger a sociedade dependente[454]. Desta forma são igualadas a ações próprias da sociedade dominante (em relação de domínio) ou da sociedade totalmente dominante ou diretora (em relação de grupo) as ações subscritas, adquiridas ou detidas por sociedades dependentes, seja no âmbito de uma relação de domínio, seja no âmbito de uma relação de grupo[455].

Este entendimento é, de resto, atestado pela parte final do artigo 325.º-A/1 ao perpetuar a referência à sociedade dominante: as ações de uma sociedade anónima subscritas, adquiridas ou detidas por uma sociedade daquela dependente, direta ou indiretamente nos termos do artigo 486.º ou que com aquela esteja em relação de grupo nos termos dos artigos 488.º e seguintes, julgam-se, para todos os efeitos, *ações próprias da sociedade dominante.* Se há uma sociedade dominante, então, tem de haver sociedades inferiores ou subordinadas. Se determinadas ações adquiridas por certas sociedades são vistas como pertencentes à sociedade dominante, então, também essas outras sociedades têm de ser necessariamente as dependentes ou subordinadas. De outro modo não poderia haver imputação à sociedade dominante pelo simples motivo de ela não ser, nessa hipótese, dominante. Além disso, não faria sentido valer o regime do artigo 325.º-A/1 apenas para as sociedades dependentes, na eventualidade de em jogo estar uma relação sujeita ao artigo 486.º, e já não ser assim e abranger também a sociedade totalmente dominante ou diretora se se estiver na presença de um grupo nos termos dos artigos 488.º e seguintes. Depõem, igualmente, na mesma linha o artigo 325.º-A/2 e 3 e o artigo 325.º-B/2 e 3, do Código das sociedades comerciais,

---

[454] Assim, também, MENEZES CORDEIRO, *O CSC e a reforma de 2010. Gralhas, lapsos...*, in *Revista...*, 2010, 3/4, 515; e MARGARIDA COSTA ANDRADE, *Código das sociedades comerciais...*, V (artigos 271.º a 372.º-B), comentário ao artigo 325.º-A, 478 e 479.

[455] No mesmo sentido MENEZES CORDEIRO, *O CSC e a reforma de 2010. Gralhas, lapsos...*, in *Revista...*, 2010, 3/4, 515; e MARGARIDA COSTA ANDRADE, *Código das sociedades comerciais...*, V (artigos 271.º a 372.º-B), comentário ao artigo 325.º-A, 478 e 479.

onde apenas se fala, mesmo depois da alteração ao artigo 325.º-A/1, em sociedades dependentes. Finalmente, se não fosse assim, e se as ações subscritas, adquiridas ou detidas pela sociedade totalmente dominante ou diretora na sociedade dependente fossem sujeitas ao regime das ações próprias então isso envolveria, pura e simplesmente, a supressão e inviabilização desse tipo de grupos societários. Passariam a valer os limites e prazos dos artigos 316.º a 319.º e 321.º a 325.º do Código das sociedades comerciais. Portanto, por exemplo, numa situação de domínio total deveriam ter-se por suspensos todos os direitos inerentes às ações detidas pela sociedade dominante na sociedade dominada. E deveria, também, proceder-se à respetiva alienação nos termos e prazos previstos no artigo 323.º. Materialmente isso envolveria uma total derrogação do regime dos artigos 488.º e seguintes do Código das sociedades comerciais. É, porém, fácil perceber não poder ser esse, sob pena de total absurdo, o sentido do artigo 325.º-A/1, na redação do Decreto-Lei n.º 49/2010, de 19 de maio. É da essência do grupo haver participações detidas[456]. Se não for assim não há grupo.

IV – O artigo 325.º-B/1, do Código das sociedades comerciais, ao sujeitar a aquisição de ações, nos termos do artigo 325.º-A/1, ao artigo 322.º/1 impede, assim, os cenários de financiamento pela sociedade dominante da aquisição das suas próprias ações pela sociedade dependente[457]. Portanto, dada a sujeição expressa, pelos artigos 325.º-A e 325.º-B, destas hipóteses ao regime de assistência financeira parece não poder prevalecer, à primeira vista, relativamente a elas, o disposto no artigo 6.º/3 do Código das sociedades comerciais sobre o artigo 322.º/1 do Código das sociedades comerciais[458]. Repare-se já estar este cenário diretamente abrangido pelo artigo 322.º/1, sem nenhuma necessidade de o artigo 325.º-B remeter para ele. Se a sociedade superior assistir a inferior na obtenção das suas próprias ações está, por força do disposto no artigo

[456] MENEZES CORDEIRO, *O CSC e a reforma de 2010. Gralhas, lapsos...*, in *Revista...*, 2010, 3/4, 515.
[457] Assim, também, PEDRO MAIA, *Parecer*, cit., 117 e ss. (*Apud*, INÊS PINTO LEITE, *Da proibição de assistência financeira...*, in *Direito...*, 2011, 3, 5, 150, nota 76), entendendo estar-se, então, simultaneamente perante uma hipótese de ações próprias e de assistência financeira; e INÊS PINTO LEITE, *Da proibição de assistência financeira...*, in *Direito...*, 2011, 3, 5, 150, nota 76.
[458] V., porém, *infra* § 4. 3. 4. 2, X.

325.º-A, a avançar fundos ou a prestar garantias para um terceiro adquirir ações representativas do seu capital. Portanto, em bom rigor, à primeira vista, o artigo 325.º-B nada aditaria ao regime do artigo 322.º/1 e, nesta perspetiva, seria redundante. Já não será, todavia, assim, se se entender estar a intencionalidade normativa do artigo 325.º-B do Código das sociedades comerciais justamente no afastamento, neste cenário agora em análise, da prevalência do regime do artigo 6.º/3 do Código das sociedades comerciais sobre o artigo 322.º/1 e, portanto, no afastamento da possibilidade de a sociedade superior dar uma instrução vinculativa nesse sentido à sociedade inferior (assim afastando a presença do elemento subjetivo comum a ambas as partes pressuposto da interdição)[459]. E poderia ser esse justamente, para as hipóteses agora em referência, o sentido do funcionamento conjugado dos artigos 325.º-A, 325.º-B e 322.º/1. O de deixar patente não poder, na eventualidade de a sociedade superior financiar a inferior para a aquisição das próprias ações da sociedade-mãe, alegar-se uma razão atinente ao domínio das relações de coligação societária para ser possível afirmar não estar preenchido o elemento finalístico da proibição de assistência financeira. Numa hipótese destas as finalidades atinentes às relações societárias não seriam relevantes para se poder dizer representar a assistência financeira um propósito secundário e, portanto, irrelevante. O facto de se estar simultaneamente perante uma hipótese de aquisição de ações próprias e de assistência financeira agravaria a valoração jurídica de demérito sobre o fim da operação. Ela não seria, destarte, suscetível de ser salva pela presença de outros objetivos principais da operação. Mas não é seguro ser assim. Afigura-se, na verdade, misteriosa a razão pela qual a mãe pode adquirir ações próprias dentro de certos limites previstos nos artigos 316.º e seguintes do Código das socieda-

[459] Na verdade, o artigo 6.º/3 do Código das sociedades comerciais parece admitir uma possibilidade de instrução vinculativa não apenas no âmbito das relações de grupo de Direito, onde elas são expressamente previstas, mas igualmente nos grupos de facto (onde a juridificação destes grupos leva igualmente à possibilidade de instruções desvantajosas. V. *supra* § 4. 3. 4. 1, IV, nota 430; e *infra* § 4. 3. 4. 2, VI e IX), e também no âmbito das próprias relações de domínio. Assim Ana Perestrelo de Oliveira, *Manual de grupos...*, 251. V., ainda, a favor da possibilidade, nas relações de domínio, da prestação de garantias ascendentes, Ana Perestrelo de Oliveira, *Grupos de sociedades...*, 523 e 524; Id., *Manual de grupos...*, 187, 188; Id., *Manual de corporate...*, 287; Miguel Urbano, *Garantias bancárias...*, in *III Congresso...*, 575 e 576; Diogo Costa Gonçalves, *Pessoa coletiva...*, 792.

des comerciais, a filha também o pode fazer nos termos do artigo 325.º-A, mas a sociedade superior já não poderia dar assistência financeira à inferior, nem mesmo nas hipóteses em que, pelo facto de o fim determinante e principal da operação não ser o de dar o financiamento ou a garantia (e, portanto, haver uma outra razão primordial por detrás do negócio), teria a possibilidade de assistir um terceiro. Isto, sem embargo de se aceitar ser mais difícil imaginar ou vislumbrar uma finalidade determinante principal diversa ou distinta do propósito de dar assistência financeira na hipótese de a assistida ser uma sociedade-filha. Pode, portanto, o funcionamento conjugado dos artigos 325.º-A e 325.º-B não ter eventualmente outro efeito, para as hipóteses agora em análise, distinto do de uma simples remissão a relembrar, apenas, o efeito já imposto pelo artigo 322.º do Código das sociedades comerciais. Trata-se de aspeto a merecer, porventura, aprofundamento[460].

Igualmente duvidoso é saber se os artigos 325.º-A/1 e 325.º-B/1 proíbem também a sociedade dependente, inferior ou subordinada de dar assistência financeira para aquisição de ações da sociedade dominante ou diretora[461].

---

[460] Note-se o facto de o artigo 24.º-A da Diretriz 92/101/CEE do Conselho, de 23 de novembro de 1992, que o Decreto-Lei n.º 328/95 pretendeu transpor para a ordem interna não prever nenhuma remissão para o artigo 32.º da Segunda Diretriz em matéria de Direito das sociedades (Diretriz 77/91/CEE do Conselho, de 13 de dezembro de 1976), à semelhança do feito pelo artigo 325.º-B do Código das sociedades comerciais ao remeter para o artigo 322.º do mesmo diploma. Na proposta de Diretriz da Comissão e na proposta alterada da Comissão o artigo 24.º-A remetia para os artigos 19.º a 24.º da Segunda Diretriz e, portanto, também para a proibição de assistência financeira. Mas o texto definitivo da Diretriz não o faz. A este respeito v. as referências de PÜHLER, *Das Verbot...*, 107.

[461] A este propósito v., por exemplo, JOSÉ DIOGO HORTA OSÓRIO, *Da Tomada do Controlo de Sociedades (Takeovers) por Leveraged Buyout...*, 214 e ss.; MARIANA DUARTE SILVA, *Assistência financeira no âmbito das sociedades...*, in *Revista...*, 2010, II, 1/2, I, 203 e ss.; INÊS PINTO LEITE, *Da proibição de assistência financeira...*, in *Direito...*, 2011, 3, 5, 150, nota 76; CARLOS OSÓRIO DE CASTRO, *A prestação de garantias e a assistência financeira...*, in *Estudos...*, II, 425 e 426; MARGARIDA COSTA ANDRADE, *Código das sociedades comerciais...*, V (artigos 271.º a 372.º-B), comentário ao artigo 325.º-B, 490; JOANA LEAL DE MACEDO VITORINO, *A proibição de assistência financeira e o artigo 6.º do Código das Sociedades Comerciais...*, 46 e ss.. V., também, ULRICH SCHROEDER, *Zur Finanzielle Unterstützung...*, 292 e ss.; PÜHLER, *Das Verbot...*, 105 e ss.; CAHN, *Kommentar...*, comentário ao § 71a, anotação 14 e 15, comentário ao § 71d, anotação 53; FLORIAN ALEXANDER HASSNER, *Finanzielle Unterstützung zum institutionellen Leveraged Buyout einer Aktiengesellschaft...*, 305 e

Ao nível dos diversos Estados-membros, após a introdução, pela Diretriz 92/101/CEE do Conselho, de 23 de novembro de 1992, de um novo artigo 24.º-A, na Segunda Diretriz em matéria de Direito das sociedades[462] – preceito onde se veio sujeitar ao regime das ações próprias as ações adquiridas por uma sociedade-filha – a Doutrina dos diversos países debateu, sem chegar a um resultado unânime, se a proibição de assistência financeira pela sociedade-filha para aquisição de ações da mãe se devia ter, ou não, também por proibida[463]. Entre nós, há vozes no sentido de este cenário não estar direta e expressamente abrangido pelos preceitos agora em referência, não obstante se dever entender ser ele igualmente proibido. Nessa direção se manifesta, por exemplo, PEDRO NUNES[464]:

> «*a lei portuguesa não prevê expressamente – ao contrário do regime das ações próprias (...), e de outras legislações europeias (...) – as situações em que a sociedade dominada presta assistência financeira a um terceiro para que subscreva ou adquira ações a uma sociedade, sua dominante. Contudo, a doutrina é unânime a considerar que estes casos são, de igual modo, subsumíveis ao art.º 322.º CSC, sob pena de "inaceitável inconsistência valorativa", porquanto os prejuízos que se visam evitar são exatamente os mesmos caso a assistência financeira provenha da própria sociedade ou de sua dominada*»[465].

Numa linha diversa, mais direta, MARGARIDA COSTA ANDRADE sustenta abrangerem os artigos 325.º-A e 325.º-B justamente a hipótese de a sociedade dominada prestar assistência financeira a um terceiro para este

ss.; OECHSLER, *Münchener Kommentar...*, comentário ao § 71a, anotação 49c e 49d; e MERKT, *Aktiengesetz...*, 3, 2, comentário ao § 71a, 471 e ss..

[462] Diretriz 77/91/CEE do Conselho, de 13 de dezembro de 1976.

[463] V. as referências dadas por PÜHLER, *Das Verbot...*,105 e ss., *maxime* nota 349. Cfr., também, as posições de MARCUS LUTTER/HENNING WAHLERS, *Der buyout: Amerikanische Fälle...*, in *Die Aktiengesellschaft...*, 1989, 9; ULRICH SCHROEDER, *Zur Finanzielle Unterstützung...*, 292 e ss.; CAHN, *Kommentar...*, comentário ao § 71a, anotação 14 e 15, comentário ao § 71d, anotação 53; FLORIAN ALEXANDER HASSNER, *Finanzielle Unterstützung zum institutionellen Leveraged Buyout einer Aktiengesellschaft...*, 305 e ss..

[464] Assim PEDRO NUNES, *A proibição de assistência financeira...*, in *Revista...*, 2015, junho, 2, 20.

[465] PEDRO NUNES, *A proibição de assistência financeira...*, in *Revista...*, 2015, junho, 2, 20.

subscrever ou adquirir ações de uma sociedade dominante[466]. Segundo a autora, por força desses preceitos e da respetiva *ratio*: *i*) também são tidas por ações próprias as subscritas, adquiridas ou detidas pela sociedade dependente – e não somente as ações subscritas, adquiridas ou detidas pela sociedade emitente das ações; *ii*) também é julgada assistência financeira à aquisição de ações próprias a assistência prestada pela sociedade dependente – e não apenas a assistência prestada pela sociedade emitente[467]. Nestes termos: se a titularidade das ações adquiridas pertencer à sociedade dependente, então, assiste-se a uma hipótese de ações próprias; se, ao invés, a sociedade dependente não for titular de tais ações, mas financiar um terceiro para este adquirir ações da sociedade-mãe estar-se-á diante de uma situação de assistência financeira para a compra de ações da sociedade dominante[468]. E percebe-se: trata-se de evitar a possibilidade de a sociedade emitente se servir de uma sociedade dependente para financiar a aquisição das suas próprias ações. Muito embora a fundamentação ensaiada por Pedro Nunes, de um lado, e Margarida Costa Andrade, do outro, seja diferente, materialmente as soluções não divergem no seu resultado final[469/470].

Mas já temos dúvidas se, neste cenário, o disposto no artigo 6.º/3 do Código das sociedades comerciais não pode prevalecer sobre o artigo 322.º/1. Se a própria sociedade-mãe pode financiar a compra das suas ações, por um terceiro, na eventualidade de faltar o elemento finalístico – por se estar diante de uma hipótese de assistência financeira com um

---

[466] Margarida Costa Andrade, *Código das sociedades comerciais...*, V (artigos 271.º a 372.º-B), comentário ao artigo 325.º-B, 490.

[467] Nesse mesmo sentido v. Margarida Costa Andrade, *Código das sociedades comerciais...*, V (artigos 271.º a 372.º-B), comentário ao artigo 325.º-B, 490.

[468] Cfr. Margarida Costa Andrade, *Código das sociedades comerciais...*, V (artigos 271.º a 372.º-B), comentário ao artigo 325.º-B, 490.

[469] Veja-se, ainda, Mariana Duarte Silva, *Assistência financeira no âmbito das sociedades...*, in *Revista...*, 2010, II, 1/2, I, 203, no sentido de se dever entender estar, a prestação pela sociedade dominada de assistência financeira a um terceiro para que subscreva ou adquira ações da sua dominante, abrangida pela proibição do artigo 322.º do Código das sociedades comerciais, sob pena de contradição valorativa; Pedro Maia, *Parecer*, cit. (*Apud*, Inês Pinto Leite, *Da proibição de assistência financeira...*, in *Direito...*, 2011, 3, 5, 150, nota 76); e Inês Pinto Leite, *Da proibição de assistência financeira...*, in *Direito...*, 2011, 3, 5, 149, 150, e nota 76, a favor da ideia de estas situações estarem dentro do fim da proibição de assistência financeira.

[470] Veja-se, todavia, *infra* § 4. 3. 4. 2, X.

papel acessório ou incidental de um outro fim principal ou misto – então a sociedade inferior deve poder igualmente fazê-lo. Portanto, parece, numa situação do tipo agora em análise, prevalecer o artigo 6.º/3 do Código das sociedades comerciais, pelo menos nas hipóteses de existência, por parte da sociedade superior ou ao nível do grupo ou da coligação societária, de um interesse próprio na assistência financeira de forma a poder dizer-se não ser o propósito determinante da operação a realização da assistência[471]. Todavia, essa assistência da sociedade-filha não poderá ter lugar apenas na base de uma instrução vinculativa da sociedade superior nas hipóteses em que a própria mãe – por não se estar, na sua própria perspetiva ou confronto, na presença de um cenário de assistência financeira meramente acessória ou incidental relativamente a um outro propósito principal ou misto – também não pode realizar o financiamento ou prestar a garantia[472].

V – Problema não tratado de forma imediata e expressa nos artigos 325.º-A e 325.º-B é o de saber se a sociedade dependente pode assistir a sociedade dominante na aquisição das próprias ações da sociedade dependente.

[471] Nesse sentido, também, ULRICH SCHROEDER, *Zur Finanzielle Unterstützung...*, 295, pois nessa eventualidade cessa o nexo de ligação funcional entre a operação e a aquisição de ações à luz da ideia de propósito determinante principal. O autor sublinha ainda o facto de na base desse rompimento do nexo de ligação funcional, em termos de pressupostos finalísticos subjetivos, tanto poderem estar razões ligadas à sociedade-mãe como à filha. V., também, FLORIAN ALEXANDER HASSNER, *Finanzielle Unterstützung zum institutionellen Leveraged Buyout einer Aktiengesellschaft...*, 305, ao dizer ser lícito à filha dar assistência à mãe nos mesmos cenários em que esta pode dar, ela própria, assistência financeira (muito embora a intenção do autor ao dizer isto seja restritiva e pretenda assinalar justamente não ser lícito à filha dar assistência financeira se à mãe, também, o não for).

[472] Parece ser algo diferente o entendimento de ULRICH SCHROEDER, *Zur Finanzielle Unterstützung...*, 295, na eventualidade de existir um grupo de Direito ou de facto. Nesse cenário, não obstante o disposto nas Diretrizes europeias e no § 71d da *AktG*, em termos semelhantes aos nossos artigos 325.º-A e 325.º-B do Código das sociedades comerciais, o autor admite a possibilidade de a sociedade-filha financiar a compra das ações da sociedade-mãe. Na mesma linha v. MERKT, *Aktiengesetz...*, 3, 2, comentário ao § 71a, 474 e 475. No sentido de não ser assim nos grupos de facto v., porém, OECHSLER, *Münchener Kommentar...*, comentário ao § 71a, anotação 49d e 49e.

Nessa hipótese são vários os autores a defenderem essa admissibilidade[473]. É esse também o nosso entendimento. Nada impede a sociedade dependente de assistir a sociedade dominante na aquisição das próprias ações da sociedade dependente.

Tratando-se de uma situação de grupo de Direito, um argumento suscetível de ser alegado nesse sentido seria a afirmação, igualmente presente no Direito alemão de, se entender ser, então, a interdição de assistência financeira substituída por um sistema de risco consolidado[474], suficiente para proteger acionistas e credores da sociedade assistente e traduzido na disciplina própria dos grupos de sociedades[475]: a saber a possibilidade de a sociedade totalmente dominante ou diretora dar instruções desvantajosas[476] suscetíveis de determinarem um empobrecimento da sociedade

---

[473] V. MARIANA DUARTE SILVA, *Assistência financeira no âmbito das sociedades...*, in *Revista...*, 2010, II, 1/2, I, 222 e 223; CARLOS OSÓRIO DE CASTRO, *A prestação de garantias e a assistência financeira...*, in *Estudos...*, II, 425 e 426; JOANA LEAL DE MACEDO VITORINO, *A proibição de assistência financeira e o artigo 6.º do Código das Sociedades Comerciais...*, 46 e ss.. V., também, JOSÉ DIOGO HORTA OSÓRIO, *Da Tomada do Controlo de Sociedades (Takeovers) por Leveraged Buyout...*, 149 e ss., e 189 e ss.. Parece-nos ser implicitamente também esse o entendimento de MARGARIDA COSTA ANDRADE, *Código das sociedades comerciais...*, V (artigos 271.º a 372.º-B), comentário ao artigo 325.º-B, 490, mas a autora não aborda *ex professo* o assunto. Admite-se, portanto, a possibilidade de a nossa interpretação não traduzir realmente o defendido pela autora. O mesmo se diga a propósito da posição de BERNARDO ABREU MOTA, *Proibição de assistência financeira... (Parte II)*, in *Revista...*, 2006, setembro - dezembro, 15, 93. Finalmente, INÊS PINTO LEITE, *Da proibição de assistência financeira...*, in *Direito...*, 2011, 3, 5, 150, nota 77, menciona o facto de haver autores favoráveis à não aplicação ao financiamento pela sociedade dependente da aquisição das suas próprias ações, nestas hipóteses de existência de uma relação de grupo (e cita nesse sentido a posição de MARIANA DUARTE SILVA), mas não toma expressamente posição sobre o assunto. Parece-nos sugerir, portanto, a admissibilidade dessa situação. Esta leitura da posição de INÊS PINTO LEITE não é, porém, um entendimento absolutamente indubitável. Em sentido oposto ao expresso no texto v., porém, e, por exemplo, se bem lemos, FLORIAN ALEXANDER HASSNER, *Finanzielle Unterstützung zum institutionellen Leveraged Buyout einer Aktiengesellschaft...*, 306.

[474] V. *supra* § 4. 3. 4. 2, II.

[475] Nesse sentido v., justamente, entre nós, MARIANA DUARTE SILVA, *Assistência financeira no âmbito das sociedades...*, in *Revista...*, 2010, II, 1/2, I, 222 e 223, tendo em vista as situações de aquisição de domínio total. O argumento aparece igualmente referido por INÊS PINTO LEITE, *Da proibição de assistência financeira...*, in *Direito...*, 2011, 3, 5, nota 77, mas a autora não toma uma posição indubitável a respeito da respetiva pertinência.

[476] Sobre os limites destas instruções v., ilustrativamente, ENGRÁCIA ANTUNES, *Os grupos de sociedades. Estrutura e organização jurídica da empresa plurissocietária*, 2.ª ed., 2002, 733 e ss.; CARLOS OSÓRIO DE CASTRO, *A prestação de garantias e a assistência financeira...*, in *Estudos...*, II,

dominada ou subordinada (artigos 6.º/3, 491.º e 503.º). Refere-se, além disso, ser oferecida aos agravados por este regime uma tutela apropriada. Isto, dado a sociedade totalmente dominante ou diretora ser ilimitadamente responsável pelas dívidas da sociedade inferior. Ao ponto de haver vozes no sentido de não valer, então, nem mesmo o limite estabelecido na parte final do artigo 322.º/2, visto os interesses dos credores estarem já suficientemente protegidos pelo regime das relações de grupo[477]. Acentua-se, ainda, na nossa Doutrina[478], à semelhança do igualmente feito nalguma literatura alemã e italiana[479], o facto de, a valer a interdição de assistência financeira, isso tornar impossível à sociedade adquirida participar em sistemas de *cash management* antes de as suas ações se mostrarem totalmente pagas. Na verdade, insiste-se na afirmação no sentido de, por não ser viável afastar totalmente os nexos funcionais em sistemas de conta-corrente centralizados, isso fazer soçobrar a possibilidade de participação da sociedade recém-adquirida em sistemas dessa natureza, assim afetando a própria substância e essência da disciplina dos grupos. Portanto, tudo visto, apenas no eventual cenário de a responsabilidade não possuir efetividade real, devido a embaraços de solvência por parte da sociedade-mãe, teria, então, lugar o impedimento[480].

Finalmente não falta, entre nós, quem defenda uma interpretação *a contrario* do artigo 325.º-B[481]. Este refere expressamente valer o artigo 322.º nas hipóteses de subscrição de ações da sociedade dominante pela

---

420 e ss.; Ana Perestrelo de Oliveira, *Grupos de sociedades...*, 177 e ss., 476 e ss., 484 e ss., 502 e ss., 518 e ss., 524 e ss., e *passim*; Id., *Manual de grupos...*, 70 e ss., 165 e ss., 185 e 186, 189 e 190, 248 e ss., e *passim*; Id., *Manual de corporate...*, 288 e 289. Não se adere, porém, à posição expressa a este respeito por José Diogo Horta Osório, *Da Tomada do Controlo de Sociedades (Takeovers) por Leveraged Buyout...*, 111 e 156.

477 Mariana Duarte Silva, *Assistência financeira no âmbito das sociedades...*, in *Revista...*, 2010, II, 1/2, I, 223. Em sentido oposto v., porém, Carlos Osório de Castro, *A prestação de garantias e a assistência financeira...*, in *Estudos...*, II, 421 e 422, defendendo valer nessa eventualidade o limite de distribuição aos sócios dos bens disponíveis.

478 V. Carlos Osório de Castro, *A prestação de garantias e a assistência financeira...*, in *Estudos...*, II, 425.

479 Cfr. *supra* § 4. 3. 4. 2, II.

480 Cahn, *Kommentar...*, comentário ao § 71a, anotação 17; Oechsler, *Münchener Kommentar...*, comentário ao § 71a, anotação 49b.

481 Carlos Osório de Castro, *A prestação de garantias e a assistência financeira...*, in *Estudos...*, II, 426.

sociedade dependente. *A contrario* retirar-se-ia já não ser assim a respeito da aquisição de ações da sociedade dependente pela sociedade dominante – pelo menos intervindo uma relação de domínio total[482] – na eventualidade de a primeira financiar a aquisição, pela sociedade-mãe, das suas próprias ações. Serão estes argumentos pertinentes?

VI – No Direito alemão, em sentido oposto, já se viu, à aplicação do § 71a, I, às hipóteses de grupos de sociedades alegam, ainda, algumas vozes, o facto de o artigo 23.º da Segunda Diretriz em matéria de Direito das sociedades (Diretriz 77/91/CEE do Conselho, de 13 de dezembro de 1976), não ter tido a pretensão de interferir na dinâmica e sistemática do Direito dos grupos dos Estados-membros[483]. Seria, porém, precisamente esse o resultado obtido se a proibição valesse também no âmbito das sociedades em relação de grupo. Todavia, referimos também já esse aspeto[484], em sentido precisamente inverso ao agora referido, lembra-se parecer o artigo 23.º-A da Diretriz 2006/68/CE do Parlamento europeu e do Conselho, de 6 de setembro, pressupor a aplicação das regras referentes à assistência financeira também aos grupos de sociedades. Na mesma linha iria o artigo 26.º da Diretriz 2012/30/UE do Parlamento europeu

---

[482] Carlos Osório de Castro, *A prestação de garantias e a assistência financeira...*, in *Estudos...*, II, 426.

[483] Cfr. *supra* § 4. 3. 4. 2, II. Sobre o Direito europeu neste ponto v., igualmente, Florian Alexander Hassner, *Finanzielle Unterstützung zum institutionellen Leveraged Buyout einer Aktiengesellschaft...*, 257 e ss., 455 e ss., 466 e ss.. Este autor lembra, porém, já o referimos, justamente ao arrepio da posição de Schroeder, o facto de o artigo 23.º-A da Diretriz 2006/68/ /CE do Parlamento europeu e do Conselho, de 6 de setembro, parecer pressupor a aplicação das regras referentes à assistência financeira também aos grupos de sociedades. Na mesma linha iria o artigo 26.º da Diretriz 2012/30/UE do Parlamento europeu e do Conselho, de 25 de outubro de 2012 (atual artigo 65.º da Diretriz 2017/1132/UE do Parlamento europeu e do Conselho, de 14 de junho de 2017), ao parecer ter subjacente a aplicação do artigo 25.º aos grupos (atual artigo 64.º da Diretriz 2017/1132/UE do Parlamento europeu e do Conselho, de 14 de junho de 2017). Nessa medida a norma seria ineficaz. Não deve, todavia, deixar de se lembrar ter essa Diretriz vindo afastar a proibição necessária imposta pela Diretriz 77/91/ /CEE do Conselho, de 13 de dezembro de 1976 e, como referido no texto, flexibilizado a possibilidade de uma sociedade auxiliar um terceiro na compra das suas próprias ações, num passo não adotado pelo Direito nacional por isso, aparentemente, sujeito ao registo imposto, inicialmente, pela Diretriz 77/91/CEE.

[484] V. *supra* § 4. 3. 4. 2, II, em notas.

e do Conselho, de 25 de outubro de 2012 (atual artigo 65.º da Diretriz 2017/1132/UE do Parlamento europeu e do Conselho, de 14 de junho de 2017) ao aparentar ter subjacente a aplicação do artigo 25.º aos grupos (atual artigo 64.º da Diretriz 2017/1132/UE do Parlamento europeu e do Conselho, de 14 de junho de 2017). Não poderá, então, uma orientação no sentido de o financiamento da sociedade totalmente dominante ou diretora pela sociedade dominada ou subordinada ser oposta ao Direito europeu[485] e, destarte, insuscetível de vingar? Julgamos não haver essa oposição. E por várias razões.

Primeiro, já o sublinhámos, não deve deixar de se ter presente ter essa Diretriz vindo afastar a proibição necessária imposta pela Diretriz 77/91/CEE do Conselho, de 13 de dezembro de 1976, e flexibilizado a possibilidade de uma sociedade auxiliar um terceiro na compra das suas próprias ações. Essa flexibilização não foi expressamente adotada pelo Direito nacional que, aparentemente, permaneceu no registo imposto, inicialmente, pela Diretriz 77/91/CEE.

Depois, à semelhança dos seus antecessores, o artigo 65.º da Diretriz 2017/1132/UE do Parlamento europeu e do Conselho, de 14 de junho de 2017, estabelece:

> «*Quando membros individuais do órgão de administração ou de direção da sociedade que seja parte numa operação prevista no artigo 64.º, n.º 1, da presente diretiva, ou do órgão de administração ou de direção de uma empresa-mãe na aceção do artigo 22.º da Diretiva 2013/34/UE, ou a própria empresa-mãe, ou pessoas agindo em nome próprio, mas por conta dos membros desses órgãos ou dessa empresa, forem contrapartes numa tal operação, os Estados-membros devem assegurar, através de garantias adequadas, que essa operação não é contrária aos interesses da sociedade*».

Pois bem. O Direito português prevê as garantias exigidas por este preceito. Tratando-se de membros individuais do órgão de administração ou de direção da sociedade ou do órgão de administração ou de direção de uma empresa-mãe, a preservação do interesse da sociedade é assegurada pelo facto de o artigo 397.º/1 e 3 do Código das sociedades comerciais pura e simplesmente proibir empréstimos a administradores.

---

[485] Ao artigo 65.º da Diretriz 2017/1132/UE do Parlamento europeu e do Conselho, de 14 de junho de 2017.

A exceção do artigo 397.º/5 liga-se à própria exceção do artigo 322.º/2, primeira parte e, por isso, não suscita nenhum embaraço à luz do artigo 65.º da Diretriz 2017/1132/UE do Parlamento europeu e do Conselho, de 14 de junho de 2017.

Já na eventualidade de se tratar da própria sociedade-mãe, pertencente a um grupo de Direito, as garantias de preservação do interesse da sociedade assistente traduzem-se, por um lado, na responsabilidade da mãe por dívidas da filha (artigo 501.º do Código das sociedades comerciais), responsabilidade por perdas da sociedade subordinada (artigo 502.º, do Código das sociedades comerciais), a justa contrapartida nas hipóteses de transferência de bens do ativo da sociedade subordinada para outras sociedades do grupo (artigo 503.º/4)[486] e, sobretudo, na existência de limites à emissão de instruções desvantajosas[487], designadamente, e não obstante a aparente omissão legislativa, nos resultantes dos deveres de lealdade de natureza multilateral gerados pela integração ou conexão de grupo. Isto, dado as distintas sociedades se mostrarem, relativamente às demais, numa posição especial geradora de tais deveres[488]: a sociedade--mãe tem deveres de lealdade face às filhas e vice-versa. Estes deveres de lealdade são extensíveis aos grupos de facto onde existem também, naturalmente, limites à possibilidade de instruções desvantajosas[489]. Não se vê, assim, nenhuma desarmonia entre a interpretação proposta e o Direito europeu.

---

[486] Sobre o que entender por justa contrapartida v., por exemplo, ANA PERESTRELO DE OLIVEIRA, *Manual de grupos...*, 178 e 179, num entendimento a seguir. Não nos parece, salvo melhor opinião, ter razão JOSÉ DIOGO HORTA OSÓRIO, *Da Tomada do Controlo de Sociedades (Takeovers) por Leveraged Buyout...*, 156, ao advogar uma ideia limitativa da justa contrapartida.

[487] ENGRÁCIA ANTUNES, *Os grupos de sociedades...*, 733 e ss.; CARLOS OSÓRIO DE CASTRO, *A prestação de garantias e a assistência financeira...*, in *Estudos...*, II, 420 e ss.; ANA PERESTRELO DE OLIVEIRA, *Grupos de sociedades...*, 177 e ss., 484 e ss., 518 e ss., 524 e ss., e *passim*; Id., *Manual de grupos...*, 70 e ss., 161 e ss., 165 e ss., 185 e 186, 189 e 190, 248 e ss., e *passim*; Id., *Manual de corporate...*, 288 e 289. Mas não parecem, com a devida consideração, ser de aceitar os limites alegados por JOSÉ DIOGO HORTA OSÓRIO, *Da Tomada do Controlo de Sociedades (Takeovers) por Leveraged Buyout...*, 111 e 156, a essas mesmas instruções.

[488] Assim, também, ANA PERESTRELO DE OLIVEIRA, *Grupos...*, 17 e ss., 165 e ss., 177 e ss., 323 e ss., 476 e ss.; Id., *Manual de grupos...*, 70 e ss., 164 e ss., 250.

[489] V. *supra* § 4. 3. 4. 1, III, nota 430; e *infra* § 4. 3. 4. 2, X.

Dir-se-á, é certo, não se assistir a uma juridificação semelhante das simples relações de domínio. E a sociedade superior pode estar numa mera relação desse tipo. Nessa hipótese a possibilidade de instruções desvantajosas para a prestação de garantias – as únicas medidas desfavoráveis admitidas no âmbito das relações de domínio – nos termos do artigo 6.º/3 parece não ter um contrapeso imediato[490]. Porém, a Diretriz não impõe a adoção de medidas de proteção ou resguardos concretos[491]. É apenas necessário existirem, em termos gerais, regras apropriadas para proteger a sociedade-alvo. Ora, as normas de responsabilização dos administradores e/ou da sociedade-mãe na eventualidade de a medida gerar prejuízos inaceitáveis e, portanto, não suscetíveis de serem emoldurados numa ideia de reciprocidade de interesses das sociedades em relação de domínio são, em si, formas de defesa da sociedade assistente suscetíveis de serem tidas por suficientes à luz do artigo 65.º da Diretriz 2017/1132/ /UE do Parlamento europeu e do Conselho, de 14 de junho de 2017.

Ainda assim, e sem se estabelecer uma ligação direta ao problema suscitado pelo artigo 65.º.º da Diretriz 2017/1132/UE do Parlamento europeu e do Conselho, de 14 de junho de 2017, alega-se ser o regime próprio dos grupos societários frugal e insuficiente proteção para afastar a proibição de assistência financeira nas hipóteses agora em análise de existência de uma relação de domínio total ou de subordinação[492]. E isto – diz-se – pela razão de a relação de domínio poder cessar a qualquer momento (nomeadamente logo após a aquisição da sociedade assistente). Desse modo a sociedade-mãe deixa de responder pelas dívidas da sociedade-filha até,

[490] Cfr. Ana Perestrelo de Oliveira, *Manual de grupos...*, 251. V., ainda, com interesse, a favor da admissibilidade nas relações de domínio da prestação de garantias ascendentes, Ana Perestrelo de Oliveira, *Grupos de sociedades...*, 523 e 524; Id., *Manual de grupos...*, 187 e 188; Id., *Manual de corporate...*, 287; Miguel Urbano, *Garantias bancárias...*, in *III Congresso...*, 575 e 576; Diogo Costa Gonçalves, *Pessoa coletiva...*, 792.

[491] Nesse sentido v., igualmente, Hartung, *Financial Assistance. § 71a AktG...*, 77, ao dizer serem as medidas a adotar deliberadamente deixadas em aberto pelas normas europeias e não ser possível retirar delas pontos de apoio no sentido de as individualizar de forma rígida; e Florian Alexander Hassner, *Finanzielle Unterstützung zum institutionellen Leveraged Buyout einer Aktiengesellschaft...*, 256.

[492] Nesse sentido v. Paulo de Tarso Domingues, *Assistência financeira...*, in *AB Instantia...*, 2013, I, 2, 72.

segundo alguns autores[493], pelas dívidas respeitantes ao período referente à relação de grupo[494]. Além do mais – afirma-se também – a solvência e a situação financeira da sociedade adquirente poderão ser inferiores à da sociedade assistente e, assim, o regime da sociedade em relação de grupo em nada adicionar ou aumentar o reforço da tutela dos credores da sociedade adquirida[495]. De outra forma: os perigos alegadamente visados e prevenidos pela proibição de assistência financeira – nomeadamente o não pagamento da dívida pelo assistido e a debilitação do património societário – não passarão a estar assegurados, do mesmo modo, através do regime legal dos grupos societários[496]. Será este raciocínio de aceitar? Poderá ele ser afastado, por exemplo, apelando-se a um suposto argumento *a contrario* extraído do artigo 325.º-B do Código das sociedades comerciais[497]? A resposta é negativa.

VII – Principiando pela segunda interrogação dir-se-á ser o raciocínio *a contrario* tributário de uma lógica meramente formal e conceptual. A interpretação *a contrario sensu* é, para os defensores da sua valia e utilidade, uma forma de interpretação enunciativa utilizada perante normas excecionais. Está, porém, longe de se mostrar assente e indubitável serem o artigo 322.º/1 ou o artigo 325.º-B do Código das sociedades comerciais normas excecionais. Não faltam na verdade vozes a entenderem tratar-se de uma manifestação de um regime regra da intangibilidade do capital social[498].

Mas mesmo se se estiver diante de uma norma excecional não nos parece trazer o argumento *a contrario sensu* nenhum proveito para o debate. Já o dissemos antes[499]: processos de conclusão jurídicos ou de argumentação como a analogia, a redução teleológica, o *argumentum a*

[493] Menezes Cordeiro, *A responsabilidade da sociedade com domínio total*, in *Revista de Direito das sociedades*, 2011, 1, 109 e 110.

[494] Paulo de Tarso Domingues, *Assistência financeira...*, in *AB Instantia...*, 2013, I, 2, 72.

[495] Paulo de Tarso Domingues, *Assistência financeira...*, in *AB Instantia...*, 2013, I, 2, 72.

[496] Paulo de Tarso Domingues, *Assistência financeira...*, in *AB Instantia...*, 2013, I, 2, 72.

[497] Como sustenta Carlos Osório de Castro, *A prestação de garantias e a assistência financeira...*, in *Estudos...*, II, 426.

[498] A esse propósito v. Isabel Pinheiro Torres, *Da aplicação da proibição de assistência financeira...*, in *Colecção de Estudos...*, 2015, 3, 170.

[499] *Supra* § 4. 2. 1, VIII, nota 114. V., também, o nosso *A vinculação...*, I, 948.

fortiori, o *argumentum ad absurdum* e também o argumento *a contrario sensu* foram apresentados apelando aos meios da lógica moderna. Num passo devidamente sublinhado, designadamente, por CANARIS[500], é, porém, duvidoso ter-se, com isso, ganho algo de essencial para o trabalho jurídico. Na verdade, o elemento decisivo de todos estes processos não é de natureza lógica, mas antes de natureza teleológica ou axiológica. A experiência ensina só se tornar a formulação de vetores extensivos produtiva se assente num estudo pormenorizado e sério dos institutos singulares a eles subjacentes[501]. Não é possível, numa dogmática apropriada, apelando a induções simples, extrair de regras legais um princípio[502]. Para além do estorvo ou impossibilidade lógica pura de optar, entre o tópico *a contrario* e o analógico, depara-se a impropriedade de generalizar traços distintivos e a necessidade de prescindir, por vezes, de aspetos especial ou singularmente apurados[503]. A um eventual argumento *a contrario* ou *a silentio legis completae* a partir das formas vertidas no Código das sociedades comerciais pode muito naturalmente responder-se: *quoad erat demonstrandum*. Justamente, quanto se pretende saber é se se nos depara uma lacuna dissimulada, se se deve proceder a algum tipo de interpretação restritiva ou extensiva ou se, ao invés, estamos perante um silêncio expressivo tradutor de uma regulamentação plena do fenómeno em jogo. Investiga-se, em síntese, o sentido normativo do artigo 325.º-B do Código das sociedades comerciais[504].

Na hipótese em apreço o artigo 325.º-B/1 remete para o artigo 325.º-A/1. Dessa remissão resulta ser proibida a assistência financeira, não apenas nas hipóteses previstas no artigo 322.º/1, de financiamento pela sociedade da aquisição das suas próprias ações, mas, também, nas situações de aquisição de ações da sociedade dominante ou diretora finan-

---

500 CANARIS, *Pensamento sistemático...*, 19. V., ainda, *supra* § 4. 2. 1, VIII, nota 114.

501 MENEZES CORDEIRO, *Da boa fé...*, II, 1239.

502 MENEZES CORDEIRO, *Da boa fé...*, II, 1239; PEDRO DE ALBUQUERQUE, *A representação...*, 375 e 376; Id., *Da responsabilidade processual por litigância de má fé...*, 136.

503 MENEZES CORDEIRO, *Da boa fé...*, II, 1239, a propósito do princípio da confiança.

504 Em sentido adverso à pertinência do argumento *a contrario* esgrimido por CARLOS OSÓRIO DE CASTRO, *A prestação de garantias e a assistência financeira...*, in *Estudos...*, II, 426, mas com apelo a argumentos diversos dos por nós até agora usados v. JOANA LEAL DE MACEDO VITORINO, *A proibição de assistência financeira e o artigo 6.º do Código das Sociedades Comerciais...*, 47.

ciadas pela sociedade inferior e antes referidas[505]. Pois bem: agora em análise está saber se uma sociedade dependente pode financiar ou prestar garantias para a sociedade diretora ou dominante adquirir ações *da própria sociedade dependente*[506]. O problema não tem, pois, nada a ver com a hipótese do artigo 325.º-B/1[507]. Ele dir-se-á, pelo menos à primeira vista, diretamente abrangido pela previsão do artigo 322.º/1 do Código das sociedades comerciais. Não há, pois, espaço absolutamente nenhum para a utilização do argumento *a contrario*. Portanto, ou se vislumbra uma razão material e substantiva para afastar esta última norma, ligada à sua teleologia e intencionalidade normativa assim como à intencionalidade problemática da hipótese em análise, ou o argumento *a contrario sensu* mostra-se totalmente inane e desprovido de sentido. Isto, em virtude de a situação estar, na eventual ausência dessas *rationes* materiais e substantivas, diretamente abrangida pela interdição do artigo 322.º/1. Adiante voltaremos a este tema para evidenciar os motivos suscetíveis de, nesta situação, afastarem, na verdade, a proibição[508]. Para já apenas se acentua a improcedência da utilização da solução tirada *a contrario*.

Relativamente ao argumento usado, para afastar a interdição de assistência financeira nas hipóteses agora em análise[509], no Direito ale-

---

[505] Cfr. *supra* § 4. 3. 4. 2, IV. V., igualmente, Joana Leal de Macedo Vitorino, *A proibição de assistência financeira e o artigo 6.º do Código das Sociedades Comerciais...*, 47.

[506] Isso mesmo é também acentuado por Joana Leal de Macedo Vitorino, *A proibição de assistência financeira e o artigo 6.º do Código das Sociedades Comerciais...*, 47.

[507] Ao invés do alegado por Carlos Osório de Castro, *A prestação de garantias e a assistência financeira...*, in *Estudos...*, II, 426; e como bem assinalado por Joana Leal de Macedo Vitorino, *A proibição de assistência financeira e o artigo 6.º do Código das Sociedades Comerciais...*, 47, ao dizer a propósito do ensinamento daquele: «*O argumento* a contrario *tirado do artigo 325.º-B do CSC apontado pelo Autor não nos parece ajudar significativamente a resolver a questão no sentido proposto: é que desse artigo cujo n.º 1 remete para o n.º 1 do artigo 325.º-A do CSC, resulta que a proibição de assistência financeira se aplica não só aos casos de aquisição das próprias ações, mas também, nos de aquisição das ações da sociedade dominante ou totalmente dominante/diretora (...). Não se reporta ao caso a que o Autor se refere, em que há uma garantia prestada pela sociedade dependente em favor da sociedade diretora para a aquisição de* ações da própria sociedade dependente» (ênfase da própria Joana Leal de Macedo Vitorino).

[508] Cfr. *infra* § 4. 3. 4. 2, X.

[509] De assistência pela sociedade totalmente dominada ou subordinada da aquisição das suas próprias ações pela sociedade dominante ou diretora.

mão[510], na Itália e aceite, já o sublinhámos[511], também entre nós, por alguma Doutrina[512] no sentido de – a não ser assim – sempre se estar a gerar uma situação de paralisação do regime das relações de grupo durante o período anterior ao pagamento total do preço de aquisição das ações; já o analisámos anteriormente. E fizemo-lo para atalhar a eventual incerteza e perturbação gerada nos fluxos financeiros e económicos entre a sociedade e os sócios defendendo logo não ser assistência financeira proibida a realizada posteriormente à aquisição das ações na eventualidade de existir uma relação de grupo[513]. Portanto, mesmo se se viesse a demonstrar haver neste cenário um financiamento da sociedade dependente à sociedade dominante, indiretamente através do sistema de *cash management*, isso seria sempre irrelevante dado esse sistema se afigurar, por norma, posterior à aquisição. Dito de outro modo: o facto de já termos valorado, noutra sede, o perigo representado pelas regras de proibição de assistência financeira, afastando da interdição a assistência dada depois da aquisição, para os sistemas de *cash management* isso dispensa-nos de o voltar a fazer neste momento[514].

VIII – Abordemos agora a primeira das duas interrogações antes formuladas. Atenta, designadamente, a improcedência da argumentação *a contrario* deverá entender-se, então, à semelhança do entendido por Paulo de Tarso Domingues[515], ser o regime das relações de grupo insuficiente para proteger os valores e interesses visados pela proibição de

---

[510] V. as referências bibliográficas fornecidas *supra* § 4. 3. 1. 1. 2, V, nota 249; *supra* § 4. 3. 4. 2, II e nota 429. Note-se, ainda, assim não haver assistência financeira proibida, por falta do pressuposto subjetivo, se a operação visar, em primeira linha, outros fins, como sucede tipicamente nas hipóteses de *cash management* mesmo se a sociedade-mãe depois usar as importâncias para adquirir ações da sociedade que disponibiliza os fundos. Nesse sentido, também, Stefano Cacchi Pessani, *L'assistenza finanziaria...*, 91 e 92; e Cahn, *Kommentar...*, comentário ao § 71a, anotação 36.

[511] V. *supra* § 4. 3. 4. 2, V.

[512] Carlos Osório de Castro, *A prestação de garantias e a assistência financeira...*, in *Estudos...*, II, 413 e ss., 425.

[513] V. *supra* § 4. 3. 1. 1. 2.

[514] Veja-se, ainda, o que referiremos adiante (*infra* § 4. 3. 4. 2, X e XI) a propósito da articulação entre o artigo 6.º/3 e o artigo 322.º/1 no âmbito dos grupos de facto e nas relações de domínio.

[515] Paulo de Tarso Domingues, *Assistência financeira...*, in *AB Instantia...*, 2013, I, 2, 72.

assistência financeira? Nomeadamente o de não pagamento da dívida pelo assistido e a debilitação do património societário. Terá este autor razão ao sublinhar o facto de a relação de domínio poder cessar a todo o momento (nomeadamente logo após a aquisição da sociedade assistente) e isso levar a sociedade-mãe a deixar de responder pelas dívidas da sociedade-filha e, também, ao lembrar o facto de a solvência e a situação financeira da sociedade adquirente poderem ser inferiores à da sociedade assistente – e, nessa medida, o regime da sociedade em relação de grupo em nada adicionar ou aumentar o reforço da tutela dos credores da sociedade adquirida? Já se disse não parecer ser esta posição fundada. Explicitam-se, agora, os motivos.

Refira-se, antes de mais, o facto de, na eventualidade de a relação cessar se tornar, então, efetiva a responsabilidade da sociedade totalmente dominante/diretora pelas perdas da sociedade totalmente dominada/ /subordinada (artigo 502.º do Código das sociedades comerciais). Portanto, se a instrução no sentido da assistência financeira, entretanto, se mostrar geradora de perdas elas devem ser compensadas. Além disso, se se entender manter-se a responsabilidade pelas dívidas contraídas antes ou na vigência da relação de grupo, não obstante a cessação dessa relação[516], nessa hipótese, o termo do grupo não impede a responsabilidade da sociedade-mãe pelas dívidas da sociedade inferior.

Por outro lado, a menção à possibilidade de o crédito da sociedade dependente poder ser superior ao da sociedade superior prova simultaneamente de menos e de mais.

De menos, pois, o património da sociedade totalmente dominante/ /diretora não se substitui ao do da sociedade totalmente dominada/subordinada na responsabilidade perante os credores. Ao invés soma-se a ele. Portanto, diversamente do sucedido numa outra hipótese normal de assistência financeira, na eventualidade de a sociedade dominada financiar ou garantir a aquisição das suas ações pela sociedade dominante ou diretora, não é apenas o seu património individual a ter de suportar os efeitos ou resultados dessa operação e a garantir os credores da assistente. São dois patrimónios. O da sociedade assistente e o da sociedade

[516] Nesse sentido v., por exemplo, ANA PERESTRELO DE OLIVEIRA, *Código das sociedades comerciais anotado*, coordenação de MENEZES CORDEIRO, 2.ª ed., comentário ao artigo 501.º, 1297. Mas temos dúvidas sobre se é assim.

assistida. Nestes termos, mesmo se o crédito da sociedade adquirente for inferior ao do da financiadora ou garante há sempre uma garantia adicional numa operação de assistência realizada no âmbito de uma relação de grupo relativamente ao sucedido se não existisse essa relação.

Mas esta orientação ou tese também prova de mais. Na verdade, o argumento, a ter alguma pertinência, tanto valeria para as hipóteses de assistência financeira como para todas as outras instruções desvantajosas dadas no âmbito de um grupo jurídico-societário. Na verdade, a sociedade diretora ou totalmente dominante, ao dar uma instrução desvantajosa, pode estar a fazê-lo a uma sociedade dotada de melhor crédito do que o dela própria. E, então, dir-se-á não servir o facto de a diretora ou totalmente dominante responder pelas dívidas da subordinada para nada. O regime dos grupos não soma, assim, nessa eventualidade, aparentemente, nada às garantias existentes para os credores se não houvesse relação de grupo. Segundo a própria expressão de Paulo de Tarso Domingues[517] – usada pelo autor para afastar a licitude do financiamento, pela sociedade totalmente dominada ou subordinada para aquisição das suas próprias ações pela sociedade dominante ou diretora –, eles «*não ficarão garantidos da mesma forma com a aplicação do regime legal dos grupos societários*» como seriam e estariam se, pura e simplesmente, não houvesse instrução desvantajosa e não existisse o regime dos grupos. Portanto, o resultado devia ser, nessa eventualidade, a proibição da possibilidade de ser dada a instrução desvantajosa. Mas não é essa a solução adotada pelo nosso Direito. Portanto, essa diferença de tratamento é objeto de uma valoração normativa no sentido da sua indiferença e irrelevância. Só isso permite entender a solução e o regime jurídico dos grupos de Direito. Existem, é certo, alguns limites à emissão de instruções desvantajosas[518]. Mas esses limites não traduzem uma proibição absoluta de gerar danos: a possibilidade de serem dadas instruções desvantajosas para a sociedade controlada e, destarte, para os respetivos sócios e credores, está expressamente prevista para os grupos representados por contrato de subordinação e por domínio total (v. os artigos 503.º e 491.º)[519]. Isso só pode ter a razão por nós agora referida: a indiferença e insensibilidade normativa do

[517] Paulo de Tarso Domingues, *Assistência financeira...*, in *AB Instantia...*, 2013, I, 2, 72.

[518] V. a bibliografia citada *supra*, § 4. 3. 4. 2, V, notas 430, 476 e 487.

[519] Ana Perestrelo de Oliveira, *Manual de grupos...*, 164 e 165, sublinhando ainda ser possível

nosso Direito das sociedades comerciais às situações em que a garantia da responsabilidade da sociedade diretora ou dominante pelas dívidas da sociedade dominada ou inferior, em concreto, não é de molde a deixar os credores perfeitamente ilesos. Ou de outro modo: a ausência de relevo, no plano normativo, das hipóteses em que os credores *«não ficarão garantidos da mesma forma com a aplicação do regime legal dos grupos societários»*. A responsabilidade da sociedade totalmente dominante ou diretora por dívidas da sociedade inferior, a par do restante regime das relações de grupo, é tida por suficiente para legitimar a admissibilidade de instruções desvantajosas, independentemente de, em concreto, ela permitir, ou não, em todas as situações individuais, dar aos credores as mesmas e exatas garantias de solidez de garantia patrimonial. E se o nosso Direito valora para assumir, de forma patente, a irrelevância dessas variações da real firmeza da garantia patrimonial – se revela, deste modo, a elas indiferente em todas as outras hipóteses de instruções desvantajosas; e se basta com o regime abstrato e geral das relações de grupo, sem exigir uma análise, a fazer casuisticamente, sobre se esse regime se mostra, ou não, efetivamente suficiente para deixar os credores perfeitamente ilesos ou dotados das mesmas garantias – por que razão haveria de se entender não ser de aceitar a possibilidade de a proteção não se afigurar, também, a mesma na hipótese de a instrução desvantajosa se traduzir numa assistência financeira[520]? A previsão de uma regulamentação própria para as relações de grupo resulta do facto de se entender traduzir a possibilidade de direção unitária – e em especial o poder de dar instruções desvantajosas para a sociedade totalmente dominada ou subordinada – vantagens suscetíveis

nos próprios grupos de facto delimitar uma zona de de aceitação de instruções desvantajosas não suscetível de ser tida por ofensiva da lealdade.

[520] Nem se diga que a assistência financeira sempre se traduziria numa instrução ilegal por proibida pelo artigo 322.º/1. Pois, na verdade, o debate, em primeiro lugar, é, justamente, se nesta hipótese o artigo 322.º/1 vale ou se, ao invés, cede passo ao artigo 6.º/3 do Código das sociedades comerciais. Além disso, viu-se antes, o próprio artigo 322.º/1 pressupõe, para a interdição valer, ser o fim de assistência financeira extensível a ambas as partes e, devidamente interpretado, representar o motivo determinante da operação. Se não for essa a situação não há proibição. De fora, estarão assim as situações de existência de outros propósitos principais. E adiante veremos como justamente as hipóteses agora em análise não são suscetíveis de serem tidas por situações de propósito determinante ou único. Cfr. *supra* § 4. 3. 1. 2, II, § 4. 3. 2, I, nota 304 e *infra* § 4. 3. 4. 2, X.

de ultrapassarem os perigos inerentes, designadamente o de insolvência da sociedade totalmente dominante ou diretora[521]. Destarte, e em síntese, o facto de *não serem garantidos da mesma forma com a aplicação do regime legal dos grupos societários* não apenas não é relevante como, ao invés, a sua possibilidade é, expressamente, assumida, aceite e tida por conatural ao regime das relações de grupo. A rejeição ou condenação dessa eventual diferença de proteção dos credores não penalizaria apenas o financiamento ou apoio dado pela sociedade inferior para aquisição das suas ações próprias pela sociedade superior. Ela sentenciaria o próprio regime e funcionamento dos grupos jurídicos societários.

IX – A tudo isto soma-se ainda um outro motivo para se dever, em nosso entender, rejeitar a posição de PAULO DE TARSO DOMINGUES. Ele está ligado à *ratio*, teleologia ou intencionalidade normativa da proibição de assistência financeira.

Na verdade, já o vimos, a razão da interdição não é determinada por razões patrimoniais de proteção dos credores ou do património da sociedade[522]. Insista-se: a legitimidade ou ilegitimidade destas operações não está ligada a aspetos estruturais a elas inerentes ou aos perigos suscitados para os sócios e para os credores sociais, mas ao facto de serem tidas por *normalmente* dirigidas à realização de fins não merecedores de proteção. Portanto, a interdição é apenas o resultado de um juízo jurídico-valorativo de mérito, ou falta dele, do ponto de vista do Direito e do sistema, em resultado dos fins próprios associados, em concreto, a esse tipo de formas de atuação. A assistência financeira não é, pois, *per se*, repreensível. E, não o sendo não há, assim, a nosso ver, motivo para impor estas razões, subjacentes à proibição, também às hipóteses agora em análise.

Esta ideia é, já o dissemos, atestada pela imposição de pressupostos subjetivos ou finalísticos para a interdição valer[523]. Em virtude desses pressupostos, se o financiamento ou apoio não tiver como propósito principal a assistência financeira e ela for, destarte, meramente acessória

[521] No mesmo sentido CARLOS OSÓRIO DE CASTRO, *A prestação de garantias e a assistência financeira...*, in *Estudos...*, II, 425.

[522] Cfr. *supra* § 4, 2, § 4, 2, 1 e § 4. 2. 4, I, II, IV, V, VII e VIII.

[523] V. *supra* 4. 3. 1. 2. E também pela própria regulamentação e flexibilização atual da assistência financeira ao nível do Direito europeu.

ou se, mesmo tendo esse propósito principal, possuir finalidades mistas, então, a operação é lícita[524]. É, igualmente, esta intencionalidade a permitir entender o facto de o Direito comunitário, primeiro, e o Direito nacional, depois, autorizarem a assistência financeira dirigida a favorecer a aquisição pelo ou para o pessoal da sociedade-alvo ou de uma sociedade com ela coligada ou a permitir, também, as transações emolduradas nas operações correntes dos bancos ou de outras instituições financeiras (artigo 322.º/2 do Código das sociedades comerciais).

Não há, assim, nenhuma proibição absoluta de assistência financeira. Não são nem os negócios de financiamento, nem os de aquisição das ações, a serem olhados de forma suspeita pelo Direito. É o fim de certos negócios de assistência. Assiste-se, apenas, a uma interdição relativa em função do maior ou menor mérito dos fins, propósitos e objeto visados pela assistência financeira. Pois bem: a relatividade da proibição mostra, precisamente, já o assinalámos, estar o seu fundamento para lá da proteção dos interesses dos acionistas ou dos credores sociais. Ela depende, antes, da valoração normativa do mérito das finalidades concretas prosseguidas pela transação em si mesma. Não dos perigos ou riscos intrínsecos e estruturais deste tipo de operação. Senão a proibição teria de ser irrestrita e não apenas limitada ou parcial.

X – Estando em jogo, no artigo 322.º/1 do Código das sociedades comerciais, a proibição de um negócio (a assistência financeira), dotado de determinado fim (e apenas esse), objeto de um juízo valorativo de demérito, percebe-se a admissibilidade desse mesmo negócio se, *in casu*, forem detetáveis razões para alterar esse juízo negativo[525]. Ora, já o referimos: no âmbito das relações dos grupos de Direito, a previsão de uma regulamentação própria para essas relações é o resultado do entendimento no sentido de a possibilidade de direção unitária trazer vantagens suscetíveis de ultrapassarem os perigos inerentes (designadamente o de insolvência da sociedade totalmente dominante ou diretora). Esta valoração é dobrada, suportada e manifestada por um regime próprio onde sobressai a possibilidade de se dar instruções desvantajosas, a responsa-

[524] V. *supra* § 4. 3. 1. 2.

[525] Como sucede nas hipóteses do artigo 322.º/2, na eventualidade de o fim determinante do negócio de financiamento não ser a assistência.

bilidade da sociedade diretora ou totalmente dominante para com os credores da subordinada ou inferior e a responsabilidade por perdas. Esta disciplina mostra-se, portanto, por si, de molde a afastar, nas hipóteses agora em análise, o juízo de desmerecimento da operação de assistência financeira. Isto por traduzir a aceitabilidade jurídica e social (portanto, para os próprios credores e outros interessados) de medidas desvantajosas de outro modo proibidas. E entre essas medidas desvantajosas pode estar a assistência financeira. Não só por este regime poder, eventualmente, atenuar os riscos de uma operação de assistência financeira realizada noutro cenário, mas por ele representar e expressar uma aceitação e valoração positiva das já referidas vantagens da direção unitária do grupo que naturalmente se defronta com o, noutros moldes, juízo negativo sobre a assistência financeira. Dir-se-á, portanto, não se estar diante de um negócio de fim proibido nos termos do artigo 322.º/1. Até por nesse cenário, por a assistência financeira ser o resultado de uma instrução vinculativa, então, a sociedade *sofrer* ou *sujeitar-se* à decisão do (novo) sócio diretor ou totalmente dominante sem ter participado na decisão de pôr os seus bens ou reservas sociais à disposição ou serviço da aquisição antes efetuada[526]. E se a sociedade controlada ou subordinada não toma parte nessa decisão não há nem pode haver assistência financeira proibida. Já o vimos[527]: por força do funcionamento simultâneo do artigo 321.º/1 do Código das sociedades comerciais (e do seu elemento finalístico), de um lado, e do artigo 281.º do Código civil, do outro, para existir interdição, a finalidade de assistência financeira tem de ser comum a ambas as partes. Porém, havendo instrução vinculativa uma das partes não pode deixar de obedecer. É esse o motivo ou propósito da sua atuação. A intenção de assistência não lhe é, portanto, extensível (por não haver vontade livre). Vale, então, o disposto no artigo 6.º/3 que prevalece sobre a proibição do artigo 322.º/1. O financiamento por parte da sociedade subordinada ou totalmente dominada para a sociedade diretora ou totalmente dominante adquirir as ações próprias da primeira é, destarte, lícito.

Mas o resultado assim obtido para as hipóteses de financiamento ou apoio dado pela sociedade subordinada ou totalmente dominada à aqui-

---

[526] Cfr., no mesmo sentido, STEFANO CACCHI PESSANI, *L'assistenza finanziaria...*, 91. V., também, *supra* § 4. 3. 1. 1. 2, IX.

[527] V. *supra* § 4. 3. 1. 1. 2, I.

sição das suas ações pela dominante ou diretora tem também impacto sobre os outros cenários por nós analisados ou talvez, dito de outra maneira, permite entendê-los melhor. Vimos antes parecer, à primeira vista, determinar a remissão do artigo 325.º-B do Código das sociedades comerciais para os artigos 325.º-A e 322.º do mesmo diploma a aparente prevalência do regime deste último sobre o artigo 6.º/3 na eventualidade de a sociedade totalmente dominante ou diretora financiar a sociedade dependente para comprar as ações da superior. Será também, parece, essa a inferência a tirar se a sociedade inferior financiar a compra por um terceiro das ações próprias da sociedade superior. Todavia, esta remissão do artigo 325.º-B para os artigos 325.º-A e 322.º não pode determinar a aplicação de um regime mais severo do que o previsto pelo próprio artigo 322.º do Código das sociedades comerciais[528].

Ora, vimo-lo, este apenas impõe a proibição de assistência financeira se existir uma relação causal subjetiva representativa do elemento finalístico ou subjetivo imprescindível para a proibição. E este deve, segundo a *communis opinio*, ser entendido nos termos do conceito de *principal purpose* do Direito inglês[529]. Portanto, se o fim de assistência financeira não for a finalidade determinante comum primordial da operação, mas se revelar meramente acessório ou incidental não vale a interdição. Donde, não pode deixar de ser também desse modo nas hipóteses de remissão do artigo 325.º-B do Código das sociedades comerciais para o artigo 325.º-A e para o artigo 322.º do mesmo diploma. Assim, mesmo na eventualidade de se estar num cenário de financiamento pela filha para um terceiro adquirir ações da sociedade totalmente dominante ou diretora, se o objetivo de assistência financeira for meramente secundário ou misto, não vale a proibição de assistência financeira. Isso é, de resto, atestado pelo facto de o artigo 325.º-B prever uma remissão para a totalidade do artigo 322.º do Código das sociedades comerciais. Ou seja, a remissão tanto é para o artigo 322.º/1 como para o 322.º/2[530]. E isso revela o seguinte: se ao remeter-se para o artigo 322.º/1 se está a assegurar a proibição de uma

[528] Veja-se, com interesse, Joana Leal de Macedo Vitorino, *A proibição de assistência financeira e o artigo 6.º do Código das Sociedades Comerciais*..., 48.

[529] Cfr. *supra* § 4. 3. 1. 2, I e II.

[530] Isso mesmo é, por exemplo, sublinhado por Margarida Costa Andrade, *Código das sociedades comerciais*..., V (artigos 271.º a 372.º-B), comentário ao artigo 325.º-B, 490.

sociedade usar uma dependente como forma de financiar a aquisição de ações próprias por um terceiro – pois esse financiamento é proibido pelo artigo 322.º/1[531] – igualmente se assevera a permissão de assistência financeira nas hipóteses, de existência de outros fins, previstas no artigo 322.º/2 do Código das sociedades comerciais. Ou seja, se a sociedade dependente for uma instituição financeira ela pode assistir a compra das ações da sociedade superior[532]. E o mesmo se dirá se o financiamento ou garantia prestada pela sociedade dependente for para assegurar a aquisição das ações da totalmente dominante ou diretora pelo ou para o respetivo pessoal ou de uma sociedade com ela coligada. Isto revela bem não ser, assim, propósito da remissão do artigo 325.º-B proibir situações de assistência financeira meramente acessória ou mista julgadas lícitas ao abrigo do próprio artigo 322.º/1 e 2.

Tudo visto, se reunidos os pressupostos previstos no artigo 6.º/3 do Código das sociedades comerciais, de onde resultam não ser um negócio oposto ao fim da sociedade, e se se demonstrar ser o objetivo da assistência o de servir essas mesmas exatas finalidades do referido artigo 6.º/3 (e não apenas avantajar o terceiro adquirente das ações da sociedade totalmente dominante ou diretora), então, não estaremos perante uma finalidade de assistência financeira propriamente dita[533]. Na verdade, se a sociedade garantida estiver numa relação de domínio ou de grupo com a sociedade garante, o Direito permite o sacrifício do interesse desta em prol do interesse da dominante ou do grupo. É no prosseguimento desse interesse, da coligada ou do grupo, expressamente admitido pelo nosso Ordenamento, a residir o primeiro motivo do negócio de financiamento, sendo a aquisição apenas o meio para o obter[534/535]. Afasta-se assim a relevância dos negócios aí visados em termos de demérito e resultante

---

[531] Mas apenas nos moldes dessa sua proibição.

[532] MARGARIDA COSTA ANDRADE, *Código das sociedades comerciais...*, V (artigos 271.º a 372.º-B), comentário ao artigo 325.º-B, 490.

[533] No mesmo sentido ou pelo menos muito próximo v. JOANA LEAL DE MACEDO VITORINO, *A proibição de assistência financeira e o artigo 6.º do Código das Sociedades Comerciais...*, 48.

[534] Exceto se, de facto, se vier a apurar, não obstante a existência da relação de grupo, ser a operação instrumentalizada para a realização de fins de terceiros.

[535] JOANA LEAL DE MACEDO VITORINO, *A proibição de assistência financeira e o artigo 6.º do Código das Sociedades Comerciais...*, 48.

adversidade à intencionalidade problemática e normativa protegida pelo artigo 322.º/1 do Código das sociedades comerciais[536].

Mais difíceis de resolver são as hipóteses de existência, não de uma relação de subordinação ou de domínio total, mas as simples situações de grupos de facto. Defendemos, porém, a aplicação do artigo 6.º/3 também a estas formas de coligação societária. E já referimos mais de uma vez parecer-nos procedente a demonstração da admissibilidade de instruções desvantajosas[537] e juridificação destes grupos, realizada por Ana Perestrelo de Oliveira, na base dos deveres de lealdade de natureza multilateral originados pela integração ou conexão de grupo[538]. Destarte, à semelhança do defendido na Doutrina alemã[539], também entre nós, se deve entender afastada a proibição de assistência financeira, no âmbito dos grupos de facto, nos mesmos cenários de admissibilidade já observados perante os grupos de Direito.

XI – Vimos já o facto de para se determinar o sentido da menção feita no artigo 325.º-A do Código das sociedades comerciais à relação de grupo nos termos dos artigos 488.º e seguintes se dever sempre apurar quem domina[540]. Portanto, penalizadas são apenas as ações da dominante detidas pela dominada. Esta ideia deve estender-se aos grupos paritários[541].

Nos grupos paritários é admissível a emissão de instruções vinculativas para as sociedades agrupadas tendentes ao exercício em comum da direção unitária *maxime* se existir um órgão comum de direção e coordenação[542]. Mas não parecem aceitáveis em geral as instruções desvantajo-

536 V., porém, *supra* § 4. 3. 4. 2, IV.

537 V. *supra* § 4. 3. 4. 1, III, nota 430.

538 V. *supra* § 4. 3. 4. 1, III, nota 430; e § 4. 3. 4. 2, VI.

539 Cfr. *supra* 4. 3. 4. 2 II.

540 V, *supra* § 4. 3. 4. 2, III.

541 No mesmíssimo sentido v. Menezes Cordeiro, *O CSC e a reforma de 2010. Gralhas, lapsos...*, in *Revista...*, 2010, 3/4, 514 e 515.

542 Nessa mesma direção Brito Correia, *Grupos de sociedades*, in *Novas perspectivas do direito comercial*, 1988, 399; Engrácia Antunes, *Os grupos...*, 926 e ss.; Ana Perestrelo, *Código...*, comentário ao artigo 492.º, 1266. Mas v. Lima Pinheiro, *Contrato de empreendimento comum joint-venture em Direito internacional privado*, 1998, 271, admitindo a possibilidade de grupos paritários sem emissão de instruções vinculantes.

sas[543]. Ainda assim o artigo 6.º/3 vale naturalmente também para os grupos paritários[544]. Qualquer uma das sociedades pode oferecer garantias a dívidas da(s) outra(s)[545]. Portanto, é o próprio Código das sociedades comerciais a abrir diretamente, nesta hipótese, a possibilidade de uma «*instrução*» ou medida desvantajosa para a sociedade garante[546] em homenagem à ideia de a prosperidade das diversas sociedades numa relação horizontal ser benigna para todas elas e de haver entre os diversos membros do grupo uma interligação de interesses[547]. Uma vez mais é a ideia das vantagens associadas à direção unitária do grupo a manifestarem-se[548]. A prestação da garantia serve, assim, uma finalidade (estar ao serviço de uma relação de grupo) objeto de um juízo ou valoração positiva, por parte do Direito, suscetível, portanto, do ponto de vista sistemático, de se sobrepor ou desvalorizar a avaliação normativa de demérito feita a propósito de certas formas de assistência financeira pelo artigo 322.º/1. Seria no mínimo estranho afirmar um determinado preceito (o artigo 6.º/3) a licitude de uma determinada operação em resultado não só da sua harmonia com o fim societário, mas, também, da sua especial relevância para a realização e desenvolvimento das relações de grupo e, depois, outra norma (o artigo 322.º/1) vir estabelecer a nulidade desse negócio em virtude do fim desse mesmo negócio.

E nem se diga serem as situações reguladas nos dois preceitos diferentes, dado o artigo 322.º/1 não vedar a prestação de garantias intragrupo, mas, apenas, hipóteses de garantias ou financiamentos dados pela sociedade-alvo para a compra das suas próprias ações. Insista-se: a proibição do artigo 322.º/1 pressupõe ser a assistência financeira dada *para* a aqui-

---

[543] ENGRÁCIA ANTUNES, *Os grupos*..., 928; ANA PERESTRELO, *Código*..., comentário ao artigo 492.º, 1266. Dubitativo BRITO CORREIA, *Grupos*..., in *Novas*..., 399.

[544] Assim, também, COUTINHO DE ABREU, *Curso*..., 193, nota 433; e DIOGO COSTA GONÇALVES, *Pessoa coletiva*..., 770, 791.

[545] ANA PERESTRELO DE OLIVEIRA, *Grupos de sociedades*..., 524; Id., *Manual de grupos*..., 180 e ss., 185, 188 e 190; Id., *Manual de corporate*..., 280, 288 e 290. Para as garantias prestadas no âmbito dos grupos paritários v., ainda, os autores citados na nota precedente.

[546] Em termos semelhantes, mas tendo em vista as sociedades em relação de simples domínio ANA PERESTRELO DE OLIVEIRA, *Manual de grupos*..., 251.

[547] Veja-se o que dizemos a seguir, *infra* § 4. 3. 4. 2, XII, a propósito das relações de domínio.

[548] Haverá ainda, porventura, um propósito de incentivar a formação, expansão e desenvolvimento de grupos económico-societários.

sição de ações próprias da sociedade-alvo. De fora da interdição estão, já o vimos, as situações em que esse propósito não é a finalidade principal da operação ou é apenas uma das finalidades, mostrando-se, portanto, o respetivo objetivo misto como sucede no artigo 322.º/2 do Código das sociedades comerciais[549]. Nos cenários de assistência financeira previstos neste último preceito, o especial mérito dos fins concretos associados a estas operações de assistência financeira leva a afastar o juízo de suspeição, de demérito e ilicitude da operação em geral ligados a este tipo de operação e torna-a, por isso, admissível. O mesmo sucede relativamente às relações de grupo paritário e às garantias prestadas no seu âmbito. Mesmo se elas forem destinadas a viabilizar ou dar assistência financeira (como sucede no artigo 322.º/2), essas garantias serão – numa perspetiva sistemática – válidas (sempre à semelhança do passado no artigo 322.º/2) dada a presença de outros fins (a promoção das relações de grupo) e da respetiva valoração positiva de merecimento e de relevância à luz do sistema. E se as garantias se mostram válidas igual validade terá um financiamento direto.

Tratando-se de simples relação de domínio não vale o regime das sociedades em relação de grupo. A posição dos sócios livres e dos credores deverá assim ser objeto de uma especial atenção[550]. Importa, todavia, apurar se isso é suficiente para se assumir detrair ou postergar assim a garantia prestada por uma dominada a favor de uma dominante por princípio o disposto no artigo 64.º/1, *a*) do Código das sociedades comerciais e o interesse da sociedade garante[551].

Terá fundamento partir-se imediatamente do pressuposto de inexistência de um justificado interesse próprio na eventualidade de a sociedade dominada prestar uma garantia a dívida da sociedade dominante? E, portanto, assumir-se a imediata impossibilidade de a sociedade-alvo garantir (ou financiar) a aquisição das suas próprias ações pela sociedade dominante, independentemente até do disposto no artigo 322.º/1 do Código das sociedades comerciais?

---

549 V. *supra* § 4. 3. 1. 2.

550 Em termos semelhantes v. Diogo Costa Gonçalves, *Pessoa coletiva...*, 792.

551 Uma vez mais em termos aproximados cfr. Diogo Costa Gonçalves, *Pessoa coletiva...*, 792.

Julgamos ser a resposta negativa[552]. Não por se assumir a impossibilidade de existência de abusos, mas por se ter entendido, face aos meios jurídicos à disposição da sociedade dominada, existir uma interligação de interesses também no âmbito das relações de domínio e a regra ser a de a sociedade dominada beneficiar da atividade dominante e, destarte, por princípio ter interesse em garantir as dívidas desta.

De igual modo, já o vimos de resto ao tratar o elemento finalístico da proibição de assistência financeira[553], nas hipóteses de falta de relação de domínio ou de grupo, mas de existência de um justificado interesse próprio, se estivermos diante da prestação de um financiamento ou garantia com vista à facilitação da aquisição de ações da própria sociedade[554], esse interesse próprio da sociedade garante ou financiadora determina não ser o fim principal ou exclusivo do negócio a assistência financeira. A assistência financeira, nessa eventualidade, é meramente instrumental ou acessória de um outro fim tradutor do justificado interesse próprio da sociedade garante. Sendo essa finalidade a prosseguida, não está preenchido o elemento finalístico da proibição[555].

De fora do regime dos artigos 325.º-A e 325.º-B estão, finalmente, também, as hipóteses de assistência pela sociedade dominante a um terceiro para este adquirir ações da sociedade dominada. Mas deve-se isso, não ao facto de nessa eventualidade prevalecer o disposto no artigo 6.º/3 do Código das sociedades comerciais, mas, simplesmente, em razão da ausência de virtualidade do artigo 322.º/1 para abranger na sua letra e na sua intencionalidade normativa situações deste tipo[556].

---

552 No mesmo sentido v. ANA PERESTRELO DE OLIVEIRA, *Grupos de sociedades...*, 523 e 524; Id., *Manual de grupos...*, 187, 188 e 251; Id., *Manual de corporate...*, 287; MIGUEL URBANO, *Garantias bancárias...*, in *III Congresso...*, 575 e 576; DIOGO COSTA GONÇALVES, *Pessoa coletiva...*, 792.

553 *Supra* § 4. 3. 1. 2.

554 E não já de uma sociedade em relação de domínio ou de grupo.

555 Nos mesmos termos JOANA LEAL DE MACEDO VITORINO, *A proibição de assistência financeira e o artigo 6.º do Código das Sociedades Comerciais...*, 48 e 49.

556 Em direção não muito diversa v. MARIANA DUARTE SILVA, *Assistência financeira no âmbito das sociedades...*, in *Revista...*, 2010, II, 1/2, I, 203 e 204. V., também, ROLAND PÜHLER, *Das Verbot...*, 104 e nota 346, com referências nesse sentido a autores belgas e franceses; e FLORIAN ALEXANDER HASSNER, *Finanzielle Unterstützung zum institutionellen Leveraged Buyout einer Aktiengesellschaft...*, 310; MERKT, *Aktiengesetz...*, 3, 2, comentário ao § 71a, 471.

§ 4.3.5 – A compra ou fusão alavancada (*leveraged buyout*)

§ 4.3.5.1 – Noção e modalidades de compra ou fusão alavancada (*leveraged buyout*)

I – A compra alavancada ou *leveraged buyout* traduz-se numa técnica financeira de aquisição de uma empresa societária predominantemente através da utilização de meios alheios resultantes da afetação do *cash flow*, das reservas livres ou dos próprios bens da sociedade tomada[557]. A ideia

[557] Para uma caraterização das técnicas de assistência financeira através de diversas formas do chamado *leveraged buyout* ou compra alavancada v., entre nós, por exemplo, MENEZES CORDEIRO, *Da tomada de sociedades...*, in *Revista...*, 1994, III, 769 e 770; JOSÉ DIOGO HORTA OSÓRIO, *Da Tomada do Controlo de Sociedades (Takeovers) por Leveraged Buyout...*, 9 e ss., 19 e ss., 79 e ss., 90, 93 e ss., e *passim*; ENGRÁCIA ANTUNES, *A empresa como objecto de negócios «asset deals» versus «share deals»*, in *Revista da Ordem dos Advogados*, 2008, 68, II-III, 735 e ss.; MARIANA DUARTE SILVA, *Assistência financeira no âmbito das sociedades...*, in *Revista...*, 2010, II, 1/2, I, 228 e ss.; INÊS PINTO LEITE, *Da proibição de assistência financeira...*, in *Direito...*, 2011, 3, 5, 161 e ss.; RITA TRABULO, *As acções próprias. O regime da aquisição de acções próprias e a prestação de assistência financeira...*, in *Temas de direito...*, 417 e ss.; PEDRO NUNES, *A proibição de assistência financeira...*, in *Revista...*, 2015, junho, 2, 21 e ss.; e ANA PERESTRELO DE OLIVEIRA, *Manual de corporate...*, 227, 307 e 308. Entre os autores italianos v., por exemplo, A. FRIGANI, *Leveraged buyout*, in *Digesto delle discipline privatistiche. sezione commerciale*, 4.ª ed., 1987, 1 e ss.; SAVERIO SPOLIDORO, *Fusioni pericolose...*, in *Rivista delle società*, 2004, 49, março-junho, 229 e ss.; ANDREA VICARI, *L'assistenza finanziaria per l'acquisto del controllo delle società...*; G. F., CAMPOBASSO *Diritto...*, II, 649 e ss.; CLAUDIO BOLOGNESI, *Commentario...*, II, comentário ao artigo 250.º-*bis*, 1240 e ss.; STEFANO CACCHI PESSANI, *La tutela dei creditori nelle operazioni di merger leveraged Buyout...*, 1 e ss.; Id., *L'assistenza finanziaria...*, 173 e ss.; ENRICO CIVERRA, *Il finanziamento delle società...*, 112 e ss.. Na Doutrina alemã v., designadamente, MARCUS LUTTER/HENNING WAHLERS, *Der buyout: Amerikanische Fälle...*, in *Die Aktiengesellschaft...*, 1989, 1 e 2; BECKER, *Gesellschaftsrechtliche Probleme der Finanzierung...*, in *Deutsches...*, 1998, 1429 e ss.; ROLAND PÜHLER, *Das Verbot...*, 251 e ss.; HOLGER FLEISCHER, *Zur Finanzielle Unterstützung des Aktienerwerbs...* in *Die Aktiengesellschaft...*, 1996, 497 e ss.; MARKUS KERBER, *Die aktienrechtlichen Grenzen der finanziellen Unterstützung des Aktienerwerbs im Buyout-Verfahren*, in *Der Betrieb*, 2004, 19, 1027 e ss.; TIM DRYGALA, *Finanzielle Unterstützung des Aktienerwerbs...*, in *Der Konzern*, cit., 2007, 6 e 7, 400; HORTS EIDENMÜLLER, *Private equity, Leverage und die effizienz des Gläubigerschutzrechts*, in *Zeitschrift für das Handelsrecht*, 2007, 171, 644 e ss.; ALEXANDER KITANOFF, *Der Erwerb eigner Aktien...*, 125 e ss., 133 e 134; ROBERT FREITAG, *Financial assistance durch die Aktiengesellschaft nach der reform der Kapitalrichtlinie...*, in *Die Aktiengesellschaft. Zeitschrift für das gesamte Aktienwesen...*, 2007, 5, 159; HARTUNG, *Financial Assistance. § 71a AktG...*, 165 e ss.; JOHANNES FRIDRICH, *Der Schutz des Kapitals...*, 35 e ss., 289 e ss.; MARTIM TASMA, *Leveraged buyout und Gläubigerschutz*,

primária baseia-se na obtenção de créditos de curto prazo assentes na garantia, ou promessa dela, dos próprios bens da entidade a adquirir[558].

A expressão *alavancada* ilustra, justamente, o facto de a operação se materializar mediante uma aportação mínima por parte dos promotores e o máximo apelo ao endividamento da sociedade-alvo[559]. A *ratio* de endividamento ou alavancagem financeira expressiva da relação entre dívidas e fundos próprios da sociedade-alvo é, assim, exponencialmente aumentada[560].

Portanto, através deste tipo de operação assiste-se a uma transferência dos encargos de aquisição da empresa societária para o património e receitas futuras da própria entidade-alvo. A diferença entre a assistência financeira e a compra alavancada reside precisamente nisso. Na primeira forma de operação[561] a sociedade financia a participação de um sócio ou garante o financiamento. Na segunda[562], está-se diante de uma operação destinada a imputar ou transferir para a sociedade-alvo o custo dessa participação[563].

2012, 11 e ss.; FLORIAN ALEXANDER HASSNER, *Finanzielle Unterstützung zum institutionellen Leveraged Buyout einer Aktiengesellschaft...*, 426 e ss., 452 e ss., e 535 e ss.; CAHN, *Kommentar...*, comentário ao § 71a, anotação 3, 37, 44 e ss.; OECHSLER, *Münchener Kommentar...*, comentário ao § 71a, anotação 2, 3, 5, 6, 26 e 27 e *passim*.

[558] Mas v., para vários modos de financiamento deste tipo de operações, JOSÉ DIOGO HORTA OSÓRIO, *Da Tomada do Controlo de Sociedades (Takeovers) por Leveraged Buyout...*, 99 e ss..

[559] V., por todos, JOSÉ DIOGO HORTA OSÓRIO, *Da Tomada do Controlo de Sociedades (Takeovers) por Leveraged Buyout...*, 79. Cfr., também, HOLGER FLEISCHER, *Zur Finanzielle Unterstützung des Aktienerwerbs...* in *Die Aktiengesellschaft...*, 1996, 497; BECKER, *Gesellschaftsrechtliche Probleme der Finanzierung...*, in *Deutsches...*, 1998, 1429; FRANK WESTPAHL, *Der nicht zweckgebundene Erwerb eigener Aktien...*, 23 e 24; HARTUNG, *Financial Assistance. § 71a AktG...*, 174 e ss.; JOHANNES FRIDRICH, *Der Schutz des Kapitals...*, 36 e ss..

[560] Cfr. uma vez mais JOSÉ DIOGO HORTA OSÓRIO, *Da Tomada do Controlo de Sociedades (Takeovers) por Leveraged Buyout...*, 79.

[561] A assistência financeira.

[562] O *leveraged buyout*.

[563] Nesse sentido v., ilustrativamente, STEFANO CACCHI PESSANI, *L'assistenza finanziaria...*, 176 e 177.

II – A compra alavancada pode apresentar tantas formas quantos os modos de transmissão de empresas[564]. As formas de financiamento podem ser igualmente variadas[565].

Entre as formas mais notórias de compra alavancada estão o *management leveraged buyout*, o *management leveraged buyin* (*MBI*), o *employee leveraged buyout* (*EBO* ou *EBLO*), o *owners leveraged buyout* (*OBO* ou *OBLO*) e o *leveraged buyout* através ou seguido de uma fusão (*merger leveraged buyout*)[566]. Na última eventualidade a sociedade tomadora constitui uma sociedade veículo com um capital mínimo. Esta vai ao mercado financiar-se de modo a adquirir a sociedade-alvo. Num momento posterior a sociedade tomadora funde-se com a sociedade-alvo e, dessa forma, a sociedade resultante da fusão passa a ser titular de todo o património das duas entidades fundidas. Essa fusão pode ter lugar por concentração ou por incorporação.

Tratando-se de fusão por incorporação podemos estar perante um *forward merger buyout, upstream merger buyout*, ou em sentido ascendente, se a sociedade veículo incorporar a sociedade-alvo. Haverá um *reverse merger buyout, downstream merger buyout*, ou em direção descendente se a sociedade veículo for incorporada na sociedade-alvo[567].

---

[564] A este respeito v., por exemplo, José Diogo Horta Osório, *Da Tomada do Controlo de Sociedades (Takeovers) por Leveraged Buyout...*, 95 e ss.; Pedro Nunes, *A proibição de assistência financeira...*, in *Revista...*, 2015, junho, 2, 25 e ss.. A título ilustrativo o mesmo, na Doutrina alemã, Hartung, *Financial Assistance. § 71a AktG...*, 166 e ss..

[565] José Diogo Horta Osório, *Da Tomada do Controlo de Sociedades (Takeovers) por Leveraged Buyout...*, 98 e ss.. V., também, Menezes Cordeiro, *Da tomada de sociedades...*, in *Revista...*, 1994, III, 769 e 770; Pedro Nunes, *A proibição de assistência financeira...*, in *Revista...*, 2015, junho, 2, 31 e ss..

[566] A propósito destas diversas formas de compra alavancada e suas especificidades v., de forma exemplificativa, na nossa Doutrina, José Diogo Horta Osório, *Da Tomada do Controlo de Sociedades (Takeovers) por Leveraged Buyout...*, 96 e ss., 104 e ss., nota 158; e, na Doutrina alemã, entre outros, Becker, *Gesellschaftsrechtliche Probleme der Finanzierung...*, in *Deutsches...*, 1998, 1429 e 1430; Hartung, *Financial Assistance. § 71a AktG...*, 166 e 167.

[567] Para mais pormenores v., de entre a literatura que vimos citando, na nossa Doutrina, José Diogo Horta Osório, *Da Tomada do Controlo de Sociedades (Takeovers) por Leveraged Buyout...*, 94, 202 e ss.; e Pedro Nunes, *A proibição de assistência financeira...*, in *Revista...*, 2015, junho, 2, 24 e ss.. Entre os autores alemães v., por exemplo, Horts Eidenmüller, *Private equity, Leverage und die effizienz...*, in *Zeitschrift...*, 2007, 171, 662; Johannes Fridrich, *Der Schutz des*

§ 4.3.5.2 – A compra ou fusão alavancada e a proibição de assistência financeira do artigo 322.º do Código das sociedades comerciais

I – As diversas formas de compra alavancada suscitam problemas ou pelo menos interrogações relativamente à sua admissibilidade à luz do artigo 322.º/1 do Código das sociedades comerciais. As interpelações suscitadas ao intérprete são ou podem, porém, ser diversas dependendo das distintas formas seguidas para realizar a aquisição alavancada.

São notórias situações, designadamente no Direito inglês, mas também noutros Ordenamentos, de financiamento da aquisição de ações próprias por terceiros através da compra pela sociedade-alvo de uma outra empresa ou sociedade[568], ou desprovida de valor ou de valor reduzido, a um preço de inflacionado, depois usado pelo licitante para financiar posteriormente a aquisição[569/570]. O efeito de financiamento de tais transações é decisivo[571]: se a sociedade-alvo paga um preço significativamente superior ao valor intrínseco do investimento deve afirmar-se a existência de uma assistência financeira proibida para efeitos do artigo 322.º do Código das sociedades comerciais, se isso for feito para aquisição de ações próprias da sociedade-alvo[572].

II – Porém, se o preço pago for justo e ponderado não vislumbramos nenhuma razão para entender ser a operação interdita[573]. Nessa eventualidade há uma contrapartida recebida pela sociedade e não se pode afirmar

---

Kapitals..., 289, 290 e ss., 300 e ss.; FLORIAN ALEXANDER HASSNER, *Finanzielle Unterstützung zum institutionellen Leveraged Buyout einer Aktiengesellschaft...*, 55 e ss., 568 e ss..

568 Na eventualidade de faltar essa ligação v. *supra* § 4. 3. 1. 1. 1, III.

569 Cfr., por exemplo, JOSÉ DIOGO HORTA OSÓRIO, *Da Tomada do Controlo de Sociedades (Takeovers) por Leveraged Buyout...*, 106, nota 158.

570 V. o referido *supra* § 2, VII, a respeito do caso *Belmont Finance Corporation Ltd. v. Williams Furniture Ltd. (N.º 2)*. A este respeito v., ainda, por exemplo, SCHROEDER, *Zur Finanzielle Unterstützung...*, 38 e ss., 174, 188 e 189; OECHSLER, *Münchener Kommentar...*, comentário ao § 71a, anotação 20.

571 No mesmo sentido OECHSLER, *Münchener Kommentar...*, comentário ao § 71a, anotação 20.

572 OECHSLER, *Münchener Kommentar...*, comentário ao § 71a, anotação 20.

573 V. *infra* § 4. 3. 6. 3. V., também, ilustrativamente, JAN BROSIUS, *Die finanzielle Unterstützung des Erwerbs eigener Aktien...*, 139 e ss..

o mero efeito de financiamento[574]. Há um financiamento, mas o resultado da operação não é apenas esse. Ela passa a estar legitimada, portanto, por assentar num outro motivo diverso do puro fornecimento de meios para a aquisição de ações. Destarte, se a operação de alienação superar um teste *at arm's length* não se estará no âmbito da assistência financeira. Apenas não sendo ultrapassado esse teste, e transposta uma margem de tolerância razoável nos valores por ele determinados, se poderá dizer, se o efeito de financiamento se produzir, estar-se diante de uma operação vedada pelo artigo 322.º[575].

Outras hipóteses de aquisição alavancada, designadamente através de *transfer pricing*, mas não só, poderão depender do grau de integração da sociedade-alvo no âmbito de um grupo ou de uma relação de domínio[576]. Já analisámos em grande parte este aspeto ao estudarmos a relação entre o artigo 322.º/1, de um lado, e o artigo 6.º, do outro, ambos do Código das sociedades comerciais. Não voltaremos a ele nem o desenvolveremos mais neste momento. Iremos antes centrar a nossa atenção nas situações de compra alavancada mediante ou seguida de fusão.

III – O *merger leveraged buyout* tem suscitado interesse especial da Doutrina em diversos países. É, além disso, relativamente abundante a casuística jurisprudencial em vários Estados-membros da União[577].

Entre nós, muito embora a praxe societária ateste a realização, mais ou menos abundante, de operações desta natureza não detetámos litígios, nos nossos tribunais, de natureza societária a este respeito. São ao invés várias as disputas de Direito tributário relativamente a este tipo de fusões ou operações similares[578]. Mas, tirando estas decisões situadas no âmbito

---

[574] Na mesma direção v., por exemplo, ULRICH SCHROEDER, *Zur Finanzielle Unterstützung...*, 174 e 175.

[575] Cfr. ULRICH SCHROEDER, *Zur Finanzielle Unterstützung...*, 175.

[576] Em sentido aproximado v. JOSÉ DIOGO HORTA OSÓRIO, *Da Tomada do Controlo de Sociedades (Takeovers) por Leveraged Buyout...*, 109.

[577] V., a título meramente ilustrativo, na Jurisprudência italiana, *Tribunale di Milano, 14-05-1992*, in *Il Foro italiano*, 1992, 115, 2829 e ss.; *Tribunale di Milano, 13-05-1999*, in *Giurisprudenza*, 2000, 1, 75 e ss..

[578] No sentido de a fusão alavancada ser notória de longa data e de, não obstante essa notoriedade, não ter o nosso Direito retirado dela a sua ilegalização em geral, à semelhança de resto do sucedido noutros Ordenamentos europeus, v. CAAD (Arbitragem tributária)

fiscal, apenas topámos, na nossa Jurisprudência, alusões *obiter dictum* a este tipo de operação[579].

A nossa Doutrina, essa, tem estudado o assunto, de forma mais ou menos profunda, e revela-se dividida, muito embora haja uma preferência manifesta pela respetiva licitude. Em direção favorável à admissibilidade deste tipo de operações manifestam-se José Diogo Horta Osório[580], Bernardo Abreu Mota[581], Mariana Duarte Silva[582], Pedro Nunes[583], Ana Perestrelo de Oliveira[584] e Joana Leal de Macedo

30-06-2017 (Baeta De Queiroz), Proc. n.º 729/2016-T/CAAD (fusão invertida – custos de financiamento – artigo 23.º do CIRC – com voto de vencido). V., ainda, CAAD (Arbitragem tributária) 06-10-2017 (Baeta de Queiroz), Proc. n.º 120/2017-T/CAAD (fusão invertida – custos de financiamento – artigo 23.º do CIRC – com voto de vencido); CAAD (Arbitragem tributária) 11-09-2017 (José Pedro Carvalho) Proc. n.º 110/2017-T/CAAD (IRC – gastos/ /fusão inversa); CAAD (Arbitragem tributária) 18-12-2017 (Suzana Fernandes da Costa), Proc. n.º 606/2016-T/CAAD (IRC – dedutibilidade de custos – indispensabilidade dos gastos – encargos financeiros – fusão inversa); TCAS 20-09-2011 (Aníbal Ferraz), Proc. 02009/07/ /ITIJ (IRC – prejuízos – deferimento tácito); STA 28-05-2014 (Francisco Rothes), Proc. 0274/12/ITIJ (IRC – transmissibilidade de prejuízo fiscal – ato tácito de deferimento – revogação); STA 12-02-2015 (Ana Paula Lobo), Proc. 01443/13/ITIJ (cisão de sociedades – fusão de sociedades – neutralidade – participação no capital social), muito embora nalguns dos casos apreciados por estas sentenças não se perceba se estão em jogo verdadeiras hipóteses de compra alavancada seguida de fusão ou se se está perante simples hipóteses de restruturação de sociedade ou grupos. Pontualmente os indícios são mesmo apenas neste último sentido. Noutros tem-se manifestamente em vista situações de *merger leveraged buyout*.

[579] V. RPt 05-11-2011 (Caimoto Jácome), Proc. 0151236/ITIJ (responsabilidade do gerente – dano – sócio); RPt 15-10-2013 (José Igreja Matos), Proc. 548/06.3TBARC.P1/ITIJ (sociedade comercial – responsabilidade delitual dos administradores e gerentes – indemnização ao sócio lesado).

[580] José Diogo Horta Osório, *Da Tomada do Controlo de Sociedades (Takeovers) por Leveraged Buyout...*, 196 e ss..

[581] Bernardo Abreu Mota, *Proibição de assistência financeira... (Parte II)*, in *Revista...*, 2006, setembro-dezembro, 15, 93.

[582] Mariana Duarte Silva, *Assistência financeira no âmbito das sociedades...*, in *Revista...*, 2010, II, 1/2, I, 196 e ss., 228 e ss..

[583] Pedro Nunes, *A proibição de assistência financeira...*, in *Revista...*, 2015, junho, 2, 39, com cautelas.

[584] Ana Perestrelo de Oliveira, *Manual de corporate...*, 228.

Vitorino[585/586]. Em sentido oposto pronunciam-se Inês Pinto Leite[587] e Paulo de Tarso Domingues[588]. Porém, este último aceita a existência de embaraços sérios na harmonização da ideia de proibição do *merger leveraged buyout* com o regime do artigo 117.º do Código das sociedades comerciais. Isto por neste preceito se prever uma tipicidade taxativa dos motivos de nulidade da fusão. Portanto, afinal, se bem lemos, Paulo de Tarso Domingues não assume uma posição terminante em favor da inadmissibilidade da fusão seguida a uma aquisição com endividamento.

A tese maioritária, favorável à admissibilidade do *merger leveraged buyout*, defende não estar este tipo de operação sujeito ao artigo 322.º do Código das sociedades comerciais, pois: (*i*) a proibição absoluta seria infundada e uma orientação apropriada exige uma interpretação restritiva do preceito; (*ii*) nas hipóteses de *merger leveraged buyout* existe um propósito secundário ou misto, sendo, destarte, a assistência financeira apenas um fim acessório ou incidental do propósito – mais amplo – visado pela fusão; (*iii*) o procedimento já permite aos acionistas e credores uma análise da situação da fusão e a proteção dos seus direitos; (*iv*) a transmissão universal do património não resulta da vontade das partes, mas sim *ope legis*; (*v*) os negócios celebrados ao longo da operação são irrepreensíveis, e a sociedade-alvo só intervém ativamente na fusão, sendo, até este momento, um mero objeto mediato das negociações; (*vi*) haveria entre esta situação e a do crédito hipotecário para aquisição de imóvel, em que o devedor oferece como garantia real um imóvel que, ainda, não

---

585 Joana Leal de Macedo Vitorino, *A proibição de assistência financeira e o artigo 6.º do Código das Sociedades Comerciais...*, 28 e ss., com limites.

586 Expressamente no sentido de o *merger leveraged buyout* não ser proibido v., ainda, entre outras decisões do CAAD no mesmo sentido: CAAD (Arbitragem tributária) 30-06-2017 (Baeta de Queiroz), Proc. n.º 729/2016-T/CAAD (fusão invertida – custos de financiamento – artigo 23.º do CIRC – com voto de vencido); CAAD (Arbitragem tributária) 06-10-2017 (Baeta de Queiroz), Proc. n.º 120/2017-T/CAAD (fusão invertida – custos de financiamento – artigo 23.º do CIRC – com voto de vencido).

587 Inês Pinto Leite, *Da proibição de assistência financeira...*, in *Direito...*, 2011, 3, 5, 161 e ss..

588 Paulo de Tarso Domingues, *Assistência financeira...*, in *AB Instantia...*, 2013, I, 2, 70 e 71, e nota 74.

lhe pertence e pode afetar as receitas geradas, *v.g.*, pelo arrendamento do imóvel, ao reembolso do crédito[589].

A orientação minoritária, adversa à licitude da compra alavancada através de fusão, por seu turno, alega em detrimento da respetiva legitimidade: (*i*) mostrar-se o resultado material destas operações precisamente o pretendido evitar pela proibição de assistência financeira, *i.e.*, ser a subscrição ou aquisição das ações suportada pelo património da sociedade-alvo e por essa razão estaríamos perante uma forma de fraude à lei se o *LBO* fosse aceitável; (*ii*) não existir uma distinção entre hipóteses lícitas e ilícitas de assistência financeira; elas seriam todas proibidas; (*iii*) o argumento da proteção conferida pela fusão também não vingaria, pois, o regime não salvaguarda hipóteses em que, a partir de determinado nível de proteção, a assistência financeira passa a ser admitida; (*iv*) a fusão outorga uma tutela débil aos sócios minoritários; (*v*) há uma fragilização da garantia patrimonial da sociedade-alvo[590].

---

[589] Segue-se a síntese operada por PEDRO NUNES, *A proibição de assistência financeira...*, in *Revista...*, 2015, junho, 2, 36 e 37. Alega-se, também, a favor da inimpugnabilidade da operação de fusão, a seguir a uma aquisição com endividamento, num passo de resto já antes aludido no texto, a tipicidade taxativa dos fundamentos de nulidade da fusão estabelecida pelo artigo 117.º do Código das sociedades comerciais. O argumento tem relevância. Ainda assim sempre se poderia dizer que, se a operação fosse proibida, haveria nulidade da deliberação destinada a possibilitá-la, nos termos do artigo 56.º/1 *d*) do Código das sociedades comerciais. E, segundo o artigo 117.º, dado a nulidade da deliberação ser um dos fundamentos possíveis da nulidade da fusão esta própria seria atingida. Todavia, para isso suceder seria necessário, por se estar perante uma situação de fim contrário à lei, observar o disposto no artigo 281.º do Código civil. E isso pode não ser tão fácil como parece deixar entender INÊS PINTO LEITE, *Da proibição de assistência financeira...*, in *Direito...*, 2011, 3, 5, 71. Além disso, a nulidade da fusão, mesmo a resultante da invalidade da deliberação de assembleia geral de uma das sociedades a fundir, só pode ser feita valer nos prazos referidos no artigo 117.º/2. Parece, pois, representar neste aspeto, ao invés do sustentado por INÊS PINTO LEITE, o regime da fusão uma disciplina plena não suscetível de ser afastada por outras normas. No sentido de a regulamentação do processo de fusão se apresentar como uma regulação final e plena v., também, ALEXANDER KITANOFF, *Der Erwerb eigner Aktien...*, 134; JAN BROSIUS, *Die finanzielle Unterstützung des Erwerbs eigener Aktien...*, 150; MERKT, *Aktiengesetz...*, 3, 2, comentário ao § 71 a, 475.

[590] Veja-se, novamente, a síntese operada por PEDRO NUNES, *A proibição de assistência financeira...*, in *Revista...*, 2015, junho, 2,

IV – Tudo ponderado afigura-se estar a razão do lado da orientação dominante. Os argumentos esgrimidos pela orientação minoritária não vingam.

Relativamente ao primeiro de entre eles vimos já, ao longo deste estudo, não ser o resultado material da operação o decisivo para se determinar, ou não, a aplicação do artigo 322.º/1 do Código das sociedades comerciais. Se fosse assim, não se entenderia, desde logo, o facto de esta norma apenas interditar atos intencionalmente funcionalizados, por ambas as partes no negócio, à prestação de assistência financeira. De fora estão, deste modo, hipóteses de produção do resultado de assistência financeira, mas desprovidas de proibição, pois o elemento finalístico não se preenche. É, assim, o próprio artigo 322.º/1, ora a abranger e interditar, ora a afastar e permitir negócios dotados do mesmíssimo resultado material, dependendo do respetivo fim. O mesmo sucede, vimo-lo igualmente, de resto, nas hipóteses previstas no artigo 322.º/2. Também nas situações nele previstas se produz do ponto de vista material um efeito exatamente igual ao originado nas hipóteses de assistência financeira proibida. Mas ainda assim elas são admitidas. Portanto, não é tanto o resultado a interessar, mas, sim, o fim da operação e a possibilidade de se poder dizer valer, então, ou não, o juízo de desvalor ou demérito subjacente à proibição de assistência financeira. Não pode, deste modo, esgrimir-se, sem mais, o argumento da fraude à lei, pois, nem todas as hipóteses dotadas do mesmo resultado material têm o igual desfecho ou valor/desvalor. Tem antes de se apurar se a operação, a julgar, está mais perto das hipóteses aceites pelo artigo 322.º/2 e, também, pelo artigo 322.º/1, na parte em que permite assistência financeira se o elemento finalístico não estiver preenchido, ou, ao invés, está cingida pelo passo proibitivo do artigo 322.º/1.

V – A improcedência da segunda razão referida em sentido oposto à admissibilidade da fusão alavancada já resulta do anteriormente dito. Não é verdade haver uma ausência de distinção entre hipóteses lícitas e ilícitas de assistência financeira. O artigo 322.º/2 do Código das sociedades comerciais menciona, na verdade, expressa ou patentemente, duas hipóteses de assistência financeira lícita. E o elemento finalístico presente no artigo 322.º/1 leva a várias outras hipóteses de licitude e permite albergar as hipóteses de *merger leveraged buyout*.

Mas, mesmo se existisse – e não há – uma omissão expressa, e de facto se não distinguisse de modo manifesto, situações de assistência financeira lícita e ilícita, nem por isso haveria impedimento ou impossibilidade de por interpretação se chegar a determinar certos cenários de assistência financeira lícita. Isso só não seria assim se, no final do processo interpretativo, e não no seu princípio ou como seu pressuposto ou ponto de partida, se apurasse ser a tal alegada (e na realidade inexistente) ausência de distinção *expressis verbis* entre as hipóteses de assistência lícita, de um lado, e ilícita, do outro, demonstrativa de um silêncio elucidativo e tradutor de uma regulamentação plena na matéria.

De outro modo, já o dissemos neste escrito e a outro propósito[591], a um *argumentum a silentio legis completae* a partir das formas vertidas no Código das sociedades comerciais pode muito naturalmente responder--se: *quoad erat demonstrandum*. Pois, precisamente, pretende-se saber é se se nos depara uma lacuna dissimulada, se se deve proceder a algum tipo de interpretação restritiva ou extensiva ou se, ao invés, estamos perante um silêncio representativo de uma disciplina plena. E para se dar uma resposta a esta interrogação não se pode alegar a suposta ausência de distinção. Isso seria dar por demonstrado o pretendido demonstrar. É preciso, insista-se, proceder a um estudo pormenorizado dos regimes e institutos em jogo. E esse estudo aponta, justamente, no sentido da distinção entre hipóteses lícitas e ilícitas de assistência financeira. Vão nessa direção, o elemento finalístico presente no artigo 322.º/1 do Código das sociedades comerciais, o regime do artigo 322.º/2 (ambos referidos antes), as soluções interpretativas obtidas em sede de relação de grupo ou de domínio, o regime da fusão e a tutela adicional por ele oferecida e, ainda, o argumento do Direito comparado. Na verdade, a este nível, e não obstante neste aspeto não terem sido transpostas, as Diretrizes europeias distinguem de modo patente e manifesto situações de assistência lícita e hipóteses de assistência ilícita. Além disso, o Direito italiano permite expressamente, por força do artigo 2501-*bis* do *Codice civile*, a possibilidade de *merger leveraged buyout*, não obstante proibir e limitar, no artigo 2358 do mesmo diploma, outras formas de assistência financeira. E isso atesta bem como a *ratio* da proibição ou limitação destas últimas não se

[591] V. *supra* § 4. 3. 4. 2, VII.

pode ter, sem mais, por extensível às situações de compra alavancada através de aquisição seguida de fusão[592/593].

VI – O terceiro argumento esgrimido, em sentido adverso à admissibilidade do *merger leveraged buyout*, parece não ter total autonomia própria face à segunda razão referida na mesma direção, no sentido de não haver nenhuma diferenciação em função do regime de proteção outorgado. Ao invés dilui-se, nalguma medida, nela. E sobretudo a resposta dada para a segunda alegada *ratio* de inadmissibilidade da compra seguida de fusão alavancada vale, também, para afastar a pertinência deste terceiro suposto fundamento.

Só pode dizer-se não salvaguardar o regime da assistência financeira hipóteses em que, a partir de determinado nível de proteção, a assistência financeira passa a ser admitida se for sustentável, à luz da intencionalidade normativa subjacente à regulamentação, não ser a proteção oferecida pela fusão suficiente para afastar o juízo de desvalor ou de demérito

---

[592] Este entendimento é, ainda, reforçado pelo facto de se estabelecerem pressupostos e requisitos distintos para a assistência financeira, pura e simples, e para a fusão alavancada e pelo facto de o regime do artigo 2501-*bis* ser manifestamente diverso do previsto na nova redação, introduzida pela Diretriz 2006/68/CE do Parlamento europeu e do Conselho, de 6 de setembro, do artigo 23.º da Segunda Diretriz em matéria de Direito das sociedades e, depois, do artigo 25.º da Diretriz 2012/30/UE do Parlamento europeu e do Conselho, de 25 de outubro, artigo 64.º da Diretriz 2017/1132/UE do Parlamento europeu e do Conselho, de 14 de junho de 2017.

[593] Dispõe-se no referido artigo 2501-*bis*:

> «*No caso de uma fusão entre empresas, uma das quais contraiu dívidas para adquirir o controle da outra, quando, como resultado da fusão, os ativos desta vierem a constituir uma garantia genérica ou fonte de pagamento de tais dívidas, aplicam-se as disposições do presente artigo.*
>
> *O projeto de fusão referido no artigo 2501-*ter *deve indicar os recursos financeiros necessários para o cumprimento das obrigações da empresa resultantes da fusão.*
>
> *O relatório referido no artigo 2501-*quinquies *deve indicar as razões que justificam a transação e conter um plano económico e financeiro com indicação da fonte dos recursos financeiros e da descrição dos objetivos a atingir.*
>
> *O relatório dos peritos referido no artigo 2501-*sexies *atesta a razoabilidade das indicações contidas no projeto de fusão nos termos do segundo parágrafo anterior.*
>
> *Ao projeto deve ser anexado um relatório feito pela sociedade de revisores responsável pela revisão oficial das contas da empresa-alvo ou da empresa adquirente.*
>
> *O disposto nos artigos 2505 e 2505-*bis *não é aplicável às fusões referidas no primeiro parágrafo*».

subjacente à proibição de assistência financeira. Não basta dizer não haver distinção. Já o referimos a propósito do segundo argumento e não voltaremos a insistir nesse aspeto.

Apenas sublinharemos, a este propósito, o facto de o regime português da fusão permitir albergar, direta ou indiretamente, a observância de todos os elementos essenciais exigidos pelo Direito italiano, no artigo 2501-*bis* do *Codice civile*, para expressamente afirmar e permitir a licitude da operação de fusão em virtude de uma aquisição com endividamento[594]. Na verdade, segundo o artigo 98.º/1 do Código das sociedades comerciais as administrações das sociedades a fundir devem elaborar, em conjunto, um projeto onde devem ser referidos, além de outros elementos necessários ou apropriados para a perfeita perceção e entendimento da operação visada tanto no aspeto jurídico como no económico, a modalidade, os motivos, as condições e os objetivos da fusão relativamente a todas as sociedades participantes. Ora, a referência aos elementos necessários ou convenientes e a menção aos motivos, condições e objetivos da fusão é de molde a envolver a necessidade da ponderação e menção, de uma forma ou de outra, mais direta ou mais indireta, dos meios financeiros para fazer face à fusão entre as duas sociedades e ao serviço da dívida daí resultante e, ainda, quando isso se apresente relevante ou útil, à apresentação de estudos e relatórios de entidades independentes e atestadas a asseverarem o equilíbrio do processo. Portanto, não só este regime é, no entender da opinião nacional dominante[595], de molde a afastar o juízo de desvalor normativo existente nas outras hipóteses de assistência financeira como esse mesmo entendimento recebe o abrigo e proteção de um juízo análogo manifesto por parte do Direito italiano[596].

E do ponto de vista sistemático vimos já parecer-nos ser de admitir a assistência financeira no âmbito das relações de grupo. Por isso, a ser verdadeira a ilação por nós tirada nessa hipótese, como julgamos, então, tam-

[594] Mesmo se essas exigências são entendidas como destinadas apenas a permitirem aos sócios a formação da sua própria vontade e não a legitimar um controlo judicial de mérito sobre a operação de fusão após uma compra com endividamento. A este respeito v. ANDREA VICARI, *L'assistenza...*, 128.

[595] Pois essa opinião dominante admite a validade do *merger leveraged buyout*.

[596] Veja-se o teor do artigo 2501-*bis* reproduzido *supra* na nota 593.

bém por essa via, se não afigura acertada a afirmação da falta de distinção, no âmbito da assistência financeira, do nível de proteção conferidos[597].

VII – O quarto argumento usado para infirmar a admissibilidade de fusão após aquisição com endividamento traduz-se na suposta debilidade da proteção outorgada pelo regime da fusão na proteção dos sócios minoritários. Essa garantia representaria, diz-se, apenas um direito, aliás meramente virtual, de exoneração.

Trata-se, desde logo, de um fundamento em si mesmo tido por insuficiente pelo Direito italiano. Neste Ordenamento, o artigo 2501-*bis*, já o vimos, limitou-se a explicitar algumas prudências e pressupostos de elucidação e informação dos acionistas sobre a razoabilidade da operação para a tornar legítima. Não estabeleceu mais nenhumas garantias adicionais de proteção dos sócios, nomeadamente ao nível do capital ou das reservas. Ora, as exigências do Direito italiano são fácil e perfeitamente observáveis também entre nós e suscetíveis de se terem por abrangidas, de forma mais ou menos explícita ou implícita, direta ou indireta, rigorosa ou flexível[598], também pelo regime português da fusão. De resto, na Itália afirma-se representar, em si mesma, a fusão não um instrumento de aligeiramento da norma proibitiva do artigo 2358 do *Codice civile* (correspondente ao artigo 322.º do Código das sociedades comerciais) mas, ao invés, condição do respeito, dada a necessidade de aprovação pela assembleia, a possibilidade de oposição por parte dos credores, etc., dos próprios fins visados pelo mencionado artigo 2358[599]. O regime da fusão, diz-se, apresenta já, em si mesmo, as garantias necessárias, num passo atestado e confirmado pelo artigo 2501-*bis* do mesmo diploma[600].

Também no Direito alemão se sustenta expressamente ser a garantia de exoneração, a par das outras proteções do processo de fusão, perfeitamente suficiente para tornar supérflua e dispensável a tutela outorgada

---

[597] V., de resto, o referido a este propósito por OECHSLER, *Münchener Kommentar...*, comentário ao § 71a, anotação 26.

[598] Mas materialmente aproximada.

[599] V. ANDREA VICARI, *L'assistenza...*, 2006, 126, nota 37, com referências. V., também, expressamente no mesmo sentido, noutros Ordenamentos, a propósito da relação entre a proibição de assistência financeira e as regras da fusão, as menções de Direito comparado fornecidas por PÜHLER, *Das Verbot...*, 258 e ss..

[600] ANDREA VICARI, *L'assistenza...*, 2006, 126 e ss..

pelo regime de interdição da assistência financeira[601]. Mas não é só na Itália ou Alemanha que se sublinha este aspeto. A mesma afirmação aparece na Doutrina francesa, belga, holandesa, entre outras[602].

E, em rigor, há outras formas de proteção dos sócios traduzidas, desde logo, no facto de a maioria exigida para este tipo de operações ser, nos termos dos artigos 386.º/3 e 4 e 383.º/2, sujeita a regras especiais. Além disso, o projeto de fusão está subordinado a fiscalização (artigo 99.º/1/2 e 4, este último respeitante à relação de troca). A tudo isto, soma-se, ainda, a responsabilidade solidária dos membros dos órgãos de administração e de fiscalização pelos danos originados à sociedade e aos seus sócios se, no exame da situação patrimonial das sociedades e na conclusão da fusão, não tiverem observado a diligência de um gestor criterioso e ordenado. Esta é, de resto, talvez, a mais importante garantia de exatidão e integridade da operação à disposição dos minoritários. Finalmente, a própria deliberação de fusão permanece subordinada às regras gerais. Deve, por isso, observar o princípio da igualdade e mostra-se sujeita aos motivos de anulabilidade da deliberação previstos no artigo 58.º do Código das sociedades comerciais, com especial relevância para o artigo 58.º/1, *b*)[603]. E as invalidades da deliberação afetam a própria fusão (artigo 117.º/1 do Código das sociedades comerciais).

---

[601] Nesse sentido v., por exemplo, OECHSLER, *Münchener Kommentar...*, comentário ao § 71a, anotação 26. Cfr., também, PÜHLER, *Das Verbot...*, 257 e ss., 271; HOLGER FLEISCHER, *Zur Finanzielle Unterstützung des Aktienerwerbs...* in *Die Aktiengesellschaft...*, 1996, 505; BECKER, *Gesellschaftsrechtliche Probleme der Finanzierung...*, in *Deutsches...*, 1998, 1433 e 1444; HORTS EIDENMÜLLER, *Private equity, Leverage und die effizienz...*, in *Zeitschrift...*, 2007, 171, 662; TIM DRYGALA, *Finanzielle Unterstützung des Aktienerwerbs...*, in *Der Konzern*, cit., 2007, 6 e 7, 400 e 406; ALEXANDER KITANOFF, *Der Erwerb eigner Aktien...*, 134; JOHANNES FRIDRICH, *Der Schutz des Kapitals...*, 296 e ss., 315 e ss., ao afirmar, entre outros aspetos, ilustrar a vivência prática alemã representar o regime da fusão um nível de proteção suficientemente alto mesmo para as hipóteses de *merger leveraged buyout*; JAN BROSIUS, *Die finanzielle Unterstützung des Erwerbs eigener Aktien...*, 150; FLORIAN ALEXANDER HASSNER, *Finanzielle Unterstützung zum institutionellen Leveraged Buyout einer Aktiengesellschaft...*, 568 e ss., 588 e 589, 591, ao sustentar a ideia de que o regime da fusão (europeu e nacional) fecha a porta à interdição do *upstream merger leveraged buyout*; e MERKT, *Aktiengesetz...*, 3, 2, comentário ao § 71a, 475.

[602] PÜHLER, *Das Verbot...*, 258 e ss..

[603] V., perante o Direito alemão, BECKER, *Gesellschaftsrechtliche Probleme der Finanzierung...*, in *Deutsches...*, 1998, 1433 e 1444; JOHANNES FRIDRICH, *Der Schutz des Kapitals...*, 296 e ss., 315 e ss..

Afigura-se-nos, pois, não haver, na nossa opinião, fundamento para a afirmação de uma suposta fragilidade do regime da fusão na proteção dos sócios minoritários perante os perigos do *merger leveraged buyout*. Ela não só não tem aceitação na Doutrina largamente maioritária dos diversos países europeus como é, ao invés, desmentida através da reiterada e generalizada afirmação, de sentido diametralmente oposto, da suficiência da disciplina em jogo para assegurar a proteção dos fins visados pela interdição de assistência financeira e fazer desaparecer, sobre a fusão após aquisição com endividamento, o juízo de demérito pendente sobre os fins das normais hipóteses de assistência financeira interdita.

Independentemente deste último aspeto, porém, a verdade é que se o argumento tivesse, de facto, pertinência ele devia valer para todas as hipóteses de fusão suscetível de apresentar algum risco para os sócios minoritários. Muitas situações podem envolver perigos, para os sócios das entidades abrangidas, muito mais graves do que os apresentados em virtude da fusão seguida a endividamento para aquisição[604], por uma das sociedades da outra a fundir com ela. Portanto, não se pode dizer ser, por si, a compra seguida de fusão alavancada necessariamente mais grave para os sócios minoritários relativamente às situações normais de fusão. E para estas o juízo normativo subjacente ao regime vigente foi no sentido de a proteção oferecida ser a necessária e suficiente. De resto, mesmo a não ser assim, sempre se deveria aceitar as hipóteses de *merger leveraged buyout* havendo uma relação de domínio total (hipótese de resto de assistência financeira já admitida por força do regime das relações de grupo) e os cenários de aprovação por parte de todos os sócios das sociedades envolvidas. Tudo visto, o argumento prova demasiado. Há, de resto, dois aspetos adicionais a referir no sentido de demonstrarem isso mesmo.

Um está ligado ao facto de o artigo 317.º/3 do Código das sociedades comerciais permitir a aquisição de ações próprias, sem limite, se a sociedade adquirir um património a título universal. Já vimos, é certo, não representar o artigo 322.º/1 um mero prolongamento do regime das ações próprias e não se destinar, ou poder limitar a isso, a impedir

[604] Isto pelo facto de a situação de uma das sociedades a fundir, fora de um cenário de assistência financeira de que o *leveraged buyout* é uma especialidade, poder envolver responsabilidades muito maiores ou difíceis de superar para a entidade resultante da fusão do que numa hipótese de compra alavancada seguida de fusão.

a respetiva frustração. Mas a aceitação desse fenómeno não tem impedido os autores de, ao darem-lhe o seu assentimento, ainda assim, afirmarem poder transportar-se ou transferir-se a mesma ideia para o âmbito do artigo 322.º/1[605]. E isto pelo facto de a solução agora em análise para as ações próprias, não representar apenas um desenlace válido tão-só no âmbito estreito das ações próprias, mas demonstrar, na verdade, algo de mais amplo: ilustra a autonomia e independência própria do regime da fusão relativamente às normas ou a certos aspetos referentes à proteção do capital ou de determinados interesses dos sócios ligados a essa tutela[606]. E, portanto, estivesse a *ratio* da proibição de assistência financeira na proteção do capital social, ou na medida em que o esteja, poder a fusão apresentar-se como um procedimento ou processo legitimador do *leveraged buyout*, separado e diferenciado.

> Não iremos debruçar-nos agora sobre a natureza e moldura dogmática da fusão, nem sobre as especificidades do efeito *translativo* das situações jurídicas, nem, ainda, sobre as dificuldades apresentadas pelas teorias da sucessão

[605] Assim igualmente na Alemanha, perante o § 71, I, 5, de um lado, e o § 71a, I, 1, da *AktG* do outro, OECHSLER, *Münchener Kommentar...*, comentário ao § 71a, anotação 26. V., ainda, dotado de interesse, JOHANNES FRIDRICH, *Der Schutz des Kapitals...*, 293, ao afirmar que, mesmo se se aceitar (como nós fazemos) não ser a finalidade da interdição de assistência financeira a de dobrar e prolongar o regime das ações próprias, ainda assim, tendo por pano de fundo a norma permissiva semelhante ao artigo 317.º/3 do Código das sociedades comerciais, torna-se muito difícil sustentar valer aquela proibição para as situações de fusão; e MERKT, *Aktiengesetz...*, 3, 2, comentário ao § 71a, 475.

[606] Isso mesmo é ilustrado pelo facto de a Diretriz 2012/30/UE do Parlamento europeu e do Conselho, de 25 de outubro, tendente a coordenar as garantias que, para proteção dos interesses dos sócios e de terceiros, são exigidas nos Estados-membros a certas sociedades, designadamente a respeito da conservação e às modificações do seu capital social, estabelecer a mesma solução no artigo 22.º/1, *a*) e já antes isso ser prescrito pelo artigo 20.º/1, *b*) da Diretriz 77/91/CEE do Conselho destinada a coordenar as garantias de conservação do capital para proteção dos interesses dos sócios e terceiros. Na Doutrina v., no sentido do texto, CAHN, *Kommentar...*, comentário ao § 71a, anotação 45. Também ALEXANDER KITANOFF, *Der Erwerb eigner Aktien...*, 134, afirma apresentar o regime do processo de fusão uma disciplina final e plena relativamente à matéria da proteção dos sócios; e na mesma direção parece ir JOHANNES FRIDRICH, *Der Schutz des Kapitals...*, 292 e ss.. V., ainda, PÜHLER, *Das Verbot...*, 257 e ss., com referências adicionais à Doutrina de outros países europeus no sentido de o regime da fusão se apresentar especial relativamente ao da proibição de assistência financeira e levar, portanto, ao afastamento deste último.

universal. Sempre diremos, todavia, parecer-nos apresentar o artigo 317.º/3 interesse valorativo e argumentativo mesmo se a fusão não puder ser tida, e julgamos não o ser efetivamente, como uma forma de transmissão de bens ou de sucessão universal[607].

O outro argumento, em estreita ligação ao anteriormente referido, resulta do facto de, justamente, a partir de 2006, a nível europeu, ter passado a existir expressamente uma forma de legitimação da assistência financeira através da observância de certo procedimento[608]. E esse procedimento pode ser o especificamente previsto nas sucessivas Diretrizes, desde 2006, para o efeito ou, pelas razões anteriormente referidas, outro análogo como o processo de fusão[609].

VIII – Resta o raciocínio da fragilização do património da sociedade-alvo. A autonomia própria do regime da fusão relativamente às normas de proteção do capital, anteriormente referida já permite atestar a improcedência do argumento. Mas vejamos o problema por outro ângulo ligeiramente distinto.

Se abstrairmos do facto de a disciplina da fusão se apresentar como uma regulamentação, em grande medida, plena e autónoma, e sobretudo especial relativamente à interdição de assistência financeira[610], essa fragilização pode na verdade existir. Mas também pode suceder o inverso. A sinergia ou restruturação gerada é, em tese, suscetível de determinar, senão imediatamente, pelo menos a médio termo, um reforço desse patri-

[607] A este respeito limitamo-nos a remeter, *brevitatis causa*, para Diogo Costa Gonçalves, *Fusão, cisão e transformação de sociedades comerciais. A posição dos sócios e a delimitação do* statuo viae, 2008, 117 e ss.; Id., *Pessoa coletiva...*, 645 e ss.; Menezes Cordeiro, *Código...*, comentário ao artigo 112.º, 413 e 414; Id., *Manual...*, I, 1131 e ss.. Um dos raros autores a parecer aderir à tese rejeitada hoje, em termos aproximadamente unânimes, da fusão como uma de transmissão de bens é José Diogo Horta Osório, *Da Tomada do Controlo de Sociedades (Takeovers) por Leveraged Buyout...*, 146, 158 a 160.

[608] De uma legitimação através do procedimento ou das regras de processo (*Legitimation durch Verfahrensregeln*) fala Tim Drygala, *Finanzielle Unterstützung des Aktienerwerbs...*, in *Der Konzern*, cit., 2007, 6 e 7, 399 e 400.

[609] Assim, também, Tim Drygala, *Finanzielle Unterstützung des Aktienerwerbs...*, in *Der Konzern*, cit., 2007, 6 e 7, 406.

[610] V. *supra* nota 607.

mónio ou das respetivas perspetivas de evolução futura. Todavia, mesmo dando de barato poder assistir-se, e assim ser por norma, a uma debilitação patrimonial da sociedade-alvo, nem por isso, se deve seguir de imediato a inferência da ilicitude da operação. Essa debilitação também se poderá dar em muitas outras hipóteses de fusão. E sucederá, igualmente, nas situações previstas por exemplo no artigo 322.º/2 do Código das sociedades comerciais e, ainda assim, essas operações são lícitas. O mesmo se dirá em todas as situações em que o efeito de assistência se deu de facto, mas se não apura a existência de uma ligação funcional entre a garantia oferecida ou os fundos disponibilizados e a aquisição das próprias ações da sociedade-alvo. Isto, ou por existir um outro fim principal ou misto, ou por pura e simplesmente os fundos ou a garantia terem sido dados para uma determinada finalidade e, em virtude de uma alteração atendível e legítima posterior, o respetivo beneficiário ter-lhe dado, sem premeditação, uma utilização diferente. Destarte, em si mesma, a afetação do património não prova, nem diz nada a respeito da licitude ou ilicitude da operação.

De resto, se o propósito da liberalização do regime da assistência financeira subjacente ao regime das Diretrizes sobre a matéria a partir de 2006 foi o de permitir mobilizar, em certos cenários, as reservas das sociedades em favor dos sócios para a aquisição das ações da própria sociedade, então, deixou de se poder, mesmo nos países onde o regime da liberalização não foi expressamente adotado, afirmar haver uma incompatibilidade necessária entre, de um lado, um *LBO* e, do outro, o regime proibitivo de normas como as que vertem, no plano interno dos Estados-membros, a proibição inicial do artigo 23.º da Segunda Diretriz em matéria de sociedades[611]. Na verdade, se a tese da proibição do *merger leveraged buyout* já era duvidosa antes da liberalização e não foi jamais expressamente afirmada, nem no Direito inglês, nem no europeu, nem no Direito nacional

[611] No mesmo sentido Tim Drygala, *Finanzielle Unterstützung des Aktienerwerbs...*, in *Der Konzern*, cit., 2007, 6 e 7, 400. V., ainda, Robert Freitag, *Financial assistance durch die Aktiengesellschaft nach der reform der Kapitalrichtlinie...*, in *Die Aktiengesellschaft. Zeitschrift für das gesamte Aktienwesen...*, 2007, 5, 163 e 164. Lembre-se o facto de também a Alemanha se ter abstido de transpor o regime de flexibilização. Ainda assim o argumento aparece na respetiva Doutrina.

ela tornou-se ainda mais difícil de defender depois de 2006[612]. Não se vislumbra, na realidade, a existência de nenhum fim ou propósito explícito, no regime de interdição de assistência financeira, ao nível do Direito europeu ou do Direito português de proteção perante os perigos da fusão após aquisição com apelo ao endividamento do adquirente[613]. Apenas se pretendeu vedar atos suscetíveis de apresentarem risco de crédito. E na fusão não há outorga de crédito. Tudo isto era sabido ao nível do Direito europeu aquando da reforma e promulgação das sucessivas Diretrizes europeias em matéria de assistência financeira[614]. E não parece possível derivar delas uma valoração no sentido de abranger também estas hipóteses de aquisição de sociedades agora em análise[615].

O argumento decisivo será sempre o do fim visado[616]. A esse aspeto soma-se o regime próprio da fusão[617]. E justamente a esta luz não vislumbramos razões para se entender ser o *merger leveraged buyout* proibido. Seguimos, pois, a posição dominante não apenas no nosso Direito, mas também, entre outros, em países como a Alemanha[618], a França, a Bélgica

---

[612] Na mesma direção pode ver-se ROBERT FREITAG, *Financial assistance durch die Aktiengesellschaft nach der reform der Kapitalrichtlinie...*, in *Die Aktiengesellschaft. Zeitschrift für das gesamte Aktienwesen...*, 2007, 5, 164; TIM DRYGALA, *Finanzielle Unterstützung des Aktienerwerbs...*, in *Der Konzern*, cit., 2007, 6 e 7, 400; FLORIAN ALEXANDER HASSNER, *Finanzielle Unterstützung zum institutionellen Leveraged Buyout einer Aktiengesellschaft...*, 591.

[613] No mesmo sentido perante o Direito europeu e perante o Direito alemão FLORIAN ALEXANDER HASSNER, *Finanzielle Unterstützung zum institutionellen Leveraged Buyout einer Aktiengesellschaft...*, 591.

[614] Este aspeto é igualmente sublinhado por FLORIAN ALEXANDER HASSNER, *Finanzielle Unterstützung zum institutionellen Leveraged Buyout einer Aktiengesellschaft...*, 591.

[615] No mesmo sentido FLORIAN ALEXANDER HASSNER, *Finanzielle Unterstützung zum institutionellen Leveraged Buyout einer Aktiengesellschaft...*, 591.

[616] Assim, também, além da literatura nacional já citada em favor da admissibilidade da operação, pode ver-se, de modo meramente ilustrativo, entre outros, PÜHLER, *Das Verbot...*, 271.

[617] V. uma vez mais de forma exemplificativa, PÜHLER, *Das Verbot...*, 271. Cfr., ainda, a literatura referida *supra* notas 601 e ss., e 607.

[618] Nesse sentido v., por exemplo, HOLGER FLEISCHER, *Zur Finanzielle Unterstützung des Aktienerwerbs...* in *Die Aktiengesellschaft...*, 1996, 505; ROLAND PÜHLER, *Das Verbot...*, 251 e ss., 271 e ss; BECKER, *Gesellschaftsrechtliche Probleme der Finanzierung...*, in *Deutsches...*, 1998, 1433 e 1434; ROBERT FREITAG, *Financial assistance durch die Aktiengesellschaft nach der reform der Kapitalrichtlinie...*, in *Die Aktiengesellschaft. Zeitschrift für das gesamte Aktienwesen...*, 2007, 5, 164; HORTS EIDENMÜLLER, *Private equity, Leverage und die effizienz...*, in *Zeitschrift...*, 2007, 171, 662; ALEXANDER KITANOFF, *Der Erwerb eigner Aktien...*, 133 e 134; TIM DRYGALA, *Finanzielle Unterstützung*

e a Holanda[619], para já não falar da Itália onde a existe norma expressa a autorizar a operação, no sentido da respetiva admissibilidade.

§ 4.3.6 – **Outras hipóteses debatidas**

§ 4.3.6.1 – **A distribuição de dividendos**

I – Tem-se debatido, ainda, se a distribuição de dividendos pode, em certos cenários, pelo menos, traduzir uma situação de assistência financeira proibida[620].

---

des Aktienerwerbs..., in *Der Konzern*, cit., 2007, 6 e 7, 400; Jan Brosius, *Die finanzielle Unterstützung des Erwerbs eigener Aktien...*, 57 e 146 e ss.; Johannes Fridrich, *Der Schutz des Kapitals...*, 289, 290 e ss., 300 e ss., e 317; Florian Alexander Hassner, *Finanzielle Unterstützung zum institutionellen Leveraged Buyout einer Aktiengesellschaft...*, 55 e ss., 568 e ss., 588, 589, 591, 593 e 594, a favor da admissibilidade de um *upstream merger leveraged buyout*, embora adverso à possibilidade de um *merger leveraged buyout* descendente; Cahn, *Kommentar...*, comentário ao § 71a, anotação 44 e 45; Oechsler, *Münchener Kommentar...*, comentário ao § 71a, anotação 26, mas com nuances; Merkt, *Aktiengesetz...*, 3, 2, comentário ao § 71a, 475.

[619] No sentido de ser essa a opinião maioritária nos países agora referidos pode ver-se, por todos, Pühler, *Das Verbot...*, 256 e ss., *maxime* as indicações bibliográficas na nota 859. A estes países o autor junta ainda a Itália, por nós referida de seguida no texto. Segundo dados de 2004, apresentados por Saverio Spolidoro, *Fusioni pericolose...*, in *Rivista delle società*, 2004, 49, março-junho, 248, o *merger leveraged buyout* representava, em 2004, na Itália 50% do mercado de *private equity*. Na Europa traduz, na mesma data, segundo o mesmo autor, quase 65%, num sinal tido por manifestação de importância e, eventualmente, até de imprescindibilidade.

[620] A este respeito v., entre nós, José Diogo Horta Osório, *Da Tomada do Controlo de Sociedades (Takeovers) por Leveraged Buyout...*, 200 e 201; Mariana Duarte Silva, *Assistência financeira no âmbito das sociedades...*, in *Revista...*, 2010, II, 1/2, I, 224 e ss.; Paulo de Tarso Domingues, *Assistência financeira...*, in *AB Instantia...*, 2013, I, 2, 72 e 73; Pedro Nunes, *A proibição de assistência financeira...*, in *Revista...*, 2015, junho, 2, 21; e Joana Leal de Macedo Vitorino, *A proibição de assistência financeira e o artigo 6.º do Código das Sociedades Comerciais...*, 22 e 23; na literatura britânica Catherine Roberts, *Financial assistance...*, 119 e ss.; e, na Doutrina alemã, Ulrich Schroeder, *Zur Finanzielle Unterstützung...*, 190 e ss.; Roland Pühler, *Das Verbot...*, 54 e ss.; Mathias Habersack, *Finanzielle Unterstützung des Aktienerwerbs...*, in *Festschrift für Klaus J. Hopt...*, 745; Jan Brosius, *Die finanzielle Unterstützung des Erwerbs eigener Aktien...*, 144 e 145; Florian Alexander Hassner, *Finanzielle Unterstützung zum institutionellen Leveraged Buyout einer Aktiengesellschaft...*, 388 e ss.; Oechsler, *Münchener Kommentar...*, comentário ao § 71a, anotação 24; *Aktiengesetz...*, comentário ao § 71 a, 480.

Em nosso entender, a distribuição de dividendos, em termos admitidos pelos artigos 32.º e 33.º do Código das sociedades comerciais, não representa uma situação de assistência financeira[621]. Isto, mesmo se a sociedade pagar um dividendo especialmente alto por forma a permitir a compra das suas próprias participações sociais. Os preceitos referentes à determinação, apuramento e distribuição dos lucros já oferecem, nessa eventualidade, proteção suficiente e não tem, destarte, aplicação o artigo 322.º[622].

II – Independentemente do debate sobre se uma sociedade comercial deve, ou não, necessariamente, prosseguir o lucro[623], a sua distribuição é,

[621] No mesmo sentido v., designadamente, PAULO DE TARSO DOMINGUES, *Assistência financeira...*, in *AB Instantia...*, 2013, I, 2, 72 e 73; OECHSLER, *Münchener Kommentar...*, comentário ao § 71a, anotação 24.

[622] Em igual direção OECHSLER, *Münchener Kommentar...*, comentário ao § 71a, anotação 24.

[623] A este respeito v. o nosso *A vinculação...*, I, 850 e ss., *maxime* 864 e ss., e a bibliografia aí citada. Agora adita-se apenas na direção, por nós também defendida, de a finalidade lucrativa não ser um elemento essencial do contrato de sociedade MARIANA DUARTE SILVA, *Assistência financeira no âmbito das sociedades...*, in *Revista...*, 2010, II, 1/2, I, 229, nota 225; e JOANA LEAL DE MACEDO VITORINO, *A proibição de assistência financeira e o artigo 6.º do Código das Sociedades Comerciais...*, 39, onde a autora, além de outras observações, afirma de forma pertinente: «*Ademais, a tese da limitação em função do escopo lucrativo pugna pela exclusão (...) da capacidade de gozo da sociedade somente dos negócios gratuitos, mas se a capacidade se afere de acordo com esse critério funcional, então, não fará sentido distinguir entre negócios gratuitos ou onerosos. Pois ainda que a probabilidade de tal escopo não existir seja maior nos primeiros, isso não significa que não possa faltar nos segundos. Pensemos num exemplo: se uma sociedade comercial com um jardim de dez arbustos e dois jardineiros a tempo inteiro – um número que já parece excessivo – celebrar um contrato de trabalho com um terceiro jardineiro, será que se prossegue assim o escopo lucrativo? O contrato é indiscutivelmente oneroso, ainda que os três jardineiros tenham pouco trabalho, mas parece criar uma despesa absolutamente desnecessária. Poderá qualificar-se como um ato nocivo, nomenclatura suficientemente ampla para abranger os atos "intencional e pré-ordenadamente nocivos" e os acidentalmente nocivos (..). Segundo um critério baseado na prossecução do lucro, mesmo numa perspetiva de lucro potencial (e não real), parece que os atos intencional e pré-ordenadamente nocivos deveriam estar excluídos da capacidade de sociedade. Afinal o critério delimitador tem a ver com a gratuitidade ou com a finalidade do ato? Outro problema poderá existir com o contrato (...) mas não falta capacidade (...)*». No sentido da superação da existência de um princípio da especialidade em função do fim lucrativo v., também, na Jurisprudência, além da por nós já referida na nossa monografia sobre *A vinculação das sociedades comerciais...*, I, 850 e ss., e *passim*, e em momento posterior a esse nosso estudo, RCb 21-11-2017 (VÍTOR AMARAL), Proc. 302/15.1T8GRD-B.C1/ITIJ (aval – sociedade comercial – princípio da especialidade – livrança); RG 22-02-2018 (MARIA DA PURIFICAÇÃO CARVALHO), Proc. 2522/16.2T8BRG.G1/

no mínimo, nos termos e dentro dos limites impostos pelos artigos 31.º e seguintes do Código das sociedades comerciais, uma das finalidades possíveis (segundo alguns é mesmo um propósito essencial) da sociedade. Por isso mesmo, o efeito da proibição de assistência financeira termina aí, justamente, onde se respeitem as regras de distribuição de bens e lucros aos sócios[624], independentemente do destino dado a esses lucros. Na verdade, nada permite, no nosso Direito, sustentar ou subordinar a licitude de uma determinada distribuição de lucros ao fim da sua utilização. Nem nada permite defender a possibilidade de se limitar a utilização dos dividendos pagos aos sócios.

O pagamento dos dividendos, uma vez deliberados, representa o adimplemento de uma obrigação da sociedade perante os sócios. E, portanto, a respetiva finalidade – mesmo se se souber permitirem eles (ou até irem, de facto) ser destinados à aquisição de ações da sociedade – é, não pode normativamente deixar de o ser, ou de o ser também, a de saldar a dívida da sociedade[625]. Nesta perspetiva, falta, normativamente, o elemento finalístico da operação para se poder aplicar a proibição. Mesmo se se souber ser o pagamento, em concreto, feito em termos destinados a viabilizar a compra de ações não será esse o fim único da operação e, nessa medida, não representa normativamente o fim, desprovido de mérito, proibido pelo artigo 322.º do Código das sociedades comerciais. Uma vez pagas as importâncias relativas a esses dividendos elas passam a integrar o património do sócio e o acionista pode delas fazer uso a seu bel-prazer, independentemente da intenção por detrás da distribuição ou do seu montante.

§ 4.3.6.2 – **A aquisição da totalidade do capital da sociedade assistente**

I – Tem sido debatido na nossa Doutrina o assunto de saber se as hipóteses de aquisição da totalidade do capital social estão, ou não, sujeitas

---

/ITIJ (sociedades comerciais – grupo de sociedades – princípio da especialidade – garantia das obrigações – ónus da prova), onde se refere o facto de apenas por inércia alguma Doutrina continuar a afirmar essa especialidade.

[624] Assim, também, ULRICH SCHROEDER, *Zur Finanzielle Unterstützung...*, 190.

[625] JOANA LEAL DE MACEDO VITORINO, *A proibição de assistência financeira e o artigo 6.º do Código das Sociedades Comerciais...*, 23.

à proibição de assistência financeira. Em sentido negativo e, portanto, a favor da não sujeição, nesta eventualidade, à interdição do artigo 322.º/1 do CSC pronunciam-se PEDRO MAIA[626] e MARIANA DUARTE SILVA[627]. Têm entendimento oposto PAULO DE TARSO DOMINGUES, ANA PERESTRELO DE OLIVEIRA[628] e PEDRO NUNES[629].

São dois os argumentos usados para se defender, nesta hipótese, a possibilidade de assistência financeira. De um lado alega-se a prevalência do regime dos grupos societários sobre o artigo 322.º/1. Do outro refere-se o facto de, sendo a totalidade do capital adquirido por um só acionista não haver outros sócios afetados e, portanto, cessar a *ratio* da norma.

Em oposição às razões mencionadas por PEDRO MAIA e MARIANA DUARTE SILVA alega-se pressupor, porém, esta tese ser a finalidade da proibição de assistência financeira a de garantir a igualdade entre acionistas. Ora, isso, não é verdade[630]. Mas mesmo se o fosse, a tese em referência não teria presente favorecer a assistência a um acionista, ao ser prestada, a aquisição, por esse, do capital social, podendo outro ter interesse semelhante se beneficiasse de igual assistência[631]. E, portanto, nestes cenários, por haver o favorecimento de um acionista em detrimento dos demais, haveria (em princípio[632]) uma violação do princípio da igualdade de tratamento dos sócios.

---

[626] PEDRO MAIA, *Parecer*, cit., 39 (*Apud* MARIANA DUARTE SILVA, *Assistência financeira no âmbito das sociedades...*, in *Revista...*, 2010, II, 1/2, I, 220 e 221, notas 230, 232, 233 e 234).

[627] MARIANA DUARTE SILVA, *Assistência financeira no âmbito das sociedades...*, in *Revista...*, 2010, II, 1/2, I, 220 e ss..

[628] ANA PERESTRELO DE OLIVEIRA, *Manual de corporate...*, 230.

[629] PEDRO NUNES, *A proibição de assistência financeira...*, in *Revista...*, 2015, junho, 2, 20 e 21.

[630] V. *supra* § 4. 2. 3.

[631] ANA PERESTRELO DE OLIVEIRA, *Manual de corporate...*, 230; PEDRO NUNES, *A proibição de assistência financeira...*, in *Revista...*, 2015, junho, 2, 20 e 21.

[632] Esta ressalva é feita por PEDRO NUNES, *A proibição de assistência financeira...*, in *Revista...*, 2015, junho, 2, 230. Veja-se, porém, ANDREA VICARI, *La nuova disciplina dell'assistenza ...*, in *Studi...*, 664, ao referir o facto de a igualdade de tratamento não impedir *per se* a assistência financeira. Apenas impede a sociedade de a dar a um sócio e de a negar a outro. Além disso, em oposição aos defensores da violação, neste cenário, do princípio da igualdade, ANDREA VICARI sustenta não ser ofendido esse princípio nas hipóteses em que a sociedade trata com um sócio, na base de uma relação individual e de natureza obrigacional, como um *tertius*. De resto, lembra o autor, o artigo 23.º-A da Diretriz, e depois a Diretriz 2006/68/CE do Parlamento europeu e do Conselho, de 6 de setembro (atual artigo 65.º da Diretriz 2017/1132/UE do Parlamento

Diz-se, também, e além disso, não ser o regime dos grupos suficiente para garantir os sócios da mesma maneira que a proibição de assistência financeira[633].

II – O respeito pelo princípio da igualdade não representa, efetivamente, a razão de ser do artigo 322.º/1[634]. Mas isso não leva *recta via* à inadmissibilidade da posição sustentada por Pedro Maia e Mariana Duarte Silva.

E também não nos parece envolver a tese agora em análise indiferença ao facto de poder haver outros acionistas interessados e, nessa medida, continuar a haver violação do princípio da igualdade. É possível, na verdade, em abstrato, existirem outros sócios desejosos de comprar. Mas também não é de se afastar o inverso: isto é, a possibilidade de ninguém mais pretender adquirir ações. É imaginável até todos os demais, não só não pretenderem comprar, como, ao invés, terem o firme propósito, desejo e esperança de as vender. Portanto, a violação do princípio da igualdade não é forçosa.

Anda, pois, bem Pedro Nunes ao aludir a uma violação em *princípio* da igualdade dos acionistas: não é viável alegar-se, sem mais, essa violação para afastar a licitude de uma assistência financeira na eventualidade de ser adquirida a totalidade do capital. Sempre se teria de demonstrar, na situação real em análise, ter ela efetivamente lugar.

III – Lembre-se termos aludido, antes, à defesa por alguma Doutrina estrangeira, no âmbito da admissibilidade da assistência financeira pelas normas europeias (atualmente pelo artigo 64.º da Diretriz 2017/1132/ /UE), a um direito dos acionistas, em termos semelhantes ou análogos aos do direito de subscrição preferencial em aumentos de capital, ao oferecimento de uma assistência financeira proporcional à respetiva participação no capital e sujeita a rateio[635]. A existência de um tal direito

---

europeu e do Conselho, de 14 de junho) admite a prestação de assistência financeira, não a todos os sócios, mas apenas à empresa-mãe.

633 Assim Paulo de Tarso Domingues, *Assistência financeira...*, in *AB Instantia...*, 2013, I, 2, 71 e 72.

634 V., uma vez mais, *supra* § 4. 2. 3.

635 Cfr. *supra* § 4. 2. 3.

entre nós apresenta, porém, alguns estorvos. Não é tão simples como no âmbito de sistemas onde a transposição do regime mais *suavizador* tenha sido operada. Entre nós a licitude da assistência depende do propósito ou finalidade da operação (ser, ou não, o fim de assistência financeira o fim determinante, principal e extensível a ambas as partes ou da existência de uma relação de grupo ou de domínio). E, portanto, a assistência financeira pode ser lícita relativamente a um dos sócios e não o ser para o outro. Porém, se o não for relativamente a um ou vários deles, então, não podem ter nenhuma pretensão ao oferecimento de financiamento ou garantia por parte da sociedade para compra das ações desta. Não haverá, por isso, nenhuma violação do princípio da igualdade se a sociedade oferecer assistência ao único sócio em situação de a receber e ele se tornar detentor da totalidade do capital.

O problema só se porá se existirem vários sócios suscetíveis de receberem licitamente[636] assistência e houver mais de um a pretender beneficiar dela. Se houver mais de um interessado a sociedade deve dar a possibilidade a todos, se forem merecedores de crédito e oferecerem iguais garantias, de beneficiarem da assistência. Se há, portanto, mesmo assim, uma aquisição da totalidade do capital, então, isso dever-se-á, em hipóteses de normalidade, ou ao facto de o direito à aquisição de ações ter sido regularmente suprimido ou à inexistência de outros interessados.

Admita-se, porém, haver uma violação do princípio da igualdade por haver outros interessados e não lhes ter sido dado pela sociedade o mesmo apoio. Haverá, então, uma violação do artigo 322.º/1 do Código das sociedades comerciais, como alega Ana Perestrelo de Oliveira e aponta também, na sua esteira, Pedro Nunes? A resposta é negativa. E é negativa, justamente, em virtude de a *ratio* do artigo 322.º/1 não ser a proteção da igualdade entre os acionistas como bem observa a própria Ana Perestrelo de Oliveira. Mas se assim é, segue-se não determinar a ofensa ao direito à igualdade de tratamento, no oferecimento da assistência, nenhum atentado ao artigo 322.º/1. Pode haver, isso sim, afronta aos artigos 458.º e 460.º do Código das sociedades comerciais, se eles valerem para estas situações, ou mais amplamente ao princípio da igualdade. Mas não do artigo 322.º/1. E os efeitos de uma atuação atentató-

[636] *I. e.* sem violação do artigo 322.º/1, em virtude de o fim da operação ou a existência de uma relação de grupo ou de domínio a legitimarem.

ria da igualdade ou dos artigos 458.º e 460.º do Código das sociedades comerciais[637], se se entender valerem eles também para estas hipóteses, não são os mesmos resultantes do desrespeito pelo artigo 322.º/1 e previstos pelo artigo 322.º/3.

IV – A referência à prevalência do regime dos grupos de sociedades sobre o artigo 322.º/1, essa é absolutamente pertinente. Já o observámos. Havendo uma relação de grupo ou de domínio pode, nos termos do artigo 6.º/3 do Código das sociedades comerciais, ser dada uma instrução vinculativa para a prestação do financiamento ou da garantia. Vimos ser assim, mesmo nos grupos de facto e nas simples relações de domínio. É esse precisamente um dos efeitos úteis do preceito agora em referência. Mas não voltaremos ao tema. Limitamo-nos agora a remeter para o já antes dito[638]. Apenas se sublinha novamente como, se houver uma instrução vinculativa, não pode existir um fim ou intenção livre, determinante e extensível a ambas as partes no sentido da prestação de assistência financeira. Pois, nesse cenário o propósito, ou pelo menos um dos propósitos da sociedade inferior, será o de observar a instrução. Estar-se-á assim diante de uma hipótese não abrangida pelos artigos 322.º/1 do Código das sociedades comerciais e 281.º do Código civil, ou por total falta de intenção de uma das partes, ou por ela se emoldurar nas situações de fins mistos ou secundários[639].

Se o domínio total não existir (ou mesmo um simples domínio), no momento da prestação da assistência financeira, não pode haver instrução vinculante. Essa possibilidade pressupõe a existência já de uma das relações previstas no artigo 6.º/3 do Código das sociedades comerciais. Ainda assim, se o propósito da assistência dada antes do estabelecimento de uma relação de domínio for o de estabelecer um domínio total e, assim, um grupo de Direito estar-se-á, certamente, perante uma

---

[637] A este propósito v. PEDRO DE ALBUQUERQUE, *Direito de preferência dos sócios...*, 379 e ss..

[638] V. *supra* § 4. 3. 4. 1, IV, nota 430; *supra* § 4. 3. 4. 2, IV, nota 459 e *infra* § 4. 3. 4. 2, VI e IX. Cfr., também, ANA PERESTRELO DE OLIVEIRA, *Manual de grupos...*, 251.

[639] Cfr. *supra* § 4. 3. 1. 2.

hipótese de assistência de fim secundário ou misto e, por isso, igualmente admissível[640].

Não nos persuade (assim) minimamente o argumento da falta de suficiência do regime dos grupos societários para garantir os sócios da mesma maneira que a proibição de assistência financeira. Já analisámos longamente este aspeto e remetemos agora, a este propósito, uma vez mais, para o dito anteriormente[641].

Neste momento apenas referiremos um aspeto mais: se a *ratio* da parte final do artigo 6.º/3 do Código das sociedades comerciais é a da interligação de interesses, então, o preceito deve alargar-se também às relações interempresariais de domínio ou grupo mesmo se não satisfizerem os pressupostos do artigo 481.º e, designadamente, se a empresa controladora não for uma sociedade por quotas ou anónima[642]. Também a prestação de garantias (ou financiamentos) a pessoa física dotada da natureza de empresa deve ser aceite sem reservas[643].

Portanto, e em síntese, parece-nos perfeitamente aceitável a prestação de assistência financeira nas hipóteses de aquisição da totalidade do domínio, mas não por nesses cenários a desnecessidade de observar o princípio da igualdade levar a esse resultado. A razão da licitude desta operação está ligada ao regime dos grupos de sociedades e à relevância/ /irrelevância do fim como pressuposto da proibição.

§ 4.3.6.3 – **Outras situações objeto de debate**

I – Abrangidas pela proibição de assistência financeira estão, ainda, situações em que o efeito nocivo (isto é, a privação do bem) associado à perda de um crédito ou do valor da garantia (o artigo 322.º refere-se, sublinhe-

[640] V. *supra* § 4. 3. 1. 2, II, o referido a propósito da Doutrina do *principal purpose* e *supra* § 4. 3. 4. 2, a respeito das relações de grupo.

[641] Cfr. *supra* § 4. 3. 4. 2, VIII.

[642] No sentido da aplicação do regime das garantias intragrupo também a outras hipóteses em que a entidade controladora não seja uma sociedade por quotas ou anónima, mas assuma forma jurídica distinta, podendo, até, ser uma pessoa física dotada da natureza de empresa v. Ana Perestrelo de Oliveira, *Grupos de sociedades...*, 524; Id., *Manual de corporate...*, 287 e 288.

[643] Em sentido semelhante Ana Perestrelo de Oliveira, *Grupos de sociedades...*, 524; Id., *Manual de corporate...*, 287 e 288.

-se, novamente à concessão de empréstimos ou, por qualquer outra forma, de fundos ou a prestação de garantias) se dá imediatamente[644]: por isso, já o dissemos, cingidos pela proibição estão, também, os subsídios a fundo perdido ou doações se se destinarem a fornecer fundos para a aquisição de ações. O mesmo sucede relativamente à assunção de dívida[645], à renúncia ou remissão de créditos se tiverem a mesma finalidade[646].

II – Mas já não haverá assistência financeira na realização, em geral, de negócios ou transações comerciais normais (diversos, portanto, de puras operações de financiamento) e a preços de mercado, mesmo se ligados à aquisição de ações da sociedade[647/648].

---

[644] ULRICH SCHROEDER, *Zur Finanzielle Unterstützung...*, 176.

[645] Mas v. os desenvolvimentos a este respeito *infra* § 4. 3. 6. 3, V.

[646] No mesmo sentido v. ULRICH SCHROEDER, *Zur Finanzielle Unterstützung...*, 175 e 176; JAN BROSIUS, *Die finanzielle Unterstützung des Erwerbs eigener Aktien...*, 141 e ss., 143; ROLAND PÜHLER, *Das Verbot...*, 49 e ss.; JOHANNES FRIDRICH, *Der Schutz des Kapitals...*, 225 e ss., *maxime* 229. Entre nós, referência a título ilustrativo para JOSÉ DIOGO HORTA OSÓRIO, *Da Tomada do Controlo de Sociedades (Takeovers) por Leveraged Buyout...*, 199; MARIA VICTÓRIA FERREIRA ROCHA, *Aquisição de acções próprias...*, 314; INÊS PINTO LEITE, *Da proibição de assistência financeira...*, in *Direito...*, 2011, 3, 5, 144; e JOANA LEAL DE MACEDO VITORINO, *A proibição de assistência financeira e o artigo 6.º do Código das Sociedades Comerciais...*, 21. Cfr., ainda, § 4. 3. 1. 1. 2, II.

[647] Nesse sentido, entre nós, se bem lemos, RAÚL VENTURA, *Acções...*, in *Estudos...*, 376 (ao afirmar parecer-lhe exagerado serem negócios normais da sociedade proibidos pelo artigo 322.º); e na Doutrina alemã, ULRICH SCHROEDER, *Zur Finanzielle Unterstützung...*,187 e ss.. V., também, com interesse ROLAND PÜHLER, *Das Verbot...*, 47 e ss.; JAN BROSIUS, *Die finanzielle Unterstützung des Erwerbs eigener Aktien...*, 139 e ss. (que nem mesmo admite valer a proibição de assistência financeira para as hipóteses de negócios sinalagmáticos desnivelados em prejuízo da sociedade. Para ele, essas situações estão apenas sujeitas às normas referentes aos limites de distribuição dos bens aos sócios); JOHANNES FRIDRICH, *Der Schutz des Kapitals...*, 229 e ss.; MERKT, *Aktiengesetz...*, 3, 2, comentário ao § 71a, 479, defendendo a proibição dos contratos de permuta ou comutativos se existir uma perturbação de equivalência das prestações. Em sentido oposto mas, a nosso ver, sem razão, INÊS PINTO LEITE, *Da proibição de assistência financeira...*, in *Direito...*, 2011, 3, 5, 144, entendendo estarem proibidos todos os tipos de negócios independentemente de serem comutativos ou não. Porém, em bom rigor, neste cenário não há nenhum fornecimento de fundos. Apenas se *troca* um valor por outro. V., também, JOANA LEAL DE MACEDO VITORINO, *A proibição de assistência financeira e o artigo 6.º do Código das Sociedades Comerciais...*, 18, onde a autora refere deverem as operações de financiamento – ou de facilitação do financiamento – ser tidas por abrangidas pela proibição se, não estando preenchidas nenhuma das exceções do artigo 322.º/2 do Código das sociedades comerciais, tiverem como fim único ou principal a aquisição das próprias ações por terceiro, mesmo se

O entendimento oposto só seria defensável se se entendesse pretender o artigo 322.º evitar todos os negócios suscetíveis de apresentarem um perigo abstrato para o património ou capital da sociedade. Isto de forma a não depender o preceito da existência, ou não, de condições de favor e inusuais. Porém, a sujeição da apreciação da licitude de certos negócios ou operações correntes da sociedade à apreciação judicial deve depender da existência de aspetos reais e concretos dos negócios suscetíveis de a legitimarem. Isto sob pena de se transformar os tribunais e juízes em verdadeiros administradores últimos e derradeiros das sociedades.

O Direito comparado parece não oferecer experiência firme e segura relativamente aos negócios realizados a preços de favor ou inusuais. No Direito inglês são reduzidas as situações de sujeição pela Jurisprudência, à proibição de assistência financeira, de negócios ou comerciais ou negócios correntes[649]. E também no Direito alemão a Jurisprudência se tem debruçado especialmente sobre situações de garantias e negócios creditícios[650]. Mas nesse cenário de realização de negócios sinalagmáticos a preços manifestamente inferiores ao real, o entendimento tem ido no sentido, ora de uma aplicação analógica[651] da interdição de assistência financeira, ora de uma aplicação direta das normas proibitivas e da respetiva sanção[652], ora, apenas, da sujeição dos negócios sinalagmáticos, mas desnivelados em prejuízo da sociedade, às regras referentes aos limites de distribuição dos bens aos sócios[653]. Seja como for, não parece, na verdade, existir nenhuma base para se sustentar a existência de uma perigosidade abstrata de todas as transações ou opera-

---

se não traduzirem num negócio causal de favor, pois o negócio de financiamento poderá ser oneroso e mesmo celebrado em condições justas de mercado, não deixando por isso de ter como objetivo a prestação de assistência financeira para a aquisição de ações de sociedade e de ser, portanto, nulo. Veremos adiante (§ 4. 3. 7) se, e em que medida, negócios de financiamento em condições justas de mercado podem, ou não, ser admitidos. Mas, agora, temos em vista situações de financiamento (ou equiparáveis) nos moldes referidos *supra* no § 4. 3. 1. 1. 2.

[648] V., também, *supra* § 4. 3. 5. 2, III.

[649] Isso mesmo é afirmado por Ulrich Schroeder, *Zur Finanzielle Unterstützung...*, 189.

[650] No mesmo sentido com indicações Ulrich Schroeder, *Zur Finanzielle Unterstützung...*, 189.

[651] Assim Ulrich Schroeder, *Zur Finanzielle Unterstützung...*, 174 e 175; Johannes Fridrich, *Der Schutz des Kapitals...*, 229 e 230.

[652] Oechsler, *Münchener Kommentar...*, comentário ao § 71a, anotação 20.

[653] Jan Brosius, *Die finanzielle Unterstützung des Erwerbs eigener Aktien...*, 140 e 141.

ções comerciais, se realizadas em ligação à aquisição de ações[654]. Não é, assim, sustentável a ideia de uma *ficção legal* ou assunção normativa no sentido de todos estes negócios afetarem o capital e/ou o património da sociedade, os respetivos credores, etc.[655]. Por isso, estarão, definitivamente, de fora do âmbito da proibição, mesmo se realizados em ligação à aquisição de ações, os negócios ou operações comerciais ordinárias, designadamente vendas, feitas em condições regulares de mercado[656].

III – O adiamento ou outorga de uma moratória no pagamento de prestações devidas à sociedade, esse sim, representa uma situação de assistência financeira[657], se ligado à aquisição de ações e se estiverem presentes os demais pressupostos da assistência[658].

Alguns autores, como Mariana Duarte Silva, por entenderem apenas estarem abrangidas pela proibição operações dotadas de um risco de crédito, sustentam, não estar abrangida pela proibição a hipótese de a sociedade dar uma moratória, mesmo se a dilação for finalizada à aquisi-

---

[654] Na mesma direção Ulrich Schroeder, *Zur Finanzielle Unterstützung...*, 189; Roland Pühler, *Das Verbot...*, 47 e ss.; e Oechsler, *Münchener Kommentar...*, comentário ao § 71a, anotação 19 e 20. Mas os autores sustentam posição oposta: só há efeito de financiamento se o negócio for abaixo das condições de mercado.

[655] Ulrich Schroeder, *Zur Finanzielle Unterstützung...*, 189; Jan Brosius, *Die finanzielle Unterstützung des Erwerbs eigener Aktien...*, 140.

[656] Ordinárias no sentido de normais. Regulares para expressar *at arm's length*. V. Ulrich Schroeder, *Zur Finanzielle Unterstützung...*, 189 e 190; Roland Pühler, *Das Verbot...*, 47 e ss.; Jan Brosius, *Die finanzielle Unterstützung des Erwerbs eigener Aktien...*, 140; Cahn, *Kommentar...*, comentário ao § 71a, anotação 30; Oechsler, *Münchener Kommentar...*, comentário ao § 71a, anotação 19 e 20; Merkt, *Aktiengesetz...*, 3, 2, comentário ao § 71a, 479. Não se afigura relevante o facto de a sociedade poder, porventura, receber, através desse negócio ou operação realizado em condições de mercado, e em ligação com a aquisição de ações, uma determinada contrapartida suscetível depois, por inabilidade, de ser desperdiçada ou não devidamente rendibilizada. A eventual proteção, e os seus termos, perante a falta de qualidade, a este nível, das decisões de administração é dispensada por outros meios. Não através do regime da assistência financeira.

[657] Mathias Habersack, *Die finanzielle Unterstützung des Aktienerwerbs – Überlegungen zu Zweck und Anwendungsbereich...*, in *Festschrift für Volker...*, 161; e, entre nós, Ana Perestrelo de Oliveira, *Manual de corporate...*, 225. V., ainda, Roland Pühler, *Das Verbot...*, 57 e 58.

[658] Portanto, não basta a moratória e a aquisição. É necessária também a presença do elemento finalístico. No mesmo sentido Maria Vitória Ferreira Rocha, *Aquisição...*, 314; e Pedro Nunes, *A Proibição de Assistência Financeira...*, in *Revista...*, 2015, junho, 2, 12.

ção de ações da sociedade. Isto, pois, tratar-se-ia de um crédito já existente anteriormente e não teria sido *formado para* a aquisição. Mas não parece afigurar-se a argumentação procedente. Admitimos, efetivamente, antes, dever entender-se e interpretar-se o artigo 322.º/1 em ligação ao risco de crédito ou similar[659]. Todavia, mesmo se o crédito não se afigura novo, a sociedade podia tê-lo visto satisfeito e extinto. Essa extinção não se dá, apenas, por vontade do ente societário ao oferecer a moratória. Aumenta assim, ou pode aumentar, o risco do seu crédito. Nesses termos, a haver funcionalização da prorrogação à aquisição de ações devem ter-se por preenchidos os pressupostos de aplicação do artigo 322.º.

IV – Mais difícil de resolver é a situação de pagamento antecipado de dívidas suas, por parte da sociedade, se esse pagamento for destinado a permitir a aquisição das ações.

Em bom rigor uma antecipação de pagamento representa um avançar de fundos. E, portanto, nessa perspetiva dir-se-ia estar-se no âmbito da proibição se o facto de se pagar antes de tempo for destinado a permitir a aquisição de ações. Vimos, porém, antes e voltamos a sublinhar, à semelhança, de resto, do entendido, por exemplo, por Raúl Ventura[660], aproximar-se o fornecimento de fundos aos empréstimos, igualmente referidos no preceito, e, portanto, ligarem-se, ambos, à ideia de crédito[661]. A esta luz, poder-se-ia defender não ser o pagamento adiantado de uma dívida abrangido pelo artigo 322.º do Código das sociedades comerciais. Na verdade, não haveria nenhuma situação de crédito a favor da sociedade, mas apenas o saldar de um passivo, muito embora antes do devido[662].

---

[659] V. *supra* § 4. 3. 1. 1. 2, I.

[660] Raúl Ventura, *Acções...*, in *Estudos...*, 376. V., igualmente, a bibliografia citada a este respeito da noção de avanço de fundos *supra* § 4. 3. 1. 1. 2.

[661] Abrangidos são também os atos com efeitos equivalentes para a sociedade como as liberalidades para aquisição de ações ou subsídios a fundo perdido. Na mesma direção, por exemplo, Inês Pinto Leite, *Da proibição de assistência financeira...*, in *Direito...*, 2011, 3, 5, 144. V., também, Roland Pühler, *Das Verbot...*, 49 e ss.; Johannes Fridrich, *Der Schutz des Kapitals...*, 225 e ss., *maxime* 229; Jan Brosius, *Die finanzielle Unterstützung des Erwerbs eigener Aktien...*, 141 e ss.. Cfr. *supra* § 4. 3. 1. 1. 2, II.

[662] É esse o entendimento de Mariana Duarte Silva, *Assistência financeira no âmbito das sociedades...*, in *Revista...*, 2010, II, 1/2, I, 194.

Mas a resposta não se afigura tão simples. O pagamento antecipado representa em si mesmo um valor. Dito de outra maneira: a mera disponibilidade, antes de tempo, do dinheiro é em si mesmo um bem. Não é igual ter uma determinada quantia monetária agora ou mais tarde. Da mesma forma, não é o mesmo pagar hoje ou depois. A atividade bancária ou fenómenos como o *factoring*, os juros de mora, etc., atestam a relevância económico-financeira da antecipação ou atraso nos pagamentos. Por isso, em determinadas situações, o pagamento antecipado, mesmo se de tipo meramente *devolutivo*, pode ter efeitos aproximados aos da concessão direta de um novo crédito[663], talvez, nalgumas perspetivas, até mais graves. Isto, por envolver, porventura, perdas (do valor económico-financeiro associado à disponibilidade ou titularidade do dinheiro) para a sociedade e a sua transferência para o adquirente da sociedade em virtude da redução do prazo de adimplemento. E, nessa medida, estas situações devem ser aproximadas às de concessão de crédito. De resto, não parece de todo impossível vê-las como formas temporárias de outorga de crédito. Portanto, numa situação de pagamento antes do tempo terá de se avaliar a sua relevância (em virtude da respetiva duração e do montante avançado) para se saber se ele representa, ou não, uma situação dotada de afinidades relativamente a hipóteses de crédito. Se isso suceder e houver uma funcionalização à aquisição de ações, então, está-se no âmbito da proibição do artigo 322.º do Código das sociedades comerciais.

V – Uma outra situação objeto de debate e análise é a assunção de dívida. Já aludimos a esta hipótese[664/665].

Uma assunção de dívida por parte da sociedade-alvo pode ter lugar tornando-se esta responsável por uma dívida de um acionista perante um credor deste, de modo a lhe oferecer espaço financeiro para adquirir as respetivas ações.

---

663 Em direção aproximada v. Inês Pinto Leite, *Da proibição de assistência financeira...*, in *Direito...*, 2011, 3, 5, 144.

664 V. *supra* § 4. 3. 6. 3, I.

665 Para mais desenvolvimentos v., por exemplo, Jan Brosius, *Die finanzielle Unterstützung des Erwerbs eigener Aktien...*, 142 e 143; Cahn, *Kommentar...*, comentário ao § 71a, anotação 38; Oechsler, *Münchener Kommentar...*, comentário ao § 71a, anotação 28.

Mas a sociedade pode, em vez disso, assumir a dívida do novo acionista perante o antigo. Dívida essa resultante do negócio de compra e venda das suas próprias ações passando, assim, a suportar imediatamente o respetivo preço.

O entendimento dominante vai no sentido de em ambos os cenários se dever aproximar estas situações de doações e, destarte, as sujeitar à proibição de assistência financeira por se estar diante de uma situação de funcionalização do negócio à compra de ações da sociedade-alvo[666]. Alguns autores entendem, porém, ser apenas de aplicar o regime dos artigos 32.º e seguintes do Código das sociedades comerciais[667]. A melhor opinião parece ser a de se entender haver uma hipótese de assistência financeira proibida.

Muito embora isso seja debatido também a autorização do negócio aquisitivo por parte da sociedade-alvo não representa uma situação de assistência financeira[668].

Nem mesmo a autorização para a transmissão de uma dívida se traduz, em princípio, numa hipótese de assistência financeira ilícita[669].

Este aspeto esteve no centro do problema decidido na Alemanha no caso da alienação das participações sociais da *Howaldstwerke-Deutsche Werft AG* (HDW) através da *Babcok Borsig AG*[670/671]. No essencial, a HDW era uma

---

[666] Assim, por exemplo, CAHN, *Kommentar...*, comentário ao § 71a, anotação 37.

[667] Assim, perante o Direito alemão JAN BROSIUS, *Die finanzielle Unterstützung des Erwerbs eigener Aktien...*, 143.

[668] Nesse sentido MATHIAS HABERSACK, *Die finanzielle Unterstützung des Aktienerwerbs – Überlegungen zu Zweck und Anwendungsbereich...*, in *Festschrift für Volker...*, 171 e ss..

[669] V. *supra* § 4. 3. 1. 1. 2, III.

[670] *Sentença do LG Düsseldorf 28-10-2005*, in *Zeitschrift für Wirtschaftsrecht (ZIP)*, 2006, 516 e ss., com anotação de MARKUS KERBER.

[671] Sobre os pormenores deste caso v., para além, da Sentença citada na nota anterior, entre outros, e em tom de censura à decisão tomada, MARKUS KERBER *Anmerkung...*, in *Zeitschrift...*, 2006, 522 e ss.; HARTUNG, *Financial Assistance.* § 71a AktG..., 321 e ss., 326 e ss.; ALEXANDER KITANOFF, *Der Erwerb eigner Aktien...*, 134 e ss.; OECHSLER, *Münchener Kommentar...*, comentário ao § 71a, anotação 48. FLORIAN ALEXANDER HASSNER, *Finanzielle Unterstützung zum institutionellen Leveraged Buyout einer Aktiengesellschaft...*, 384 e ss., estabelece distinções. JOHANNES FRIDRICH, *Der Schutz des Kapitals...*, 340 e ss., manifesta-se a favor da aplicação das regras de proteção do capital e de impedimento de restituição das entradas, mas, se bem vimos, não aceita valer a interdição de assistência financeira nesta hipótese.

sociedade-filha da *Babcok Borsig AG*. Através de um sistema de *cash pooling* de grupo a sociedade inferior pagou à mãe montantes extremamente elevados na ordem dos 524 milhões de euros. Uma sociedade terceira adquiriu a HDW à *Babcok Borsig*. O preço foi pago através da assunção de dívida, com exoneração do antigo devedor, pela compradora da sociedade-mãe à anteriormente dominada. A adquirente não permaneceria durante muito tempo devedora, ela própria, da dívida pois fundiu-se com a HDW. Suscitou-se, então, a interrogação de saber se a autorização dada à transmissão exoneratória de uma dívida ofendia a interdição de assistência financeira. O *Landesgericht* de Düsseldorf entendeu que não.

Mas é necessário distinguir. Se se tratar de uma pura e simples hipótese de perdão de uma dívida do alienante perante a sociedade[672] e se se estabelecer um nexo entre a remissão e a aquisição estaremos, certamente, perante uma hipótese de proibição[673]. O mesmo sucederá se a própria dívida antiga tiver sido estabelecida, apenas, para ser transmitida ao adquirente e assim facilitar a aquisição por terceiro[674]. Não faz, na verdade, diferença alguma se: *i*) a sociedade-alvo dá um financiamento a um terceiro para este se tornar titular das suas próprias ações; ou se: *ii*) ao invés, se obriga a outorgar antes um financiamento a um antigo acionista para, depois, autorizar a transferência da obrigação de devolução das quantias emprestadas para um *tertius*[675], com efeitos exoneratórios do devedor inicial, como contrapartida pelo preço de aquisição das ações por parte do último. Em ambas as hipóteses a sociedade-alvo disponibiliza fundos em *modo* de financiamento[676]. Portanto, muito embora em princípio e à primeira vista, uma simples declaração exoneratória, no âmbito de uma assunção de dívida (artigo 595.º/2 do Código civil) não envolva nenhuma ofensa ao artigo 322.º/1 do Código das sociedades comerciais o problema não pode ser resolvido *per se*, sem se ter em vista o

---

672 CAHN, *Kommentar...*, comentário ao § 71a, anotação 47 e 48.

673 Isto no pressuposto de se não assistir a alguma forma de legitimação da assistência.

674 Nesse sentido v. FLORIAN ALEXANDER HASSNER, *Finanzielle Unterstützung zum institutionellen Leveraged Buyout einer Aktiengesellschaft...*, 384 e 385.

675 Em igual direção FLORIAN ALEXANDER HASSNER, *Finanzielle Unterstützung zum institutionellen Leveraged Buyout einer Aktiengesellschaft...*, 384 e 385.

676 FLORIAN ALEXANDER HASSNER, *Finanzielle Unterstützung zum institutionellen Leveraged Buyout einer Aktiengesellschaft...*, 384 e 385.

risco de crédito e a ligação funcional à aquisição de ações[677]. Se o crédito tiver sido dado, por exemplo, legitimamente no âmbito de um programa de *cash pooling* dentro de um grupo, então, a declaração exoneratória associada à assunção de dívida não apresenta nenhum embaraço e é lícita.

VI – Muitas outras situações são imagináveis na prática e podem ser objeto de exame e disputa. Por exemplo, uma outra hipótese objeto de atenção na Doutrina alemã é a de saber se a proibição de assistência financeira é extensível a situações de associação em participação para a aquisição de ações próprias. Alguma Doutrina entende não haver, então, proibição. Outra julga ser indiferente se a forma do financiamento se faz por este meio[678]. As hipóteses são, na verdade, intermináveis. Sujeitas a análise e estudo, para além de outras por nós já anteriormente analisadas[679], mostram-se, ainda, e por exemplo:

a) a hipótese de venda pela sociedade de um estabelecimento ou empresa-filha especialmente valiosa a preços baixos de forma a permitir ao comprador obter fundos, a partir da sociedade vendida, para adquirir a sociedade vendedora;

b) a venda de ativos, para o mesmo fim, a preços de mercado mas dotada de prazos de pagamento especialmente longos;

c) a realização de contratos de *leasing* ou locação de bens do comprador a preços demasiado altos ou na ausência de uma qualquer utilidade para a sociedade-alvo;

d) pagamento de honorários desrazoavelmente altos;

e) realização de provisões para serviços duvidosos;

f) subscrição de ações a um preço reduzido[680];

---

[677] Assim, também, Florian Alexander Hassner, *Finanzielle Unterstützung zum institutionellen Leveraged Buyout einer Aktiengesellschaft...*, 385.

[678] A este respeito v., por exemplo, em sentidos distintos, Ulrich Schroeder, *Zur Finanzielle Unterstützung...*, 158; Oechsler, *Münchener Kommentar...*, comentário ao § 71a, anotação 23; Merkt, *Aktiengesetz...*, 3, 2, comentário ao § 71a, 479.

[679] V., para além do § 4. 3. 6. 3, *supra* § 4. 3. 1. 1. 1; *supra* § 4. 3. 1. 1. 2, designadamente, III e VI; *supra* § 4. 3. 1. 2 (para as hipóteses de fins mistos ou de assistência financeira meramente secundária relativamente a outro propósito principal); *supra* § 4. 3. 3, a propósito das sociedades por quotas; *supra* § 4. 3. 4. 2, a respeito das relações de domínio e de grupo; *supra* § 4. 3. 5. 2, para a compra com endividamento seguida de fusão.

[680] Jan Brosius, *Die finanzielle Unterstützung des Erwerbs eigener Aktien...*, 145 e 146.

g) a revenda de ações próprias a valor diminuto;

h) conversão de obrigações incentivada por prémio;

i) programas de recompra de ações ou de estabilização de instrumentos financeiros[681];

j) garantia do valor do curso das ações;

l) emissão de *junk bonds* garantidos apenas por ações da sociedade-alvo, podendo a emitente ser uma sociedade veículo ou a própria sociedade-alvo;

m) programas de *share matching* ou de concessão de bónus em ações;

n) o pagamento de *finder's fee* a uma instituição financeira para esta arranjar um comprador para as ações da sociedade.

Não podemos naturalmente abordar todas estas hipóteses dentro dos limites e propósitos deste estudo. Levar-nos-ia demasiado longe e transformaria o âmbito da nossa análise. Limitamo-nos assim a remeter o desenvolvimento desta matéria para a bibliografia, em especial a monográfica, por nós citada e onde estes temas são abordados e desenvolvidos[682]. Apenas diremos que, se relativamente a algumas das situações agora mencionadas as respostas no sentido da sua sujeição à proibição da assistência financeira são (mais ou menos) óbvias, a Doutrina tem revelado alguma resistência em estender este regime a várias outras e, designadamente, às hipóteses de garantia do valor do curso das ações se destinada a combater a especulação, a subscrição de ações abaixo do valor real[683] ou a revenda das ações próprias por se entender não poder uma norma como o artigo 322.º/1 do Código das sociedades comerciais abrir um controlo de preços de venda[684]. Além disso, tem havido igualmente tendência para situar fora do âmbito da interdição as situações insuscetíveis de serem aproximadas a hipóteses de outorga de crédito.

[681] V. o artigo 5.º do Regulamento n.º 596/2014/UE do Parlamento europeu e do Conselho, de 16 de abril de 2014, relativo ao abuso de mercado (regulamento abuso de mercado).

[682] ULRICH SCHROEDER, *Zur Finanzielle Unterstützung...*, 171 e ss.; ROLAND PÜHLER, *Das Verbot...*, 47 e ss.; HARTUNG, *Financial Assistance. § 71a AktG...*, 314 e ss.; JAN BROSIUS, *Die finanzielle Unterstützung des Erwerbs eigener Aktien...*, 139 e ss.; JOHANNES FRIDRICH, *Der Schutz des Kapitals...*, 224 e ss.; FLORIAN ALEXANDER HASSNER, *Finanzielle Unterstützung zum institutionellen Leveraged Buyout einer Aktiengesellschaft...*, 414 e ss.; OECHSLER, *Münchener Kommentar...*, comentário ao § 71a, anotação 19 e ss.; CAHN, *Kommentar...*, comentário ao § 71a, anotação 27 e ss., 38 e ss.; MERKT, *Aktiengesetz...*, 3, 2, comentário ao § 71a, 476 e ss..

[683] Situação bem diversa do fornecimento de fundos ou oferta de garantias para subscrição de ações.

[684] Assim, por exemplo, CAHN, *Kommentar...*, comentário ao § 71a, anotação 39.

§ 4.3.7 – O sentido e alcance normativo da proibição (síntese)

I – Apurada, anteriormente, a razão de ser da norma, o seu fundamento, é possível proceder ao seu afinamento e determinação normativos.

Na verdade, uma das formas de se operar a determinação e especificação normativa de uma norma é através de operações típicas como as envolvidas no apelo à teleologia imanente de uma norma[685] desenhada de modo demasiado amplo na sua letra. Isto de forma a não a fazer cingir situações aparentemente abrangidas pelo sentido literal, mas não pelo seu fim. Trata-se, no fundo, de dar expressão ao imperativo de justiça subjacente ao princípio de igual tratamento daquilo que é igual e de diferente tratamento daquilo que é diverso segundo o ponto de vista valorativo ou normativo (teleológico-normativo). Não há neste ponto nada de diverso do sucedido relativamente ao apelo à analogia. Esta assenta no dever de justiça de tratar os casos semelhantes segundo um ponto de vista valorativo decisivo. A restrição de um sentido literal demasiado amplo, em função da teleologia da norma, assenta no ditame de justiça de tratar desigualmente o que é desigual, ou seja, de proceder às diferenciações exigidas pela valoração ditada teleologicamente[686].

II – Dito isto, podemos agora avançar para uma síntese da análise anteriormente exposta e explicitar de forma resumida o sentido e alcance normativo da proibição.

À primeira vista, a interdição de assistência financeira parece surgir como uma interdição *omnibus*, excecionadas as hipóteses do artigo 322.º/2 do Código das sociedades comerciais, absoluta. Não é, porém, assim.

Por um lado, vimos serem abrangidas pela proibição, apenas, as operações suscetíveis de apresentarem um risco de crédito[687] e, além disso, outras suscetíveis de lhe serem aproximadas, para efeitos de proibição, muito embora não sejam típicas operações de crédito. Isto, por envolverem um efeito igual ou pior, para a sociedade, ao do crédito. Estão nessa

---

685 Assim, igualmente, CASTANHEIRA NEVES, *Metodologia jurídica...*, 185.

686 LARENZ, *Metodologia...*, 556. Para uma análise pormenorizada acerca da noção de igualdade e designadamente a respeito da sua ligação ao conceito de justiça e à figura da analogia v., entre nós, MARTIM DE ALBUQUERQUE, *Da igualdade..., per totum, maxime* 332 e ss..

687 V. *supra* § 4. 3. 1. 1. 2.

situação, por exemplo, os subsídios a fundo perdido ou doações, renúncia a direitos ou remissão de créditos.

III – A esta limitação somam-se ainda outras ligadas ao fim da assistência financeira. Esta, para ser interdita, tem de representar o fim principal e comum determinante de ambas as partes[688]. Portanto, se o fim apenas estiver presente numa delas não vale a proibição[689]. E mesmo se ambas prosseguirem a finalidade de assistência financeira, mas esse propósito for meramente secundário de um outro propósito principal mais amplo ou se se estiver na presença de um objetivo misto, então, também não há proibição. Percebe-se, destarte, ser o artigo 322.º/2, apenas, a manifestação de uma ideia mais ampla de licitude da prestação de financiamento ou da oferta de garantias para aquisição de ações próprias da sociedade se existir um fim mais vasto suscetível de legitimar a assistência e retirar o juízo de desvalor sobre ela pendente[690].

As situações abrangidas pelo artigo 6.º/3 do Código das sociedades comerciais também não estão sujeitas à proibição do artigo 322.º, nos termos antes analisados. Trata-se de mais uma hipótese de legitimação normativa, à luz da ideia de sistema e interpretação integrada, da possibilidade de assistência financeira.

O mesmo sucede relativamente às hipóteses de compra alavancada suscetíveis de serem legitimadas, sempre em razão do fim, ao abrigo das relações de domínio ou de grupo e mais especificamente com os cenários de *merger leveraged buyout*.

Outras hipóteses, como a distribuição de dividendos, mesmo se ligadas à aquisição de ações estão manifestamente de fora do artigo 322.º/2 do Código das sociedades comerciais[691].

IV – Mas o mesmo não se pode dizer, necessariamente, da assistência financeira dada por sociedades por quotas[692]. O artigo 510.º/1 do Código das sociedades comerciais pune de forma manifesta a assistência finan-

---

[688] Cfr. *supra* § 4. 3. 1. 2.

[689] V. *supra* § 4. 3. 1. 2.

[690] Cfr. *supra* § 4. 3. 1. 2, II, e *supra* § 4. 3. 2.

[691] V. § 4. 3. 6. 1.

[692] Cfr. *supra* § 4. 3. 3.

ceira no âmbito deste tipo societário. Portanto, para não haver interdição não basta ser a assistente uma sociedade por quotas. É necessário, ainda, assistir-se aos demais pressupostos legitimadores da operação anteriormente referidos.

Tudo visto, e diversamente do porventura sugerido por uma leitura mais apressada do regime da proibição de financiamento, de prestação de garantias ou de fornecimento de fundos para aquisição ou subscrição de ações representativas do capital da sociedade assistente, está longe de se apresentar como uma proibição absoluta e terminante. Ao invés, uma análise atenta da regulamentação existente permite detetar o facto de o artigo 322.º/1 do Código das sociedades comerciais, afinal, deixar uma margem relativamente ampla para a realização deste tipo de operações. Não se trata, de resto, de um fenómeno exclusivo do nosso Direito. O mesmo sucede noutros Ordenamentos. Percebe-se, por isso, a afirmação feita por DRYGALA no sentido da desnecessidade – atentas as possibilidades mais ou menos amplas já oferecidas pela versão inicial da Segunda Diretriz em matéria de Direito das sociedades e pelos Ordenamentos internos dos Estados-membros que não optaram pelo regime dito mais *suavizador* – de transposição desse regime dito mais brando[693]. Na verdade, em oposição ao por vezes entendido, ou à primeira vista eventualmente aparentado, a eleição pela não adoção das vias abertas pelas Diretrizes de suposta flexibilização, não se traduz na eleição de uma via terminantemente limitativa da possibilidade de assistência financeira. Isto pelo facto de o regime inicial introduzido pelo artigo 23.º da Diretriz 77/91/CEE do Conselho, de 13 de dezembro de 1976, depois vertido para o artigo 322.º do Código das sociedades comerciais, devidamente interpretado, já permitir um número importante de hipóteses de assistência financeira lícita.

§ 5 – Efeitos e sanção do incumprimento ou inobservância da proibição (síntese)

I – O problema do efeito e sanção do negócio de assistência financeira é assunto profusamente debatido nos diversos países europeus.

[693] TIM DRYGALA, *Finanzielle Unterstützung des Aktienerwerbs...*, in *Der Konzern*, cit., 2007, 6 e 7, 406.

Em grande parte, a divergência de opiniões anda ligada ao facto de, por um lado, o artigo 23.º da Diretriz 77/91/CEE do Conselho, de 13 de dezembro de 1976, não fazer nenhuma referência expressa ao efeito da violação da proibição[694]. O mesmo sucede, de resto, nas Diretrizes posteriores sobre a matéria. A isso soma-se outro aspeto: o texto das Diretrizes não é igual nas diversas línguas dos distintos Estados-membros. Nalgumas hipóteses, como na versão alemã, diz-se na Diretriz 77/91/CEE do Conselho, de 13 de dezembro de 1976, não dever (*darf nicht*) a sociedade adiantar fundos, conceder empréstimos, ou prestar garantias para que um terceiro adquira as suas ações. Noutras, como na versão portuguesa, estabelece-se não poder a sociedade adiantar fundos, conceder empréstimos, ou prestar garantias para que um terceiro adquira as suas ações.

Perante isto, as sanções divergem nos diversos Estados-membros. Em países como a França[695], a Bélgica[696], a Holanda[697], a Espanha[698], a Itália[699],

---

[694] Isso mesmo é sublinhado, por exemplo, por FLORIAN ALEXANDER HASSNER, *Finanzielle Unterstützung zum institutionellen Leveraged Buyout einer Aktiengesellschaft...*, 497.

[695] ROLAND PÜHLER, *Das Verbot...*, 220 e ss.; FLORIAN ALEXANDER HASSNER, *Finanzielle Unterstützung zum institutionellen Leveraged Buyout einer Aktiengesellschaft...*, 499, ambos dando, porém, nota de algumas dúvidas sobre se se trata de uma mera anulabilidade ou de uma nulidade.

[696] V., por exemplo, ROLAND PÜHLER, *Das Verbot...*, 220 e ss., mas admitindo nuances; FLORIAN ALEXANDER HASSNER, *Finanzielle Unterstützung zum institutionellen Leveraged Buyout einer Aktiengesellschaft...*, 500; e HENRI CULOT/LOUIS CULOT/YVES DE CORDT/GABRIELA DE PIERPONT/JEAN-MARC GOLLIER/ALICE HANNOUILLE/NATALIE KONINGS/FRÉDÉRIC MAGNUS/GAUTHIER PARISIS/KIM VAN DE VELDEN/SÉBASTIEN WOLFF, *Société...*, 502.

[697] ROLAND PÜHLER, *Das Verbot...*, 220 e ss.; e FLORIAN ALEXANDER HASSNER, *Finanzielle Unterstützung zum institutionellen Leveraged Buyout einer Aktiengesellschaft...*, 500, mas ambos referindo hesitações.

[698] ANA CARRETERO PIRES, *Prohibición de asistencia financiera...*, in *Anuario...*, 2008, I, 419; CARLOS VARGAS VASSEROT, *Los efectos jurídicos de la contravención de la prohibición de asistencia financiera para la adquisición de acciones proprias*, in *Estudios sobre el futuro Código mercantil. Libro homenaje al professor Rafael Illescas Ortiz*, 2015, 967 e ss., defende, porém, ser a proibição de assistência financeira uma figura em crise no âmbito internacional e, além disso, não proteger de forma apropriada os interesses em jogo. Neste domínio impor-se-ia, portanto, uma interpretação restritiva da interdição de modo a, através de uma interpretação sistemática e integradora, não se dever proceder à aplicação de forma automática da sanção da nulidade.

[699] ROLAND PÜHLER, *Das Verbot...*, 220 e ss.; STEFANO CACCHI PESSANI, *L'assistenza finanziaria...*, 160 e ss.. Este último autor distingue, porém, diversos cenários e nem sempre julga valer a nulidade.

a Eslovénia, a República Checa e o Reino Unido[700] a solução é a nulidade, ora por entendimento doutrinal ou jurisprudencial nesse sentido, ora por força de norma expressa a ditá-lo[701]. Mas nalguns destes países debate-se se se trata de uma nulidade absoluta ou de uma mera nulidade relativa. É isso a suceder na Bélgica[702].

Na Dinamarca parece ter sido estabelecido um modelo em duas etapas[703]. Primeiro impor-se-á, em via de exceção, a devolução dos meios disponibilizados pela sociedade. Se essa via falhar responsabiliza-se os responsáveis por terem sido postos fundos à disposição do adquirente ou pela falta da sua devolução. O Direito finlandês afigura-se ir na mesma direção e a Jurisprudência dos tribunais superiores parece entender não ter de existir sempre uma nulidade[704].

Na Irlanda o ato é nulo, mas apenas a instância da sociedade assistente e perante pessoas que tenham tido ciência dos factos que constituem a infração (secção, 82 (9) do *Companies act* de 2014)[705]. Os terceiros de boa fé são, assim, salvaguardados.

No Direito austríaco a validade do negócio não é afetada[706]. A sanção traduz-se na mera responsabilização dos órgãos sociais. A literatura jurí-

---

[700] ROBERTS, *Financial assistance...*, 162 e ss., *maxime* 164; FLORIAN ALEXANDER HASSNER, *Finanzielle Unterstützung zum institutionellen Leveraged Buyout einer Aktiengesellschaft...*, 500.

[701] Para uma apreciação panorâmica das soluções nestes vários países v. FLORIAN ALEXANDER HASSNER, *Finanzielle Unterstützung zum institutionellen Leveraged Buyout einer Aktiengesellschaft...*, 498.

[702] ROLAND PÜHLER, *Das Verbot...*, 220 e ss.; e FLORIAN ALEXANDER HASSNER, *Finanzielle Unterstützung zum institutionellen Leveraged Buyout einer Aktiengesellschaft...*, 498.

[703] Vejam-se as referências fornecidas por FLORIAN ALEXANDER HASSNER, *Finanzielle Unterstützung zum institutionellen Leveraged Buyout einer Aktiengesellschaft...*, 498.

[704] FLORIAN ALEXANDER HASSNER, *Finanzielle Unterstützung zum institutionellen Leveraged Buyout einer Aktiengesellschaft...*, 499, e nota 3024, onde o autor refere ser a nulidade objeto de manifesta disputa.

[705] V., reportando-se embora ao Direito anterior ao atual *Companies act*, IRENE LYNCH/KAROLE CUDDHY, *Corporation and partnerships in Ireland*, 2010, 149 e 150; e FLORIAN ALEXANDER HASSNER, *Finanzielle Unterstützung zum institutionellen Leveraged Buyout einer Aktiengesellschaft...*, 499 e 500.

[706] V., a este respeito, CHRISTINA GASSER, *Finanzielle Unterstützung des Aktienerwerbes...*, 195 e ss.; FLORIAN ALEXANDER HASSNER, *Finanzielle Unterstützung zum institutionellen Leveraged Buyout einer Aktiengesellschaft...*, 503 e ss.; e KALSS, *Münchener Kommentar zum Aktiengesetz*, 4.ª ed., 2016, comentário ao § 71a, anotação 72 e 73.

dica do país entende não representar essa solução uma ofensa ao Direito europeu.

Na Alemanha o panorama é complexo. Atento o disposto no § 71a, I, 1, assiste-se a uma nulidade[707]. Porém, em virtude da separação própria do Direito alemão entre o negócio obrigacional, de um lado, e o ato translativo, do outro, e ao princípio da abstração aí vigente[708], debate-se se a nulidade é apenas referente ao negócio obrigacional ou se se estende também ao ato de execução. A *communis opinio* vai na primeira direção, mas não faltam posições no sentido de abrangidos pela nulidade estarem ambos os atos. Pontualmente é, ainda, defendido o entendimento de a nulidade afetar os dois negócios, apenas, se eles representarem uma unidade[709]. As hipóteses de relações tripartidas com relações entre a sociedade, o adquirente e um terceiro garante são igualmente objeto de atenção especial e opiniões desavindas[710].

II – Independentemente desta divergência entre as soluções defendidas nos diversos países e, ainda, de os textos das Diretrizes fazerem fé em várias línguas, o Direito português prevê expressamente a nulidade dos contratos ou atos unilaterais da sociedade violadores do disposto no artigo 322.º/1 e 2 do Código das sociedades comerciais. Isso mesmo é estabelecido no artigo 322.º/3 do diploma agora referido. Por esse prisma pareceria não haver dúvidas relativamente ao efeito do negócio de assistência financeira proibida.

---

[707] A este respeito v., por exemplo, ULRICH SCHROEDER, *Zur Finanzielle Unterstützung...*, 142 e ss., 162 e ss., 166, 251 e ss., 254 e ss.; FLORIAN ALEXANDER HASSNER, *Finanzielle Unterstützung zum institutionellen Leveraged Buyout einer Aktiengesellschaft...*, 398 e ss., 512 e ss.; CAHN, *Kommentar...*, comentário ao § 71a, anotação 50 e ss.; OECHSLER, *Münchener Kommentar...*, comentário ao § 71a, anotação 32 e ss., 40 e ss.; MERKT, *Aktiengesetz...*, 3, 2, comentário ao § 71 a, 483 e ss..

[708] A este respeito v., *brevitatis causa*, PEDRO DE ALBUQUERQUE, *Direito das obrigações. Contratos em especial*, 2008, I, I, 7 e ss.; e MENEZES CORDEIRO, *Tratado de direito civil*, XI, *Contratos em especial (1.ª parte)*, 2018; 59 e ss., 68 e ss..

[709] Assim MERKT, *Aktiengesetz...*, 3, 2, comentário ao § 71 a, 483 e 484.

[710] V., por exemplo, ULRICH SCHROEDER, *Zur Finanzielle Unterstützung...*, 162 e ss., 251 e ss.; MATHIAS HABERSACK, *Die finanzielle Unterstützung des Aktienerwerbs – Überlegungen zu Zweck und Anwendungsbereich...*, in *Festschrift für Volker...*, 163 e 164; CAHN, *Kommentar...*, comentário ao § 71a, anotação 54; OECHSLER, *Münchener Kommentar...*, comentário ao § 71a, anotação 32 e ss.; MERKT, *Aktiengesetz...*, 3, 2, comentário ao § 71 a, 485.

A solução expressa, no sentido da nulidade, está, porém, longe de resolver todas as dúvidas. Merecedoras de uma atenção ponderada e atenta mostram-se as hipóteses de relações tripartidas de intervenção de um terceiro que não é nem vendedor, nem adquirente. Modelarmente uma sociedade pode fornecer assistência financeira de diversas formas[711]. É possível distinguir-se designadamente para os efeitos agora em análise: *i*) financiamento dado imediatamente ao comprador para adquirir as ações a um outro acionista; *ii*) fornecimento de fundos outorgado ao comprador, mas com pagamento direto ao vendedor das importâncias em jogo; *iii*) garantia dada a um terceiro financiador da aquisição das ações; *iv*) garantia dada ao acionista vendedor para assegurar o cumprimento da obrigação de pagamento do preço pelo comprador.

Nesses diversos cenários põe-se o problema de saber se afetados são apenas os negócios de assistência financeira ou também o ato aquisitivo e em que medida serão salvaguardados os direitos de terceiros de boa fé[712]. De resto, os dois problemas têm sido apresentados de alguma forma interligados na Doutrina.

Segundo Inês Pinto Leite seriam nulos em todas as situações ambos os negócios: o de assistência e o de aquisição[713]. E isto, no entender da autora, por duas razões: em primeiro lugar por os dois negócios representarem uma unidade; depois por de outro modo ser afetado o efeito útil da proibição. O adquirente apenas teria de devolver as importâncias disponibilizadas. Nessa medida não haveria diferença alguma relativamente a um mútuo. E, precisamente, este é proibido pela norma.

---

[711] Sublinha-o, por exemplo, Ulrich Schroeder, *Zur Finanzielle Unterstützung...*, 156 e ss., 162 e ss..

[712] V., por exemplo, entre nós, Inês Pinto Leite, *Da proibição de assistência financeira...*, in *Direito...*, 2011, 3, 5, 159 e ss.; Rita Trabulo, *As acções próprias. O regime da aquisição de acções próprias e a prestação de assistência financeira...*, in *Temas de direito...*, 476 e ss.; Paulo de Tarso Domingues, *Assistência financeira...*, in *AB Instantia...*, 2013, I, 2, 66 e ss.; Margarida Costa Andrade, *Código das sociedades comerciais...*, V (artigos 271.º a 372.º-B), comentário ao artigo 322.º, 454 e ss.; Pedro Nunes, *A proibição de assistência financeira...*, in *Revista...*, 2015, junho, 2, 17 e 18; Isabel Pinheiro Torres, *Da aplicação da proibição de assistência financeira...*, in *Colecção de Estudos...*, 2015, 3, 154. V., também, Raúl Ventura, *Acções...*, in *Estudos...*, 379.

[713] Inês Pinto Leite, *Da proibição de assistência financeira...*, in *Direito...*, 2011, 3, 5, 159 e ss..

No sentido de apenas o negócio de assistência financeira ser afetado pela nulidade manifestam-se MARGARIDA COSTA ANDRADE[714] e ISABEL PINHEIRO TORRES[715]. A primeira esforça-se, porém, por estabelecer algumas diferenciações e ponderar certas especificidades. ANA PERESTRELO[716] também afirma apenas haver em princípio nulidade do negócio de assistência, mantendo-se, em regra, o ato de aquisição ou de subscrição das ações. Todavia, se entre o negócio de assistência e o negócio de aquisição existir uma união de contratos, então, diz, serão ambos nulos. Mas para isso terá de se provar existir uma coligação funcional: tem de ser demonstrada uma relação de dependência em termos de a validade do negócio de aquisição estar dependente da validade do financiamento. Na mesma linha ia já de algum modo RITA TRABULO[717].

PAULO DE TARSO DOMINGUES[718] parece, se bem vimos, pretender apresentar uma posição própria. No entender do autor não seria possível dizer-se, em abstrato, se os dois negócios são nulos ou se apenas um deles (a assistência) o é. Tudo dependeria de uma ponderação das hipóteses individuais. De outro modo, não seria possível obter soluções justas. Ter-se-ia, portanto, de apreciar, nas situações singulares, o grau de dependência e conexão entre os diversos atos ou negócios e proceder ao emprego das regras referentes às coligações de negócios. E para o achamento da melhor solução poderia servir de luz orientadora o regime da redução dos negócios jurídicos (artigo 292.º do Código civil), suscetível de valer por analogia para as hipóteses de pluralidade de negócios relacionados entre si. E, assim, em obediência ao princípio da manutenção dos negócios, os atos não viciados deverão, em regra, manter-se exceto se se demonstrar que eles não teriam sido celebrados sem o negócio nulo. Para fundar a sua opinião o autor usa dois exemplos de resto presentes, já

---

714 MARGARIDA COSTA ANDRADE, *Código das sociedades comerciais...*, V (artigos 271.º a 372.º-B), comentário ao artigo 322.º, 454 e ss..

715 ISABEL PINHEIRO TORRES, *Da aplicação da proibição de assistência financeira...*, in *Colecção de Estudos...*, 2015, 3, 154.

716 ANA PERESTRELO DE OLIVEIRA, *Manual de corporate...*, 231 e 232.

717 RITA TRABULO, *As acções próprias. O regime da aquisição de acções próprias e a prestação de assistência financeira...*, in *Temas de direito...*, 476 e ss..

718 PAULO DE TARSO DOMINGUES, *Assistência financeira...*, in *AB Instantia...*, 2013, I, 2, 67 e 68.

antes, também nas modelações feitas por MARGARIDA COSTA ANDRADE[719]. PAULO DE TARSO DOMINGUES refere as seguintes hipóteses[720]:

– Um banco outorga um empréstimo a *A* para este adquirir ações da sociedade *X*. Para garantia desse empréstimo a sociedade *X* dá de hipoteca um imóvel.

Se a nulidade do contrato de assistência não infetar os restantes atos relacionados, isso traduzirá a possibilidade de a sociedade alegar a nulidade da hipoteca (o ato assistencial), permanecendo a instituição financeira obrigada à observância do empréstimo, desprovido, porém, de garantia. Ou seja: nesta eventualidade, se se aceitasse estar a nulidade limitada ao negócio de assistência financeira não protegeria o terceiro de boa fé. Antes beneficiaria a sociedade que agiu ilicitamente, pois ver-se-ia desobrigada da garantia prestada.

– *B* acionista da sociedade transmite a *C* as suas ações. A sociedade assume a garantia de pagamento do preço. Esta garantia seria nula. Imagine-se, porém, estar o vendedor, ainda assim, não obstante a nulidade da garantia, interessado em manter o negócio de venda das ações. Não faria sentido, nesta hipótese, determinar a nulidade do ato assistencial também a invalidade do ato de aquisição de ações. Mas, ao invés, se, sem a garantia, o vendedor já não estivesse interessado em manter o negócio de alienação deveria dar-se-lhe a possibilidade de se libertar. De outro modo, diz-se, restringir a nulidade ao negócio de assistência envolveria um prejuízo para o vendedor de boa fé pois ver-se-ia desprovido da garantia, apesar de obrigado ao negócio principal.

MARGARIDA COSTA ANDRADE apresenta estes dois exemplos, expostos igualmente por PAULO DE TARSO DOMINGUES, e adita ainda uma terceira hipótese[721]:

---

[719] MARGARIDA COSTA ANDRADE, *Código das sociedades comerciais...*, V (artigos 271.º a 372.º-B), comentário ao artigo 322.º, 455.

[720] PAULO DE TARSO DOMINGUES, *Assistência financeira...*, in *AB Instantia...*, 2013, I, 2, 67.

[721] MARGARIDA COSTA ANDRADE, *Código das sociedades comerciais...*, V (artigos 271 a 372.º-B), comentário ao artigo 322.º, 456.

– O titular de uma patente promete transmitir a sua propriedade sob condição de a sociedade financiar a sua subscrição de ações num aumento de capital realizado para o efeito. A interdependência entre as obrigações exigiria determinar a nulidade da prestação prometida de assistência financeira a libertação da prestação pretendida como recíproca.

III – A posição isolada de INÊS PINTO LEITE não se nos afigura de aceitar. Os argumentos esgrimidos não nos parecem, de facto, vingar.

Na verdade, em inúmeras hipóteses, e diversamente do sustentado pela autora, os dois negócios (o de assistência e o ato de aquisição) não só não representam uma unidade como, ao invés, são totalmente independentes. INÊS PINTO LEITE dá, assim, por forçoso e demonstrado, algo de meramente eventual e necessitado de prova.

Também não procede a aproximação da obrigação de devolução ao próprio mútuo ou financiamento. Primeiro, a observação não vale para as hipóteses de mero oferecimento de garantia. Aí a nulidade da garantia é absolutamente insuscetível de se aproximar de um financiamento. Mas mesmo nas hipóteses de mútuo ou de outras formas de outorga de crédito não há semelhança possível. Desde logo, pelo facto de, na hipótese de nulidade, se ainda não tiver havido entrega das importâncias[722], poder haver, desde logo, paralisação imediata da operação, através da utilização de meios apropriados para fazer valer a referida nulidade, ainda, antes da entrega dos fundos. Mas, mesmo tendo havido já entrega dos fundos, ainda assim, não há proximidade possível. Basta atentar-se no facto de, na nulidade, a restituição dos fundos ao património da sociedade ter de ser imediata e não poder o adquirente alegar os prazos de reembolso estipulados no financiamento. Finalmente, não vislumbramos poder a nulidade do negócio de aquisição reforçar de algum modo a pretensão da sociedade ao reembolso.

Isto sendo certas ainda duas observações adicionais. Por um lado, o artigo 322.º/1 do Código das sociedades comerciais diz expressamente serem nulos os contratos ou atos unilaterais da *sociedade* que violem o disposto no artigo 322.º/1 e 2. Portanto, os atos sem participação da *sociedade* não estão abrangidos pela sanção. E sem isso não se vislumbra a razão da

[722] Na eventualidade de se admitir um mútuo consensual ou, então, se se negar essa possibilidade, na presença de outras formas de outorga de crédito.

sua nulidade. Por outro lado, é manifesto não haver nenhuma ilicitude na aquisição de ações em si mesma. Em parte alguma se pretende proibir isso. É justamente o oposto. A existência de sociedades anónimas pressupõe a transmissibilidade dos títulos e a existência de acionistas. Objeto de desvalor não é, assim, a aquisição, mas apenas a assistência e, mesmo esta, apenas em razão de um fim determinante e extensível a ambas as partes. De outro modo, não há, nos termos do artigo 281.º do Código civil, nulidade[723]. Não se vê, pois, como pode uma nulidade dependente da presença de um fim em todas as partes de determinado negócio levar sempre e necessariamente à nulidade de outros atos realizados por terceiros que não participam nesse mesmo fim. Outro entendimento levaria a onerar o terceiro de boa fé com a nulidade da venda apesar da invalidade resultar da inobservância pela sociedade e pelo adquirente (dado o elemento subjetivo apenas ligar estes dois intervenientes no negócio)[724]. Aceitar-se-ia, desta forma, a possibilidade de o adquirente se libertar da sua responsabilidade negocial assumida perante os acionistas alienantes a pretexto de ter reunido os fundos necessários através de uma assistência financeira ilícita[725]. Portanto, a nulidade deve ser *res inter alios acta* relativamente ao vendedor de boa fé em harmonia, de resto, com o disposto no artigo 322.º/3 ao sancionar apenas os atos da sociedade[726]. Não os atos a ela alheios. De outro modo, isto traduziria um relevante fator de insegurança na negociação de ações. Um terceiro alienante, perfeitamente ignorante da proveniência dos fundos, porventura até persuadido de eles serem próprios do adquirente, estaria sempre perante a possibilidade de ver o negócio ser tido por nulo pelo facto de ter havido uma assistência financeira ilícita a ele totalmente alheia. Mais: isso poderia suceder mesmo na hipótese de, tratando-se de operações realizadas em bolsa, o vendedor até não saber a identidade do adquirente.

---

[723] Muito embora possamos aceitar bastar o conhecimento por uma das partes da intenção da outra.

[724] V. MARGARIDA COSTA ANDRADE, *Código das sociedades comerciais...*, V (artigos 271.º a 372.º-B), comentário ao artigo 322.º, 455.

[725] MARGARIDA COSTA ANDRADE, *Código das sociedades comerciais...*, V (artigos 271.º a 372.º-B), comentário ao artigo 322.º, 455.

[726] MARGARIDA COSTA ANDRADE, *Código das sociedades comerciais...*, V (artigos 271.º a 372.º-B), comentário ao artigo 322.º, 455.

IV – Também julgamos não ser de aceitar a procedência da argumentação associada aos dois primeiros exemplos utilizados por MARGARIDA COSTA ANDRADE e PAULO DE TARSO DOMINGUES, e acima reproduzidos, para ilustrarem os respetivos pontos de vista. O mesmo sucede relativamente à terceira hipótese referida, apenas, por MARGARIDA COSTA ANDRADE e por nós igualmente antes reproduzida.

Os dois primeiros casos exemplares reportam-se, tão-só, a hipóteses de garantias dadas para assegurar o pagamento do preço de aquisição das ações. Numa situação a garantia é dada a um terceiro financiador, na outra ao próprio vendedor. Como resolver estes dois problemas?

Analisemos o primeiro cenário. Uma solução poderia passar por se entender não estar jamais de boa fé o terceiro se aceitar receber uma garantia de uma sociedade para assegurar o pagamento do preço da compra de ações dela própria[727]. Se alguém dá um financiamento para compra de ações de uma sociedade-alvo apenas por esta dar uma garantia já deveria esperar a possibilidade da respetiva nulidade.

A ser assim, não faria nenhum sentido alegar-se um eventual prejuízo do terceiro financiador na manutenção de empréstimo e a desproteção da sua boa fé. O financiador apenas se poderia lamentar da sua própria atitude. Não haveria nenhum prejuízo em virtude da manutenção do empréstimo para o terceiro de boa fé, beneficiário da garantia, pela razão simples de não haver sequer um *tertius* de boa fé. Ao invés, e em sentido precisamente oposto ao sugerido pelo primeiro exemplo, agora em análise, pode isso sim é debater-se se a afetação, no sentido defendido por MARGARIDA COSTA ANDRADE e PAULO DE TARSO DOMINGUES, também do empréstimo, pela alegada invalidade da garantia, não poderá, a valer efetivamente, em certos cenários, atingir negativamente outras pessoas, essas sim, verdadeiros terceiros de boa fé: os vendedores. Eles serão, na verdade, atingidos e lesados se a suposta invalidade da garantia infetar não apenas o empréstimo, mas, também, o negócio de venda. Todavia, mesmo se essa infeção não atingir a venda, e permanecer restrita ao empréstimo, eles poderão também, eventualmente, ver a satisfação do seu direito ao preço afetada e ser nessa medida lesados.

---

[727] Nesse sentido, aproximadamente, v., por exemplo, MERKT, *Aktiengesetz*..., 3, 2, comentário ao § 71a, 485.

A afirmação da necessária ausência de boa fé por parte do terceiro financiador não é, porém, uma fatalidade. Ele pode, na verdade, estar de boa fé. Isto, por ignorar o destino a ser dado aos fundos garantidos pela sociedade (por simplesmente não o saber ou por lhe ter sido dito algo de diferente da realidade) ou, ainda, por lhe ter sido assegurado por esta última ter ela um interesse na prestação da garantia e estar-se, assim, diante de uma situação de finalidade assistencial meramente secundária de um propósito mais amplo ou de uma situação de fins mistos. A boa fé não deixa naturalmente de existir se, não obstante, se vier a apurar não ser efetivamente verdadeira a alegação societária, mas a crença do terceiro se afigura legítima. Poderá haver, em tal hipótese, um prejuízo para o financiador de boa fé na manutenção do empréstimo? A resposta é manifesta e patentemente negativa. E isto por uma razão simples: num semelhante panorama a garantia é válida! E é válida por faltar, nesse cenário, nos termos do artigo 322.º/1 do Código das sociedades comerciais e do artigo 281.º do Código civil, o pressuposto finalístico subjetivo da nulidade de assistência financeira[728]. Se o terceiro está de boa fé ele não tem a intenção de receber a garantia (nem de dar o empréstimo) para o fim principal e comum de assistir ou de facilitar a assistência. Logo: não há, não pode haver, nulidade! Boa fé do beneficiário da garantia e nulidade da mesma são, à luz do regime vigente de assistência financeira, duas realidades insuscetíveis de coexistirem. A garantia só pode ser nula se o beneficiário não estiver de boa fé! Não importa se o interesse alegado pela sociedade é, ou não, verdadeiro. Se o *tertius* está legitimamente persuadido da autenticidade da afirmação societária, então, os artigos 322.º/1 do Código das sociedades comerciais e 281.º do Código civil, impedem, imediatamente, a nulidade da garantia. Portanto, nem mesmo os problemas do ónus da prova da existência de interesse próprio suscitados nalguma da nossa Jurisprudência e Doutrina têm ou podem ter lugar[729]. Havendo boa

---

[728] V. *supra* § 4. 3. 1. 2.

[729] Aliás, pelas razões agora referidas e já antes sublinhadas (v. *supra* § 4. 3. 4. 1, III), o debate sobre o ónus da prova mostra-se deslocado e despropositado, seja neste cenário de assistência financeira agora em estudo, seja a propósito da prestação de garantias em geral pelas sociedades. Para este último problema v. PEDRO DE ALBUQUERQUE, *A vinculação das sociedades...*, I, 1007 e ss., muito embora não tenhamos enfatizado, aí, tanto quanto poderíamos ter feito, o aspeto referido agora no texto e *supra* § 4. 3. 4. 1, III.

fé, insista-se, falta o elemento intencional ou finalístico, partilhado por ambas as partes, pressuposto da ilicitude da assistência financeira. Isto é manifestamente assim se a garantia resultar de um contrato entre a sociedade e o financiador. Mas julgamos ser, também, do mesmo modo se se tratar de uma garantia unilateral em todas as hipóteses de imposição ou exigência pelo financiador da garantia como pressuposto da outorga do crédito[730].

Só num âmbito se poderá entender poder haver boa fé do beneficiário da garantia e nulidade da mesma. Trata-se da possibilidade de o credor estar já disposto a dar crédito, nas mesmas condições, independentemente da prestação de garantias da sociedade e esta vir, espontaneamente e sem isso ter sido imposto pelo financiador, oferecer através de negócio unilateral essa garantia (na hipótese de se poder tratar de uma garantia unilateral). Nesse cenário, e só nesse, apenas se deve atender à vontade do garante para efeitos de aplicação do artigo 281.º do Código civil. Mas nessa situação não se pode, diversamente do pretendido por MARGARIDA COSTA ANDRADE e PAULO DE TARSO DOMINGUES, alegar nenhum prejuízo para o credor em virtude da manutenção do empréstimo pois ele já estava disposto a dá-lo sem essa garantia.

Para finalizar a análise desta situação diga-se, ainda, a benefício de argumentação o seguinte. Mesmo se tudo o por nós alegado em oposição à procedência do raciocínio desenvolvido por MARGARIDA COSTA ANDRADE e PAULO DE TARSO DOMINGUES a propósito do primeiro exemplo por eles apresentado falhasse, ainda assim, a posição defendida pelos dois autores permaneceria sem possibilidade de vingar. Na verdade, segundo eles, se a invalidade do ato assistencial (da garantia) não afetasse a própria validade do empréstimo isso obrigaria a instituição financeira à observância do empréstimo, mas desprovido da garantia. Não é, porém, isso a passar-se. Se a garantia fosse ou for inválida, a sua nulidade, permite ao credor exigir o imediato adimplemento das obrigações da outra parte se esta não proceder à sua substituição por outras (artigo 780.º/1 e 2 do Código civil). Ou seja: o financiador sempre poderia exigir o reforço das garantias e na sua ausência a restituição das importâncias emprestadas em termos semelhantes ao sucedido se o próprio empréstimo fosse inválido.

---

[730] V., *supra* § 4. 3. 4. 1, III.

V – A resposta dada a propósito do primeiro exemplo permite abordar, igualmente, o segundo. Também a respeito deste último se poderia dizer não haver possibilidade de se entender ser o acionista vendedor de ações da sociedade um alienante de boa fé, relativamente à validade da garantia, se a receber para pagamento do preço da operação.

Nesta hipótese, e ao invés do primeiro cenário, ele nem sequer pode alegar ignorar o destino dos fundos assegurados pela garantia. Isto dado ser o próprio beneficiário e destinatário final dos fundos pois é o vendedor. Sabe, assim, perfeitamente, destinarem-se os meios a uma operação de compra e venda (na qual ele é parte) assistida pela sociedade através da garantia. Por isso, dir-se-ia dever valer o artigo 322.º/1 e 3[731] do Código das sociedades comerciais em todo o seu rigor. Donde, a garantia será nula e o negócio de alienação deve manter-se, apesar de o vendedor não pretender vender sem a garantia, na medida da sua autonomia relativamente à operação de assistência e da eventual boa fé dos compradores[732]. Uma vez mais, o alienante apenas se pode lastimar de si próprio. Portanto, não faz nenhum sentido aventar a possibilidade de a nulidade do ato assistencial determinar também a nulidade do ato de venda. Se houver nulidade do primeiro, ainda assim, o segundo deve manter-se para proteger a boa fé do comprador.

Mas a operação de venda até pode ter na sua génese uma iniciativa da sociedade. Esta pode persuadir o alienante da existência de um interesse social próprio na entrada do novo acionista ou no reforço da sua anterior posição. Pode alegar haver nisso um interesse estratégico, a formação ou reforço de sinergias, o acesso a novos mercados, a disponibilização de novas tecnologias, melhores produtos, mais fornecedores, a melhoria das perspetivas de restruturação, a integração num novo grupo de Direito ou de facto, etc.. Se assim for, porém, e à semelhança do sucedido no cenário anteriormente analisado, a garantia será válida por falta do elemento finalístico pressuposto da nulidade do ato assistencial: a partilha do mesmo fim contrário à lei por ambas as partes no ato assistencial[733]. Portanto, também agora, não faz sentido falar-se em possibilidade de o vendedor

[731] Lembre-se, este preceito diz: «*Os contratos ou actos unilaterais da sociedade que violem o disposto no n.º 1 ou na parte final do n.º 2 são nulos*». Ênfase nossa.

[732] Se houver uma união negocial entre as várias operações v. *infra* § 5, VII

[733] Cfr. *supra* § 4. 3. 1. 2.

se libertar da venda. Mesmo na eventualidade de a garantia ser um ato unilateral. Valem as observações já anteriormente feitas a este respeito.

VI – Vejamos agora a terceira hipótese apresentada por MARGARIDA COSTA ANDRADE. Deverá a reciprocidade das prestações determinar a libertação da prestação do assistido se este prometer transmitir uma patente da sua titularidade no pressuposto de a sociedade financiar a subscrição ou aquisição de ações próprias? A resposta é, ao invés do sustentado pela autora, a nosso ver, negativa. E isto pela simples razão de, nessa eventualidade, haver uma de duas situações:

- *i*) o montante usado para subscrever ou adquirir as ações pode ser, em sentido técnico, o preço pago pela sociedade-alvo para obter a patente. Trata-se, assim, de uma operação corrente da sociedade, um negócio de *troca* dotado de natureza sinalagmática e se realizada a preços de mercado não envolve assistência financeira[734];
- *ii*) se não representar tecnicamente o preço, a operação de assistência financeira será, pelo menos, atendendo ao interesse da sociedade em obter a patente, uma situação de assistência financeira, de boa fé, dotada de fins mistos ou até de uma finalidade assistencial meramente secundária relativamente a um propósito mais amplo. Repare-se, de resto, no facto de, tratando-se de uma operação de subscrição, para poder ter lugar nos moldes relatados por MARGARIDA COSTA ANDRADE, e no pressuposto de o titular da patente não ser ainda acionista ou de, sendo-o, desejar subscrever ações em proporção superior à sua participação social, ela ter de ser antecedida de uma deliberação da sociedade onde é suprimido o Direito de preferência dos restantes acionistas. E para isso suceder tem de existir um interesse social nessa supressão (artigo 460.º/2 do Código das sociedades comerciais). Não há, destarte, nenhuma ilicitude da assistência financeira[735]. Ela é válida, por falhar o elemento finalístico subjetivo da proibição, e, sendo-o, deve manter-se a transmissão da patente.

---

[734] Cfr. *supra* § 4. 3. 5. 2, III, § 4. 3. 6. 3, II e nota 647.

[735] V. *supra* § 4. 3. 1. 2.

VII – Resta-nos abordar uma última hipótese. A de a assistência ser, na realidade, inválida e de existir uma união interna funcional entre o negócio de assistência e o ato de aquisição. Nessa hipótese a invalidade do primeiro negócio, a ser provada a referida união e demonstrada a dependência, a nulidade do ato assistencial determinará, na verdade, igualmente a invalidade do negócio de venda. Mas isto apenas se as partes tiverem pretendido os vários negócios como um todo, como um conjunto económico. Isto, sujeito, porém, a duas notas adicionais.

Os terceiros vendedores não devem ser tratados de modo mais gravoso relativamente aos próprios intervenientes no ato assistencial. Se estes estão a salvo da nulidade no cenário de os vários intervenientes na assistência estarem de boa fé, ou pelo menos um deles não partilhar o fim ilícito, o mesmo deve suceder relativamente aos terceiros vendedores de boa fé[736]. Representaria, na verdade, uma aporia valorativa proteger os sujeitos mais próximos da operação suscetível de se apresentar ilícita e, por isso, em situação de melhor se aperceberem do respetivo fim, e desproteger as partes dela mais distantes e pior posicionadas para se inteirarem da respetiva finalidade. Donde, se os terceiros alienantes estiverem de boa fé, mesmo tratando-se de uma hipótese de união interna funcional, o negócio de aquisição deve manter-se.

Só se os terceiros tiverem, ou deverem ter, ciência do fim assistencial a nulidade do ato de assistência afetará, igualmente, o ato de transmissão das ações. E mesmo aí deverá ponderar-se se, como defende PAULO DE TARSO DOMINGUES, através da aplicação analógica do artigo 292.º do Código civil à pluralidade de negócios relacionados entre si, em obediência ao princípio da conservação dos negócios jurídicos, o ato de alienação não se deve manter. Isto, por se demonstrar que ele seria celebrado mesmo sem o negócio nulo. Se for essa a hipótese, então, não há motivo para a união interna levar à ruína da venda pelo facto de o financiamento ou a garantia serem nulos.

[736] A necessidade de salvaguarda da boa fé dos terceiros está presente na Doutrina dos diversos países europeus. V., por exemplo, ROLAND PÜHLER, *Das Verbot...*, 225 e 226, com referência ao Direito francês; ANA CARRETERO PIRES, *Prohibición de asistencia financiera...*, in *Anuario...*, 2008, I, 419; STEFANO CACCHI PESSANI, *L'assistenza finanziaria...*, 167.

VIII – Para além dos efeitos apontados deve referir-se, ainda, o facto de nos termos do artigo 510.º/1 do Código das sociedades comerciais o gerente ou administrador da sociedade que em violação da lei por qualquer título facultar fundos ou prestar garantias da sociedade para outrem subscrever ou adquirir quotas ou ações representativas do seu capital é punido com multa até 120 dias. Trata-se de um crime público[737]. Preenchidos os respetivos pressupostos haverá, também, naturalmente, responsabilidade civil dos administradores[738].

[737] A este respeito v. PAULO DE SOUSA MENDES, *Código das sociedades comerciais anotado*, coordenação de MENEZES CORDEIRO, 2.ª ed., 2011, comentário aos artigos 509.º a 529.º, introdução, 1338 e 1339.

[738] Isso mesmo é igualmente sublinhado, por exemplo, por ANA PERESTRELO DE OLIVEIRA, *Manual de corporate...*, 232.

BIBLIOGRAFIA GERAL

ABREU (COUTINHO DE),
— *Curso de direito comercial*, II, *Das sociedades*, 5.ª ed., 2015.

ALBUQUERQUE (MARTIM DE),
— *Da igualdade. Introdução à Jurisprudência*, com a colaboração de EDUARDO VERA-CRUZ, 1993.

ALBUQUERQUE (PEDRO DE),
— *A aplicação do prazo prescricional do n.º 1 do artigo 498.º do Código Civil à responsabilidade contratual*, separata da *Revista da Ordem dos Advogados*, 1989, 49, III.
— *Direito de preferência dos sócios em aumentos de capital nas sociedades anónimas e por quotas*, 1993.
— *Da prestação de garantias por sociedades comerciais a dívidas de outras entidades*, separata da *Revista da Ordem dos Advogados*, 1997, 57, I.
— *A representação voluntária em direito civil (ensaio de reconstrução dogmática)*, 2004.
— *A responsabilidade processual por litigância de má fé, abuso de direito e responsabilidade civil em virtude de actos praticados no processo*, 2006.
— *Direito das obrigações. Contratos em especial*, 2008, I, I.
— *Direitos reais. Relatório sobre o programa, conteúdo e métodos de ensino*, 2009.
— *Código das sociedades comerciais anotado*, coordenação de MENEZES CORDEIRO, 2.ª ed., 2011, comentário ao artigo 322.º.
— *A vinculação das sociedades comerciais anónimas e por quotas*, 2017, I.

ALBUQUERQUE (RUY DE),
— *As represálias. Estudo de história do Direito português (sécs. XV e XVI)*, 1972, I.

ALMEIDA (PEREIRA DE),
— *Sociedades comerciais e valores mobiliários*, 5.ª ed., 2008.

ANDRADE (MARGARIDA COSTA),
— *Código das sociedades comerciais em comentário*, coordenação de COUTINHO DE ABREU, 2012, V, comentário ao artigo 322.º.

ANTUNES (ENGRÁCIA),
— *Os grupos de sociedades. Estrutura e organização jurídica da empresa plurissocietária*, 2.ª ed., 2002.
— *A empresa como objecto de negócios «asset deals» versus «share deals»*, in *Revista da Ordem dos Advogados*, 2008, 68, II-III.

ASCENSÃO (OLIVEIRA),
— *O direito. Introdução e teoria geral*, 13.ª ed., 2005.

BASTOS (MIGUEL BRITO),
— *As consequências da aquisição ilícita de* acções *próprias pelas sociedades anónimas*, in *Revista de direito das sociedades*, 2009, I.

BECKER,
— *Gesellschaftsrechtliche Probleme der Finanzierung von Leveraged-Buyouts*, in *Deutsches Steuerrecht*, 1998.

BERNARDINI (ELENA)/ GANDINI (CARLA),
— *Commentario delle società*, a cargo de GIOVANNI GRIPPO, coordenação de ELISABETA BERTACCHINI/CLAUDIO BOLOGNESI/BONA CIACCIA/BEATRICE GIOVANNA DONVITO/CONCETTA SIMONE, 2009, I, comentário ao artigo 2358.

BOLOGNESI (CLAUDIO),
— *Commentario delle società*, a cargo de GIOVANNI GRIPPO, coordenação de ELISABETA BERTACCHINI/CLAUDIO BOLOGNESI/BONA CIACCIA/BEATRICE GIOVANNA DONVITO/CONCETTA SIMONE, 2009, II, comentário ao artigo 2501-*bis*.

BRONZE (FERNANDO JOSÉ),
— *A metodonomologia entre a semelhança e a diferença (reflexão problematizante dos pólos da radical matriz analógica do discurso jurídico)*, 1994.
— *Lições de introdução ao direito*, 2.ª ed., 2006.

BROSIUS (JAN),
— *Die finanzielle Unterstützung des Erwerbs eigener Aktien – § 71a AktG im Gesamtgefüge des Kapitalerhaltungsrechts*, 2011.

CAHN,
— *Kommentar zum Aktiengesetz*, coordenação de SPINDLER/STILZ, 3.ª ed., 2015, comentário ao § 71a.

CAMPANER (CLAUDIO),
— *Commentario delle società*, a cargo de GIOVANNI GRIPPO, coordenação de ELISABETA BERTACCHINI/CLAUDIO BOLOGNESI/BONA CIACCIA/BEATRICE GIOVANNA DONVITO/CONCETTA SIMONE, 2009, II, comentário ao artigo 2474.

CAMPOBASSO (F.),
— *Diritto commerciale*, II, *Diritto delle società*, 7.ª ed. a cargo de M. CAMPOBASSO, 2009.

CAMUZZI (S. SCOTTI),
— *Acquisto delle proprie azioni, utile e utile d'esercizio*, in *Rivista delle società*, 1970, 15.

CANARIS,
— *Feststellung von Lücken im Gesetz*, 2.ª ed., 1983.
— *Pensamento sistemático e conceito de sistema na ciência do direito*, tradução e introdução de MENEZES CORDEIRO, 1989.

CARRETERO (ANA),
— *Prohibición de asistencia financiera: concepto y aplicación a operaciones de adquisición apalancadas*, in *Anuario Facultad de Derecho – Universidad de Alcalá*, 2008, I.

CASSADY (JULIE),
— *Concise corporations law*, 5.ª ed., 2006.

CASTRO (CARLOS OSÓRIO DE),
— *A prestação de garantias e a assistência financeira no âmbito de uma relação de grupo*, in *Estudos em Homenagem a Miguel Galvão Telles*, 2012, II.

CIVERRA (ENRICO),
— *Il finanziamento delle società di capitali*, 2013.

— *Company law amendment committee, 1925-1926. Report presented to the Parliament by command of His Majesty*, 1926.

— *Company law SLIM working group on the simplification of the first and second company law directives. Proposals submitted to the European Comission*, 1999.

CORDEIRO (MENEZES),
— *Da boa fé no direito civil*, 1984, II.
— *Lei (aplicação da)*, in *Polis. Enciclopédia Verbo da Sociedade e do Estado*, 1985.
— *Da tomada de sociedades (takeover): efectivação, valoração e técnicas de defesa*, in *Revista da Ordem dos Advogados*, 1994, III.
— *Direito europeu das sociedades*, 2005.
— *Tratado de direito civil português*, I, I, *Parte geral*, 3.ª ed., 2005.
— *Manual de direito das sociedades*, II, *Sociedades em especial*, 2.ª ed., 2007.
— *A Directriz 2007/36, de 11 de Julho (accionistas de sociedades cotadas): comentários à proposta de transposição*, in *Revista da Ordem dos Advogados*, 2008, 68, II/III.
— *O CSC e a reforma de 2010. Gralhas, lapsos, erros e retificações*, in *Revista de direito das sociedades*, 2010, 3/4.
— *A responsabilidade da sociedade com domínio total*, in *Revista de direito das sociedades*, 2011, 1.
— *Código das sociedades comerciais anotado*, coordenação de MENEZES CORDEIRO, 2.ª ed., 2011, comentário ao artigo 6.º.
— *Tratado de direito civil*, I, *Introdução, fontes do direito, interpretação da lei, aplicação das leis no tempo, doutrina geral*, 4.ª ed., 2012.
— *Direito das sociedades*, I, *Parte geral*, 3.ª ed., 2016.
— *Tratado de direito civil*, XI, *Contratos em especial (1.ª parte)*, 2018.

CORREIA (BRITO),
— *Grupos de sociedades*, in *Novas perspectivas do direito comercial*, 1988.

CULOT (HENRI)/CULOT (LOUIS)/CORDT (YVES DE)/PIERPONT (GABRIELA DE)/GOLLIER (JEAN-MARC)/ HANNOUILLE (ALICE)/KONINGS (NATALIE)/ /MAGNUS (FRÉDÉRIC)/PARISIS (GAUTHIER)/VELDEN (KIM VAN DE)/WOLFF (SÉBASTIEN),
— *Société anonyme*, coordenação de YVES DE CORDT, 2014.

CUNHA (PAULO OLAVO),
— *Direito das sociedades comerciais*, 6.ª ed., 2016.

DOMINGUES (PAULO DE TARSO),
— *Assistência financeira de sociedades*, in *AB Instantia, Revista do conhecimento AB*, 2013, I, 2.
— *Nótula relativa à revogação/substituição da 2.ª Diretiva sobre sociedades (a chamada «Diretiva do Capital»)*, in *Direito das sociedades em revista*, 2013, 5, 9.

DRYGALA (TIM),
— *Finanzielle Unterstützung des Aktienerwerbs nach der reform der Kapitalrichtlinie*, in *Der Konzern*, 2007, 6 e 7.

EIDENMÜLLER (HORTS),
— *Private equity, Leverage und die effizienz des Gläubigerschutzrechts*, in *Zeitschrift für das Handelsrecht*, 2007, 171.

FERRAN (EILÍS),
— *Regulation of private equity backed leveraged buyout activity*, in *European corporate governance institute working papers series in law*, 2007, 84.

FERRAN (EILÍS)/HO (LOOK CHAN),
— *Principles of corporate finance law*, 2.ª ed., 2014.

FERREIRA (JESSICA RODRIGUES),
— *A proibição de assistência financeira para aquisição de ações próprias*, in *Direito das sociedades em revista*, 2015, 8, 15.

FERRI (GIUSEPPE),
— *Anticipazione bancaria*, in *Enciclopedia del diritto*, 1958, II.

FLEISCHER (HOLGER),
— *Zur Finanzielle Unterstützung des Aktienerwerbs und Leveraged buyout. § 71a Abs. 1 AktG im Lichte italienischer Erfahrung*, in *Die Aktiengesellschaft. Zeitschrift für das gesamte Aktienwesen, für deutsches, europäisches und internationales Unternehmens-Und Kapitalmartktrecht*, 1996.

FREITAG (ROBERT),
— *Financial assistance durch die Aktiengesellschaft nach der reform der Kapitalrichtlinie – (k)ein Freifahrtschein für LBOS?*, in *Die Aktiengesellschaft. Zeitschrift für das gesamte Aktienwesen, für deutsches, europäisches und internationales Unternehmens-Und Kapitalmartktrecht*, 2007, 5.

FRIDRICH (JOHANNES),
— *Der Schutz des Kapitals der Aktiengesellschaft bei fremdfinanzierter Übernahme. Abhandlungen zum Deutschen und Europäischen Gesellschafts- und Kapitalmarktrecht*, 2010.

FRIGANI (A.),
— *Leveraged buyout*, in *Digesto delle discipline privatistiche, sezione commerciale*, 4.ª ed., 1987.

GASSER (CHRISTINA),
— *Finanzielle Unterstützung des Aktienerwerbes in England, Österreich und Deutschland*, 2009.

GOMES (JANUÁRIO),
— *Assunção fidejussória de dívida. Sobre o sentido e âmbito da vinculação como fiador*, 1999.

GOMES (JOSÉ FERREIRA),
— *Conflitos de interesses entre accionistas nos negócios celebrados entre a sociedade anónima e o seu accionista controlador*, in *Conflitos de interesses no direito societário e financeiro, um balanço a partir da crise financeira*, 2010.

GONÇALVES (DIOGO COSTA),
— *Fusão, cisão e transformação de sociedades comerciais. A posição dos sócios e a delimitação do* statuo viae, 2008.
— *Pessoa coletiva e sociedades comerciais. Dimensão problemática e coordenadas sistemáticas da personificação jurídico-privada*, 2015.

GREGORY (ROGER),
— *Belmont Finance Corporation v. Williams Furniture Ltd. (No. 2)*, in *The modern law review*, 1981, 44, 1.

GULLIFER (LOUISE)/PAYNE (JENNIFER),
— *Corporate finance law principles and policy*, 2015.

HABERSACK (MATHIAS),
— *Die finanzielle Unterstützung des Aktienerwerbs – Überlegungen zu Zweck und Anwendungsbereich des § 71a Abs. 1 Satz 1 AKtG*, in *Festschrift für Volker Röhricht*, 2005.
— *Finanzielle Unterstützung des Aktienerwerbs nach MoMig*, in *Festschrift für Klaus J. Hopt zum 70. Geburtstag am 24. August 2010*, 2010.

HARTUNG (TOM),
— *Financial Assistance. § 71a AktG unter Berücksichtigung der reformierten Kapitalrichtlinie*, 2010.

HASSNER (FLORIAN ALEXANDER),
— *Finanzielle Unterstützung zum institutionellen Leveraged Buyout einer Aktiengesellschaft. Eine europäischen Betrachtung*, 2012.

Henriques (Sérgio Coimbra),
— *Proibição de Assistência Financeira – Análise e perspectivas*, 2012, in <*https://www.academia.edu/5136378/Proibi%C3%A7%C3%A3o_de_Assist%C3%AAncia_Financeira_An%C3%A1lise_e_perspectivas_Outubro_2012*>.

Herbst (Jochen),
— *Management Buyout, Cash Pooling, Up-Stream Loans and Guarantees in German Group Companies: Old Concepts – New Developments*, in *German Law journal*, 2004, 10.

Hüffer (Uwe),
— *Aktiengesetz*, 7.ª ed., 2006.

— Jenkins *Committee*: *Report of the company law committee. Presented to the parliament by the President of the board of trade by command of Her Majesty*, 1962.

Jhering,
— *Interpretação da lei e Jurisprudência dos interesses*, tradução de José Osório, 1947.

Justo (Santos),
— *Nótulas de história do pensamento jurídico*, 2005.

Kalss,
— *Münchener Kommentar zum Aktiengesetz*, 4.ª ed., 2016, comentário ao § 71a.

Kerber (Markus),
— *Die aktienrechtlichen Grenzen der finanziellen Unterstützung des Aktienerwerbs im Buyout-Verfahren*, in *Der Betrieb*, 2004, 19.
— *Anmerkung LG Düsseldorf, Urt. v. 28-10-2005*, in *Zeitschrift für Wirtschaftsrecht (ZIP)*, 2006.

Kitanoff (Alexander),
— *Der Erwerb eigner Aktien, Aktienrückkaufe und Interessen der Gläubiger, Aktionäre und des Kapitalmarkts*, 2008.

Klass (Tobias),
— *Der Buyout von Aktiengesellschaften: Eine juristisch-ökonomische Untersuchung zu § 71a Abs. 1 AktG und zur Gesetzesumgehung im Gesellschaftsrecht*, 2000.

LABAREDA (JOÃO),
— *Nota sobre a prestação de garantias por sociedades comerciais a dívidas de outras entidades*, in *Direito societário português – algumas questões*, 1998.

LARENZ (KARL),
— *Metodologia da ciência do Direito*, 3.ª ed., tradução de JOSÉ LAMEGO, 1997.

LEITE (INÊS PINTO),
— *Da proibição de assistência financeira. O caso particular dos leveraged Buyouts*, in *Direito das sociedades em revista*, 2011, 3, 5.

LEOCATA (GIOSUÈ),
— *La disciplina dell'assistenza finanziaria nelle società di capitali*, 2012 e 2013.

LUTTER/DRYGALA,
— *Kölner Kommentar zum Aktiengesetz*, 3.ª ed., 2012, comentário ao § 71a.

LUTTER (MARCUS)/WAHLERS (HENNING),
— *Der buyout: Amerikanische Fälle und die Regeln des deutschen Rechts*, in *Die Aktiengesellschaft. Zeitschrift für das gesamte Aktienwesen, für deutsches, europäisches und internationales Unternehmens- Und Kapitalmartktrech*t, 1989.

LYNCH (IRENE)/CUDDHY (KAROLE),
— *Corporation and partnerships in Ireland*, 2010.

MACHADO (BAPTISTA),
— *Introdução ao direito e ao discurso legitimador*, 1983.

MARTINEZ (PEDRO ROMANO)/PONTE (FUZETA DA),
— *Garantias de cumprimento*, 5.ª ed., 2006.

MARTINS (ANA MARIA GUERRA),
— *Manual de direito da União Europeia*, 2.ª ed., 2018.

— *Memoria del ministro di agricoltura, industria e commercio, sulla legislazione della società commerciale*, in *Atti della commissione incaricata di studiare le modificazione da introdursi nel codice di commercio del regno D'italia*, 1872, Parte IV.

MENDES (PAULO DE SOUSA),
— *Código das sociedades comerciais anotado*, coordenação de MENEZES CORDEIRO, 2.ª ed., 2011, comentários aos artigos 503.º a 529.º.

MERKT,
— *Aktiengesetz. Grosskommentar*, organização de HERIBERT HIRTE/PETER O. MÜLBERT/MARKUS ROTH, 5.ª ed., 2018, 3, 2, comentário ao § 71a.

MESSINEO (FRANCESCO),
— *L'art. 144 Cod. Comm. e i rapporti di azioni sociali*, in *Rivista del diritto commerciale e del diritto generale delle obbligazioni*, 1926, I.
— *Anticipazione bancaria*, in *Novissimo digesto italiano*, 1957, I, I.

MIOLA (MASSIMO),
— *Le garanzie intragruppo*, 1993.

MONCADA (CABRAL DE), *Lições de direito civil*, 3.ª ed., 1959, I.

MONTEIRO (JOANA PINTO),
— *A assistência financeira nas sociedades em relação de domínio*, pol., 2006.

MOTA (BERNARDO ABREU),
— *Proibição de assistência financeira. Notas para a sua interpretação e aplicação. (A propósito do Projecto de Relatório do Parlamento Europeu sobre a proposta da Comissão Europeia para alteração da Segunda Directiva)*, in *Revista Actualidad jurídica*, 2005, setembro - dezembro, 12.
— *Proibição de assistência financeira. Notas para a sua interpretação e aplicação (Parte II)*, in *Revista Actualidad jurídica*, 2006, setembro - dezembro, 15.

NEVES (CASTANHEIRA),
— *Questão-de-facto – Questão-de-direito ou o problema metodológico da juridicidade (Ensaio de uma reposição crítica)*, I, *A crise*, 1967.
— *Metodologia jurídica. Problemas fundamentais*, 1993.
— *O princípio da legalidade da legalidade criminal*, in *Digesta. Escritos acerca do Direito, do pensamento jurídico, da sua metodologia e outros*, 1995, I.
— *Interpretação jurídica*, in *Digesta. Escritos acerca do direito, do pensamento jurídico, da sua metodologia e outros*, 1995, II.
— *O sentido actual da metodologia jurídica*, in *Boletim da Faculdade de Direito*, 2003, Volume Comemorativo.

NUNES (PEDRO),
— *A Proibição de Assistência Financeira. Em Especial o Leveraged Buyout (LBO)*, in *Revista electrónica de direito*, 2015, junho, 2.

OECHSLER,
— *Münchener Kommentar zum Aktiengesetz*, 4.ª ed., 2016, comentário ao § 71a.

OLIVEIRA (ANA PERESTRELO DE),
— *Código das sociedades comerciais anotado*, coordenação de MENEZES CORDEIRO, 2.ª ed., 2011, comentário ao artigo 501.º.
— *Grupos de sociedades e deveres de lealdade. Por um critério unitário de solução do «conflito do grupo»*, 2012.
— *Manual de corporate finance*, 2015.
— *Manual de grupos de sociedades*, 2016.

OSÓRIO (JOSÉ DIOGO HORTA),
— *Da Tomada do Controlo de Sociedades (Takeovers) por Leveraged Buyout e sua Harmonização com o Direito Português*, 2001.

OTTANELLI (O.),
— *Acquisto di azioni proprie e conseguente riduzione del capital*, in *Rivista del diritto commerciale e del diritto generale delle obbligazioni*, 1988, I.

PESSANI (STEFANO CACCHI),
— *La tutela dei creditori nelle operazioni di merger leveraged buyout. L'art. 2501-bis e l'opposizione dei creditori alla fusione*, 2007.
— *L'assistenza finanziaria per l'acquisto e la sottoscrizione delle proprie azioni*, 2012.

PINHEIRO (LIMA),
— *Contrato de empreendimento comum Joint-venture em Direito internacional privado*, 1998.

POOLE (DIEGO),
— *El derecho de los juristas y sus implicaciones. Un diálogo con Lombardi Valluari*, 1988.

PORTALE (V. G. B.)/DOMETTA (A.A.),
— *Divieto di accetare azioni o quote proprie in garanzia e casse di risparmio riformate*, in *Banca, borsa e titoli di credito*, 1989, I.

PÜHLER (ROLAND),
— *Das Verbot der Anteilsfinanzierung in Belgien, Frankreich, Italien und den Niederlanden*, 1996.

RACUGNO (C.),
— *Le operazioni sulle proprie quote nell'atuazione della Seconda direttiva CEE*, in *Rivista delle società*, 1987.

— *Recommendations by the company law Slim working group on the simplification of the first and second company law directives. Conclusions submitted by the Company Law Slim Working Group*, sem data.

— *Report of the Committee on Company Law Amendment, presented by the president of the board of trade to the Parliament of His Majesty, June, 1945*, reimpressão de 1953.

— *Report of the high level group of company law experts on a modern regulatory framework for company law in Europe*, 2002.

ROBERTS (CATHERINE),
— *Financial assistance for the acquisition of shares*, 2005.

ROCHA (MARIA VICTÓRIA FERREIRA),
— *Aquisição de acções próprias no Código das sociedades comerciais*, 1994.

SANTOS (CASSIANO DOS),
— *O art. 6.º do CSC, a capacidade jurídica e a prestação de garantias a dividas de outros sujeitos*, in *III Congresso Direito das Sociedades em Revista*, 2014.

SANZ (PABLO)/BENAZERRAF (ALBERTO),
— *Alcance de la prohibición de asistencia financiera en las adquisiciones apalancadas*, in *Aranzadi civil-mercantil. Revista doctrinal*, 2013, 3, 2.

SCHROEDER (ULRICH),
— *Zur Finanzielle Unterstützung des Aktienerwerbs*, 1995.

SILVA (MARIANA DUARTE),
— *Assistência financeira no âmbito das sociedades comerciais*, in *Revista de direito das sociedades*, 2010, II, 1/2.

SINGHOF,
— *Finanzielle Unterstützung des Erwerbs eigener Aktien durch Kreditinstitute*, in *Neue Zeitschrift für Gesellschaftsrecht*, 2002.

ŞIŞMANGIL (HASAM ERDEM),
— *Creditor protection in private equity-backed leveraged buyout and recapitalisation practices*, 2014.

SNATITH (IAN),
— *United Kingdom*, in *Capital directive in Europe. The rules on incorporation and Capital of limited liability companies*, org. DIRK VAN GERVEN, 2014.

SPOLIDORO (SAVERIO),
— *Fusioni pericolose (merger leveraged buyout)*, in *Rivista delle società*, 2004, 49, março-junho.

TASMA (MARTIM),
— *Leveraged buyout und Gläubigerschutz*, 2012.

TORRES (ISABEL PINHEIRO),
— *Da aplicação da proibição de assistência financeira às sociedades por quotas*, in *Colecção de Estudos, instituto do conhecimento AB*, 2015, 3.

TRABULO (RITA),
— *As acções próprias. O regime da aquisição de acções próprias e a prestação de assistência financeira para a aquisição de acções próprias*, in *Temas de direito das sociedades*, coordenação de MANUEL PITA/ANTÓNIO PEREIRA DE ALMEIDA, 2011.

URBANO (MIGUEL),
— *Garantias bancárias autónomas ordenadas a favor de terceiros: capacidade e questões atinentes*, in *III Congresso. Direito das Sociedades em Revista*, 2015.

VARGAS (CARLOS),
— *Los efectos jurídicos de la contravención de la prohibición de asistencia financiera para la adquisición de acciones propias*, in *Estudios sobre el futuro Código mercantil. Libro homenaje al professor Rafael Illescas Ortiz*, 2015.

VASCONCELOS (PEDRO PAIS DE),
— *Vinculação das sociedades comerciais*, in *Direito das sociedades em revista*, 2014, IV, 12.

VELASCO (LUIS ANTONIO),
— *La reforma de la asistencia financiera en Europa*, in *Universidad complutense. Documentos de trabajo del departamento de derecho mercantil*, 2006, 5.

VENTURA (JOÃO),
— *A Diretiva 2006/68/CE e o regime da assistência financeira: uma omissão ponderada ou uma oportunidade desperdiçada?*, in *Revista de direito das sociedades*, 2016, VIII, I.

VENTURA (RAÚL),
— *Adaptação do direito português à segunda Directiva do Conselho da Comunidade Económica europeia sobre direito das sociedades*, separata do *Boletim do Ministério da Justiça (Documentação e direito comparado)*, 1980, 3.
— *Acções próprias*, in *Estudos vários sobre sociedades anónimas*, 1992.

VICARI (ANDREA),
— *L'assistenza finanziaria per l'acquisto del controllo delle società di capitali*, 2006.
— *La nuova disciplina dell'assistenza finanziaria*, in *Studi in ricordo di Pier Giusto Jaeger*, 2011.

VITORINO (JOANA LEAL DE MACEDO),
— *A proibição de assistência financeira e o artigo 6.º do Código das Sociedades Comerciais: um conflito por resolver ou uma compatibilidade natural?*, pol., 2017.

VIVANTE (C.),
— *I sindacati per la compera e per la vendita delle azioni*, in *Rivista del diritto commerciale e del diritto generale delle obbligazioni*, 1904, I.

WESTPHAL (FRANK),
— *Der nicht zweckgebundene Erwerb eigener Aktien. Die Umsetzung des Art. 19 Absatz 1 der zweiten gesellschaftsrechtlichen Richtlinie in England, den Niederlanden und Deutschland*, 2003.

WIENEKE,
— *Aktiengesetz. Heidelberg Kommentar*, organização de BÜRGERS/KÖBER, 4.ª ed., 2017, comentário ao § 71a.

WYMEERSCH (EDDY),
— *Reforming the second company law Directive*, in *Financial law institute, working papers series*, 2006, 15.
— *European company law. The Simpler Legislation for the internal market (SLIM) initiative of the EU Commission*, in *Financial law institute, working paper series*, 2009.

ÍNDICE DE JURISPRUDÊNCIA

SUPREMO TRIBUNAL DE JUSTIÇA

– STJ 06-02-1996 (Fernandes Magalhães), Proc. 087947/ITIJ (sociedade comercial – fiança – gerente comercial), com simples menção de sumário.

– STJ 22-04-1997 (Lopes Pinto), in *Colectânea de Jurisprudência, Acórdãos do Supremo Tribunal de Justiça*, 1997, V, II (o presente Acórdão pode ser também lido na *Revista da Ordem dos Advogados*, 1997, 57, e na *Colectânea de Jurisprudência. Acórdãos do Supremo Tribunal de Justiça*, 1997, V, II, mas datado de 22-04-1996 e com menção, como relator, de Torres Paulo).

– STJ 14-04-1999 (Sousa Dinis), Proc. 99B059/ITIJ (sociedade comercial – deliberação social – fim social), com voto de vencido de Sousa Inês.

– STJ 21-09-2000 (Abel Simões Freire), in *Sociedades comerciais, Jurisprudência, 1997-2008*, coordenação de António Abrantes Geraldes, 2009 (capacidade jurídica – atos dos sócios gerentes – vinculação da sociedade – ónus da prova [= *Colectânea de Jurisprudência, Acórdãos do Supremo Tribunal de Justiça*, 2000, III = *Boletim do Ministério da Justiça*, 2000, 499]).

– STJ 24-04-2001 (Lopes Pinto), in *Sumários de Acórdãos (Supremo Tribunal de Justiça)*, 2001 com simples menção do sumário (sociedade comercial – livrança – aval – interesse da empresa – ónus da prova – Revista 911/01 1.ª secção).

– STJ 25-06-2002 (Alípio Calheiros), Proc. 01A2736/ITIJ (capacidade para prestar garantias em favor de terceiro).

– STJ 13-05-2003 (Pinto Monteiro), Proc. 03A318/ITIJ (pessoa coletiva – princípio da especialidade – sociedade comercial – grupo de sociedades – fim social – capacidade jurídica – garantia do pagamento – ónus da prova).

– STJ 17-06-2004 (Quirino Soares), Proc. 04B1773/ITIJ (sociedade comercial – garantia das obrigações – aval – fim social – ónus da prova).

– STJ 30-09-2004 (Abílio Vasconcelos), Proc. 04S2540/ITIJ (garantias especiais das obrigações – ato vinculativo – ónus da prova).

– STJ 03-10-2006 (Paulo Sá), Proc. 06A2006/ITIJ (embargos de executado – sociedade anónima – hipoteca – vinculação).

– STJ 17-09-2009 (Alberto Sobrinho), JUSNET/4869/2009 (capacidade – ato gratuito – garantia a dívidas de terceiros – justificado interesse da sociedade – coassunção de dívidas [= Proc. 267/09.9YFLSB.S1/ITIJ]).

– STJ 28-05-2013 (Fernando do Vale), Proc. 300/04.0TVPRT-A.P1.S1/ /ITIJ (assunção de dívida – obrigação solidária – sociedade comercial – capacidade jurídica – liberalidade – nulidade – ónus da prova).

– STJ 26-09-2013 (Orlando Afonso), Proc. 213/08.7TJVNF-A.P1.S1/ITIJ (título de crédito – letra de câmbio – título executivo – execução para pagamento de quantia certa – relações imediatas – obrigação cartular – relação jurídica subjacente – garantia do pagamento – sociedade comercial – objeto – assunção de dívida – negócio gratuito – nulidade).

– STJ 16-11-2014 (Tavares de Paiva), Proc. 1281/10.7TBAMT-A.P1.S1/ITIJ (título executivo – letra de câmbio – cheque – novação – aceite – atos dos representantes legais ou auxiliares – liberalidade – sociedade comercial – ónus da prova – nulidade).

– STJ 12-03-2015 (Maria Clara Sottomayor), Proc. 5995/03.0TVPRT-C.P1.S1/ITIJ (oposição à execução – sociedade comercial – aval – capacidade das sociedades – gerentes – abuso do direito).

RELAÇÃO DE COIMBRA

– RCb 03-03-2009 (Sílvia Pires), Proc. 228/04.4TBILHV.C1/ITIJ (contrato-promessa de compra e venda – promessa de venda – nulidade do contrato – propriedade horizontal – constituição – alienação bem imóvel – sociedade – dívida – sócio – vícios – vontade – sanção pecuniária compulsória [= Proc. JUSNET 1143/2009]).

– RCb 21-11-2017 (Vítor Amaral), Proc. 302/15.1T8GRD-B.C1/ITIJ (aval – sociedade comercial – princípio da especialidade – livrança).

RELAÇÃO DE ÉVORA

– RÉv 13-06-2002 (Fátima Galante), in *Colectânea de Jurisprudência*, 2002, XXVII, III (grupo societário – reestruturação financeira – prestação de garantias a favor de outras sociedades do grupo).

– RÉv 05-02-2004 (Pereira Batista), in *Sociedades comerciais, Jurisprudência, 1997-2008*, coordenação de António Abrantes Geraldes, 2009.

– RÉv 14-07-2005 (Álvaro Rodrigues), Proc. 1480/05-3/ITIJ (anulação de deliberações sociais – prestação de garantias reais a dívidas alheias).

– RÉv 01-02-2007 (Acácio Neves), Proc. n.º 1690/06-3/ITIJ (sociedades comerciais – capacidade – ónus da prova – nulidade da sentença – princípio dispositivo).

– RÉv 09-03-2017 (Maria João Sousa e Faro), Proc. 437/14.8TBVRS.E1//ITIJ (grupo de sociedades – prestação de garantias).

RELAÇÃO DE GUIMARÃES

– RG 27-03-2008 (António Magalhães), Proc. n.º 43/08-1/ITIJ (oposição – execução – letra aceite de favor – princípio da especialidade – capacidade – sociedade comercial).

– RG 11-09-2012 (Maria Catarina Gonçalves), in *Colectânea de Jurisprudência*, 2012, XXXVIII, IV (garantia contrária ao fim social – aceite de favor).

– RG 14-04-2014 (Eva Almeida), Proc. 2460/07.0TBFAF.G1/ITIJ (documento particular – valor probatório – assunção de dívida – recusa de pagamento).

– RG 06-10-2016 (Pedro Damião e Cunha), Proc. 7091/15.8T8VNF-A.G1//ITIJ (ação executiva – suspensão – caução – hipoteca).

– RG 26-01-2017 (Fernando Fernandes Freitas), Proc. 119/13.8TBMDB.G1/ITIJ (novação – declaração de vontade – sociedade comercial – liberalidade).

– RG 09-02-2017 (Lina Castro Baptista), Proc. 612/11.7TJVNF.G1/ITIJ (factos essenciais – factos instrumentais – garantia real – garantia pessoal).

– RG 11-07-2017 (António Figueiredo de Almeida), Proc. 3388//15.5T8BRG.G1/ITIJ (depoimento indireto – sociedades comerciais – garantia pessoal – garantia real).

– RG 22-02-2018 (Maria da Purificação Carvalho), Proc. 2522//16.2T8BRG.G1/ITIJ (sociedades comerciais – grupo de sociedades – princípio da especialidade – garantia das obrigações – ónus da prova).

RG 08-03-2018 (Anabela Tenreiro), Proc. 1551/12.0 TBBRG-E.G1/ITIJ (graduação de créditos – direito de retenção – consumidor – acórdão uniformizador – sociedades comerciais – capacidade jurídica – princípio da especialidade – relação de grupo).

RELAÇÃO DE LISBOA

– RLx 19-10-1999 (Bettencourt Faria), Proc. 0039981 (sociedade – poderes de representação – assunção de dívida – terceiros), apenas com menção de sumário.

– RLx 13-11-2003 (Graça Maria Lima de Figueiredo Amaral), in *Colectânea de Jurisprudência*, 2003, XXVIII, V (aval – representação das sociedades comerciais – ónus da prova – protesto) acedido através de JUSNET, sem menção de páginas (=*Sociedades comerciais, Jurisprudência, 1997-2008*, coordenação de António Abrantes Geraldes, 2009).

– RLx 11-03-2004 (Caetano Duarte), in *Sociedades comerciais, Jurisprudência, 1997-2008*, coordenação de António Abrantes Geraldes, 2009 (fiança – prestação por sociedade comercial a terceiro – princípio da ilimitação – justificado interesse da sociedade garante [= *Colectânea de Jurisprudência*, 2004, XXIX, 2]).

– RLx 26-04-2012 (Jerónimo Freitas), Proc. n.º 4117/06.0TVLSB.L1-6//ITIJ (procuração – falsidade – nulidade – assinatura – prova pericial – relatório pericial – força probatória – sociedade anónima – garantias especiais das obrigações – ónus da prova – princípio dispositivo) maioria, com voto de vencido.

– RLx 12-12-2013 (Magda Geraldes), Proc. n.º 1522/10.0TVLSB.L1-2/ITIJ (ação de simples apreciação – sociedade comercial – grupo de empresas – capacidade jurídica – ónus da prova – litigância de má fé).

– RLx 14-09-2017 (Luís Correia de Mendonça), Proc. 16347-15.9T8SNT-F.L1-8/ITIJ (prestação de garantia – justificado interesse próprio).

RELAÇÃO DO PORTO

– RPt 22-09-1998 (Gonçalves Vilar), Proc. 9721064/ITIJ (julgamento – poderes do juiz – sociedades comerciais – hipoteca voluntária – validade).

– RPt 13-04-1999 (Pelayo Gonçalves), in *Colectânea de Jurisprudência*, 1999, II (embargos de executado – capacidade de sociedade comercial – hipoteca para garantia de dívida contraída por outra sociedade).

– RPt 05-11-2011 (Caimoto Jácome), Proc. 0151236/ITIJ (responsabilidade do gerente – dano – sócio).

– RPt 07-11-2011 (Ana Paula Carvalho), Proc. 555/08.1TVPRT.P1 (venda de ações – nulidade – atividade bancária – abuso de direito – prescrição).

– RPt 06-12-2012 (Pires da Rosa), Proc. 2460/07.0TBFAF.G1.S1/ITIJ (contrato de sociedade – cessão de quota – sócio – cumprimento – pagamento – cheque – falta de pagamento – ordem de não pagamento – cheque sem provisão

– direito à indemnização – responsabilidade extracontratual – responsabilidade bancária – responsabilidade solidária).

– RPt 15-10-2013 (José Igreja Matos), Proc. 548/06.3TBARC.P1/ITIJ (sociedade comercial – responsabilidade delitual dos administradores e gerentes – indemnização ao sócio lesado).

TRIBUNAL CENTRAL ADMINISTRATIVO DO SUL

– TCAS 20-09-2011 (Aníbal Ferraz), Proc. 02009/07/ITIJ (IRC – prejuízos – deferimento tácito).

SUPREMO TRIBUNAL ADMINISTRATIVO

– STA 28-05-2014 (Francisco Rothes), Proc. 0274/12/ITIJ (IRC – transmissibilidade de prejuízo fiscal – ato tácito de deferimento – revogação).

– STA 12-02-2015 (Ana Paula Lobo), Proc. 01443/13/ITIJ (cisão de sociedades – fusão de sociedades – neutralidade – participação no capital social).

CENTRO DE ARBITRAGEM ADMINISTRATIVA

– CAAD (Arbitragem tributária) 30-06-2017 (Baeta de Queiroz), Proc. n.º 729/2016-T/CAAD (fusão invertida – custos de financiamento – artigo 23.º do CIRC – com voto de vencido).

– CAAD (Arbitragem tributária) 11-09-2017 (José Pedro Carvalho) Proc. n.º 110/2017-T/CAAD (IRC – gastos – fusão inversa).

– CAAD (Arbitragem tributária) 06-10-2017 (Baeta de Queiroz), Proc. n.º 120/2017-T/CAAD (fusão invertida – custos de financiamento – artigo 23.º do CIRC – com voto de vencido).

– CAAD (Arbitragem tributária) 18-12-2017 (Suzana Fernandes da Costa), Proc. n.º 606/2016-T/CAAD (IRC – dedutibilidade de custos – indispensabilidade dos gastos – encargos financeiros – fusão inversa).

JURISPRUDÊNCIA ALEMÃ

– *BGH 24-11-2003*, in *Neue Zeitschrift für Gesellschaftsrecht*, 2004 (= *Zeitschrift für Wirtschaftsrecht (ZIP)*, 2004, 6).

– *Sentença do LG Düsseldorf 28-10-2005*, in *Zeitschrift für Wirtschaftsrecht (ZIP)*, 2006 (com anotação de Markus Kerber).

JURISPRUDÊNCIA ITALIANA

– *Cassazione, 21-01-1970*, in *Rivista del diritto commerciale e del diritto generale delle obbligazioni*, 1972, II (com nota de M. Elena Gallesio-Piuma).

– *Cassazione, 13-07-1981*, in *Il foro italiano*, 1982, 105, I (com anotação de M. Lovecchio).

– *Tribunale di Genova, 13-10-1986*, in *Giurisprudenza commerciale*, 1989, II.

– *Tribunale di Milano, 14-05-1992*, in *Il Foro italiano*, 1992, 115.

– *Tribunale di Milano, 13-05-1999*, in *Giurisprudenza*, 2000, 1.

– *Tribunal de Veneza, 10-06-2016*, in *Ricerche giuridiche*, vol. 5, 1, junho, 2016 (com anotação de Sofia Mansoldo, *L'applicabilità alle società cooperative dell'art.2358 c.c. violazione dell'art.2358 c.c.: conseguenze e legittimazione ad agire*, in *Idem*, vol. 5, 1, junho, 2016).

JURISPRUDÊNCIA INGLESA

– *Re VGM Holdings, Ltd*, de 16 de janeiro de 1942, disponível em linha em *<https://www.ato.gov.au/law/view/document?DocID=JUD%2F*1942*1ALLER224%2F00003>*.

– *Armour Hick Northern Ltd. and Others v. Whitehouse and Others [1978 A. No. 2261] Chancery Division 1980 February, 14, 22 [1980]*, in *The weekly law reports*, 1980, 1.

– *[Court of Appeal*, 1979*] Belmont Finance Corporation Ltd. v. Williams Furniture Ltd. and others*, in *<http://www.uniset.ca/other/cs2/1979Ch250.html>*.

– *Belmont Finance Corporation Ltd v. Williams Furniture Ltd (no 2): 1980*, in *<http://swarb.co.uk/belmont-finance-corporation-ltd-v-williams-furniture-ltd-no-2-1980/>* (apenas com sumário e extratos).

– *Brady v. Brady*: *HL 1988*, in *«http://swarb.co.uk/brady-v-brady-hl-1988/»* (com mero sumário e extratos).

– *Robert Chaston v. SWP Group Plc Case No: 01/TLQ/0570 High Court of Justice Queens Bench Division 26th April 2002 NCN:[2002]EWHC521 (QB) 2003, WL 21353343*, disponível no sítio da *Thomson Reuters Westlaw*.

– *Chaston v. SWP Group plc Court of Appeal (Civil Division) 20 December 2002 [2002] EWCA Civ 1999 [2003] B.C.C. 140*, igualmente disponível in *<https://1.*

next.westlaw.com/Search/Home.html?transitiontype=Default&contextdata=(sc.Default)&originationcontext=RequestDirector&__lrTS=20180205210817229)>.

– *Dyment v. Boid & others, Court of appeal – Civil division, novembro 26, 2004*, [2005] 1 WLR 792, [2004] EWCA CIV 1586, acedido em linha através de <*https://app.vlex.com/?r=true#WW/search/*/Dyment+v+Boyden/vid/52571929*>.

– *Re Uniq. Plac, High Court of Justice chancery division companies court, 25/03/2011*, [2011] EWHC 749 (Ch), in <*http://www.bailii.org/ew/cases/EWHC/Ch/2011/749.html*>.

ÍNDICE